RE
QUE DIOU

Bibliothèque du Château
1823   *de Valençay.*

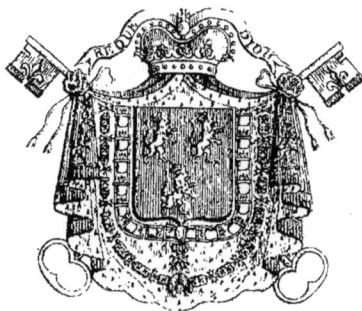

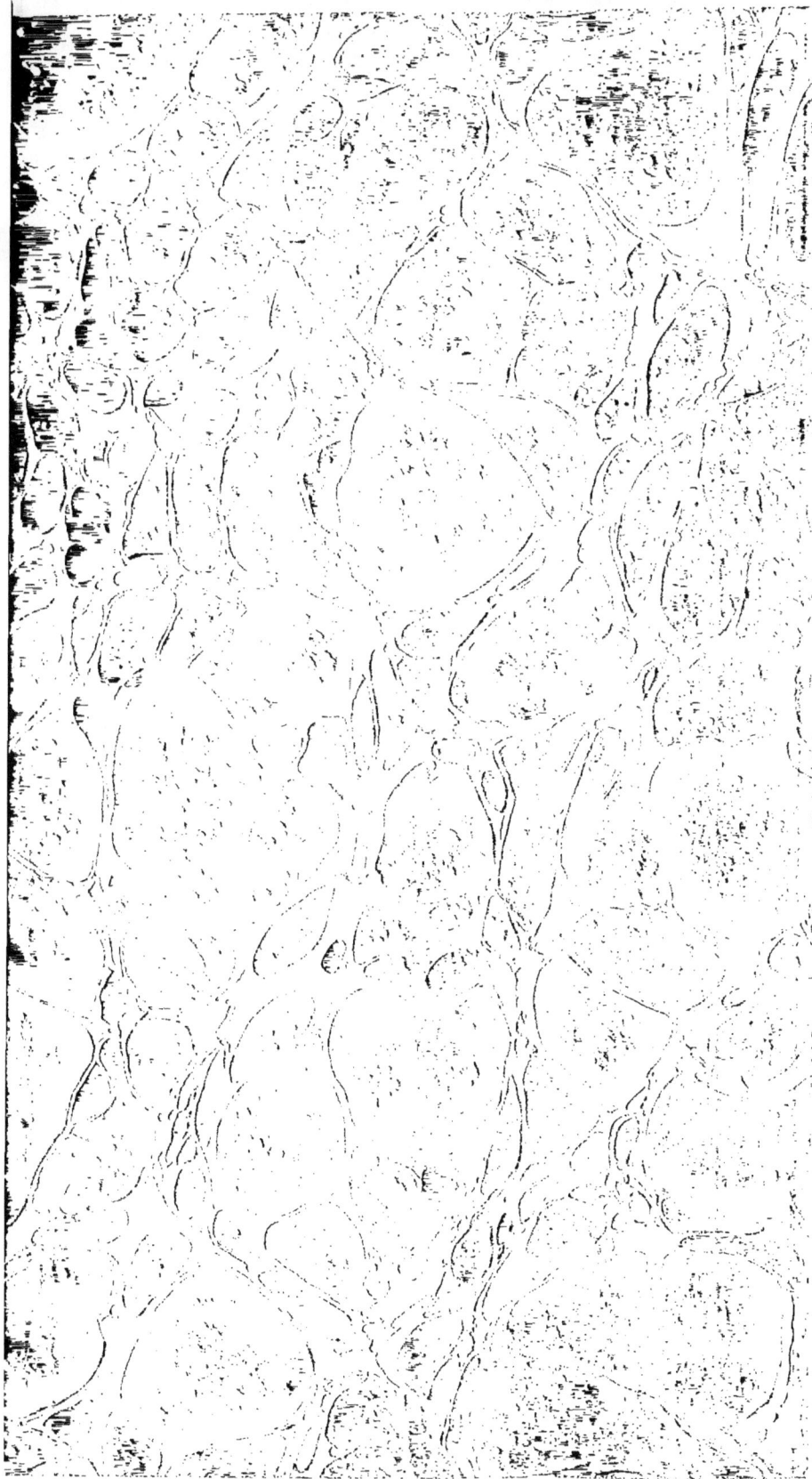

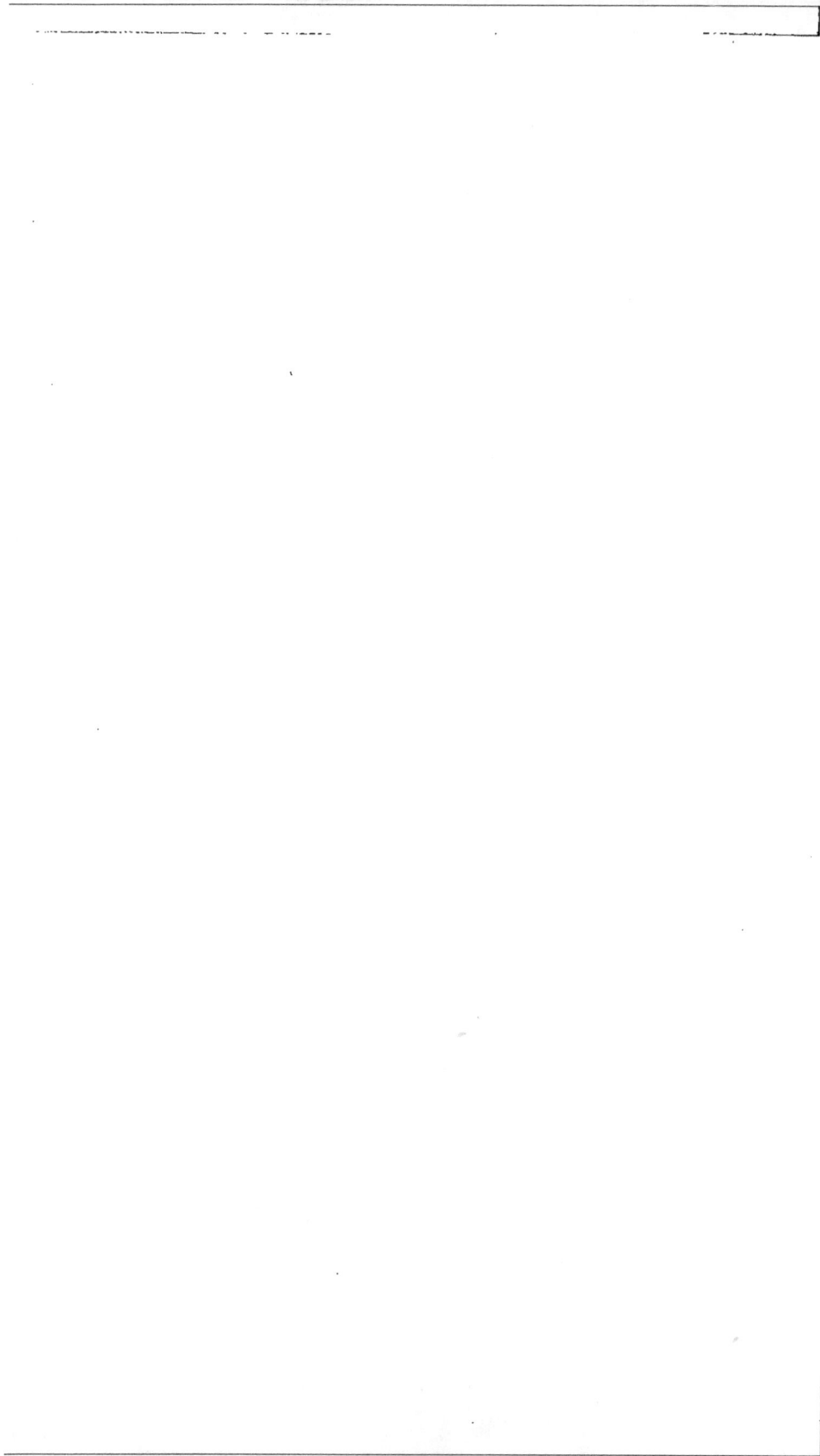

CHOIX

DES

PLAIDOYERS ET MÉMOIRES

DE M. DUPIN AÎNÉ.

DE L'IMPRIMERIE DE RIGNOUX.

DUPIN aîné AVOCAT

Né à Varzy (Nièvre) le 1.er février 1783.

Libre defense des Accusés.

CHOIX

DES PLAIDOYERS

ET MÉMOIRES

DE M. DUPIN Aîné,

AVOCAT A LA COUR ROYALE DE PARIS.

PARIS,

B. WARÉE FILS AINÉ, LIBRAIRE,
ÉDITEUR DES ANNALES DU BARREAU FRANÇAIS,
AU PALAIS DE JUSTICE.

M DCCC XXIII.

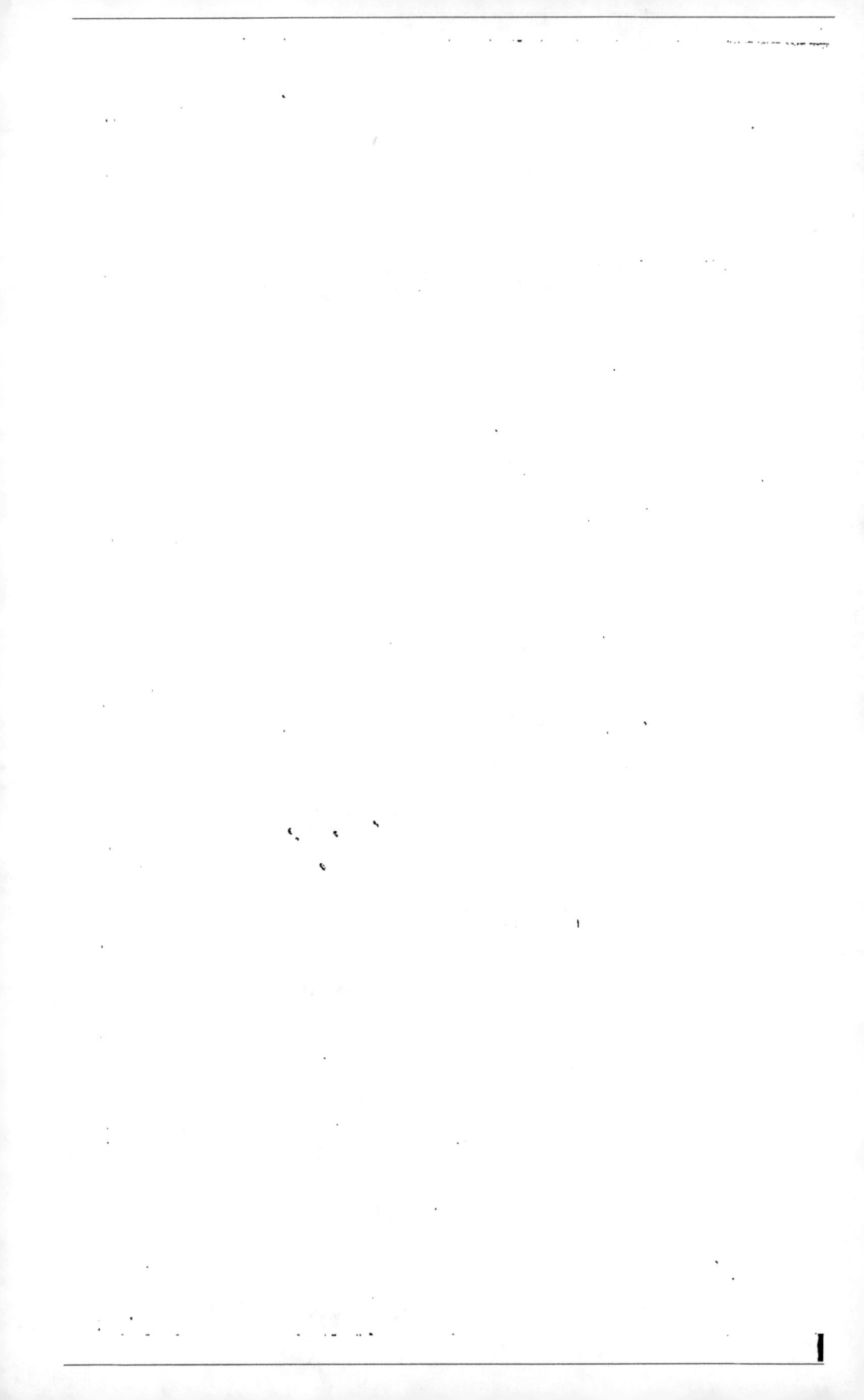

NOTICE

SUR M. A.-M.-J.-J. DUPIN.

—

ANDRÉ-MARIE-JEAN-JACQUES DUPIN, est né à
Varzy, dans le Nivernais, le 1ᵉʳ février 1783. Destiné à la profession d'avocat, dès sa première jeunesse, par les espérances de sa famille, il y fut préparé par son père, et trouva, dans cet enseignement
domestique, des secours qu'il eût cherchés en vain
dans des écoles depuis long-temps fermées. Ces écoles
se rouvrirent en 1802. M. Dupin y accourut : il y soutint la première thèse de doctorat qui ait marqué le
rétablissement des études publiques. Une exception
motivée par la nouveauté de cette solennité acadé-
mique, et peut-être aussi par la réputation naissante
du jeune candidat, déféra la présidence de cette thèse
à M. Treilhard, étranger à l'école, mais si digne d'y
être appelé comme protecteur et comme modèle,
bien plus encore par son talent de jurisconsulte, que
par sa dignité de ministre.

Au sortir de l'École de Droit, M. Dupin entra au
barreau. Pendant qu'il y préparait par la sage et
patiente obscurité de ses débuts l'éclat des succès

a

que lui réservait l'avenir, divers ouvrages, publiés
dans un assez court intervalle, attestaient l'assiduité
de ses études, et en répandaient les fruits [1]. Ses *Principes de droit civil* méritèrent les suffrages de
MM. Merlin, Daniels et Lanjuinais : noble récompense et heureux présage tout ensemble!

En 1810, un concours s'ouvrit à l'École de Droit
de Paris, pour une chaire de professeur. Avocat
déjà cité, et jurisconsulte qui avait fourni ses titres,
M. Dupin croyait y avoir des droits; il les fit valoir :
un autre fut plus heureux. M. Merlin, alors procureur-général à la Cour de cassation, réclama pour
son parquet un talent que l'École de Droit avait méconnu. Mais cette présentation, faite à l'insu de
M. Dupin, ne réussit pas : un candidat, appuyé par
M. de Fontanes, fut préféré : dans la nomination
d'un avocat-général, le suffrage d'un littérateur l'emporta sur celui d'un jurisconsulte. Peut-être cette
double exclusion trouverait-elle son explication dans

---

[1] *Traité des successions ab intestat;* Paris, 1804, 1 vol.
in-12.

Principia juris civilis; Paris, 1806 et années suivantes,
5 vol. in-12.

Réflexions sur l'enseignement du droit; Paris, 1807,
br. in-8.

Précis historique du droit romain; Paris, 1809, in-18.

Examen sur les élémens du droit romain; (traduit) Paris,
1810, 1 vol. in-12.

Heineccii recitationes; cum notis; Paris, 1810, 2 vol.
in-8.

Sinopsis elementorum juris romani; Paris, 1811, in-16.

un chapitre du précis historique du droit romain [1], où la critique des usurpations législatives d'Auguste présentait une allusion trop claire aux envahissemens progressifs des décrets impériaux sur le domaine des lois.

La rédaction d'un travail important, à laquelle l'érudition de M. Dupin parut nécessaire, le réconcilia avec le pouvoir. On avait senti la nécessité de dégager le volumineux recueil de nos lois de celles qui se trouvaient abolies, soit par une abrogation expresse, soit par une désuétude précipitée. Une commission, nommée en 1813, fut chargée de ce soin; M. Dupin y fut adjoint comme rapporteur. A la restauration, cette commission fut dissoute; mais le bienfait de son institution n'a pas été perdu; les matériaux que M. Dupin avait recueillis ont été publiés plus tard, sous l'autorité de M. le garde-des-sceaux [2].

---

[1] Cet opuscule a été saisi par la police en 1809. On en a fait depuis quatre éditions.

[2] Les volumes déjà publiés sont :

Lois des lois; Paris, 1817, 1 vol. in-12.

Lois sur l'organisation judiciaire; Paris, 1819, 2 vol. in-8.

Lois civiles, ou supplément au code civil, *lois concernant le droit des tiers;* Paris, 1819, 2 vol. in-8.

Lois commerciales, ou supplément au code de commerce; Paris, 1820, 2 vol. in-8.

Lois et actes sur les majorats; Paris, 1820, 1 vol. in-8.

Lois de procédure; Paris, 1821, 1 vol. in-8.

Lois criminelles; Paris, 1821, 1 vol. in-8.

La commission spéciale, donnée à M. Dupin en 1818, lui a été retirée par M. de Peyronnet, à son avénement au ministère. Cette révocation n'a pas interrompu le travail,

Les événemens de 1815 appelèrent M. Dupin sur un plus vaste théâtre. Député à la chambre des représentans par un collége électoral du département de la Nièvre, il prit part à presque toutes les discussions qui signalèrent l'existence de cette assemblée. Il prononça contre le serment, qu'un décret impérial avait imposé à la Chambre, une opinion, premier signal de résistance à un despotisme renaissant, et à laquelle madame de Staël avait promis un éloge dans la partie de son ouvrage que sa mort prématurée a laissée imparfaite. Il obtint la nomination d'un comité chargé de coordonner les diverses constitutions qui ont régi la France. Il pressa, de tous ses efforts, l'abdication de Napoléon, et se prononça hautement contre l'avis de ceux qui voulaient proclamer Napoléon II comme héritier légitime de l'empire.

La seconde restauration s'accomplit. M. Dupin, nommé président du collége électoral de Château-Chinon (Nièvre), fut porté à la canditature par deux colléges d'arrondissement ; d'autres candidats lui furent préférés par le collége de département. Il rentra dans la vie privée, mais sa vie ne fut pas oisive; consacrée à de nouveaux combats, elle fut honorée par de nouveaux succès.

Les symptômes d'une réaction politique éclataient

qui a perdu par-là son caractère officiel, sans rien perdre toutefois de son utilité.

Il a paru depuis :

Lois forestières; Paris, 1822, 1 vol. in-8.

Lois des communes; Paris, 1823, 2 vol. in-8.

de toutes parts. Une ordonnance du 24 juillet, contre-signée par un ministre qui ne tarda pas à être proscrit à son tour, avait dénoncé les principaux auteurs de la révolution qui venait d'être vaincue. On assemblait les conseils de guerre, on convoquait les cours d'assises. Déjà plusieurs accusés n'avaient point trouvé de défenseurs. Des avocats pusillanimes avaient reculé soit devant leurs dissentimens politiques, soit devant l'injustice des passions populaires, qui accusaient la défense même et la traitaient de complicité. M. Dupin fit entendre la voix de la raison et du devoir : il proclama la libre défense des accusés[1]. C'était accepter d'avance le patronage de toutes les infortunes; c'était une promesse de courage et de talent.

Le maréchal Ney revendiqua le premier cette promesse. Avec lui était traduit à la barre le 20 mars tout entier; l'armée se soulevant à une voix si long-temps connue; ses chefs trop mal affermis par un devoir récent contre les habitudes d'une vieille obéissance; la France étonnée et non pas conquise, prise au dépourvu, pour ainsi dire, par un événement soudain et passager comme un orage. C'était une pensée étrange de renfermer cet immense procès dans l'étroite enceinte d'un conseil de guerre, et de juger comme une insubordination militaire une révolution qui avait armé l'Europe.

M. Dupin réclama pour l'illustre accusé les garan-

---

[1] Paris, octobre, 1815.

ties d'une juridiction plus élevée, plus nombreuse, plus indépendante. Les principes de notre ancien droit public, les monumens de notre histoire, les lui avaient promises : l'ombre de Biron fut évoquée pour assurer du moins au triste imitateur de sa vie la solennité de sa mort. Ces premiers efforts furent heureux : le procès du maréchal Ney s'ouvrit devant la Chambre des Pairs.

La France n'oubliera point ce procès; ces débats, prolongés, mais sans espérance; cette accusation que la certitude du succès eût dû rendre moins impatiente de l'obtenir; cette défense mutilée [1], exhalant ses derniers soupirs en protestations inutiles; l'Europe en vain sollicitée de faire parler la sainteté de ses traités avec l'autorité de ses services; cette condamnation douloureuse que ne put repousser le vote courageux du duc de Broglie; cette grande âme, enfin, surprise et vaincue par des événemens plus puissans que son courage, mais qui, un moment éperdue au milieu de tant de hazards, de passions et de dangers, se retrouva tout entière en présence de la mort! La défense du maréchal ne sera pas non plus oubliée [2]; son honneur plus heureusement défendu que sa vie, et les calculs de la trahison repoussés avec plus d'horreur que les

[1] Extrait du vote de M. Lanjuinais : « Considérant... 2° l'ar-« ticle 12 de la convention de Paris, qui s'applique à l'accusé « ou à personne, et qui a été rejeté, *sans l'entendre dans* « *ses moyens de défense.* »

[2] M. Berryer père partageait cette honorable tâche avec M. Dupin.

égaremens de la révolte; cette révolte même expliquée par une situation sans exemple, qui mettait aux prises un homme et une révolution. « Accusateur, s'é-« criait Me Dupin, vous voulez placer sa tête sous la « foudre, et nous, nous voulons montrer comment « l'orage s'est formé! » Confiance généreuse, qui croyait, comme Franklin, que pour conjurer l'orage, il suffisait de l'expliquer!

Ney venait de périr. On dressait l'échafaud de Lavalette. Sa femme, renouvelant un pieux artifice, que sa tendresse était digne d'inventer, rompit ses fers et substitua sa tête innocente à une tête condamnée. Échappé à sa prison, mais non pas à la mort, Lavalette retrouvait, à chaque pas, pour ainsi dire, l'appareil de son supplice : il fallait fuir. Trois Anglais, dont l'humanité reconnaissante conservera les noms, Bruce, Wilson et Hutchinson se dévouèrent au salut de cet homme, recommandé à leurs yeux par ses seuls dangers. Ils le sauvèrent. Les lois se crurent blessées : l'infidélité d'un domestique leur dénonça les auteurs de ce crime de la pitié. Ils furent traduits devant les tribunaux : réservé dès lors à toutes les solennités du patriotisme et du talent, M. Dupin fut chargé de leur défense.

Il était difficile peut-être de recommander cette défense à la bienveillance publique. L'Angleterre subissait alors parmi nous, avec la défaveur des inimitiés héréditaires, la défaveur récente et inusitée de ses victoires. On pouvait craindre le souvenir de Waterloo. M. Dupin fit taire les préjugés nationaux en

présence de l'héroïsme et du malheur; il fit un appel
à la générosité française : cet appel fut entendu. La
défense fut libre et populaire; mais ce fut son unique
succès : les trois Anglais furent condamnés. Les lois
l'exigeaient, sans doute. Peut-être un jury anglais n'en
eût pas été effrayé : la souveraineté de ses verdicts
commande quelquefois aux lois mêmes. Tous excusent, tous honorent ces mensonges de l'humanité :
l'oracle de leur jurisprudence les a nommés de pieux
parjures [1].

Un Anglais célèbre fournit bientôt à **M.** Dupin
l'occasion de donner une revanche à la malice française. Un coup de pistolet fut tiré sur la voiture de
lord Wellington : les perquisitions les plus exactes ne
purent faire retrouver la balle [2]. Il était injurieux de
penser que ce noble personnage eût été l'objet d'une
espiéglerie innocente, ou le héros d'une intrigue coupable : il était de son importance et de son honneur
qu'il eût été assassiné. Après quinze mois d'une procédure inutile, deux hommes parurent devant la Cour
d'assises, absous avant d'avoir été entendus. Ce n'é-
tait point un débat : l'accusation demandait grâce; les
accusés n'avaient pas besoin d'être défendus, mais
vengés. Cette vengeance fut douce, des sarcasmes en
firent les frais. C'était le temps où l'armée d'occupa-

---

[1] Horace a dit dans le même sens : *splendidè mendax.*

[2] On croyait que la balle avait passé sous la voiture ; c'eût
été tirer bien bas : et c'est ce qui fit dire à **M.** Dupin, pendant le débat, *le général Wellington n'est pas un Achille que
l'on dût viser au talon.*

tion évacuait notre territoire. M. Dupin reconduisit son général avec des épigrammes [1]. On ne pouvait commenter plus gaiement le mot de Henri IV : *Adieu, Messieurs; mais n'y revenez plus!*

Des jours plus doux luisaient alors sur la France. Les erreurs se réparaient, les sévérités étaient adoucies. Le dernier des proscrits de 1815, le duc de Rovigo, errant depuis long-temps en Europe, trompa la surveillance diplomatique qui l'exilait loin de ses juges : il entra de surprise dans sa prison. Il parut devant les tribunaux. Le défenseur du premier nom inscrit sur la liste du 14 juillet, défendit aussi le dernier. Mais si c'était la même accusation, ce ne fut pas le même jugement. Condamné à mort à l'unanimité par un conseil de guerre en 1815, le duc de Rovigo fut unanimement acquitté par un conseil de guerre en 1819.

Après avoir défendu l'honneur des vivans, M. Dupin eut encore à venger la mémoire des morts. Le maréchal Brune était tombé sous les coups d'un rassemblement populaire. Ses meurtriers cherchèrent un prétexte à l'impunité que ne leur assurait que trop la stupeur publique : ils accusèrent Brune de suicide, et placèrent ainsi l'assassinat sous la sauve-garde de la calomnie. L'indignation de sa veuve fut long-temps stérile; la justice refusait d'accueillir des plaintes qu'elle ne pouvait satisfaire, et de donner en spectacle son impuissance. En 1819, M. de Serre déchira

---

[1] M. Dupin le surnomma plaisamment Agamemnon, par allusion à l'alliage des forces qu'il commandait.

le voile qui couvrait tant de crimes et de faiblesse.
Cette accusation du passé était une garantie pour
l'avenir : la maréchale Brune fit entendre au pied du
trône les accens d'une éloquente douleur. Après une
longue impunité, une instruction fut commencée ; un
coupable obscur y fut seul compris, et n'eut pas besoin de fuir pour se dérober au supplice. Un grand
acte de justice n'en fut pas moins accompli ; l'esprit
de parti fut obligé de reconnaître une de ses victimes,
et d'avouer une de ses fureurs. Le défenseur du maréchal Ney plaida pour le maréchal Brune, attachant
ainsi glorieusement son nom à l'infortune de l'un, et
à la vengeance tardive offerte aux mânes de l'autre.

Ainsi disparaissaient les derniers vestiges de nos
discordes récentes. Rendue à des temps plus calmes
et à des soins plus heureux, la France poursuivait
avec ardeur la pacifique conquête de ses libertés. La
première de toutes, la liberté de la presse, dut ren-
contrer bien des obstacles ; mais ces obstacles étaient
utiles : en ralentissant sa marche, ils régularisaient ses
progrès. Souvent traduite devant les tribunaux, la liberté de la presse eut besoin de revendiquer ses droits
et de produire ses titres. Le barreau se peupla pour
elle de défenseurs : à leur tête se place M. Dupin. Jet-
tons un coup d'œil sur cette partie de ses travaux.

Dans l'affaire de Lyon, en traçant le tableau des
malheurs qui avaient désolé cette belle contrée, il
retrouva l'indignation, et quelquefois aussi l'éloquence
qui foudroya les supplices de Verrès. Dans l'affaire du
professeur Bavoux, adoptant l'usage du barreau an-

glais, il plaça la discussion dans le débat; et le plaidoyer,
inutile à une cause déjà gagnée, ne fut plus, pour ainsi
dire, que la proclamation anticipée de la victoire. Le
plaidoyer pour Me Mérilhou, l'un des signataires de
la souscription nationale, se recommande aux membres d'un Ordre plus attaché à sa discipline qu'à
son indépendance, plus fier de ses devoirs que de
ses droits. C'est le portrait de l'avocat dans toute
sa noblesse; c'est celui du défenseur ou du client.
La défense de M. Jouy présentait un écueil redoutable. Il avait dénoncé ceux qui, en 1793, livrèrent
Toulon aux Anglais : la mairie de Toulon réclamant
l'offense pour elle, et en poursuivant la réparation, colora la trahison du prétexte ou de l'excuse
de la fidélité. M. Dupin justifia avec beaucoup d'a-
dresse l'indignation de son client; il mit la légitimité
hors de cause, et ne plaida que contre l'étranger,
conciliant ainsi les souvenirs de l'émigration et les
droits de la France. Le banc des accusés, ennobli par
un académicien, fut bientôt sanctifié par un archevêque, M. de Pradt fut traduit à la Cour d'assises. Une
accusation ingénieuse (triste éloge pour une accusation!) avait trouvé dans un de ses ouvrages ce
qu'elle appelait des provocations coupables. Elle s'é-
tayait sur des citations isolées, des passages mutilés,
des rapprochemens moins naturels qu'habiles, des
intentions désavouées avec énergie. C'était le système
interprétatif avec ses armes accoutumées; la raison le
combattit avec toute sa puissance. Cette fois, du
moins, il fut vaincu.

La défense du *Miroir* exigeait des accens moins graves. Appelé à une réfutation légère et moqueuse d'une accusation qu'il fallait châtier plus encore que combattre, M. Dupin n'avait qu'à suivre une des prédilections de son esprit. La censure pesait sur les journaux politiques; les journaux littéraires avaient été épargnés : de vieilles idées sur la frivolité de la littérature lui avaient valu cette indulgence dédaigneuse. C'était méconnaître son importance. Mobile et perfectible comme la société dont elle réfléchit l'image, elle reproduit tour à tour les passions et les idées qui règnent dans le siècle qu'elle embellit. Poétique sous Louis XIV, elle apporta ses pompes en tribut à ses fêtes. Railleuse et sceptique sous Louis XV, elle devint l'instrument d'une philosophie qui prenait le doute pour la profondeur, et se croyait supérieure parce qu'elle était indifférente. Elle est politique de nos jours; elle l'est à son insu, et souvent malgré elle. Il ne lui suffirait pas de s'isoler des préoccupations qui nous assiégent; les besoins et l'inquiétude de notre esprit l'y ramèneraient sans cesse : pourrait-elle échapper aux *allusions?* Les allusions étaient le crime du *Miroir.* S'il était coupable, ses lecteurs étaient ses complices; fallait-il punir un délit universel? Les juges n'hésitèrent pas à l'absoudre, heureux peut-être que les auteurs de tant d'épigrammes fissent plaider qu'elles étaient innocentes : plus heureux ceux qu'elles avaient blessés, s'ils avaient pu le croire!

Le procès des refrains séditieux suivit de près celui des allusions politiques. Un homme, à qui l'admiration publique a fait une destinée au-dessus de son espérance, mais non pas de son talent, M. de Béranger vint expier à la Cour d'assises la célébrité de ses chansons. La gaieté satirique de ses couplets passa tout entière dans les paroles de son défenseur. Ce n'est pas la première inspiration que Thémis doive aux Muses : Cicéron était poëte en plaidant pour Archias.

La défense récente de MM. Jay et Jouy termine la carrière de M. Dupin. Lorsque les condamnés subissent leur peine, ce n'est pas le moment de parler de la condamnation. Cette sévérité inattendue ne saurait, toutefois, nous rendre injustes envers la Cour qui l'a jugée nécessaire. N'a-t-elle pas, tout récemment encore, noblement revendiqué son indépendance ? Pressée des sollicitations du pouvoir, n'en a-t-elle pas repoussé l'injure ? *La Cour rend des arrêts et non pas des services.* C'est une parole parlementaire. Parmi les Molé ou les de Harlai, qui ne voudrait l'avoir prononcée ?..... mais qui voudrait l'avoir entendue ?

Après avoir parcouru les titres nombreux sur lesquels se fonde la réputation de M. Dupin [1], si nous

---

[1] Il faut ajouter à ceux que nous avons rappelés divers ouvrages, notamment *les Lettres sur la profession d'avocat,* (Paris, 1818); *les Observations sur la Procédure criminelle* (Paris, 1822), et un grand nombre de plaidoyers en matière civile, parmi lesquels l'attention publique, ordinairement éloignée de ces affaires, a signalé le plaidoyer pour le chevalier Desgraviers. On le trouvera dans cette collection [*].

[*] *Choix des OEuvres Oratoires* de M. Dupin, 2ᵉ partie.

voulions caractériser son talent, en expliquer l'influence et en définir les limites, nos éloges et nos
critiques se résumeraient dans une seule parole :
M. Dupin est orateur. Destiné à remuer un auditoire par des moyens rapides et des communications
passagères, l'orateur est soumis à des conditions
favorables à sa puissance, mais ennemies de sa perfection. L'écrivain s'adresse à des lecteurs; une attention sérieuse lui est promise. Repoussées ou méconnues, ses idées peuvent se reproduire : elles
appellent du préjugé à l'examen, et du présent à
l'avenir. La nécessité d'une victoire actuelle ne leur
est pas imposée; elles peuvent ajourner le succès :
le temps et leur propre vérité le leur assurent. Telle
n'est pas l'indépendance de l'orateur : il est à la fois
le maître et l'esclave de son auditoire; il lui prend
ses passions pour l'émouvoir, et ses idées pour le
convaincre : c'est sa force et sa faiblesse. Il se soumet
à ses erreurs, il se circonscrit dans son ignorance :
ses efforts ne peuvent pas attendre; une heure est
son avenir.

L'orateur est, auprès de la multitude, l'interprète
de la philosophie; il lui apporte ses lumières, il lui
explique ses oracles. Les idées, livrées à leur seule
influence, ne se répandent qu'avec lenteur. Long-
temps ignorées, plus long-temps méconnues, elles
sont d'abord le patrimoine privilégié des esprits
curieux et méditatifs qui les ont découvertes. Elles

Les autres Mémoires de l'auteur, forment déjà treize vol.
in-4°.

s'efforcent de descendre des hauteurs où elles sont
nées; elles aspirent à devenir populaires, et à former,
même aux dépens de leur pureté primitive, l'opinion
publique, cette conviction universelle et irréfléchie,
pour qui l'erreur et la vérité sont également des
préjugés. La puissance de l'orateur est de hâter
cette transmission des idées. Il les reçoit et les com-
munique; il leur donne l'intérêt d'un fait, la vivacité
d'une passion, l'autorité d'une croyance. Il fait leur
notoriété, elles font sa force et sa gloire : c'est un
échange de bienfaits. Erskine a combattu pour le
jury; la victoire a illustré son nom : mais il n'avait
pas forgé ses armes; à peine les a-t-il retrempées. Je
ne médis pas de la parole, son partage est assez
beau : elle ne découvre pas la vérité, mais elle donne
la puissance. Comparez le sort de Démosthène et
d'Aristote. Les philosophes ont élevé des rois, les
orateurs ont gouverné le monde.

L'orateur a son éloquence propre : comme elle
s'adresse au public, elle a plus de saillie que de
profondeur, plus de mouvement que de nouveauté;
elle est convaincue et passionnée : le public ne se
donne qu'à ce prix. Tout entière aux intérêts qui
l'animent, et à l'émotion qui l'entraîne, elle n'a pas
un moment pour les artifices du style et pour cette
science de la parole où triomphent les rhéteurs. Elle
dédaigne de plaire : que lui importe un succès qui
n'est pas une victoire? Ces caractères de l'éloquence
oratoire se retrouvent dans les discours de M. Dupin :
toutefois, ceux que nous avons rassemblés ne peu-

vent en offrir qu'une image incomplète. Tous sont
dépouillés du prestige de la parole publique, et de
l'intérêt du moment. Il faudrait, pour en comprendre
la puissance, retrouver dans une lecture solitaire, les
émotions contemporaines qui ont fait palpiter les
auditeurs. Quelques-uns même de ces discours ne
nous ont été conservés que par une analyse rapide ;
ce ne sont que les traces d'une brillante carrière :
mais ces traces sont fortement empreintes ; l'éloquence
a passé par-là.

Nous avons réuni aux plaidoyers de M. Dupin
ceux qui ont commencé la réputation de son frère [1] :
la fraternité du talent leur assignait aussi cette
place. Rapproché de leur jeune auteur par une amitié
plus égale, j'éprouverais quelque pudeur à le louer.
Qu'un mot suffise à son éloge : il croît dans la res-
semblance de son frère.

S. DUMON, avocat.

[1] A la suite des plaidoyers en matière civile, dans la 2ᵉ partie du Choix <i>des OEuvres Oratoires</i> de M. Dupin.

DUPIN.

AFFAIRE NEY.

1815.

M^E Dupin fut appelé en consultation chez M. Delacroix-Frainville, sur la *question d'incompétence* qu'il s'agissait d'élever devant le conseil de guerre où M. le maréchal Ney se trouvait alors traduit.

La famille et les amis particuliers du maréchal avaient examiné à part et résolu pour l'affirmative, la convenance du déclinatoire : ses suites probables avaient été prises en considération : les jurisconsultes n'ont eu à délibérer que sur la *question de droit.*

Les conseils sont unanimement tombés d'accord que le conseil de guerre était incompétent pour juger le maréchal Ney ; mais ils se sont trouvés divisés sur les motifs.

M. Delacroix-Frainville s'appuyait principalement sur ce que la dignité de maréchal de France, qui emportait celle de grand-officier de la couronne, avait, de tout temps, fait attribuer les causes des personnages qui en étaient revêtus, aux juges les plus élevés :

Autrefois, aux parlemens ;

Sous l'Empire, à une haute-cour ;

Depuis la restauration, à la chambre des pairs.

M. Dupin s'attachait plus particulièrement a la qualité de pair de France, qu'il soutenait n'avoir pas cessé d'exister en la personne de M. le maréchal Ney ; pour en conclure que, d'après la charte, il ne pouvait être jugé que par la cour des pairs. Il se fondait aussi sur le caractère de l'accusation, *attentat à la sûreté de l'état*, sorte de crime dont la connaissance était également réservée par la charte à la chambre des pairs.

Cette divergence dans les moyens, fit qu'il n'y eut pas de consultation commune.

M. Delacroix rédigea séparément une *consultation pour M. le maréchal Ney, sur la question de savoir si les maréchaux de France sont justiciables des conseils de guerre.*

Et M. Dupin, de son côté, publia le mémoire intitulé : *Question de droit, pour M. le maréchal Ney, sur l'exception*

I

d'incompétence tirée particulièrement de la qualité de pair de France à lui conférée par le Roi.

Pendant que le déclinatoire se plaidait devant le conseil de guerre, M. Dupin, qui avait porté ses méditations sur les accusations politiques que tout annonçait devoir se multiplier, consigna dans un petit écrit, ses idées *sur la libre défense des accusés.*

Cet écrit publié en octobre 1815, parut avoir été composé en vue du procès du maréchal Ney. On put le conjecturer et par la date où il fut publié, et par cette note qui se trouvait à la fin, comme l'idée dernière sur laquelle l'auteur voulait principalement appeler l'attention : « Je ne sais, (dit-il « en citant La Bruyère), s'il est permis de juger les hommes « sur une faute qui est unique, et si un besoin extrême, ou « une violente passion, ou un premier mouvement, tirent à « conséquence. » — Et il ajoutait : « La peinture représente le grand Condé déchirant une page de sa propre histoire !.... Quelle plus noble preuve qu'on peut faillir une fois, sans cesser d'être un héros [1] ?.... »

Quoi qu'il en soit, nous ne donnerons pas ici cet opuscule, qui n'a pas un trait assez direct à l'affaire du maréchal Ney, et qui d'ailleurs a été réimprimé dans la nouvelle édition des *Lettres sur la profession d'avocat.*

M. Dupin se vit bientôt appelé à mettre ses préceptes en pratique. Il fut adjoint, en novembre 1815, à la défense du maréchal Ney devant la Cour des pairs où la cause venait d'être renvoyée. La plaidoirie était confiée à M. Berryer père, et M. Dupin était spécialement chargé de la défense écrite [2].

Il rédigea, en effet pour la défense du maréchal, différens écrits dont les principaux ont pour titre :

1° QUESTION PRÉJUDICIELLE, *sur la nécessité de régler préalablement par une loi, la compétence attribuée à la chambre des pairs par l'article 33 de la Charte, et la procédure à suivre devant cette Cour.*

---

[1] Le peuple romain jugea ainsi dans le procès d'Horace, qui, après avoir sauvé Rome, fut accusé d'avoir tué sa sœur. *Citavere leges nefas : sed abstulit virtus parricidam ; et facinus intrà gloriam fuit.* L. Florus, lib. 1. cap. 3. — Pelisson, dit aussi dans son premier discours au roi : « Les belles actions doivent quelquefois couvrir les mauvaises, le mérite excepter de la peine, et la gloire emporter le crime. »

[2] Les auteurs de la Biographie des hommes vivans, imprimée chez Michaut en 1816, se trompent lorsqu'ils attribuent à M. Berryer une coopération quelconque à la rédaction de ces mémoires. Livré tout entier à la préparation de sa plaidoirie pour laquelle il n'avait que très-peu de temps, M. Berryer ne s'est mêlé en rien de la défense écrite.

2° Questions *sur la manière d'opiner dans l'affaire du maréchal Ney.* — On y démontre l'inconvénient et le danger qu'il y aurait à faire dépendre la condamnation, de la simple majorité d'une voix. — La Cour a, en effet, admis que les cinq huitièmes des voix seraient nécessaires pour condamner. Cette résolution a fait le salut de plusieurs accusés, dans d'autres affaires.

3° *Effets de la convention militaire du 3 juillet 1815, et du traité du 20 novembre 1815, relativement à l'accusation de M. le maréchal Ney.*

4° Une *lettre* à lord Wellington, généralissime des alliés au jour où la convention fut signée; et une *autre lettre* à sir Charles Stuart, ambassadeur d'Angleterre à Paris; pour les adjurer de donner leur témoignage, sur les intentions qui avaient présidé à la rédaction de cette convention.

5° Différentes *requêtes* où les moyens de défense du maréchal, sont précisés et réduits en conclusions [1].

Quoique M. Dupin n'eût pas dû se préparer à plaider, cependant il fut obligé de prendre quelquefois la parole à l'occasion de plusieurs *questions préjudicielles*, qui s'élevèrent avec M. le procureur-général Bellart; et c'est dans une de ces courtes et vives répliques, que réclamant contre la précipitation avec laquelle on pressait le jugement, (le procureur-général voulait écarter des débats tous les antécédens qui pouvaient expliquer la conduite du maréchal au 14 mars, ou écarter du moins toute idée de préméditation;) il prononça cette brillante apostrophe, qui excita un mouvement général dans l'assemblée : « Accusateur, vous voulez placer « sa tête sous la foudre; et nous, nous voulons montrer « comment l'orage s'est formé [2] ! »

Ces essais ayant obtenu l'approbation de M. le maréchal, l'illustre accusé désira que M. Dupin continuât de prendre part à la défense orale, et d'unir ses efforts à ceux de son confrère M. Berryer.

En effet, il prit une part active aux débats et à l'interrogation des témoins....

Il était convenu qu'il répliquerait à M. le procureur-gé-

---

[1] Presque toutes ces pièces ont été recueillies et imprimées dans *l'Histoire du procès du maréchal Ney,* (2 vol. in-8°), par Évariste Dumoulin, qui est la plus complète et la plus impartiale. On les trouve aussi en partie, dans la relation de ce même *procès,* par Michaud.

[2] C'est dans l'instant où l'orateur prononce cette phrase, qu'Horace Vernet a saisi le défenseur du maréchal Ney dans le portrait admiré des connaisseurs, qui a fait partie de l'exposition de ce peintre célèbre, en 1822. (Voyez l'ouvrage intitulé *Salon d'Horace Vernet,* par MM. Jouy et Jay, pag. 59.)

néral sur le fonds ; et il avait jeté par écrit le plan de cette réplique, pour la soumettre à M. le maréchal, qui en avait surtout approuvé la marche vive et rapide.... Mais M Berryer ayant été interrompu dans le développement de sa première plaidoierie, la replique projetée n'eut pas lieu, et M. Dupin ne put faire usage de ses notes. Elles ont été imprimées dans l'histoire du procès par Dumoulin, sous le titre de *Considérations sommaires sur l'affaire de M. le maréchal Ney*.

Nous reproduisons ici ce morceau, qui, s'il n'est pas la plaidoierie même, peut du moins faire pressentir ce qu'elle eût été.

Nous y joignons la troisième requête, jusqu'à présent restée inédite, et dont les conclusions ont servi de base aux plaidoieries sur les questions préjudicielles.

Nous donnons aussi deux des mémoires publiés par M. Dupin, parce que les questions de droit public qui y sont agitées, et les recherches profondes qu'ils contiennent, malgré le peu de temps que l'auteur eut pour les rédiger, offriront toujours de l'intérêt.

Pour tout le reste, on peut consulter les relations que nous avons déjà indiquées [1].

Des gens peu instruits des faits ont regretté que M. Dupin eût fait valoir pour son client, le traité du 20 novembre, qui a séparé Sarre-Louis de la France.... Ils ne savaient pas que ce moyen qui ne devait, dans tous les cas, être présenté qu'à la dernière extrémité, devait amener l'éloquente protestation du maréchal. On peut lire l'anecdote curieuse rapportée à ce sujet, dans la *Galerie historique des contemporains*, imprimée à Bruxelles, article Ney.

Nous ne dirons rien de l'issue de ce procès [2]. Un fait historique aussi important est resté gravé dans tous les souvenirs. Nous remarquerons seulement que M. de Lally-Tollendal, dans ses *Observations sur la déclaration de plusieurs pairs*, publiée dans le Moniteur du 27 novembre 1821, a dit, en parlant de ce jugement, *la douloureuse condamnation du maréchal Ney*.

---

[1] Celles de Dumoulin et de Michaud. Il y en a encore une troisième imprimée chez Planchet. — Feu M. Gamot, ancien préfet, beau-frère de M. le maréchal Ney, a laissé sur ce procès des notes et des documens très-curieux.

[2] L'arrêt entier est dans le récit de Dumoulin avec le vote individuel de chaque pair. Il faut y joindre l'anecdote extraite d'un article nécrologique sur le général Colaud, inséré dans *la Renommée* du 7 décembre 1819.

QUESTION DE DROIT

POUR

M. LE MARÉCHAL NEY,

SUR L'EXCEPTION D'INCOMPÉTENCE,

TIRÉE PARTICULIÈREMENT DE LA QUALITÉ DE PAIR DE FRANCE,
A LUI CONFÉRÉE PAR LE ROI.

———

L'AFFAIRE de M. le maréchal Ney présente la question de savoir *s'il peut être justiciable d'un conseil de guerre, et s'il n'est pas au contraire fondé à demander son renvoi à la chambre des pairs, pour y être jugé conformément à la Charte constitutionnelle.*

Depuis la promulgation de la Charte, aucune question de ce genre n'a encore été soumise à l'appréciation des jurisconsultes et des tribunaux. Sous ce rapport, la question peut paraître neuve.

Mais, à défaut d'exemples récens qui puissent nous guider dans son examen, nous trouvons dans les fastes de notre histoire des lumières qui jetteront le plus grand jour sur la solution.

Cette marche a paru d'autant plus naturelle, qu'elle s'accorde parfaitement avec l'esprit de la Charte.

En effet, dans le préambule où sa Majesté daigne nous expliquer ses intentions paternelles, on trouve ces paroles royales : « Nous avons cherché les prin- « cipes de la Charte constitutionnelle dans le carac- « tère français, et dans les *monumens vénérables* « *des siècles passés.* Ainsi nous avons vu dans le *re-* « *nouvellement de la pairie* une institution vraiment « nationale, et qui doit lier *tous les souvenirs* à « toutes les espérances, *en réunissant les temps an-* « *ciens et les temps modernes.* »

Or, si les principes n'ont pas changé, les consé-quences restent nécessairement les mêmes; et ce qu'on jugeait autrefois dans les causes intéressant les pairs, on devra le juger encore aujourd'hui.

On décidera, par conséquent, que le maréchal Ney ayant été créé pair de France par le Roi, ne peut être jugé que par la chambre des pairs.

La preuve de cette proposition sera séparée en deux parties.

Dans la première, nous rapporterons les monu-mens historiques qui établissent qu'autrefois un pair ne pouvait être jugé que par la *cour des pairs*, et non par des *commissaires* ou autres *juges délégués*.

Dans la seconde, nous démontrerons, par analogie de principes et de conséquences, que le maréchal Ney doit être jugé par la *chambre des pairs*, et non par un *conseil de guerre*.

§ 1er.

*Preuves qu'autrefois les causes intéressant la personne,
la vie, l'état et l'honneur d'un Pair de France, ne
pouvaient être jugées que par le parlement de Paris,
qui alors était la cour des Pairs du royaume.*

Les Francs ont apporté avec eux la règle que
chacun ne peut être jugé que par ses pairs.

Cette règle a subi des modifications, et ce qui,
dans le principe, était un droit commun à tous, s'est
trouvé, avec le temps, être l'apanage exclusif des
princes en vertu de leur naissance, et des pairs du
royaume en vertu de leur dignité.

Mais, au moins, il est demeuré bien constant
que ces illustres personnes ont conservé, comme
privilége, le droit de ne pouvoir être jugées, dans
les causes intéressant leur *vie,* leur *état* ou leur
honneur, que par le parlement de Paris, *comme
étant, ledit parlement, la cour naturelle des pairs
de France.* (Lettres patentes de Henri II, du
19 mars 1551.)

Ce droit qu'avaient les pairs de n'être jugés qu'au
parlement de Paris, *suffisamment garni de pairs,* et
le droit réciproque qu'avait le parlement de **juger**
*seul les matières touchant les pairs et pairies de
France,* ne peut pas être taxé d'usurpation.

Nous allons au-devant de cette objection, parce
que certaines personnes, prévenues contre les parlemens, ne manqueraient pas de rappeler à quel point

ces compagnies étaient entreprenantes, pour en conclure contre les exemples que nous rapporterons bientôt, qu'ils ne peuvent être d'aucune considération dans la cause.

Or, nous ne craignons pas d'affirmer que de tous les droits des parlemens, il n'y en a pas de plus certain, de mieux établi, de plus légalement consacré, que le droit dont le parlement de Paris a toujours usé, d'être *seul juge* des causes intéressant la personne des *pairs* et les intérêts de leurs *pairies*.

Il existe sur ce point un grand nombre d'ordonnances, édits, déclarations et lettres patentes qui, depuis le quatorzième jusqu'au dix-septième siècles, ont reconnu et consolidé cette attribution de juridiction de la manière la plus précise et la plus solennelle. Nous en rappellerons les dates pour faciliter les recherches à ceux qui conserveraient quelques doutes, et qui désireraient de les éclaircir [1].

1 *Voyez* ordonnance de décembre 1353. Lettres patentes de CHARLES V, en mars 1364, en 1366 et 1371. Ordonnance de CHARLES VI, du 17 décembre 1392; de CHARLES VII, 4 juin 1444, avril 1453. LOUIS XI, 16 septembre 1461, 15 janvier 1465, 11 août 1470, 11 mai 1478. CHARLES VIII, 12 septembre 1483, 14 novembre 1484, avril 1485. LOUIS XII, lettres patentes de l'année 1498. FRANÇOIS Ier, édit du 2 janvier 1514. HENRI II, édit du 20 septembre 1548; lettres patentes du 19 mars 1551, 20 janvier 1552, 11 juin 1556. HENRI III, édit de décembre 1576 et de février 1589. HENRI IV, 21 juin 1597. LOUIS XIII, déclaration de septembre 1610, art. 8. LOUIS XIV, préambule de l'édit de juillet 1644, édit de mai 1711. LOUIS XV, déclaration du 28 décembre 1724, ordonnance du 11 août 1737. — Ajou-

Les plus célèbres des procès jugés par le parlement de Paris, dans les causes intéressant les pairs du royaume, sont ceux dont la nomenclature suit :

En 1311, Robert, comte de Flandre.

1331, Robert d'Artois.

1341, Charles de Blois.

1368, le prince de Galles, duc de Guienne.

1378, Jean de Montfort.

1386, le roi de Navarre.

1485, le comte d'Eu.

1563, l'Évêque comte de Noyon.

1602, le maréchal duc de Biron.

Sous Louis XV, le duc d'Aiguillon.

Sous Louis XVI, le duc de Richelieu.

Tous ces exemples confirment ce que nous avons dit, que les procès intéressant la personne des pairs, et les droits de leur pairie, ont toujours été portés au parlement de Paris, comme étant la *cour naturelle des pairs du royaume*. Nous en avons cité un certain nombre, pour montrer que le jugement de ces sortes d'affaires n'était point dévolu *accidentellement* à cette cour, mais lui était attribué par l'effet d'une *règle si constante*, qu'elle était devenue une des lois fondamentales de l'état.

L'opinion sur ce point avait jeté de si profondes

tez à cela, les *Lettres d'érection* des différentes pairies, et notamment celles de Penthièvre, en septembre 1569, et celles de la Force, en juillet 1737. — Voyez enfin, l'édit de février 1771, portant création des conseils supérieurs, et non suspect de faveur pour les parlemens qu'il supprimait.

racines, que les pairs jugés par d'autres tribunaux, n'ont jamais regardé comme valables, ni les jugemens qui les ont condamnés, ni même (chose bien plus remarquable!) les jugemens qui les ont absous.

Ainsi, en 1560, M. le prince de Condé ayant été arrêté à Orléans, et traduit devant des *commissaires*, fut ensuite déclaré *pur et innocent* par une déclaration solennelle du roi ; mais il dit qu'il *penserait se faire grand tort*, s'il ne poursuivait *une autre déclaration de son innocence* devant le parlement de Paris, garni de pairs.

Il se pourvut en conséquence au parlement, et obtint, le 13 juin 1561, un arrêt qui annula les procédures des *commissaires*, comme faites par *juges incompétens*, et le déclara pur et innocent des cas à lui imputés.

En 1597, Diane d'Angoulême présenta requête à Henri IV, pour se plaindre d'avoir été condamnée par des *juges délégués dépourvus d'autorité légitime*, et demanda la permission de se justifier devant le parlement de Paris, qui, *selon les lois de l'État*, était le seul tribunal *légitime et compétent* pour connaître des affaires concernant les *pairs du royaume*.

L'affaire fut en effet renvoyée et jugée au parlement de Paris.

Cependant les vérités les plus certaines, les plus solidement établies, éprouvent des contradictions ; les droits les mieux fondés sont souvent attaqués : mais tel est l'avantage du vrai, que les efforts mêmes que l'on fait pour l'obscurcir, ne servent qu'à lui donner un nouvel éclat. C'est l'effet que produisent, quant au *droit qu'ont les pairs de n'être jugés que par leurs pairs*, les argumens que l'on voudrait tirer des tentatives qu'on a faites quelquefois pour les faire condamner par d'autres juges.

« En 1482, René d'Alençon ayant été accusé de
« différens crimes, le roi Louis XI [1], sous prétexte
« que ce prince avait, par lettres patentes du 14 jan-
« vier 1467, *renoncé aux priviléges de la pairie*,
« en cas qu'il commît quelque faute contre le roi,
« voulut le faire juger par le parlement de Paris,
« *sans les pairs*. René d'Alençon ne se manqua pas
« *à lui-même, ni aux pairs, ni à la cour des pairs.*
« — Dans son interrogatoire du 18 juillet 1482,
« il opposa qu'il était de la très-noble maison de
« France, de laquelle il était l'un des pairs...... qu'il
« n'est tenu de répondre devant quelques juges,
« excepté devant le roi, et en cette cour de parle-
« ment *garnie de pairs*...... et qu'en cas qu'on
« voudrait procéder à l'encontre de lui, en l'absence
« des pairs de France, il en appellait au roi et à la
« cour de parlement garnie de pairs. »

On n'eut alors aucun égard à cette défense du duc d'Alençon; mais depuis, les commissaires nommés par l'arrêt du 3 mars 1764, pour recueillir les principes et les faits sur la matière que nous traitons, ont remarqué que : « si l'AUTORITÉ L'EMPORTA SUR
« LE DROIT, au moins les juges FORCÉS PAR LE POU-
« VOIR ABSOLU, tâchèrent d'en diminuer l'ABUS; en
« ce que René d'Alençon ne fut condamné qu'à re-

[1] Voyez la chronique ajoutée à celle de Monstrelet, p. 77, édition de 1603.

« quérir merci au roi, et à lui donner caution de sa
« bonne conduite. » (Voyez le *travail des commissaires joint à l'arrêt du* 29 *mai* 1764, dans la liasse
cotée *comité secret du* 29 *au* 30 *mai* 1764.)

Quelle objection pourrait-on tirer d'un arrêt ainsi
apprécié par les successeurs des mêmes juges qui l'ont
rendu ?

Le duc de Rohan se mit à la tête des religionnai-
res, il assiégea plusieurs villes, s'empara des deniers
royaux, etc. Le roi Louis XIII rendit, le 14 octobre 1627, une déclaration portant pouvoir au parlement de Toulouse de juger ce duc.

Cette déclaration porte : « Nonobstant tous privi-
« léges, *même celui de la pairie, dont il est déchu et*
« *s'est rendu indigne,* attendu l'énormité du crime
« notoire de rébellion, et attentat par lui téméraire-
« ment avoué contre notre autorité et le repos de
notre royaume. »

Le parlement de Toulouse se crut par-là autorisé
à faire le procès au duc, *parce qu'il ne le considéra
plus comme pair de France.*

Mais, à cette occasion, les mêmes commissaires
dont j'ai déjà cité le rapport, ont fait à ces lettres
une réponse si juste et si lumineuse que nous n'aurons rien à y ajouter ; la voici : « Ces lettres patentes
« qui déclarent *le pair accusé déchu de la pairie* par
« le fait même, ne présentent qu'une pétition de
« principe. Elles supposent un premier jugement
« qui n'existe pas, *puisque le délit n'a point été léga-
« lement constaté;* ce qui rend nulle de plein droit
« l'instruction subséquente, qui, ne pouvant être

« régulière qu'autant qu'elle serait la suite d'une
« *dégradation légitimement prononcée*, est sans
« fondement lorsque le pair n'a pas été *privé de la*
« *pairie par un jugement émané du tribunal qui peut*
« *seul connaître de son honneur et de son état*. »

Monsieur, frère de Louis XIII, s'étant retiré en
Lorraine, il y fut suivi par les ducs de Bellegarde
et d'Elbeuf. Le roi donna, le 30 mars 1631, une
déclaration par laquelle ces deux ducs sont déclarés
criminels de lèse-majesté, et renvoyés pour être
jugés au parlement de Dijon.

Le duc de Bellegarde refusa de reconnaître ce
parlement. Le 25 avril, il écrivit aux juges : « La
« qualité que je possède de duc et pair de France,
« me dispense de reconnaître d'autres juges que l'au-
« guste parlement de Paris. »

On lui fit son procès par contumace à Dijon.

Mais peu de temps après il obtint des lettres d'a-
bolition. Le parlement de Paris les entérina le 7 janvier 1633, mais en même temps la cour dit que » le
« roi serait supplié de maintenir en temps et lieu,
« sa cour de parlement en ses priviléges, pour ce
« qui est des ducs et pairs, et autres officiers y ayant
« séance. »

Cela n'empêcha pas le duc d'Elbeuf d'être condamné par le parlement de Dijon, le 24 janvier 1643;
mais il invoqua le privilége des pairs devant le parlement de Paris, conclut à la nullité des poursuites
et de la condamnation; et, le 17 juillet 1643, il obtint un arrêt par lequel « dit a été sans s'arrêter aux-
« dites procédures extraordinaires, information, dé-

« faut de contumace, condamnation et exécution,
« comme nulles, et lesquelles la cour *a cassées et*
« *annulées comme faites au préjudice des priviléges*
« *des ducs et pairs de France,* que ladite cour a
« déchargé ledit duc d'Elbeuf de l'accusation contre
« lui portée, sauf à lui à se pourvoir pour ses dépens,
« dommages-intérêts, contre qui et ainsi qu'il verra
« être. »

Par tous ces arrêts on voit clairement que le droit
des pairs est sorti victorieux des attaques qu'on voulait lui porter.

Le duc de Montmorency, gouverneur du Langue-
doc, s'était joint aux amis de Monsieur, frère de
Louis XIII ; il avait engagé dans ce parti les États
de la province, et avait projeté des liaisons avec l'é-
tranger. Il fut fait prisonnier dans une action contre
les troupes du roi, déclaré criminel de lèse-majesté
par des lettres patentes du 23 juillet 1632, enregis-
trées au parlement de Toulouse ; et condamné par
ce parlement le 30 octobre 1632, à avoir la tête
tranchée ; ce qui fut *exécuté le même jour.*

La déclaration adressée au parlement de Toulouse,
pour juger ce duc, porte, comme celle du duc de
Rohan (suprà p. 12), *nonobstant le privilége de pairie
dont nous l'avons déclaré indigne et déchu.*

Le duc protesta en ces termes : » Messieurs,
« dit-il, *quoique vous ne soyez pas mes juges na-*
« *turels, en ma qualité de duc et pair de France;*
« néanmoins, puisque le roi veut que je vous ré-
« ponde, je le ferai. »

Et dans l'arrêt du 24 novembre 1643, par lequel

le parlement de Paris enregistra les nouvelles lettres par lesquelles le roi faisait don de la terre de Montmorency à madame la princesse de Condé, la cour dit « qu'elle avait procédé à la vérification desdites « lettres, sans approbation du jugement donné à « Toulouse le 30e jour d'octobre 1632, contre le « feu sieur de Montmorency, lequel, *en qualité de* « *duc et pair, ne devait être jugé qu'au parlement* « *de Paris.* »

N'est-ce pas dire clairement que sa condamnation était illégale, et par conséquent injuste ?

Le même règne de Louis XIII nous offre encore une circonstance où le ministre de ce prince voulut faire plier la règle sous le poids de l'arbitraire.

Le duc de La Valette, fils du duc d'Épernon, fut soupçonné d'avoir occasioné la levée du siége de Fontarabie, par l'armée du roi que commandait le prince de Condé. Richelieu voulut lui faire faire son procès au *conseil privé;* ce qui fut exécuté en 1639. Le premier président, tous les présidens et le doyen du parlement furent mandés, ainsi que les gens du roi, à Saint-Germain.

Dans ce conseil où étaient le Roi, quelques ducs, les conseillers d'état et les membres ci-dessus désignés du parlement, le duc de La Valette fut décrété et condamné par contumace à avoir la tête tranchée.

On voit dans les Mémoires de M. TALON (*t.* 1er, *p.* 256 *et suiv.*) que le premier président et plusieurs des magistrats (MM. PINON, NESMOND, SÉGUIER, DE BELLIÈVRE), appelés pour assister à ce procès dans le conseil, réclamèrent le droit du parlement et de la pairie, ce qui leur attira même des *discours très-durs*......

Mais en 1643, le duc de La Valette présenta requête au parlement pour purger la contumace, et par arrêt du 26 juin, les défaut, contumace et jugement contre le duc de La Valette furent mis au néant, *et, sans s'arrêter à tout ce qui avait été fait devant le conseil*, il fut ordonné qu'il serait informé en la cour à la requête du procureur du roi.

L'arrêt définitif rendu le 31 juillet a déchargé le duc de l'accusation contre lui intentée.

En examinant de bonne foi les circonstances de cette affaire, on n'en tirera sans doute aucune conséquence contre le droit des pairs. Loin de là, en voyant un acte passager de la puissance absolue anéanti par un retour à la règle, on se convaincra que cette règle n'est devenue que plus certaine par la contradiction même qu'elle a éprouvée.

Voyons d'ailleurs le jugement qu'en a porté l'histoire. « Le 7 septembre 1638, dit le président Hénault, M. le prince lève le siége de Fontarabie. Le « cardinal de Richelieu, *qui n'aimait pas le duc de La* « *Valette*, s'en prit à lui, et *lui donna des commis-* « *saires* qui le condamnèrent à avoir la tête tranchée « en effigie. »

Il ne faut donc voir dans la nomination de ces commissaires qu'une violation de principes, née de la haine que Richelieu portait à l'accusé.

Le même historien remarque encore qu'en 1540, si l'amiral de Brion fut condamné, ce fut « par des

« *commissaires*, à la tête desquels était le chancelier
« Poyet, *homme vendu à la cour* [1]. »

Ailleurs il ne manque pas de relever que le prince
de Bourbon, en 1560, et Fouquet, en 1664, furent condamnés par des *commissaires*.

Et, à cette occasion, il rapporte le mot du célestin
de Marcoussi. « François 1er voyant le tombeau de
« Jean de Montaigu au château de Marcoussi, plai-
« gnait ce grand ministre d'avoir été condamné à
« mort par *justice*. — Pardonnez-moi, sire, dit le
« bon religieux, ce fut *par des commissaires*. » —
Frappé de ces paroles, le Roi jura de ne jamais faire
mourir personne *par commission*. (*Élém. de l'Hist.
de Fr.* par Millot, *t.* 2, *p.* 225 [2].)

« Et que peut-il, en effet, y avoir de plus redou-
« table à des accusés, que les juges, non pas naturels
« et ordinaires, établis contre eux ; qu'on n'a jamais
« vus être pour eux ; qui, à regarder les exemples du
« passé sur lesquels on fonde l'usage, ont toujours su
« condamner, et pas une seule fois absoudre ! » (Pé-
lisson, *Prem. disc. au Roi*, p. 139 et 142.)

---

[1] On peut citer encore le procès de Samblançai, jugé par
des commissaires que Duprat (*bipedum nequissimus*, dit un
écrivain) lui donna *è suâ cohorte*.

[2] *Voyez* aussi l'*Esprit des lois*, liv. 12. chap. 22.

Et dans l'ouvrage intitulé le *Caton français*, imprimé à
Paris en 1614, *in*-8°, le développement de cette maxime :
Ne pas faire violence à la justice.

Adde, Daguesseau, tome 8, à la table, au mot *commission*. Bayle, articles *Montaigu* (Jean), remarque B. ; *Grandier*,
remarque F. ; et *Grotius*, remarque B., note 4.

§ II.

Suivant la Charte, le maréchal Ney ne peut être jugé que par la Chambre des Pairs.

La plus solennelle de toutes nos lois, la plus respectable, celle qui détermine tous les pouvoirs et règle tous les droits, cette Charte immortelle que nous devons à la sagesse et à l'équité du Roi, porte, article 34, « aucun pair ne peut être arrêté que de « l'autorité de la chambre, et jugé que par elle en « matière criminelle. »

Or, le maréchal Ney a été créé pair par Sa Majesté. Il a accepté cette dignité ; il en a exercé les fonctions ; il en réclame les prérogatives.

On lui oppose qu'il y a renoncé ; il soutient que telle n'a jamais été son intention.

Il faut donc examiner :

1º S'il existe de sa part une renonciation aux droits de la pairie ;

2º Quels seraient les effets de cette renonciation.

On fait résulter la renonciation, de ce que le maréchal Ney, ayant accepté des fonctions *incompatibles* avec la dignité de pair, cela *suppose et entraîne la démission* de cette dignité : on le considère, en conséquence, comme *démissionnaire de fait* de la pairie de France.

Il est vrai que le maréchal Ney, après avoir été créé pair par le Roi, a eu le malheur d'être nommé pair par l'usurpateur. Mais parce qu'il a été nommé deux

fois pair, en résulte-t-il qu'il ait cessé de l'être tout-à-
fait? Peut-on dire qu'il ait réuni en sa personne deux
qualités *incompatibles?*

Sans doute, dans notre esprit comme dans notre
cœur, rien ne s'allie moins avec la légitimité que
l'usurpation, et nous reconnaissons hautement que
le pouvoir éphémère d'un usurpateur est *incompatible* avec la sainte autorité d'un monarque légitime.

Mais lorsque nous cherchons, en droit, à nous
expliquer les effets de cette incompatibilité, relativement à la seconde nomination du maréchal Ney,
nous ne trouvons qu'un titre *nul* ajouté à un titre
valable. Et comme ce qui est nul ne peut jamais produire aucun effet, il en résulte pour nous la conviction que le vice du titre *nul* n'a porté aucune atteinte
à l'efficacité du titre *valable.*

Si le maréchal Ney n'eût pas été créé pair par le
Roi, il n'aurait jamais été pair; car l'usurpateur était
sans caractère pour lui conférer cette dignité.

Mais comme il était également sans autorité pour
priver le maréchal Ney de la pairie qui lui était acquise, il faut de toute nécessité reconnaître en principe : Que tout ce qu'a pu faire l'usurpateur est
comme non avenu; que ce qu'il a fait d'*inutile* n'a
pas pu détruire ce que le Roi avait *utilement créé;*
que tous ses actes, en un mot, *sont nuls, de toute
nullité, de nullité absolue;* et que, par conséquent,
la collation par lui faite du titre de pair, insuffisante
pour faire acquérir au maréchal Ney aucun droit nouveau à la pairie, a été pareillement impuissante pour
faire perdre à ce maréchal le droit qui lui était anté-

rieurement acquis à cette dignité. *Quod nullum est nullum producit effectum. Utile per inutile non vitiatur.*

En effet, il ne peut y avoir incompatibilité entre deux titres qu'autant qu'ils subsistent *concurremment ;* mais si de deux nominations, une seule est valable et l'autre nulle, il n'y a pas lieu à la question d'*incompatibilité* entre elles.

L'objection ne subsiste donc plus qu'en ce sens : *Que nul ne peut servir deux maîtres ;* que par conséquent, accepter des fonctions confiées par l'usurpateur, c'était nécessairement renoncer aux fonctions conférées par le Roi.

Mais, s'il en était ainsi, le crime de rébellion ou de trahison de la part d'un pair emporterait toujours renonciation à la pairie. Car quoi de plus *incompatible* que la trahison avec la fidélité ?

Cependant on a vu, par tous les exemples que nous avons cités sous le paragraphe précédent, que, lorsqu'un pair s'était rendu coupable d'un pareil crime, il n'était pas pour cela censé avoir renoncé de plein droit à la pairie, ni aux priviléges de la pairie. Il y avait seulement lieu à accusation contre lui. S'il était acquitté, sa dignité n'en souffrait aucune diminution; si, au contraire, il était condamné, de ce moment-là même, il en était déchu; mais il n'en était jamais privé que *par le jugement de ses pairs.*

L'évidence du crime dont un pair est accusé, ce qu'il peut avoir d'odieux ou d'aggravant, peut rendre sa condamnation plus certaine; mais toujours est-il que ce n'est pas dans les faits de reproche ou d'accusation contre un pair, qu'on peut voir l'abdication d'un privilége dont la jouissance ne lui est pas seulement assurée pour le cas où il sera demeuré *fidèle*, mais aussi pour le cas où il se sera rendu *criminel*, puisque ce n'est qu'en matière *criminelle* qu'il doit être jugé par ses pairs.

D'ailleurs, ne perdons pas de vue qu'il y a une grande différence entre une renonciation *écrite* et une renonciation de *fait*.

Une renonciation *écrite* emporte, seule et par elle-même, la preuve non équivoque de la volonté de son auteur.

Une renonciation, appuyée seulement sur des faits qui la font *supposer*, n'a pas, à beaucoup près, le même degré de certitude.

Dans les termes ordinaires du droit, les renonciations ne se présument pas. La raison en est que, s'il est libre à chacun de renoncer à son droit, personne cependant n'est présumé en faire inconsidérément le sacrifice. *Nemo res suas facilè jactare præsumitur.* On ne doit donc pas présumer qu'un pair ait légèrement abdiqué sa dignité.

En tout cas, il nous semble que si l'on trouve dans la conduite d'un pair, des *faits* d'où l'on veuille induire sa renonciation à la pairie, ces faits, lorsqu'il conteste les inductions qu'on en tire, ne peuvent être convenablement appréciés que par la chambre des pairs.

Autrement, les pairs ne seraient réellement plus inamovibles. Un mot échappé, une conversation mal saisie, mal interprétée, pourraient, quelque jour, être pris pour une démission : pour peu que la conduite d'un pair parût *incompatible avec sa dignité*, on supposerait qu'il s'en est *démis de fait*; et les pairs seraient arbitrairement privés des avantages que la Charte a voulu leur assurer.

Mais supposons maintenant que le maréchal Ney a, en effet, abdiqué la dignité de pair; qu'il a renoncé formellement aux prérogatives attachées à cette dignité, et notamment à l'article 34 de la Charte; et voyons quels seraient les effets d'une telle renonciation.

Elle serait postérieure au crime dont il est accusé; ce crime aurait donc été commis par un pair, et il ne pourrait encore être jugé que par la chambre des pairs.

En effet, c'est à l'époque où le crime a été commis que le pair a acquis le droit d'être jugé par ses pairs, et, *réciproquement*, que les pairs ont acquis le droit de juger leur pair.

Nous disons *réciproquement*, parce que l'art. 34 de la Charte n'a pas seulement entendu accorder aux pairs le privilége *individuel* de n'être jugés que par leurs pairs en matière criminelle; ce privilége est accordé *dans l'intérêt général de la pairie*.

Quand un pair est traduit devant des juges autres que ses pairs, on ne méconnaît pas seulement le *privilége de l'accusé; le droit de la pairie* tout entière se trouve atteint. (Et c'est pour cela que, dans le § précédent, nous avons vu le parlement de Paris aussi ardent à réclamer le droit exclusif de juger les pairs, que nous avons vu les pairs eux-mêmes soigneux de réclamer la juridiction de cette cour.)

Ainsi, quoiqu'il soit vrai de dire qu'un pair peut renoncer à la pairie, cela doit s'entendre comme de toutes les renonciations ; c'est-à-dire sous la condition que sa renonciation ne sera point intempestive.

S'il fait sa renonciation à une époque où il n'a commis aucun crime qui l'ait rendu justiciable de ses pairs, on peut dire qu'il ne renonce qu'à son droit personnel.

Mais s'il renonce après que, par sa conduite prétendue *criminelle*, il a contracté l'obligation de répondre devant ses pairs, sa renonciation, bonne pour l'avenir, ne le soustrait pas, pour le passé, à la juridiction de la chambre des pairs, qui a autant d'intérêt à le juger, qu'il peut avoir lui-même d'intérêt à être jugé par elle.

Encore une fois, il ne faut pas considérer l'époque de la mise en accusation, mais l'époque où le prétendu crime a été commis, et la qualité qu'avait l'accusé à cette même époque, pour déterminer le tribunal qui doit le juger. Cela est vrai dans les cas les plus ordinaires.

Ainsi, par exemple, si un crime a été commis par un militaire, quoique ensuite, et avant qu'il ait été traduit devant un conseil de guerre, il donne sa démission, il ne cessera pas pour cela d'être justiciable d'un conseil de guerre ; le crime commis par lui ne cessera pas d'être un délit militaire, il ne pourra pas décliner la juridiction militaire.

Or, ce qui arriverait en pareil cas, par la seule force des principes sur la compétence des tribunaux en général, doit à plus forte raison être observé dans une circonstance où la constitution de l'État est particulièrement intéressée à ce que le crime prétendu commis par un pair ne soit jugé que par la chambre des pairs.

Cela est d'autant plus important, qu'il pourrait fort bien arriver qu'un pair, ayant abdiqué pour faire jouir plus tôt son fils des honneurs et des droits de la pairie, fût ensuite recherché pour sa conduite passée. Or, dans ce cas, étant accusé pour des faits dont il se serait rendu coupable *étant pair*, il ne pourrait certainement être jugé qu'en cette qualité, et conséquemment *par ses pairs*.

Il en faut dire autant d'un ministre qui donnerait sa démission pour se soustraire au jugement des chambres. Il ne cesserait certainement pas pour cela d'être leur justiciable pour tout le passé.

La nature du crime dont le pair est accusé est indifférente en soi; qu'il s'agisse d'un délit militaire ou d'un délit commun, la règle demeure la même : *Un pair ne peut être jugé que par ses pairs.*

La Charte n'a pas distingué entre les différentes espèces de crimes; elle n'en excepte aucun : *en matière criminelle*, dit-elle, d'une manière générale. Elle ne s'occupe pas de la *qualité du crime*, mais seulement de la qualité du criminel. *S'il est pair, il ne peut être jugé que par la chambre des pairs.* Cette qualité de pair est dominante, elle éclipse toutes les autres; on ne peut jamais en faire abstraction dans l'individu qui en est revêtu. Peu importe qu'il y joigne des titres et des emplois secondaires : *il est pair, donc il ne peut être jugé que par ses pairs ;* c'est toujours là qu'il faut en revenir.

Jusqu'ici nous avons considéré le maréchal Ney comme n'ayant jamais eu l'intention de renoncer à la qualité de pair, ou du moins comme ayant certainement possédé cette qualité au jour du crime dont il est accusé. Maintenant, nous allons supposer que jamais il n'a été pair ; et, dans cette hypothèse, nous soutiendrons qu'il serait encore fondé à demander son renvoi *devant la chambre des pairs.*

En effet, il est accusé de crime de haute trahison, et *d'avoir attaqué la France et le gouvernement à main armée.*

Eh bien, l'article 33 de la Charte dit positivement que « la chambre des pairs connaît des crimes de « haute trahison et des attentats à la sûreté de l'état « qui seront définis par la loi [1]. »

Donc aucun autre tribunal ne peut connaître de ces crimes.

Vainement dirait-on que ces crimes devaient être *définis* par la loi et qu'ils ne l'ont pas encore été.

La réponse est que personne n'hésite sur l'acception de ces mots, *crimes de haute trahison et attentats à la sûreté de l'État.* Tout le monde convient

---

[1] C'est en vertu d'une semblable attribution, que le parlement de Paris connaissait exclusivement des crimes de lèse-majesté. Ordonnance de François Ier, à Is-sur-Tille, en décembre 1523, chap. 13. art. 1. Voyez Guénois, liv. 3. tit. 1. Aussi voyons-nous que cette compagnie a seule connu des attentats commis par Jacques Clément, Jean Chastel, Guignard, Ravaillac, Damiens.

qu'attaquer la France et son gouvernement à main armée, c'est évidemment la plus haute de toutes les trahisons, l'attentat le plus criminel à la sûreté de l'État.

Et si, comme on ne peut en douter, l'article 33 attribue à la chambre des pairs la connaissance de ces crimes, *en raison de leur énormité*, on ne peut pas penser que le crime imputé au maréchal Ney en puisse être excepté, puisque ce crime serait aussi horrible dans sa conception que désastreux dans ses conséquences.

Il serait donc évidemment placé, par sa nature, hors de la compétence du conseil de guerre, quand même il n'y serait pas déjà par la *qualité de l'accusé* [1].

On ne peut pas dire que le contraire est décidé, en ce qui concerne le maréchal Ney, par l'ordonnance du 2 août.

Cette ordonnance attribue au conseil de guerre de la première division militaire, la *connaissance* des crimes imputés aux personnes désignées dans l'ordonnance du 24 juillet; mais c'est sans préjudice du droit qu'ont ces personnes de se défendre, tant en la forme qu'au fond, devant ce conseil.

Autrement, et si l'on était obligé de reconnaître un tribunal par cela seul qu'on y est traduit, il n'y aurait jamais de déclinatoire possible; car le droit

---

[1] Cette double incompétence, en raison, 1° de la qualité du crime, 2° ou de la qualité de l'accusé, est établie par l'édit d'Amboise, de 1572, art. 13.

de décliner un tribunal quelconque naît précisément de ce que, par le fait, on y est traduit.

Tous les tribunaux, quels qu'ils soient, sont juges de leur compétence. Non-seulement la loi leur laisse une entière liberté de se déporter des causes qui ne sont pas de leurs attributions, mais elle leur en impose la nécessité : « Défendons à tous nos juges « de retenir aucune cause, instance ou procès dont « la connaissance ne leur appartient; mais leur en-« joignons de renvoyer les parties par-devant les « juges qui doivent en connaître, ou d'ordonner « qu'elles se pourvoiront, à peine de nullité des ju-« gemens. Et, en cas de contravention, pourront les « juges être intimés et pris à partie. » (*Ordonn. de Louis XIV, de* 1667, *tit.* 6, *art.* 1 ; *de* 1670, *tit.* 2, *art.* 14.)

Anisi, non-seulement le conseil de guerre pourra, mais il devra se déclarer *incompétent.*

Paris, ce 13 septembre 1815.

Le maréchal prince de la Moskowa,

NEY.

DUPIN, avocat.

JUGEMENT DU CONSEIL DE GUERRE.

Du 10 novembre 1815.

Sur le rapport du maréchal-de-camp comte Grundler, et après avoir entendu le réquisitoire de M. le commissaire ordonnateur Joinville, procureur du roi :

Le conseil considérant,

1° Que M. le maréchal Ney était pair de France à l'époque où il a commis le délit pour lequel il est mis en jugement en conformité de l'ordonnance du 24 juillet dernier;

2° Qu'un prévenu doit toujours être jugé dans le grade, ou suivant la qualité qu'il avait au moment où il a commis le délit dont il est accusé;

3° Que les maréchaux de France n'ont jamais reconnu sous nos rois d'autre juridiction que celle du parlement de Paris; qu'à l'époque de la création de ceux existans, ils ont été déclarés justiciables d'une haute cour; et qu'assimilant M. le maréchal Ney à un général d'armée, pour lui appliquer les dispositions de la loi du 4 fructidor an V, on n'a pas dû former, par analogie, un tribunal dont l'existence n'est reconnue par aucune loi;

4° Que M. le maréchal Ney est accusé du crime de haute-trahison et d'un attentat contre la sûreté de l'État; et qu'aux termes de l'article 33 de la Charte constitutionnelle, la connaissance de ces crimes est attribuée à la chambre des pairs;

5° Que l'ordonnance du 24 juillet, qui prescrit l'arrestation et la traduction devant les conseils de guerre compétens, de plusieurs généraux, officiers supérieurs et autres individus; et que celle du 2 août, qui a renvoyé tous les prévenus dénommés dans celle du 24 juillet par-devant le conseil de guerre permanent de la 1re division militaire, ne préjuge rien sur la compétence du conseil de guerre; tandis que celle du 6 septembre, qui a renvoyé M. de La Vallette, dénommé dans celle du 24 juillet, par-devant ses juges naturels, aux termes des articles 62 et 63 de la Charte constitutionnelle, donne lieu de penser que la dérogation aux lois et formes constitutionnelles, prononcée par l'article 4 de cette ordonnance, ne s'applique point à la compétence:

Et nonobstant la réquisition de M. le procureur du roi, déclare, à la majorité de cinq voix contre deux, qu'il est incompétent pour juger M. le maréchal Ney.

Le conseil étant rentré en séance publique, M. le président a prononcé à haute voix le jugement d'incompétence rendu par le conseil de guerre.

Le conseil enjoint à M. le rapporteur de lire de suite le jugement à M. le maréchal Ney, en présence de la garde rassemblée sous les armes, et de le prévenir que la loi lui accorde vingt-quatre heures pour se pourvoir en révision; et au surplus de faire exécuter le jugement dans tout son contenu.

Signé par MM. les maréchaux, Jourdan, président; Masséna, prince d'Essling; Augereau, duc de Castiglione; Mortier, duc de Trévise; et par MM. les lieutenans-généraux des armées du Roi, Gazan, Villatte et Claparède.

~~~~~~

TROISIÈME REQUÊTE

A LA CHAMBRE DES PAIRS

POUR M. LE MARÉCHAL NEY.

Messieurs,

J'ai déjà eu l'honneur de vous présenter deux requêtes (¹) dont l'objet était de démontrer *la nécessité
d'une loi*, soit pour indiquer la procédure à suivre
devant la chambre des pairs, soit pour consacrer,
dans la forme constitutionnelle, les modifications sans
lesquelles la procédure établie pour les autres cours
ne pourrait pas s'accorder avec l'organisation de la
cour des pairs.

J'ai présenté les motifs qui rendaient cette marche
indispensable, non-seulement dans mon intérêt par-

---

¹ On n'a pas jugé nécessaire à l'intelligence du procès de
donner ici ces deux requêtes, dont la substance d'ailleurs se
trouve rappelée dans celle-ci.

ticulier, mais encore dans celui de tous les pairs qui, comme moi et après moi, seraient exposés aux hasards d'une accusation capitale.

Je ne sais quelle sera l'issue de mes réclamations : j'ignore ce qui se fait et ce qui se fera ultérieurement pour ou contre moi; mais, dans cette incertitude, je ne dois pas négliger de mettre sous les yeux de la chambre les inconvéniens qui résulteraient, pour la justice et pour ma sûreté, de l'emploi des formes expéditives auxquelles, par le fait, il semble que je sois réduit.

En effet, et alors même qu'il demeurerait pour certain que la procédure rapide des cours *spéciales* est bien celle qui convienne, et au caractère élevé de la chambre des pairs, et à la gravité de l'accusation dont je suis l'objet; au moins est-il vrai que, renfermé dans le cercle déjà si étroit de cette procédure, j'aurais droit de prétendre qu'aucune des garanties qu'elle offre ne peut m'être enlevée.

Or, s'il est vrai, comme l'annoncent quelques journaux qui semblent mieux informés que moi, que la chambre des pairs ait déjà prononcé ma *mise en accusation*, je demande pourquoi cet arrêt ne m'a pas encore été notifié conformément à l'article 567 du code d'instruction criminelle? Je demande encore si cet arrêt a été adressé à la cour de cassation, aux termes de l'article 568? Je demande si cette cour a statué ou se dispose à statuer, aux termes de l'article 590, *sur les nullités* qui, d'après l'article 299, peuvent se trouver dans l'arrêt de renvoi? Ou enfin, si toutes ces formes ont été négligées par la raison

qu'il ne convient pas que la chambre des pairs re-
connaisse de juridiction supérieure à la sienne propre, je demande où est la loi qui a décidé, en ce qui
me concerne, que je serais privé du bénéfice que les
articles précités assurent à l'accusé le plus vulgaire?

On ne peut pas, à huis clos, en mon absence, à
mon insu, décider irrévocablement contre moi des
questions dont la solution peut influer puissamment
sur la décision de mon procès.

On ne pourra pas m'opposer comme inattaquables,
des actes qui n'auront pas subi les épreuves pres-
crites par la loi, ni me déclarer *non-recevable* à critiquer des procédures dont je ne puis pas relever les
irrégularités avant que d'en avoir obtenu lecture,
copie ou communication.

Si le mode de proposer ces nullités a cessé d'être
tel qu'il est réglé par le code d'instruction criminelle,
il a dû être remplacé par un autre mode; mais il n'a
pas pu disparaître de la procédure : il tient essentiellement à ma défense; je n'ai pas pu, je ne puis pas
en être privé; et *je regarde tous mes droits comme
réservés à cet égard*, me paraissant impossible que
mes accusateurs, seuls et sans avoir éprouvé le choc
d'aucune contradiction, aient pu prendre sur moi
des avantages qu'il me soit désormais interdit de leur
disputer.

Ce que j'ai dit jusqu'ici des dispositions du code
d'instruction criminelle sur l'arrêt de *mise en accusation*, sur la *proposition des nullités*, et sur *le mode
de les faire juger*, s'applique à d'autres objets non
moins importans.

Je suis accusé du crime de *haute trahison;* tel est le titre de l'accusation : mais le sort de cette accusation est subordonné à la défense que j'y opposerai. Or, d'après l'article 299 du code précité, j'ai, par exemple, le droit d'articuler et de soutenir que *le fait qui m'est imputé n'est pas qualifié crime par la loi,* et je prouverai qu'en effet le code pénal (même à la sect. II du chap. 1er du liv. 3) ne renferme aucun article dont les termes me puissent être appliqués. Cette discussion tient essentiellement à ma défense : j'agiterai la question devant la cour de cassation, si l'on observe les articles 568, 569 et 570; je l'agiterai devant la chambre des pairs, s'il est décidé que ces articles doivent subir une modification. Mais toujours est-il que le droit d'élever cette question m'appartient éminemment, et qu'on ne peut rien statuer sur cette question, sans qu'au préalable j'aie été entendu.

Pareillement, ce n'est ni selon les règles et les principes suivis dans les *tribunaux militaires,* ni selon les règles et les principes usités dans les *cours spéciales,* que je dois être jugé au fond.

La procédure des *cours spéciales,* même en admettant qu'elle peut accidentellement devenir celle de la *cour des pairs,* ne préjuge rien au fond, ni sur le caractère du délit, ni sur la manière dont les pairs devront former leur opinion.

La qualité de maréchal de France, la circonstance que je commandais une division militaire, ne peut pas non plus entraîner la conséquence que je dois être jugé militairement.

Le crime dont je suis accusé n'est ni un délit purement militaire, ni un délit de la classe ordinaire, c'est un délit complexe qualifié par la charte crime de *haute trahison.*

L'accusation de ce crime doit être jugée par la *cour des pairs comme cour des vairs,* c'est-à-dire avec la solennité, avec l'élévation qui appartiennent à une cour composée *d'hommes d'État, dont la conscience, comme juges, ne peut être émue que par le sentiment intime et toujours profond du véritable intérêt de l'État.*

Sans ces considérations d'un ordre supérieur, la charte n'eût pas réservé aux pairs de France la connaissance exclusive des accusations mentionnées aux articles 33 et 34 : elle en eût laissé la connaissance aux juges ordinaires.

Mais on a senti que des *juges ordinaires* ne verraient, ne traiteraient, ne jugeraient l'accusation que d'une *manière ordinaire;* tandis que les pairs, placés par la charte dans une région plus élevée, verraient la chose de plus loin, parce qu'ils la verraient de plus haut.

C'est cette hauteur de vues, cette élévation de sentimens, qui doivent présider à la décision de mon procès. Les pairs ne me jugeront ni comme feraient des militaires assemblés pour juger une sentinelle endormie, ou un soldat déserteur; ni comme des juges spéciaux qui auraient à statuer sur le sort d'un contrebandier ; ils me jugeront comme des hommes d'état, qui ont traversé une longue et terrible révolution, qui ont vu tant de formes de gouvernemens se succéder d'une manière aussi rapide qu'imprévue; qui, comme moi peut-être, ont connu cette incertitude, cette anxiété, ce bouleversement d'esprit et d'âme qu'éprouve le meilleur citoyen, lorsqu'il voit ses compatriotes divisés par les factions, et prêts à déchirer eux-mêmes le sein de la patrie.

Ils apprécieront ma situation au 14 mars : et si quelques-uns sont assez sûrs d'eux-mêmes pour croire qu'à ma place ils eussent résisté à l'orage; d'autres, tout en me blâmant d'y avoir cédé, seront assez indulgens pour penser que mon cœur n'admit jamais la pensée du crime.

J'insiste d'autant plus pour que la chambre des pairs conserve à sa juridiction le caractère de noblesse et d'indépendance qui la distingue de toutes les autres juridictions, que le crime dont je suis accusé devait, suivant l'article 33 de la charte, être défini par une loi qui n'a pas encore été portée.

En effet, on ne peut pas dire que cet article se réfère aux lois précédemment portées : ces mots *qui seront définis par la loi*, indiquent évidemment une loi *à faire* et non une loi *déjà faite*.

Or, si cette loi qui devait définir les crimes énoncés en l'article 33, n'a pas encore été portée, et que cependant mes accusateurs persistent à me faire juger par des lois auxquelles cet article n'a pas prétendu se référer, dans des formes qui n'ont pas été instituées pour la chambre des pairs, qui, en plusieurs points même, répugnent à son organisation, et qui, par cette raison, ont paru exiger des modifications que je puis appeler arbitraires, puisqu'elles n'ont pas été

réglées par la loi; je n'ai donc d'espoir et de ressource que dans la grande latitude qui doit être
laissée, soit à ma défense, soit au jugement que
MM. les pairs en porteront en leur âme et conscience.

Dans ces circonstances, et par ces considérations,
je conclus à ce qu'il plaise à messieurs les pairs me
donner acte de ce que je persiste dans les conclusions
par moi précédemment prises, et de ce que subsi-
diairement, et dans le cas seulement où il n'y serait
pas fait droit; je me réserve 1° le droit de réclamer
contre tous arrêts de mise en accusation, ou autres
qui ont été ou qui pourraient être rendus en mon
absence; 2° de proposer tous moyens de nullité
contre la procédure tenue ou à tenir contre moi;
3° de prouver que le fait qui m'est imputé n'est pas
qualifié crime par la loi; 4° que la chambre des pairs
ne doit juger ni comme cour spéciale, ni comme tribunal militaire, mais bien comme chambre des pairs;
5° que je ne puis pas être jugé par des lois auxquelles
la charte ne s'est pas référée, ni selon des règlemens
qui n'ont pas le caractère législatif; — 6° enfin
*je me réserve toutes mes exceptions, fins de non re-
cevoir et défenses généralement quelconques, tant
en la forme qu'au fonds.*

Paris, ce 17 novembre 1815.

Signé, NEY.

DUPIN; } avocats.
BERRYER, père. }

EFFETS

DE LA CONVENTION MILITAIRE

DU 3 JUILLET 1815,

ET DU TRAITÉ DU 20 NOVEMBRE 1815,

RELATIVEMENT A L'ACCUSATION DE M. LE MARÉCHAL NEY.

.... Sous Troye, il fallait l'accabler;
Tout était juste alors.

A PRÈS la bataille de Waterloo, la fuite de Buonaparte et son abdication, l'armée française s'était ralliée
sous les murs de Paris, bien décidée à s'y défendre,
et à vendre chèrement sa vie à ceux qui oseraient
l'attaquer dans ses lignes.

Mais bientôt quelques hommes sages cherchèrent
à ébranler cette résolution, en représentant aux chefs
que, si un premier avantage était probable, la supériorité du nombre promettait aux étrangers une
revanche qui aurait pour suite inévitable la ruine de
Paris et le massacre de ses habitans.

Les généraux des troupes alliées considérèrent
eux-mêmes toute l'étendue des pertes que pouvait
encore leur faire éprouver la valeur française réduite au désespoir! ils sentirent l'immense avantage
de s'assurer, sans coup férir, une ville dont l'oc-

cupation de vive force leur eût coûté d'énormes
sacrifices.

Des négociations furent entamées entre les fondés
de pouvoir de MM. les généraux alliés d'une part ;
et de l'autre, M. Bignon, chargé du portefeuille des
affaires étrangères, M. Guilleminot, chef de l'état-
major général de l'armée française, et M. de Bondy,
préfet du département de la Seine; ce qui annonçait
bien ouvertement l'intention de traiter dans l'intérêt
de l'*État*, de l'*armée*, et de la *ville de Paris*.

Les généraux alliés ne dissimulaient pas que leur
intention n'était pas de conquérir la France, mais
seulement de rétablir le roi légitime sur son trône.
Le gouvernement provisoire savait parfaitement que
S. M. Louis XVIII approchait de la capitale; il avait
eu connaissance de la proclamation du 25 juin : elle
avait été communiquée aux chambres, insérée dans
les journaux, imprimée et affichée dans tout Paris;
on y avait surtout remarqué le passage suivant :
« **Mais** aujourd'hui que les puissans efforts de nos
« ALLIÉS ont dissipé les satellites du tyran, nous
« nous hâtons de rentrer dans nos états, pour y ré-
« tablir la constitution que nous avions donnée à la
« France; réparer par tous les moyens qui sont en
« notre pouvoir, les maux de la révolte et de la guerre
« qui en a été la suite nécessaire; *récompenser les*
« *bons, mettre à exécution les lois existantes contre*
« *les* COUPABLES. »

Un autre proclamation en date du 28, également
connue à Paris, renfermait la *promesse de pardonner*

aux Français égarés; mais elle annonçait en même temps que quelques personnes seraient *exceptées du pardon.*

Ces punitions annoncées, ces limitations apportées à l'amnistie d'ailleurs promise avec tant de libéralité, n'étaient pas de nature à rassurer ceux qui avaient pris part à la révolution, et qui se trouvaient alors en possession du gouvernement civil et militaire de la France : les chefs de l'armée auraient mille fois préféré de périr les armes à la main, que de réserver leur vie pour le triste appareil d'une procédure criminelle; les chefs du gouvernement, les fonctionnaires, n'attachaient pas moins d'importance à se mettre à l'abri de toute réaction.

Pour dissiper toutes les craintes à cet égard, et rassurer tous les esprits; on inséra dans la convention l'article 12, dont la teneur suit : « Seront pareillement « respectées les personnes et propriétés particulières. « Les *habitans*, et *en général* TOUS les individus qui « se trouvent dans la capitale, continueront à jouir « de leurs droits et libertés *sans pouvoir être inquiétés* « *ni recherchés* EN RIEN relativement aux *fonctions* « qu'ils occupent ou auraient occupées, à leur *con-* « *duite* et à leurs *opinions politiques.* »

Pour plus de sûreté, on ajouta l'article 15, portant que, « s'il survient des difficultés sur l'exécution de « quelqu'un des articles de la présente convention, « l'interprétation en sera faite *en faveur de l'armée* « *française et de la ville de Paris.* »

M. le maréchal Ney était évidemment compris dans les termes de l'article 12; il était *habitant* de

Paris, il y avait son *domicile* de droit et de fait ; il y exerçait des *fonctions* ; il tenait à l'*armée*.

Accusé, il a invoqué le bénéfice de cet article.

Mais on lui a objecté, « que S. M. le roi de France « n'avait pas ratifié la convention du 3 juillet. — Que « la stipulation, écrite en l'article 12, n'exprimait « qu'une renonciation des hautes puissances *pour* « *leur compte* à rechercher qui que ce fût en « France pour raison de sa conduite ou de ses « opinions politiques. — Qu'elles n'avaient donc à « s'immiscer en rien dans les actes du gouvernement « du roi. »

Cette réponse, faite à madame la maréchale Ney par lord Wellington, ne résout pas la difficulté.

Le sens restrictif qu'elle donne à l'article 12 n'empêche pas que la convention ne subsiste dans *toute son étendue*, et qu'elle ne doive être interprêtée avec *toute la latitude garantie par l'article* 15.

Une convention n'appartient pas seulement à *l'un des contractans* ; elle appartient à tous ceux qui y ont pris part. Si l'une de ses clauses présente quelque difficulté, elle ne peut pas être levée d'autorité par une seule des parties contre le vœu de l'autre ; il faut alors recourir aux règles d'équité et de logique, qui, en pareil cas, servent à fixer le sens des termes et la force des stipulations.

Nous rechercherons donc s'il est vrai que l'art. 12 n'exprime qu'une *renonciation particulière* de la part des hautes puissances ; ou si, au contraire, cet article a eu pour but d'assurer une *garantie générale* de toutes recherches qui prendraient leur source dans

les fonctions, la conduite, ou les opinions politiques
des individus qui y sont désignés.

Remarquons d'abord que les hautes puissances
n'auraient pu renoncer, *pour leur compte*, à rechercher qui que ce fût en France pour raison de sa conduite ou de ses opinions politiques, qu'autant qu'elles
auraient eu effectivement ce droit de recherche.

Car, en général, nous ne pouvons renoncer à un
droit quelconque, qu'autant qu'il nous est acquis :
on ne peut pardonner qu'autant qu'on pourrait punir;
nemo qui condemnare potest, absolvere non potest.
L. 87, *ff.* de reg. jur.

Or, il est un PRINCIPE DU DROIT DES GENS, c'est
que, « les nations étrangères ne doivent pas s'ingérer
« dans le gouvernement intérieur d'un état indépen-
« dant. *Ce n'est point à elles de juger* entre les ci-
« toyens que la discorde fait courir aux armes, ni
« entre le prince et les sujets : les deux partis sont
« également étrangers pour elles, également *indé-*
« *pendans de leur autorité.* Il leur reste d'interposer
« leurs bons offices pour le rétablissement de la paix,
« et la loi naturelle les y invite. » *Le droit des Gens*
de Watel, livre III, chapitre XVIII, §. 296.

Ainsi les hautes puissances n'avaient que les droits
de la guerre dans les pays que la force des armes
faisait tomber en leur pouvoir; mais elles n'avaient
pas (selon le droit des gens) le pouvoir de juger *la
conduite et les opinions politiques* des citoyens qui
avaient pris part à la révolution.

Ce principe était bien connu de la part des plénipotentiaires qui ont conclu la convention de Paris, il

est donc impossible d'entendre l'article 12, en ce sens que les hautes puissances ont entendu renoncer à un droit qu'elles n'avaient pas.

Mais le roi de France était leur ALLIÉ; c'était pour sa sainte cause qu'elles avaient pris les armes; elles agissaient pour lui et en son nom. La proclamation du 25 juin et le traité du 20 novembre ne laissent aucun doute à cet égard. On ne peut donc pas dire que la convention du 3 juillet n'a pas engagé le roi de France.

Sa Majesté, toujours grande et généreuse, *n'avait pas voulu unir son bras ni ceux de sa famille aux instrumens dont la providence s'était servie pour punir la trahison* [1]; mais les généraux *alliés dont les puissans efforts ont dissipé les satellites du tyran* [2], avaient nécessairement avec le pouvoir d'agir offensivement *dans l'intérêt de l'alliance*, et de ce que les publicistes appellent *casus fœderis*, le pouvoir de faire les capitulations et les trèves qui, en arrêtant l'effusion du sang, devaient hâter l'époque de la pacification et du retour à l'ordre. Autrement, et si on ne leur suppose que le premier de ces pouvoirs, sans admettre le second, il faut donc dire, que le combat une fois commencé ne devait finir que par l'extinction de tous les combattans; ce qui répugne tout à la fois au droit des gens, à l'humanité et surtout aux sentimens paternels de Sa Majesté pour son peuple.

Ainsi, les mêmes généraux qui avaient le pouvoir

[1] Proclamation du 25 juin.
[2] Même proclamation.

d'attaquer l'armée française et de prendre Paris en cas de résistance, avaient certainement le droit d'accorder les clauses d'une convention qui épargnait à cette cité les horreurs d'un siége et les suites d'un assaut.

« Puisqu'un général et un commandant de place « doivent être naturellement revêtus de tous les « pouvoirs nécessaires pour l'exercice de leurs fonc-« tions, on est en droit de présumer qu'ils ont ces « pouvoirs ; et celui de conclure une capitulation « est certainement de ce nombre, surtout lorsqu'on « ne peut attendre les ordres du souverain. Le traité « qu'ils auront fait à ce sujet sera donc valide, et il « obligera les souverains au nom et en l'autorité des-« quels les commandans respectifs ont agi. » WATEL, livre III, chap. XVI, § 261.

Le droit réciproque qu'avaient et l'armée et la ville de Paris de pourvoir à leur sûreté par une convention, est établi par le même auteur au § 264, où il dit : « Les particuliers, gens de guerre ou autres, « qui se trouvent en présence de l'ennemi, sont, par « cette nécessité, remis à leur propre conduite. Ils « peuvent faire, *quant à leurs personnes*, ce que « ferait un commandant par rapport à lui-même et « à sa troupe..... Car lorsqu'un sujet ne peut ni re-« cevoir les ordres de son souverain, ni jouir de sa « protection, il rentre dans ses droits naturels, et « doit pourvoir à sa sûreté par tous les moyens justes « et honnêtes.... Le bien de l'état demande que la « foi soit gardée, et que les sujets aient *ce moyen de* « *sauver leur vie*, ou de recouvrer *leur liberté*. »

Ainsi l'armée et la ville de Paris, d'une part; et MM. les généraux alliés, pour toute l'alliance, d'autre part; ont eu le droit de stipuler et d'accorder toutes les clauses de la convention de Paris.

Dira-t-on que cette convention a été faite avec des rebelles? — Mais ce n'en sera pas moins un traité, une foi jurée, une convention obligatoire. Écoutons ce que dit Watel à ce sujet. « Le plus sûr moyen « d'apaiser les séditions, et en même temps le plus « juste, c'est de donner satisfaction aux peuples; et « s'ils se sont soulevés sans sujet, ce qui n'arrive « peut-être jamais, il faut bien encore, comme nous « venons de le dire, accorder une amnistie au grand « nombre. Dès que l'amnistie est publiée et acceptée, « tout le passé doit être mis en oubli, personne ne « peut être recherché pour ce qui s'est fait à l'oc- « casion des troubles. Et en général, le prince, « religieux observateur de sa parole, doit garder fi- « dèlement tout ce qu'il a promis aux rebelles mêmes, « j'entends à ceux de ses sujets qui se sont révoltés « sans raison ou sans nécessité. Si ses promesses ne « sont pas inviolables, il n'y aura plus de sûreté pour « les rebelles à traiter avec lui; dès qu'ils auront tiré « l'épée, il faudra qu'ils en jettent le fourreau, « comme l'a dit un ancien : le prince manquera le « plus doux et le plus salutaire moyen d'apaiser la « révolte; il ne lui restera, pour l'étouffer, que d'ex- « terminer les révoltés. Le désespoir les rendra for- « midables; la compassion leur attirera des secours, « grossira leur parti, et l'état se trouvera en danger. « Que serait devenue la France, si les *ligueurs* n'a-

« vaient pû se fier aux promesses de Henri-le-Grand ?
WATEL, liv. III, chap. XVIII, § 291.

Dira-t-on encore que l'article 12 sort des termes
d'une capitulation ordinaire ?

1° Nous répondrons que non, car on ne capitule
que pour sauver sa vie et sa liberté ; et ce ne serait
pas se sauver que d'échanger les hasards du canon
contre l'expectative des supplices [1] ; de stipuler une
amnistie partielle et temporaire, utile aujourd'hui,
nulle le lendemain ; obligatoire pour les alliés dont
on n'avait rien à craindre, et sans effet vis-à-vis du
roi de France, qui seul avait le droit de punir légitimement.

2° Nous répondons en second lieu que, « s'il arrive
« dans les conférences pour la capitulation, que l'un
« des commandans insiste sur des conditions que
« l'autre ne se croit pas en pouvoir d'accorder, ils
« ont un parti à prendre, c'est de convenir d'une
« suspension d'armes, pendant laquelle toutes choses
« demeureront dans leur état jusqu'à ce qu'on ait
« reçu des ordres supérieurs. » WATEL, liv. III,
chap. XVI, § 262. — Or, rien de semblable n'a été
fait, parce que MM. les généraux alliés savaient bien
qu'ils avaient tout pouvoir du roi de France de sauver
sa capitale, même au prix de ses plus justes ressentimens.

---

[1] Chacun en pareil cas , peut dire avec Coligny :

Je n'ai pas prétendu céder par un traité,
Le droit de m'immoler avec impunité.

CHÉNIER, *Charles IX*, acte IV, scène IV.

3° Aussi, lorsque Sa Majesté est entrée dans Paris aux acclamations si vives d'un peuple ivre du bonheur de la revoir, elle n'a pas désavoué la convention du 3 juillet. Cependant Sa Majesté n'eût pas manqué de le faire, si son intention n'eût pas été, en profitant du bénéfice de cette convention, d'en maintenir avec soin toutes les stipulations. « Nous « avons fait voir, dit Watel, que l'état ne peut être « lié par un accord fait sans son ordre, et sans pouvoir « de sa part. Mais n'est-il pas absolument tenu à rien ? « C'est ce qui nous reste à examiner. *Si les choses* « *sont encore dans leur entier,* l'état ou le souverain « peut tout simplement désavouer le traité, lequel « tombe par ce désaveu, et se trouve parfaitement « comme non avenu. Mais le souverain doit mani- « fester sa volonté *aussitôt que le traité est parvenu* « *à sa connaissance;* non à la vérité que son silence « puisse donner force à une convention, qui n'en doit « avoir aucune sans son approbation : mais il y aurait « de la mauvaise foi à laisser le temps à l'autre partie « d'exécuter de son côté un accord que l'on ne veut « pas ratifier. » WATEL, liv. II, chap. XIV, § 212 [1].

Or, il est de fait que Sa Majesté n'a pas désavoué la convention du 3 juillet après en avoir eu connaissance. Eh! comment ce bon roi aurait-il désapprouvé une convention qui lui a épargné la douleur de ne trouver à la place de sa bonne ville de Paris, que des décombres et un deuil universel ! N'est-il pas le petit-

---

[1] *Populum Romanum appello, quem si sponsionis ad Furculas Caudinas factæ pænitet, restituat legiones intrà saltum quo septæ fuerunt.* TIT. LIV. IX.

fils, l'héritier du sang et des droits de ce Henri IV de si chère mémoire, qui, faisant le siége de Paris, en 1594, disait : « J'aimerais mieux n'avoir point de « Paris, que de l'avoir tout ruiné et tout désolé par « la mort de tant de personnes. »

Non-seulement Sa Majesté n'a pas désavoué la convention du 3 juillet, mais on peut dire que son gouvernement en a souffert et procuré l'exécution, en ce qui concerne la retraite de l'armée derrière la Loire, la remise des armes de Paris et de Vincennes; qu'il en a réclamé l'exécution dans l'intérêt des monumens dont la conservation était stipulée au profit de la ville de Paris, etc., etc. [1].

Objectera-t-on que ces exécutions partielles ne portent pas sur l'article 12? — Nous répondrons, avec l'équité, que les *conventions sont indivisibles*, qu'on ne peut pas en scinder les dispositions, ni rejeter l'une en retenant l'autre, parce que toutes ensemble forment la condition générale sous laquelle on a contracté et sans laquelle on n'aurait pas contracté.

Si MM. les généraux alliés n'avaient pas accordé l'article 12, on se serait battu; cinquante mille hommes, tant de part que d'autre, eussent perdu la vie; Paris eût peut-être fini par être pris, pillé, brûlé, détruit : en traitant on a épargné tous ces malheurs;

[1] Sur la question de savoir si une convention de ce genre oblige un souverain, par cela seul qu'il n'a pas contredit; — Et aussi sur la valeur des actes emportant approbation tacite, voyez GROTIUS, *De jure belli et pacis*, lib. II, cap. xv, § 17; et COCCEIUS son commentateur, pag. 128 du tome III, de l'édit. in-4°. de 1752, et lib. II, cap. 4, § 7.

et si, pour les éviter, on a été obligé de souscrire à une amnistie qui, au fond, ne peut profiter qu'à un très-petit nombre d'individus, on a de quoi s'en consoler, en songeant à toutes les calamités qu'aurait entraînées inévitablement le rejet de l'article 12.

Il semble d'ailleurs que la question aujourd'hui soit résolue, par le traité du 20 novembre dernier, de manière à ne plus laisser aucun doute.

« L'amnistie, dit Watel, est un oubli parfait du « passé, et, comme la paix est destinée à mettre à « néant tous les sujets de discorde, ce doit être là le « premier article du traité. C'est aussi à quoi on ne « manque pas aujourd'hui : mais QUAND LE TRAITÉ « N'EN DIRAIT PAS LE MOT, L'AMNISTIE Y EST NÉ-« CESSAIREMENT COMPRISE, PAR LA NATURE MÊME « DE LA PAIX. » liv. IV, chap. II, § 20.

Pour qu'il en fût autrement, il faudrait donc une clause qui fît exception à l'amnistie ; mais cette clause serait insolite, elle serait cruelle, elle serait contraire à la paix, elle tendrait à substituer la guerre des individus à la guerre des peuples.

Aussi, le traité du 20 novembre ne renferme aucune exception de ce genre. Au contraire, on y trouve l'article suivant (qui est le onzième), et qui porte que « le traité de Paris du 30 mai 1814, et l'acte final « du congrès de Vienne du 9 juin 1815, *sont* CON-« FIRMÉS *et seront* MAINTENUS *dans* TOUTES *celles de* « *leurs dispositions qui n'auraient pas été modifiées* « *par les clauses du présent traité.* »

Il en résulte par conséquent que l'article 16 du traité de Paris est CONFIRMÉ ET MAINTENU. Or, il

consacre hautement l'amnistie, et nous en rapporterons le texte d'autant plus volontiers, qu'il a avec
l'article 12 de la convention du 3 juillet une analogie
de rédaction bien propre à révéler que cette convention, comme le traité lui-même, avaient en vue
*d'éteindre toutes les haines en prévenant toutes les
réactions.*

Traité de Paris, du 30 mai 1814. Art. 16 : « Les
« Hautes Parties contractantes, voulant mettre et
« faire mettre dans un entier oubli les divisions qui
« ont agité l'Europe, déclarent et promettent que
« dans les pays restitués et cédés par le présent
« traité, aucun individu, de quelque classe et con-
« dition qu'il soit, ne pourra être poursuivi, inquiété,
« ni troublé dans sa personne et dans sa propriété,
« *sous aucun prétexte*, ou à cause de *sa conduite ou
« opinion politique*, ou de son attachement soit à
« aucune des parties contractantes, *soit à des gou-
« vernemens qui ont cessé d'exister*, ou pour toute
« autre raison, si ce n'est pour les dettes contractées
« envers les individus, ou pour des actes postérieurs
« au présent traité. »

On ne peut pas argumenter de ces derniers mots
de l'article 16, pour en conclure que les faits repro-
chés au maréchal Ney, étant *postérieurs* au traité
du 30 mai, il ne peut pas s'en prévaloir. — Car cet
article 16, étant *confirmé et maintenu* par l'art. 11 du
traité du 20 novembre, c'est la même chose que si
cet article 16 y avait été textuellement inséré [1].

[1] « Les traités anciens rappelés et confirmés dans le dernier,
« font partie de celui-ci, comme s'ils y étaient renfermés et

Or, supposons que l'article 16 du traité du 30 mai, ait été *textuellement inséré*, ou, comme le dit Watel, *transcrit mot à mot* dans le traité du 20 novembre; il en résulterait que tous les faits antérieurs au 20 novembre dernier sont compris dans l'amnistie.

Impossible de lui donner une autre interprétation, à moins de supposer qu'on n'a voulu conserver que les *termes* de l'article, en le privant de ses *effets* ; ce qui est contraire à toutes les règles d'interprétation des conventions en général [1], et en particulier des traités [2].

Ce qui prouve d'ailleurs qu'en faisant le traité du 20 novembre, les hautes puissances ont voulu, comme au 30 mai 1814, *mettre et faire mettre dans*

« transcrits mot à mot. » Watel, Liv. iv, chap. 2, § 23.

[1] « Lorsqu'une clause est susceptible de deux sens, on « doit plutôt l'entendre dans celui avec lequel elle peut avoir « quelque effet, que dans le sens avec lequel elle n'en « pourrait produire aucun. » *Cod. civ. art.* 1157.

[2] « On ne présume point que des personnes sensées aient « prétendu ne rien faire en traitant ensemble, ou en faisant « tout autre acte sérieux. *L'interprétation qui rendrait un* « *article nul et sans effet ne peut* donc *être admise....* C'est « une espèce d'absurdité que les termes mêmes d'un acte se « réduisent à ne rien dire. Il faut l'interpréter de manière « qu'il puisse avoir son effet, et qu'il ne se trouve pas « vain et illusoire. » (*Le droit des gens, par* Watel, liv. II , chap. XVIII, § 283. — J'ai beaucoup cité Watel, je n'ai même cité que lui, parce que je n'ai pas eu le temps d'en consulter d'autres ; mais on est d'accord que c'est un des plus profonds publicistes, et celui dont les principes sont les plus solides et les plus sûrs.)

un entier oubli les divisions qui ont agité l'Europe ; c'est que dans la Note qui porte la même date que celle du traité, après avoir fait des vœux pour que la tranquillité de la France ne soit plus troublée, les plénipotentiaires des quatre grandes puissances ont ajouté ce qui suit : « Les cabinets alliés trouvent la « première garantie de cet espoir dans les principes « éclairés, les sentimens magnanimes et les vertus « personnelles de S. M. T. C. Sa Majesté a reconnu « avec eux que dans un *État déchiré pendant un quart* « *de siècle par des convulsions révolutionnaires* ce « n'est pas à la force seule à ramener le calme dans « tous les esprits, la confiance dans toutes les âmes « et l'équilibre dans les différentes parties du corps « social; que la sagesse doit se joindre à la vigueur; « la modération à la fermeté, pour opérer ces chan- « gemens heureux. Loin de craindre que S. M. T. C. « prêtât jamais l'oreille à des *conseils imprudens ou* « *passionnés tendans à nourrir les mécontentemens,* « *à renouveler les alarmes, à ranimer les haines et* « *les divisions,* les souverains alliés sont compléte- « ment rassurés par les dispositions aussi sages que « généreuses que le roi a annoncées dans toutes les « époques de son règne, et notamment à celle de son « retour, après le dernier attentat criminel. Ils savent « que Sa Majesté opposera à tous les ennemis du « bien public et de la tranquillité de son royaume, « sous quelque forme qu'ils puissent se présenter, « son attachement aux lois constitutionnelles pro- « mulguées sous ses propres auspices; sa volonté bien « prononcée d'être le père de tous ses sujets, sans

« distinction de classe ni de religion ; *d'effacer jus-*
« *qu'au souvenir des maux qu'ils ont soufferts*, ET
« DE NE CONSERVER DES TEMPS PASSÉS QUE LE BIEN
« QUE LA PROVIDENCE A FAIT SORTIR DU SEIN MÊME
« DES CALAMITÉS PUBLIQUES. »

L'Europe a joint l'exemple au précepte : Buonaparte était l'ennemi du genre humain, il avait successivement ravagé tous les états de l'Europe ; dans le
premier mouvement d'indignation qu'excita son retour, il fut mis *hors la loi des nations*, et cependant
les nations ont usé de clémence envers lui !

Et ceux qui ne furent que séduits, entraînés, péri-
raient comme complices d'un attentat dont il fut le
détestable auteur !

Non, tant de sévérité n'est pas dans nos mœurs ;
elle ne peut pas entrer dans les intentions paternelles
de notre bon roi :

> Du magnanime Henri qu'il contemple la vie :
> Dès qu'il put se venger, il en perdit l'envie.

Paris, ce 2 décembre 1815.

DUPIN.

CONSIDÉRATIONS SOMMAIRES

SUR

L'AFFAIRE DE M. LE MARÉCHAL NEY.

> Accusateur, vous voulez placer sa tête sous la foudre;
> et nous, nous voulons montrer comment l'orage s'est
> formé ! — (*Réplique au procureur-général*, audience du
> 23 novembre.)

« Un homme qui, depuis vingt-cinq ans, n'a cessé
de combattre à la tête de nos armées, dont le nom se
rattache à tous les faits d'armes qui ont illustré notre
pays ; dont l'Europe entière admire la valeur et le
génie militaires ; qui, de simple soldat, sans intrigue
et sans blesser l'envie, est parvenu de lui-même aux
plus hautes dignités nationales ; l'élève, le camarade,
l'émule des Kléber et des Moreau, est accusé du
crime de *haute trahison* !

« Il est accusé d'avoir *attaqué la France et le gouvernement à main armée* [1] : la France qu'il aima si
passionnément, qu'il défendit avec tant de courage ! le
gouvernement d'un roi dont il respectait la personne,
pour se jeter dans les bras d'un usurpateur qu'il avait,
peu de mois auparavant, forcé à l'abdication !

« Le maréchal Ney, dit-on, pouvait arrêter la

[1] Ordonnance du 24 juillet.

marche de Buonaparte; il pouvait sauver son pays!
et, par une conduite opposée, il a attiré sur la France
tous les malheurs dont elle est maintenant accablée.

« Ainsi, dans le système de l'accusation, le maréchal est encore aggrandi : il semble que dans ses
seules mains était le salut de l'état; que *lui seul* pouvait, s'il l'avait voulu, sauver la monarchie de la plus
funeste des révolutions!

« Ah! si telle eût été la position du maréchal Ney,
qu'il eût réuni près de sa personne les moyens nécessaires pour obtenir un si beau résultat, qui peut
douter que son âme ardente, surtout lorsqu'il s'agissait de la gloire, n'eût saisi avec transport l'heureuse
occasion de nous soustraire au nouvel empire de
notre ancien tyran?

« Mais il ne faut que se reporter à la fatale journée
du 14 mars, pour être convaincu qu'à cette époque
le mal de l'insurrection avait déjà fait des progrès si
rapides, qu'il n'était plus possible de l'arrêter. C'é-
tait comme une marée, dont la force toujours croissante, devait s'élever irrésistiblement jusqu'à la hauteur marquée par le doigt de Dieu : *hùc usquè venies.*

« L'accusation a d'abord pris tous les traits de la
calomnie : dans les premiers temps de l'arrestation
du maréchal, on a imprimé et publié, dit et répété:

« Qu'il était entré dans un *complot,* dont le but
était de remettre Buonaparte sur le trône;

« Que pour le mieux seconder après son débarquement, il avait *offert* ses services et promis de le
ramener dans une cage de fer;

« Qu'en baisant la main du roi, il avait déjà formé dans son cœur le dessein de le *trahir;*

« Que, joignant *l'avidité* à la perfidie, il s'était fait compter avant son départ, une somme de 600,000 fr.;

« Qu'enfin, il avait effectivement *trahi* son prince et son pays dans la journée du 14 mars;

« Et qu'ainsi il était coupable du crime de *haute trahison et d'attentat à la sûreté de l'état.*

« Aujourd'hui il est bien démontré :

« Que le maréchal n'a ni demandé ni reçu la prétendue somme de 600,000 fr.;

« Qu'il n'a pas offert ses services; mais qu'il était à sa terre des Coudreaux, lorsqu'il y reçut, du ministre de la guerre, une lettre qui lui ordonnait de se rendre en toute hâte dans son gouvernement;

« Qu'au 7 mars il ignorait encore le débarquement de Buonaparte; qu'en apprenant cette nouvelle il fut frappé de surprise et de consternation;

« Que lorsqu'il prit congé du roi, il était de bonne foi, et qu'il emportait avec lui le désir de s'opposer de toutes ses forces à Buonaparte, et de faire échouer ce qu'il appelait sa *folle entreprise.*

« Ceux que la passion a pu induire à penser le contraire, n'ont pas réfléchi que le maréchal Ney avait tout à perdre et rien à gagner au retour de Buonaparte.

« Maréchal, prince, duc et pair de France, il n'avait plus rien à désirer du côté des honneurs; son unique désir était, et devait être de jouir tranquillement de sa gloire sous le gouvernement paternel d'un roi qui savait gré des services mêmes dont il

n'avait pas été l'objet : il devait, au contraire, appréhender le retour d'un ambitieux dont   av t autrefois bravé la hauteur et qu'il avait contraint d'abdiquer.

« On est donc forcé de renoncer à l'idée que le
maréchal eût prémédité aucune trahison, qu'il eût
tramé aucun complot, ni qu'il fût entré dans aucune
machination qui eût pour objet de favoriser le retour
de Buonaparte.

« D'ailleurs sa conduite en arrivant à Besançon ;

« Ses dispositions pour réunir des troupes et de
l'artillerie ;

« Sa correspondance avec les maréchaux Suchet et
Oudinot ;

« Son opinion si vraie, et si fortement émise, qu'il
fallait *couper le mal dans sa racine*, et se porter *à
marches forcées* au-devant de Buonaparte, pour *l'empêcher de gagner du terrain* ;

« La lettre par laquelle il suppliait S. A. R. Monsieur, de l'employer [1] auprès d'Elle et *à l'avant-
garde ;*

« Ses mesures vis-à-vis des officiers et des soldats
pour les exhorter à bien faire leur devoir ;—la menace
de faire fusiller les vedettes qui auraient communication avec l'ennemi ; — l'arrestation par lui ordonnée
d'un officier qui avait manifesté de mauvaises dispositions ; — cette déclaration si énergique, que, « s'il

---

[1] Le maréchal ne pouvait rien faire que d'après les ordres
de *Monsieur* ; or il n'en a jamais reçu aucuns ; et voilà
pourquoi il demandait à être employé à Lyon, où il eût pu
faire quelque chose d'utile, tandis que dans son gouvernement, où il n'y avait que des dépôts, il n'a pu rien tenter.

« voyait un moment d'hésitation dans la troupe, il
« prendrait le fusil du premier grenadier pour s'en
« servir et donner l'exemple aux autres. »

« Tout, dans la conduite du maréchal, prouve son
zèle pour le roi et la résolution de le servir avec
énergie.

« Il faut bien, au reste, que cette opinion (si différente de celle qu'on avait d'abord conçue du maréchal) ait acquis un grand degré d'évidence, puisqu'on a vu les accusateurs eux-mêmes rétracter devant
la cour des pairs tous les faits de l'accusation *antérieurs au 14 mars*.

« Ainsi l'accusation de M. le maréchal se trouve
déchargée de ce qu'elle avait de plus grave en
elle-même, de plus odieux aux regards du public,
de plus affligeant pour l'accusé, de plus déses-
pérant pour ses conseils. Dès à présent, et avant
même que les débats fussent ouverts, autant par
la force de la vérité que par la confession des accusateurs, il a été reconnu, avéré, proclamé que
le maréchal Ney n'avait ni conspiré le retour de
Buonaparte, ni prémédité l'horrible dessein de trahir son roi.

« Cette première victoire remportée, pour ainsi
dire sans combattre, a dû prémunir tous les gens
sages et impartiaux contre le danger de se laisser
trop légèrement préoccuper par des préventions populaires et des bruits publics. Chacun a dû se dire
que, si le maréchal était innocent de tous les chefs
d'accusation antérieurs au 14 mars, il était possible
encore que sa conduite ultérieure ne fût pas aussi

condamnable qu'avaient pu le croire jusqu'ici ceux qui n'avaient pas entendu sa défense.

« On m'objectera qu'ici au moins il ne saurait plus y avoir de doute, parce que le maréchal avoue la proclamation du 14 mars.

« Je répondrai qu'en effet il avoue l'avoir lue, mais que *cet aveu ne doit pas être isolé de toutes les circonstances qui ont agi sur la volonté du maréchal et influé sur ses déterminations*.

« Le *fait* seul ne constitue pas le crime, c'est *l'intention* qui fait le criminel : voilà pourquoi, dans l'appréciation des crimes les plus ordinaires, on recherche toujours avec soin,

« 1° S'il y a eu *préméditation;*

« 2° Si l'accusé avait *intérêt* à commettre le crime;

« 3° Et enfin, quelles sont les *circonstances* qui aggravent le délit ou qui l'*atténuent*.

« Par conséquent il ne suffit pas que le maréchal ait lu la proclamation du 14, pour qu'on puisse en conclure aussitôt qu'il s'est rendu coupable de haute trahison; mais il faut encore qu'il soit prouvé qu'il a eu l'*intention* coupable de *trahir le roi*, et de *renverser son gouvernement* LORSQU'IL AURAIT PU LE DÉFENDRE AVEC SUCCÈS.

« Or, pour apprécier au juste les intentions du maréchal, pour savoir quels pouvaient être ses desseins au 14 mars, il faut se reporter à cette époque, et ne pas juger la moralité de son action par des événemens ultérieurs, qui ont changé tout-à-fait la position où chacun s'est trouvé au moment de l'orage.

« A peine débarqué, Buonaparte avait mis derrière lui une grande étendue de pays.

« Grenoble lui avait ouvert ses portes, il y avait trouvé une immense artillerie.

« Ses forces, déjà nombreuses, croissaient à chaque pas.

« Le maréchal Ney n'avait à lui opposer que deux brigades, formant à peine quatre régimens, avec une artillerie presque nulle et fort peu de munitions.

« Il avait échelonné ses troupes de Lons-le-Saulnier sur Bourg, de manière à pouvoir marcher sur Mâcon et sur Lyon.

« Cette dernière ville semblait devoir offrir une forte résistance, par l'immensité de sa population, la réunion d'un corps d'armée, la présence d'un maréchal justement estimé des troupes, et surtout d'un prince du sang que l'amour des Français avait partout accueilli. Mais bientôt le maréchal apprit que le prince, n'ayant pu engager les troupes à faire leur devoir, s'était replié sur Paris avec le maréchal Macdonald.

« Cette défection des troupes qui formaient la première et la seconde lignes, laissait le maréchal Ney à découvert, sans moyen pour arrêter Buonaparte et s'opposer à ses progrès.

« Buonaparte marchait avec des forces supérieures, une artillerie considérable, un nombreux état-major; l'exaltation de ses troupes était portée au plus haut degré.

« La petite armée du maréchal Ney, bien inférieure en nombre, l'était surtout en résolution.

« Déjà l'esprit d'insurrection s'y faisait sentir.

« Dans la soirée du 13 mars, le maréchal apprit, par le préfet de l'Ain, que le bataillon du 76ᵉ qui lui servait d'avant-garde à Bourg, avait passé tout entier du côté de Buonaparte;

« Que les deux autres bataillons du même corps gardaient à vue le général Gauthier, leur chef;

« Que le 15ᵉ d'infanterie légère, placé à Saint-Amour, manifestait hautement le désir et la volonté de se joindre au mouvement.

« Il apprit que le peuple insurgé de Châlons-sur-Saône s'était emparé d'un train d'artillerie tiré d'Auxonne, sur lequel il comptait, et que les canonniers et soldats du train avaient été maltraités par la populace.

« L'insurrection marchait devant l'audacieux insulaire et lui frayait la route; son aigle, au vol rapide, avait déjà dépassé la ligne occupée par le maréchal Ney : les cris de vive l'empereur se faisaient entendre jusqu'à Dijon!...

« Rejeté sur la droite, le maréchal Ney se trouva dans un *isolement complet;* ne recevant point de nouvelles de Paris, point d'ordres, point d'instructions (car il est constant que deux dépêches que lui avait adressées le ministre de la guerre ne lui sont point parvenues; il est constant encore qu'il n'avait reçu aucun ordre de *Monsieur*, sous le commandement duquel on se rappelle qu'il était placé; et cependant il avait supplié le duc de Mailhé d'engager *Monsieur* à lui faire passer ses avis, et même de lui proposer une conférence, pour concerter leurs moyens; mais

la rapidité avec laquelle les événemens se succédèrent n'avait pas permis qu'elle eût lieu).

« Que pouvait donc faire le maréchal réduit   ses
propres forces [1], dont le nombre était diminué par
la désertion de ses postes avancés, et par la capture
de son artillerie, au milieu d'une population qui s'in-
surgeait de toutes parts, et de soldats que l'exemple
de leurs camarades entraînait vers la sédition ?

« L'embarras de cette situation s'augmenta encore
par l'arrivée des émissaires de Buonaparte, qui se répandirent dans le pays, armés de décrets et de proclamations, et semant de faux bruits.

« Ils pénètrent jusqu'au maréchal; ils le trouvent
dans une extrême agitation, dans une espèce de boul-
versement d'esprit, accessible à toutes les impressions, et tremblant pour le sort de la France.

« Ils sont porteurs d'une lettre de Bertrand qui
peint au maréchal Ney la nullité de sa position et la
certitude du succès de Buonaparte [2].

Suivant cette lettre, Buonaparte a concerté son entreprise avec l'Autriche, par l'entremise du général
Kolher.

« L'Angleterre a favorisé son évasion [3].

---

[1] Il n'avait plus que deux régimens.

[2] Buonaparte paraissait si sûr de son fait, qu'il disait partout, qu'il arriverait à Paris, *les mains dans les poches.* Il
n'engageait pas le maréchal à revenir à lui ; *il lui donnait
des ordres comme il aurait fait un an auparavant, et
comme si leur position respective n'eût pas changé.* (Voyez
les interrogatoires du maréchal.)

[3] Le bruit n'en a-t-il pas long-temps couru à Paris ? n'y

« Murat, triomphant, s'avance à grands pas vers le nord de l'Italie pour lier ses opérations avec celles de Napoléon.

« La Prusse toute seule ne peut pas se mesurer avec la France.

« Bertrand ajoute que le roi de Rome et sa mère restaient en otages à Vienne, jusqu'à ce que Buonaparte eût donné une constitution libérale à la France, etc. [1].

« Les mêmes émissaires étaient porteurs d'un proclamation que Buonaparte avait fait préparer *au nom du maréchal Ney.*

« Le maréchal fit appeler ses lieutenans-généraux; des lieutenans doivent être les amis de leur général; ils sont ses premiers conseillers. Le maréchal Ney leur communiqua ce qu'il venait de recevoir, et les somma, au nom de l'honneur, de lui donner conseil. Que firent-ils? déclarèrent-ils qu'il fallait combattre, qu'on pouvait encore le faire avec succès; ou du moins qu'il fallait se retirer vers le roi? Nullement [2]?

vendait-on pas une caricature représentant l'aigle impériale renfermée dans une cage par un Anglais qui tenait la porte fermée, avec cette légende : *Si vous bougez, je le lâche.*

[1] Long-temps encore après l'entrée de Buonaparte à Paris, tout le peuple ne croyait-il pas que Marie-Louise allait revenir avec son fils? N'a-t-on pas, pour accréditer ce bruit (aujourd'hui ridicule, mais alors vraisemblable), fait partir ses équipages? Tous les journaux n'en parlaient-ils pas?

[2] Voyez la déclaration de Lecourbe. Elle justifie le maréchal. Quant à l'autre,... M. le maréchal n'a pas voulu que ses défenseurs profitassent de tous les avantages qu'elle pouvait offrir pour sa défense. — Voyez AYRAULT, page 442, Liv. III, n. 37. Cic. in Ver. n. XX.

« Sans doute ils auraient voulu, comme le maréchal, que le mal fût moins grand, qu'il fût possible de l'arrêter, et de sauver la monarchie ; mais ils se représentèrent

« La probalité de toutes les nouvelles annoncées par Bertrand ;

« L'insurrection du peuple ;

« L'insubordination des soldats ;

« Les précédentes défections ;

« La retraite de *Monsieur;*

« Celle du roi qu'on annonçait déjà comme opérée ;

« La crainte de verser inutilement le sang français, et de prendre sur eux l'odieux et la responsabilité d'une guerre civile !

« Ils pensèrent avec douleur, mais ils crurent de bonne foi, que *la cause des Bourbons était à jamais perdue.*

« Et la fatale proclamation fut lue aux soldats !....

« Que cette lecture ait excité d'un côté des cris de *vive de l'empereur,* pendant que de l'autre on criait *vive le roi;* c'est un fait faux : les soldats furent unanimes [1] ; les lieutenans-généraux Bourmont et Lecourbe y furent présens ; personne ne réclama [2].

« Maintenant, je le demande, peut-on dire que le maréchal Ney soit la cause des malheurs de la France ? Etait-il en son pouvoir de les prévenir ou

---

[1] C'est surtout parmi les soldats et les sous-officiers que Buonaparte avait le plus de partisans : c'est là qu'était l'espoir de l'avancement ; *l'intérêt....*

[2] Ce ne fut que le soir à 10 heures, que le colonel Dubalen demanda à se retirer.

de les empêcher? S'il n'eût pas lu la proclamation,
la révolution s'en fût-elle moins opérée? Pouvait-il
faire ce que Macdonald et *Monsieur* n'avaient pu
exécuter avec des forces supérieures aux siennes?
Le pouvait-il après que l'armée de Buonaparte s'était
grossie de toute l'armée de Lyon? et quand quelques
soldats restés fidèles auraient consenti à se battre,
leur dévouement n'eût-il pas été infructueux?

« Je le répète, il ne faut pas, pour apprécier la
conduite du maréchal Ney, le juger d'après l'état où
se trouvent les choses aujourd'hui; mais par l'état
où elles étaient au malheureux jour de la proclamation.

« Alors, si on lui fait un reproche, du moins on
ne lui fera plus un crime de n'avoir pas pris sur lui
de commencer la guerre civile; surtout si l'on réfléchit que le roi lui-même, entouré de sa maison
militaire, des volontaires royaux et de ses serviteurs
les plus empressés et les plus démonstratifs, maître
de la capitale et des ressources du gouvernement, a
mieux aimé prendre le parti de se retirer sans combattre, que de livrer son peuple chéri aux horreurs
de la guerre civile [1].

« On ne peut pas voir le maréchal dans une situation purement militaire, *abstraction faite de*

---

[1] « Nous pourrions profiter des dispositions fidèles et pa-
« triotiques de *l'immense majorité* des habitans de Paris,
« pour en disputer l'entrée aux rebelles; mais *nous frémis-*
« *sons des malheurs de tout genre* qu'un combat sous ses
« murs attirerait sur les habitans. » (*Proclamation du Roi du*
19 *mars* 1815.)

toutes considérations politiques, ni l'assimiler, par exemple, à un commandant de place qui ouvrirait ses portes à l'ennemi.

« Et encore serait-il vrai de dire qu'un commandant même *n'est obligé de tenir qu'autant qu'il peut résister*, et que, s'il y a brèche, il peut prévenir l'assaut en rendant la place.

« De même donc, le maréchal, abandonné d'une partie de ses soldats, connaissant les mauvaises dispositions des autres, voyant l'insurrection du peuple, la marche rapide de Buonaparte, la défection générale de tous les corps armés depuis Cannes jusqu'à Lyon ; sans ordres, sans instructions, sans conseils ; l'imagination frappée des nouvelles annoncées par Bertrand ; *a jugé la résistance impossible, et a cédé au mouvement général qui s'opérait autour de lui*. Il ne faut pas perdre de vue qu'on était à Lyon le 10 mars et à Lons-le-Saulnier le 14, comme à Paris le 20 mars [1]. La révolution ne s'est pas opérée méthodiquement du jour de l'entrée de Buonaparte à Paris, mais progressivement à mesure qu'il gagnait du pays et s'avançait sur le territoire. La résistance devenue impossible à Paris le 20 mars, était également impossible à Lons-le-Saulnier dès le 14.

« On m'objectera peut-être qu'au moins le maréchal Ney aurait dû, comme le maréchal Macdonald, se retirer vers le roi, et le suivre à Gand ! L'honneur et la fidélité accompagnaient ce vertueux

---

[1] Il y a de très-bons, de très-zélés royalistes qui ont quitté Paris dès le 13 mars pour se sauver en Angleterre.

monarque; c'était le pieux Énée fuyant avec les dieux de la patrie....

« Ah! sans doute il serait à désirer, pour l'intérêt personnel du maréchal Ney, qu'il eût pris cette heureuse résolution. Il serait en possession de toutes ses dignités, il siégerait parmi ses juges. Mais n'y a-t-il donc aucun milieu entre le comble de la faveur et le dernier degré de la disgrâce? Le maréchal qui, dans ses jours de victoire, s'est montré si généreux envers les emigrés, les trouvera-t-ils inflexibles dans ses revers? Ne pourra-t-il trouver aucune excuse dans un concours de circonstances jusqu'alors inouï?

« Depuis vingt-cinq ans on avait vu toutes les formes de gouvernement se succéder; on avait fini par dire et par croire qu'*il n'y avait plus rien d'impossible*. Ainsi, on avait cru la chute de Bonaparte impossible, et pourtant il était tombé; on avait désespéré du retour des Bourbons, et pourtant ils étaient revenus; leur puissance, fondée sur l'amour du peuple et la légitimité de leurs droits, semblait à jamais affermie; et Bonaparte, qu'on croyait anéanti pour toujours, vient de nouveau leur disputer la couronne!

« On est d'abord tenté de croire que sa folle entreprise échouera: on ordonne de lui courir sus, et de le traduire devant les tribunaux comme un brigand ordinaire; mais bientôt il devient redoutable: plus il s'enfonce dans les terres plus sa troupe augmente; c'est un torrent qui se répand, il entraîne tout ce qui s'offre sur son passage; paysans, soldats, fonctionnaires, tout lui cède; il a déjà fait cent-vingt

lieues sans éprouver la moindre résistance ; il marche à coup sûr ; il parle de ses alliances, le bruit en
est si adroitement répandu, qu'on peut croire qu'une
partie de l'Europe a favorisé son retour ; il n'avance
pas en conquérant, *il voyage en poste.* Un changement de gouvernement paraît inévitable ; et de fait,
en moins d'un mois, tout en France a reconnu le
pouvoir de ce dominateur.

« Sans doute, la cause du roi restait toujours la
bonne, la seule que l'honneur pût avouer, la seule
pour laquelle Dieu pût se déclarer ; mais la masse de
la nation, étonnée du retour inopiné, et presque
miraculeux de Bonaparte, n'eut ni le temps de se
reconnaître, ni la force de résister. *Les soldats firent
tout* [1] *!*, ils ne furent pas entraînés, ils entraînèrent
leurs chefs [2]. L'armée croyait soutenir ses droits en
retournant à son ancien général.

« D'autres, qui détestaient ce chef, suivaient le
torrent pour défendre le territoire contre l'invasion
de l'ennemi. Ils croyaient que la patrie ne résidait
que dans le sol : ils frémissaient à la seule idée qu'un
ennemi tant de fois vaincu allait nous attaquer dans
nos limites !

« Il fallait une vertu ferme, inébranlable, et
presque au-dessus des forces humaines pour persister
alors dans le devoir ; mais ceux qui furent assez heureux pour y persévérer doivent-ils, pour cela, se

---

[1] Bonaparte n'a-t-il pas dit lui-même : *Ce sont les soldats
et les sous-lieutenans qui m'ont ramené ?*

[2] Pouvait-on, comme l'a dit M. le maréchal, *arrêter l'eau
de la mer avec la main ?*

montrer implacables envers ceux qui se sont trouvés faibles?

« La conduite du maréchal est qualifiée de crime par les uns, d'autres l'appelleront entraînement, erreur. Pour moi, si l'on me demande quelle est la véritable cause de nos désastres, je dirai avec le défenseur de Ligarius, que c'est une malheureuse fatalité qui a surpris et subjugué les esprits [1] ; en sorte qu'on ne doit pas s'étonner que la prudence humaine ait été confondue par une force supérieure et divine.

Nota. Après ce court résumé, je devais répondre aux objections de M. le procureur-général, et ramener toute la discussion aux deux points suivans :

« 1° Le maréchal ayant agi sans intérêt, sans préméditation, et sous l'empire de circonstances qui *atténuent* le fait qui lui est imputé, ne peut être considéré, ni traité comme s'il avait commis ce fait *avec toutes les circonstances portées en l'acte d'accusation* [2].

« 2° Il est d'ailleurs affranchi de toute peine par l'article 12 de la convention du 3 juillet, et l'article 11 du traité de Paris du 20 novembre 1815, qui renvoie à celui du 30 mai 1814, article 16. Ce moyen n'a rien de préjudiciel, il tient éminemment au fond du procès; il n'y a pas de fin de non recevoir en matière

---

[1] « Souvent dans les momens de troubles et d'effervescence, « on n'est pas le maître de soi. » (Testament du roi-martyr.)

[2] *Cavendum est etiam ne major pœna quàm culpa sit; et ne iisdem de causis; alii plectantur; alii ne appellentur quidem.* Cic. I. *De officiis.*

criminelle; tant qu'un homme n'est pas condamné, il peut faire valoir tous les moyens qui le protégent contre l'accusation. Remarquons aussi, aurais-je dit, que dans son premier interrogatoire devant M. le rapporteur, le maréchal s'était réservé le droit d'invoquer, lors des plaidoiries, le moyen résultant de la convention du 3 juillet; et, ce qui est b'en plus fort, n'oublions pas que le traité du 20 novembre n'a paru que le 28, et que, par conséquent, on n'a pas pu l'invoquer auparavant. Par la même raison, la chambre, en obligeant à proposer cumulativement les moyens préjudiciels, n'a pas entendu exclure la proposition ultérieure de ceux qui, au jour de l'arrêt, n'existaient pas encore. C'est ainsi que j'aurais placé le maréchal sous la protection des traités, sous la sauve-garde de la foi jurée, de cette foi que les anciens plaçaient dans l'Olympe à côté de Jupiter, et à laquelle un de nos monarques assignait pour dernier refuge le cœur des rois.

« Le plaidoyer eût fini par des considérations politiques, par lesquelles j'aurais essayé de désarmer la sévérité de la Cour, en lui présentant la clémence comme le meilleur moyen de rallier tous les Français en préparant l'oubli de nos dissensions civiles. — Enfin, j'aurais montré notre chère patrie, non comme une terre sèche, altérée du sang français; mais comme une mère affligée sans doute des torts de ses enfans, mais fière encore de les porter sur son sein; prête à oublier leurs fautes, en compensation de leurs services, et souriant malgré elle au souvenir de ce qu'ils ont fait de grand. » (*Note de Me Dupin, aîné*).

LE MARÉCHAL BRUNE.

ARRÊT DU 25 FÉVRIER 1821.

Le maréchal Brune avait été *assassiné* à Avignon le 2 août 1815.

Au lieu de poursuivre les coupables, on avait essayé d'accréditer le bruit qu'il s'était *suicidé*. On avait même pris la précaution de faire attester ce prétendu suicide par un acte en forme de procès verbal, signé de plusieurs fonctionnaires publics.

Certains journaux, venant à l'appui, avaient parlé en ce sens, de la mort de l'infortuné maréchal.

Sa veuve, au désespoir, avait porté plainte *en calomnie* contre un des journalistes qui avait le plus indignement diffamé la personne de son époux. On lui répondit que le maréchal étant mort, tout ce qu'on avait pû dire sur son compte était *de l'histoire* [1] !

Pendant près de quatre ans, il fut impossible à madame la maréchale, malgré son zèle infatigable, d'obtenir aucunes preuves, de rallier aucun témoignage positif [2].

Enfin, en 1819, les circonstances paraissant moins contraires, et l'un des ministres du Roi (M. de Serre) ayant fait retentir d'éloquentes paroles à la tribune, madame la maréchale profita du moment, pour présenter au Roi une requête dans laquelle elle supplia S. M. de donner des ordres pour qu'enfin la mort de son époux fût légalement vengée.

Me Dupin fut le rédacteur de cette requête, dans laquelle il fit parler la maréchale avec une dignité et une vigueur qui produisirent la plus vive impression sur les esprits [3]. De tou-

[1] Voyez Observations de M. Dupin sur la législation criminelle, chapitre XI. § 1, p. 277 et suiv.

[2] Contre l'assassinat nul témoin ne s'inscrit ! (DUPATY.)

[3] Cette requête a inspiré plusieurs beaux vers à M. Dupaty dans son poëme *des Délateurs*.

tes parts on était indigné.... Déjà les maréchaux, sollicités
par la veuve de leur ancien camarade, se disposaient à joindre leurs instances aux siennes ; mais il n'en fut pas besoin.
La requête fut lue dans le conseil des ministres, en présence
du roi, et, sur-le-champ, S. M. ordonna que des poursuites fussent commencées.

Dès que madame la maréchale fut informée de cette résolution, elle se hâta de faire dresser sa plainte, et elle la remit elle-même au ministre de la justice, avec l'indication des
noms des témoins, et en déclarant qu'elle se portait partie
civile.

L'instruction ne pouvant régulièrement se faire que sur
les lieux, on laissa à la cour royale de Nimes le soin de la
diriger [1].

Mais les passions étaient encore trop fortement émues, pour
que le procès pût être jugé par des jurés du pays. La connaissance en fut attribuée à la cour de Riom.

Madame la maréchale et son avocat, Me Dupin, accompagnés de M. Degan, l'un des fidèles aides-de-camp de Brune,
se transportèrent à Riom au mois de février 1821. On doit
le dire, en l'honneur de cette cité; madame la maréchale y
fut accueillie par les magistrats et par toutes les classes de
citoyens, avec toutes les marques de respect et d'intérêt que
commandaient ses malheurs, son courage et sa pieuse assiduité à venger les mânes de son époux.

La cause portée à l'audience, l'accusation fut soutenue
par M. Pagès, procureur-général, et par Me Dupin pour la
partie civile.

L'accusé était contumax.

Madame la maréchale crut de son devoir d'assister en
personne aux débats.

L'arrêt intervenu le 25 février 1821, a condamné l'assassin à la peine de mort [2]; et sans avoir égard au procès verbal
de prétendu suicide, a ordonné la rectification de tous actes
de l'état civil, où la mort du maréchal aurait été ainsi
qualifiée.

Ainsi fut vengée la mémoire du maréchal Brune.

[1] Par un rapprochement assez singulier et purement fortuit, le
conseiller chargé de l'information, s'appelait (Dupin) du même
nom que l'avocat de madame la maréchale Brune.

[2] Les journaux ont depuis annoncé que cet assassin, bien connu
à Avignon, sous le nom de *Pointu*, était mort *de maladie, dans sa
maison*, A AVIGNON. (Voy. **Constitution.** du 19 septembre 1822.)

Notre orateur vit son triomphe partagé par tout le barreau. Les avocats de Riom et de Clermont réunis, au nombre de cinquante, ayant leurs bâtonniers à leur tête, offrirent à leur confrère du barreau de Paris une fête brillante dont les journaux du temps ont rendu compte.

On y lut des vers où le dévouement de l'avocat était honorablement retracé.

> . . . .
> A côté de cyprès funèbres
> Il cueillit d'immortels lauriers ;
> En vengeant ceux non moins célèbres,
> De grands et malheureux guerriers.
> . . . .
> Célébrons un grand caractère,
> Qu'un grand talent vient égaler.

Le procès complet a été imprimé chez Salles, libraire à Riom, in-8°. C'est à ce recueil que nous empruntons le plaidoyer de Me Dupin, tel que nous le donnons ici.

La suite de cette affaire aurait pu donner lieu à une question assez singulière. A peine madame la maréchale Brune fut-elle de retour à Paris, que la régie lui fit donner un avertissement de payer les frais. Cependant le Code d'instruction criminelle (art. 368) n'astreint à ce paiement la partie civile, que lorsqu'elle a succombé. Or, ici la partie civile avait obtenu toutes ses fins. La régie se fondait sur un décret vraiment impérial, du 18 juin 1811, dont l'art. 157 oblige indistinctement les parties civiles à payer les frais, *soit qu'elles aient ou non succombé.* — Mais ce décret avait-il donc pu abroger la disposition précise du Code?..... La fierté de madame la maréchale eût été blessée, d'élever à ce sujet la moindre réclamation. Elle a payé sans murmure tout ce qu'on lui a demandé, mais la question est restée dans la législation. (Voyez les *Observations sur la législation criminelle*, chap. VIII, § II, d'où nous avons extrait ceci.)

REQUÊTE AU ROI.

Le scandale est dans le crime ; il n'est pas dans la plainte ; il n'est pas dans le cri du sang injustement répandu. (*Discours du garde-des-sceaux à la chambre des députés, séance du 24 mars 1819.*)

Sire,

Puisque toute justice émane du Roi, c'est au Roi que je demande justice.

Un horrible attentat a été commis sous le règne de VOTRE MAJESTÉ. Un des grands officiers de la couronne, un maréchal de France a été lâchement assassiné ; et depuis près de quatre ans, ce crime, si public, si notoire, si révoltant, n'a pas été puni.

On s'étonnerait de cette impunité, et l'on accuserait mon propre silence, si l'on ne savait aujourd'hui que, pendant tout ce temps, il n'était pas possible d'obtenir justice de l'esprit de parti.

Les débats récemment élevés au sein de la chambre des députés ont amené des révélations trop nécessaires.

« Je citerai peu de faits (a dit un ministre, ami de la justice dont il est le chef) ; je citerai peu de faits, mais marquans, mais notoires : je les citerai sans réflexions.

« Le général commandant à Nîmes, au milieu d'une sédition, protégeait de sa personne et de son épée l'ordre public et les citoyens. Il est frappé d'un coup de feu dans la poitrine, tiré à bout portant. L'auteur du crime est saisi ; le fait est certain, avoué. Le juge pose cette question : L'homicide a-t-il été commis dans le cas d'une légitime défense ? Le jury répond affirmativement, et l'accusé est acquitté !

« Un autre général, commandant à Toulouse, veut appaiser une émeute, et reçoit une dangereuse blessure. Il est porté dans son domicile : ses assassins y pénètrent, et le déchirent, tout vivant, de mille coups. Ils sont mis en jugement ; on allègue en leur faveur qu'ils n'ont pu donner la mort à un homme blessé déjà d'un coup mortel, et deux d'entre eux sont condamnés seulement à la réclusion !

« Un homme, dont l'horrible surnom coûte à prononcer, Trestaillon, et ses coprévenus, sont poursuivis comme auteurs de plusieurs assassinats : ils sont traduits à Riom, où l'on espérait une justice plus indépendante. Il a été impossible d'obtenir la déposition d'un seul témoin contre eux ; la terreur les avait glacés. Quant aux témoins à décharge, il s'en présentait sans nombre. Faute de preuves, ces prévenus ont été rendus à la liberté. »

Ces faits ont excité au plus haut dégré l'indignation dans l'assemblée ; les hommes même du côté droit se sont écriés : « *S'il y a eu* des assassinats, ils doivent être punis. »

Eh bien! qu'ils le soient donc, puisque l'heure de la justice est venue! qu'ils le soient enfin! c'est le vœu de mon âme, c'est le cri de mon cœur déchiré par les plus cruels et les plus douloureux souvenirs!

Il me conviendrait peu d'entrer dans le détail des scènes affreuses qui ont accompagné le meurtre de mon époux; de généreux écrivains ont déjà pris le soin d'en vouer le récit à l'exécration publique.

Pour moi, je ne veux, je ne puis signaler que le crime auquel je dois mon malheur et mon deuil.

La vie militaire du maréchal Brune est connue; l'héroïsme de ses actions n'a pu être égalé que par la franchise et la loyauté de son caractère.

En acceptant en 1815 le commandement du Var, ce général n'avait cédé qu'au désir de défendre le territoire français contre l'étranger : il a préservé Toulon des Anglais.

Dans son administration intérieure, il ne s'était appliqué qu'à prévenir ou apaiser les discordes civiles.

Méritait-il donc de périr victime de la plus odieuse réaction?

Il venait d'être remplacé dans son commandement par le marquis de Rivière; il reçut en même temps *l'ordre du roi de se rendre à Paris.*

Avant son départ, il prit soin de calmer l'effervescence qui régnait parmi les soldats; il les désarma par ce peu de mots : « Amis! qu'on ne puisse pas dire « de nous que l'étendard de la gloire est devenu « celui de la révolte. »

Bientôt il partit pour Paris : des rassemblemens de paysans armés en avant d'Aix, des cris *à bas les bri-*

gands! vivent les alliés! semblaient lui présager le sort funeste qui l'attendait.

Mais par suite de cette même fatalité qui lui avait fait rejeter le conseil de s'embarquer à Toulon, ou plutôt par un effet de cette noble confiance trop ordinaire aux cœurs généreux, il méprisa ces clameurs, renvoya même son escorte, et poursuivit sa route par Avignon.

Aux portes de la ville, on lui demande ses passe-ports : il exhibe celui qu'il tenait du marquis de Rivière; on ne peut s'empêcher de le trouver en règle; mais, malgré l'éminence de la dignité dont il est revêtu, on arrête sa voiture, sous prétexte d'un visa qu'il faut, dit-on, obtenir du commandant d'armes.

Il fut bien imprudent, s'il ne fut pas coupable, l'officier du poste, qui sut consacrer à l'accomplissement de cette formalité superflue, tout le temps nécessaire pour organiser le rassemblement qui bientôt rendit le départ du maréchal impossible!

Sa voiture, retenue jusque-là par la garde, est tout à coup investie d'une multitude considérable d'ouvriers, de gens du port, et de ces misérables qui, dans tous les temps, sont au service de tous les partis et de toutes les passions. Plusieurs étaient en armes; les calomnies circulent, le tumulte s'accroît; les cris de mort se font entendre : le maréchal, séparé de ses aides-de-camp, n'a que le temps de se réfugier dans l'hôtel de la poste.

Le maître de cet hôtel est un homme plein d'honneur et d'humanité : il lutte avec courage contre les premiers assaillans; il les repousse : il ferme et bar-

ricade ses portes; il est secondé dans cette pieuse
défense par le maire. Mais le nombre des bons citoyens est trop petit, celui des assassins trop grand :
il faudra succomber.

Cerné de toutes parts, l'hôtel est forcé : les brigands, entrés par le toit des maisons voisines, pénètrent jusqu'au maréchal.

Ils le trouvent calme : il venait de commencer
une lettre pour moi....... Que n'ai-je au moins reçu
ses derniers adieux!...... On l'interrompt : il la dé-
chire. Aussitôt il est atteint, percé de plusieurs
coups; et celui que la mort avait respecté au milieu
de tant de combats livrés pour la défense de la patrie
tombe sous le plomb des assassins, dans son propre
pays, en pleine paix, sous le gouvernement paternel
de Votre Majesté!

S'ils avaient du moins respecté son cadavre!....
Mais, Sire, aurai-je la force d'achever? Leur bruta-
lité n'était pas assouvie : les barbares! ils lui ont refusé la sépulture! et quand les eaux du fleuve l'eurent
reporté sur la rive; quand, par les soins généreux de
deux braves soldats, il eut été recouvert d'un peu
de terre, les monstres sont encore survenus. Pleins
d'une rage nouvelle, ils ont exhumé les déplorables
restes de leur victime, et ont placé à quelque distance
une garde.... Dans quel dessein?...... Avec l'affreuse
consigne de ne laisser approcher que les animaux
carnassiers!

Sire, j'en suis saisie d'horreur! mais n'est-il pas
besoin que ce sentiment passe aussi dans l'âme de
ceux que je dois intéresser à ma douleur?

En tout autre temps, le mot seul d'*assassinat*
suffirait pour révolter les esprits : aujourd'hui, tant
d'assassinats vulgaires sont demeurés impunis; la
France est si déplorablement accoutumée aux récits
multipliés des persécutions, des exils et des massacres, qu'il faut de l'atroce pour tirer la plupart des
hommes de leur stupide indifférence, et réveiller en
eux le sentiment d'une juste indignation pour le
crime.

Celui que je dénonce est notoire, il est épouvan-
table : les feuilles publiques l'ont raconté, la tribune
des députés en a retenti; pourquoi n'a-t-il donc été ni
recherché, ni puni?

Que dis-je puni? Pourquoi, à l'insu de Votre Majesté, dans son propre palais, la mort du maréchal
a-t-elle reçu une sorte de ratification? On a craint
apparemment que son image, restée dans le salon
des maréchaux, ne vous rappelât le forfait, et qu'en
traversant cette salle pour aller prier le dieu qui
protége la France, il ne vous vînt à l'idée de faire
punir les coupables. Quoi qu'il en soit, le portrait du
maréchal ne se voit plus à côté de celui de ses frères
d'armes; mais il est dans toutes les imaginations.

Vous pouvez, Sire, m'accorder une première réparation; il dépend de vous de rendre ce tableau à la
vénération publique.

Mais à quoi m'arrêtai-je? un autre soin m'occupe
et m'absorbe tout entière.

Je demande justice, Sire;

Justice du meurtre de mon époux;

Justice de l'outrage fait à son cadavre;

Justice de l'insulte faite à sa mémoire par ceux qui ont osé l'accuser de suicide [1] !

Cette justice, je la demande au Roi;

Je la demande à ses ministres;

Je la demande aux chambres;

Je la demande à la nation entière.

Je veux que du sein de toutes les âmes honnêtes s'échappe un même cri qui seconde le mien : *Justice! justice!*

Eh! comment ne l'obtiendrai-je pas, sous le règne d'un prince qui proclame, dans ses ordonnances, « que la justice fonde la sécurité des peuples et la

---

[1] Après la mort du maréchal, le parti qui avait commandé sa mort, effrayé sans doute des suites qu'elle pourrait avoir, imagina de faire dresser une espèce de procès verbal, dans lequel deux individus (un *serrurier*, sous-lieutenant de chasseurs de la garde urbaine, et un *boucher*, sergent dans la première compagnie des grenadiers de la même garde) ont déclaré que le maréchal Brune s'était lui-même donné la mort. Ces déclarations sont de la plus insigne *fausseté;* elles sont *contradictoires* entre elles sur plusieurs points; *inconciliables* avec l'état du cadavre, et la description des dégats causés sur les murs et au plafond de l'appartement, par les divers coups de feu tirés sur le maréchal; elles sont *démenties* par les déclarations des témoins qui ont entendu le bruit des différentes décharges, et de ceux qui ont vu tomber le maréchal. Ce procès verbal est un crime de plus. Je déclare que je m'inscris *en faux* contre les énonciations qu'il renferme, et je me réserve d'en poursuivre l'annulation devant les juges compétens. Les auteurs immédiats du crime sont connus; ils seront nommés dans la plainte détaillée que je déposerai entre les mains de la justice, aussitôt que Votre Majesté aura fait désigner la Cour devant laquelle le crime devra être poursuivi.

« véritable gloire des rois : la rendre à nos sujets
« (dites-vous) est le premier devoir et le plus beau
« privilége de notre puissance [1]. »

Oui, Sire, vos intentions ne sont pas douteuses ;
mais elles ne seraient pas accomplies, si Votre Majesté, en ordonnant que les assassins d'un de ses
maréchaux soient poursuivis, laissait aux autorités
locales le soin d'assurer la vengeance des lois.

Sans doute les habitans d'Avignon ne sont pas
tous coupables du crime qui a souillé leur cité. Un
grand nombre d'entre eux désirent, pour l'honneur
de leur ville, que ceux qui l'ont ensanglantée soient
sévèrement punis......

Mais il n'en est pas moins vrai, Sire, que dans
cette ville inhospitalière l'autorité des lois a été méprisée, la voix des magistrats a été méconnue. Les
hommes de parti qui ont pu soulever la lie du peuple
contre le maréchal exerceraient trop d'influence sur
le jugement [2] ; les témoins n'oseraient parler ; parmi

---

[1] Ordonnance du 18 septembre 1815, portant nomination
et institution des membres de la Cour royale de Paris.

[2] On peut juger de l'empire que ces mêmes hommes conservent encore à Avignon, par la pétition de quelques Avignonais, présentée à la chambre des députés, à la séance
du 23 mars 1819. Ce qui fait ailleurs la sûreté des citoyens,
fait la terreur dans cette malheureuse contrée. Les pétitionnaires réclament la dissolution et le désarmement de la garde
nationale d'Avignon. « Cette garde, disent-ils, est la même
» qui a été l'*immobile témoin* des crimes dont Avignon fut
» naguère le théâtre, *et de la mort du maréchal Brune, attentat dont l'impunité n'est pas un médiocre sujet d'étonnement pour la France et pour tout le monde !* »

les jurés pourraient se trouver des amis ou des complices des accusés; les tristes accens de ma plainte y seraient étouffés par les clameurs des factieux; et il en serait des assassins d'Avignon, comme des assassins de Nîmes et de Toulouse.

Il ne suffirait pas même d'indiquer une cour voisine. De Trestaillon n'a-t-il pas su inspirer à Riom la même terreur qu'à Nîmes?

C'est à Paris, dans la capitale du royaume, sous les yeux du gouvernement, que doit être poursuivi un crime dont la France entière a retenti.

Nos lois autorisent ces sortes d'évocations, et notre histoire en offre un antique et mémorable exemple.

En 1545, la dame de Cental ayant demandé au roi justice des massacres commis dans ces mêmes contrées sur les protestans, par ordre du président d'Oppède et de ses complices, Henri II ordonna que cette affaire serait portée au parlement de Paris. Elle y fut effectivement instruite et jugée.

A Paris, les hommes honnêtes ne seront pas intimidés : de nombreux témoins du crime accourront pour révéler la vérité; ils nommeront les assassins et leurs complices : que ceux-ci tremblent! justice sera faite, et les monstres qui ont ensanglanté la France sous le règne du meilleur des rois, ne se vanteront plus de leur impunité.

Paris, ce 29 mars 1819.

Mᵃˡᵉ BRUNE.

Mᵉ DUPIN, aîné, avocat.

A MONSEIGNEUR

LE GARDE DES SCEAUX DE FRANCE.

PLAINTE

DE MADAME LA MARÉCHALE BRUNE,

CONTRE LES ASSASSINS DE SON ÉPOUX.

Monseigneur,

Le Roi m'a fait justice autant qu'il était en lui, en ordonnant qu'on informât contre les auteurs et complices du meurtre de mon époux.

Votre Grandeur, en m'annonçant cette décision, m'a fait l'honneur de me dire qu'elle attendait la plainte dont ma requête au Roi contenait l'annonce.

Dans cette requête, en effet, je m'exprimais en ces termes : « Les auteurs immédiats du crime sont « connus ; ils seront nommés dans la plainte détaillée « que je déposerai entre les mains de la justice, « aussitôt que S. M. aura fait désigner la cour devant « laquelle le crime devra être poursuivi. »

6

La prudence me commandait d'en agir ainsi.

Lorsque Avignon est encore gouverné, dans toutes les parties de l'ordre administratif, judiciaire et militaire, par les mêmes autorités qui dirigeaient l'esprit de cette contrée à l'époque où mon malheureux époux y fut assassiné; lorsqu'il est de fait qu'on n'y a changé que le préfet et le maire, c'est-à-dire les deux seuls fonctionnaires qui eussent fait leur devoir, en s'opposant au crime dont on allait souiller leur ville; à qui, dans ce fatal pays pouvais-je adresser ma plainte? qui l'aurait reçue, entendue, accueillie?

Le jeune homme qui, le premier, insulta le maréchal, et excita la fermentation parmi le peuple, est le fils d'un personnage qui exerce à Paris, au sein de l'un des premiers corps de l'État, des fonctions dont l'influence s'étend sur tout le département de Vaucluse.

Un autre jeune homme, M. V*** fils, commandait le poste qui arrêta les voitures du maréchal; il lui demanda ses passeports, éleva des difficultés mal fondées sur leur validité, et retarda sa marche jusqu'à ce que le rassemblement de la populace se fût accru au point de la rendre impossible.

Son père est procureur du roi : poursuivra-t-il son fils?

Il y a mieux : M. le procureur du roi est l'un des signataires du procès-verbal de suicide, que j'argue de faux : se poursuivra-t-il lui-même?

Au milieu de toutes ces appréhensions, pouvais-je procéder devant de tels magistrats, leur adresser ma plainte; reconnaître ainsi leur juridiction, et me rendre par-là non recevable à décliner leur compétence? (*Code d'instruction criminelle, article* 543.)

Votre Grandeur a paru croire que la première instruction devait être faite sur les lieux; mais si j'allais signaler prématurément tous les faits; si je désignais à l'avance tous les témoins, je les exposerais évidemment à des persécutions locales. Plusieurs m'ont écrit, en me promettant de dire la vérité, si l'affaire se poursuit ailleurs qu'à Avignon. L'un d'eux écrivait à mon conseil : « J'ai une re-« commandation toute particulière à vous faire; c'est « de profiter des détails que je vous donne, sans en « indiquer la source. Vous me perdriez infaillible-« ment en me nommant, ET LA MOINDRE CHOSE QUI « PUT M'ARRIVER SERAIT L'INCENDIE DE MES PRO-« PRIÉTÉS. »

J'ai envoyé un agent sur les lieux : sa présence n'a pu rester long-temps secrète; au bout de quelques jours il a dû s'éloigner et se tenir à l'écart, pour éviter les attaques dont on l'informa qu'il allait être infailliblement l'objet.

Un Avignonais écrivait à ce sujet à mon conseil ; « Priez l'agent de madame la maréchale de ne pas « venir me voir. S'il désire une conférence avec « moi, que ce soit à Nîmes ou à Aix; et qu'il me pré-« vienne quelques jours d'avance par une lettre à « mon adresse. »

Tout m'impose donc l'obligation, dans l'intérêt même de mes preuves, de parler avec une grande réserve, dans la crainte de voir tous les élémens de conviction étouffés, détruits, comprimés dès l'a-

bord, par l'intérêt personnel des hommes qui seraient chargés de les recueillir.

Au surplus, et quand un fait est aussi notoire;
quand la France entière en a retenti; quand le Roi
lui-même a ordonné des poursuites; quand la loi
toute seule prescrit aux fonctionnaires de poursuivre
d'*office* les crimes qui viennent à leur connaissance,
de quelque manière que ce soit, n'est-il pas inouï
qu'on attende ma plainte?

Au reste, la voilà.

Je me rends *partie civile.*

Je me plains de ce que le 2 août 1815, le mare
chal Brune a été assassiné dans Avignon.

Il l'a été à l'hôtel du Palais-Royal,

Au milieu d'une émeute populaire excitée par l'esprit de parti.

Son corps a été privé de la sépulture, arraché des
mains de ceux qui le conduisaient au champ du
repos, et précipité dans le Rhône.

On a écrit, sur le pont, cette inscription désho-
norante pour la ville dont elle atteste le crime :

C'EST ICI

LE CIMETIÈRE

DU MARÉCHAL BRUNE

2 AOUT M. DCCCXV.

D'infernales réjouissances ont eu lieu comme en
un jour de fête.

Les effets du maréchal ont été en partie pillés,
vendus à vil prix, et partagés : *Et miserunt sortem
in vestem ejus.*

Des traits infâmes de cruauté et de barbarie, des

détails odieux que je supprime, et que l'instruction révélera, ont accompagné ces scènes de cannibales.

Les fonctionnaires de toutes les classes auront à rendre compte de ce qu'ils ont fait pour prévenir de tels excès. Ils auront à dire pourquoi ils n'ont rien fait pour les réprimer et les punir. Bien plus ils auront à expliquer dans quel intérêt ils se sont collusoirement prêtés à la rédaction d'un procès-verbal, que j'argue hautement de faux, quant aux énonciations qu'il renferme, et en tant qu'on en voudrait faire résulter la preuve que le maréchal s'est tué lui-même, lorsque tout, jusqu'à ce procès-verbal même, par ses propres contradictions, atteste que le maréchal a été lâchement et cruellement assassiné.

Les auteurs immédiats du crime que je désigne sont,

1° Le nommé Farge, taffetatier;

2° Un portefaix connu dans Avignon sous le nom de *Roquefort*.

Le premier de ces monstres a tiré un coup qui n'a pas atteint le maréchal, parce qu'il tirait à bout portant avec un pistolet que la victime eut le temps de détourner.

Le second a tiré le coup mortel.

Les premiers témoins qu'on devra entendre seront :

1° Le sieur Molin, propriétaire de l'hôtel où le meurtre a été commis;

2° Les domestiques de sa maison;

3° M. de Saint-Chamans, alors préfet de Vaucluse;

4° M. Dupuy, alors maire d'Avignon;

5° M. Beauregard, chirurgien, auteur du rapport dressé, le 2 août, sur l'état du cadavre;

6° Les commandans de la force armée, gendarmerie, garde nationale, ou troupes de ligne, qui étaient de service le jour de l'événement ;

7° M. Aillaud, ex-capitaine de gendarmerie à Avignon.

8° M. Montagnat, directeur des fonderies de Vaucluse, capitaine de la garde nationale d'Avignon, qui escortait le cadavre à la sépulture ;

9° Les quatre porteurs de la bière où fut déposé M. le maréchal (la police a dû retenir leurs noms);

10° M. Prompt, ancien fourrier de la compagnie des chasseurs du duc d'Angoulême, présentement marchand orfévre à Bordeaux, logé chez madame Ozié (ce témoin a tout vu ; mais il faut se hâter de l'interroger; il est sur le point de faire un voyage en Amérique).

11° M. Jean Tarron, joaillier à Genève, témoin oculaire. Il était, à cette époque, logé dans l'hôtel du Palais-Royal;

12° Tous les signataires du prétendu procès-verbal de suicide, dressé le 2 août.

On peut encore faire interroger les témoins suivans, qui se trouvent ACTUELLEMENT A PARIS :

1° Un sieur Meynier, qui n'a pas été étranger à cet événement (la police de Paris a son adresse);

2° M. Durand de Nîmes, avocat à Paris, rue Bertin, n° 9. Il donnera le nom et l'adresse d'un officier de santé du régiment Royal-Louis, qui fut appelé au procès-verbal du prétendu suicide, et qui se refusa à le signer ;

3° M. Moureau, de Vaucluse, aujourd'hui avocat, demeurant à Paris, cloître Saint-Benoît, n° 16;

4° M. Laurent, ex-inspecteur-général de la librairie, à Avignon, demeurant à Paris, rue du Bac, n° 17;

5° Le général Jocry, demeurant à Paris, rue
Saint-Jacques, vis-à-vis le collége du Plessis, qui
commandait à Marseille en 1815;

6° M. Maunier, marchand papetier à Paris, rue de
la Monnaie, n° 20. Il était à Avignon le 2 août 1815.

J'ai encore soixante-deux autres témoins dont je
donnerai la liste supplémentaire, dès que les poursuites auront commencé.

MONSEIGNEUR, j'aurais sans doute le droit de saisir
directement la cour de cassation de ma demande en
renvoi pour cause de *suspicion légitime*. Mais ce qui
ne serait, de ma part, que l'exercice d'un droit, est
pour l'autorité supérieure l'accomplissement d'un
devoir. L'article 542 du Code d'instruction criminelle trace à cet égard la conduite qu'elle doit tenir
en pareil cas.

Et puisqu'il est vrai de dire que jamais il ne se
présenta d'affaire où la suspicion fut plus légitime, et
les motifs de récusation plus notoires, plus palpables,
plus évidens, j'ai la ferme confiance que Votre Grandeur prendra de suite les mesures nécessaires pour
que les intentions du Roi soient remplies, et pour
que le soin d'informer promptement soit confié à
d'autres autorités que celles d'Avignon.

ET VOUS FEREZ JUSTICE.

Paris, ce 19 mai 1819.

Mᵐᵉ BRUNE.

PLAIDOYER

PRONONCÉ

DEVANT LA COUR ROYALE DE RIOM,

A L'AUDIENCE DU 25 FÉVRIER 1821.

MESSIEURS,

MADAME la maréchale Brune ne vient point exhaler devant vous une plainte envenimée. Bien que douloureusement affectée, ce n'est point aux passions qu'elle veut parler : elle n'adresse de vœux qu'à la justice ; c'est dans son temple qu'elle vient rendre les derniers devoirs à son illustre et malheureux époux : elle ne demande vengeance qu'aux lois. Elle l'attend avec confiance de leurs dignes organes, de ces magistrats sur lesquels toute la France a les yeux, et qui les premiers, justifiant la confiance du prince et l'espoir de la nation, ont dépouillé le crime du titre affreux de *représailles*, sous lequel on avait tenté de l'ennoblir, et lui ont enfin restitué ses peines et son infamie.

En entrant dans votre cité, les regards de ma

cliente se sont arrêtés avec complaisance sur le monument que les citoyens de Riom ont élevé au général Desaix : elle en a conçu le plus favorable augure. Non, s'est-elle dit, ce n'est pas dans une ville qui honore ainsi le courage, que le meurtre d'un brave sera jugé avec indifférence; ce n'est pas dans cette ville, qu'on formera des vœux impies en faveur du scélérat qui a tranché la vie glorieuse d'un héros, sous les ordres duquel neuf des maréchaux qui nous restent ont eu l'honneur de servir.

(Après cet exorde, l'avocat entre dans l'exposé du fait.)

Le 2 août, M. le maréchal Brune a été assassiné dans Avignon, en plein jour, en présence d'une foule d'habitans, après une lutte de plusieurs heures, et après avoir soutenu une sorte de siége, sans qu'aucun ordre de l'autorité fît agir, pour sa défense, la force publique.

La plus infâme calomnie a servi de prétexte à cet horrible assassinat. Des hommes de parti répandirent parmi leurs sicaires que le maréchal Brune avait porté la tête de la princesse de *Lamballe* au bout d'une pique! Si je réponds à cette imputation, Messieurs, ce n'est pas que sa véracité pût influer sur le crime commis sur la personne du maréchal; mais j'y réponds pour laver sa mémoire de ce qu'un tel reproche a d'odieux. Or, il est de fait que, dès le 18 août 1792, le général Brune avait été envoyé en Belgique en qualité de commissaire du gouvernement. Des écrivains belges eux-mêmes nous attestent qu'à cette époque Brune était dans leur pays. Dans la *Galerie historique des Contemporains*, ouvrage imprimé à Bruxelles depuis la mort du maréchal, on lit ce qui suit, article BRUNE : « On a prétendu que Brune avait « été l'un des assassins de l'infortunée princesse de « Lamballe, massacrée le 2 septembre 1792, à la « prison de la Force. Cette accusation tombe d'elle- « même ; *Brune n'était point alors à Paris.* » Il était, ainsi que nous l'avons dit il n'y a qu'un instant, *dans la Belgique*, où il avait été envoyé par le conseil exécutif [1].

En effet, il existe dans les archives du gouvernement des dépêches officielles qui attestent qu'à cette fatale époque le général Brune n'étoit point à Paris. Le 3 septembre 1792, il était encore à Rodenac, près de Thionville, dans le nord de la France.

La calomnie a précédé le trépas du maréchal : elle ne s'est point lassée de le poursuivre encore après sa mort.

A peine le maréchal a-t-il été assassiné, que ceux qui avaient commandé le crime s'efforcent d'en déguiser les preuves. Ils entreprennent, si je puis m'exprimer ainsi, de *régulariser l'assassinat.*

On dresse un procès-verbal qui atteste que le maréchal se serait *suicidé.*

Une expédition de ce procès-verbal est envoyée au ministre de la justice, pendant que d'autres se chargent de faire accréditer cette insultante version

[1] Ce fait a été prouvé avec la plus haute évidence et par pièces authentiques dans le procès en calomnie de madame la maréchale Brune contre le rédacteur du *Drapeau-Blanc.* (Voyez la note à la fin du plaidoyer après l'arrêt.)

par certains journaux. Le *Journal des Débats* présente ainsi l'événement dans ses feuilles des 9 et
12 août 1815; et, comme ces premières annonces
avaient trouvé peu de créance, pour vaincre l'incrédulité des lecteurs, ses rédacteurs consacrent un nouvel article à ce récit, dans leur numéro du 17 août,
qui commence par ces mots : « Voici la relation *au-*
« *thentique* de ce qui s'est passé à Avignon le 2 août;
« elle nous est transmise par une *des principales au-*
« *torités* de cette ville. Le maréchal Brune, etc., etc. »

Peu de temps après, une médaille du maréchal
est gravée à Paris. Elle portait sur le revers : « Né
« à Brive, le 13 mars 1763 : *assassiné* à Avignon,
« le 2 août 1815. » Mais le directeur de la Monnaie
(l'honorable M. Marcassus de Puymaurin) refuse de
la laisser frapper avec cette énonciation : il aurait
voulu que l'on eût mis *décédé* à Avignon. Enfin l'on
transige; le mot *assassiné* est remplacé par autant
de points qu'il y a de lettres dans ce dernier mot;
et, par ordre supérieur, la médaille est frappée avec
cet amendement.

Ainsi les fauteurs du procès-verbal de suicide ob-
tenaient ce qu'ils désiraient : aucune information
n'avait lieu sur la mort du maréchal Brune.

Cette inaction, dit l'avocat, était peut-être excusable à Paris, si elle n'était que le résultat de l'erreur
produite par le procès-verbal de suicide; mais, à Avignon, pouvait-on s'abuser à ce point?

Près de quatre ans s'étaient écoulés; mais dans
l'intervalle, madame la maréchale Brune avait employé tous les moyens imaginables pour réunir les

preuves du crime. Elle avait envoyé sur les lieux un
agent fidèle et dévoué, qui, au risque de sa vie, s'é-
tait procuré les documens les plus précis.

Il était même parvenu à recouvrer les restes du
corps de M. le maréchal. Ces mânes précieux, dit l'o-
rateur, furent envoyés à sa veuve dans un cercueil
de plomb; elle les a fait déposer à sa terre de Saint-
Just, dans une des salles du château : ils attendent
votre arrêt; ils ne seront inhumés qu'après que justice
aura été faite...

Cependant, poursuit l'orateur, une lueur d'espérance semble renaître; le discours prononcé le 24
mars 1819, par M. les garde des sceaux à la chambre
des députés, annonce de la part du gouvernement,
la volonté de faire justice des crimes du midi. Long-
temps niés par une faction, ces crimes sont dévoilés
par le ministre : il s'en indigne; il s'écrie : « Le scan-
« dale est dans le crime; il n'est pas dans la plainte; il
« n'est pas dans le cri du sang injustement répandu! »

Cette phrase éloquente devient l'épigraphe de la
requête que madame la maréchale Brune s'empresse
alors de présenter au roi.

Elle l'adresse en même temps, avec une lettre cir-
culaire, à tous les maréchaux de France. Tirés de
leur léthargie par une femme, ces illustres guerriers
se disposent à réclamer, en corps, vengeance de l'assassinat commis sur la personne de leur frère d'armes,
lorsque le Roi les prévient, et donne au ministre de
la justice l'ordre de faire poursuivre les auteurs de
cet attentat.

Cette décision, d'abord annoncée à madame la

maréchale Brune par le duc d'Albuféra, lui est immédiatement confirmée par une lettre de M. le garde des sceaux.

Aussitôt madame la maréchale Brune remet à ce ministre une plainte dans laquelle elle déclare se porter *partie civile*.

Les documens fournis par madame la maréchale sont transmis au procureur-général près la Cour de Nîmes.

L'instruction commence sur les lieux.

On l'a bien circonscrite!.... Ainsi l'on n'a pas instruit contre ces fonctionnaires dont la conduite, si elle ne les accuse pas de connivence, les accuse au moins d'une grande faiblesse!

On n'instruit pas contre celui qui, le premier, s'était opposé au départ de la voiture du maréchal!

On n'instruit pas contre ce jeune homme qui, au dire de plusieurs témoins, avait *excité et fomenté l'attroupement* ; contre cet audacieux qui, se trouvant dans la chambre du maréchal Brune, l'avait injurié en face, avait arraché le panache blanc qui ombrageait son front glorieux, et l'avait menacé d'une mort prochaine, qu'il disait être due à ses forfaits!!

Et ce commandant, qui n'a trouvé d'apologiste que dans la déposition de l'un des signataires du procès-verbal! ce commandant de place, si puissant sur la multitude, qu'un mot de sa part suffit pour la calmer! Mais quand? Lorsque le but est rempli, quand le crime a été consommé, et que le maréchal a cessé de vivre. Ce même homme, qui donne à la gendarmerie l'ordre de se retirer, quand il fallait, au contraire, lui donner l'ordre d'agir ; quand son insuffisance même du côté du nombre, n'eût pas été un motif capable de légitimer sa retraite, à moins que le devoir de mourir à son poste ne soit plus qu'un vain mot !

A-t-on instruit contre les deux faux témoins qui ont attesté le prétendu suicide ? A-t-on instruit sur le pillage des effets partagés sur la place publique !

Toutefois, Messieurs, ne croyez pas qu'en relevant ces lacunes dans l'instruction, je veuille accuser les intentions des magistrats qui l'ont dirigée ; je veux seulement en tirer cette conséquence, qu'au moins il est bien prouvé par-là que l'instruction a été conduite avec une grande modération, sans animosité, et que, par conséquent, les seuls faits qu'elle ait pris soin d'établir méritent toute votre confiance.

On n'est pas remonté jusqu'aux instigateurs du crime : on n'a poursuivi que les vils instrumens dont on s'était servi pour le commettre.

Tout aboutit à deux portefaix, dont l'un est décédé, l'autre contumace.

Roquefort contumace ! Eh ! pourquoi ? On l'a vu, on l'a signalé à l'autorité ; il se promenait publiquement sur les quais et dans les rues d'Avignon ; cependant on ne l'a pas arrêté : on ne l'a donc pas voulu ! On a fait des perquisitions, mais après des avertissemens préalables. Le commandant de la gendarmerie a été changé ; mais l'influence des instigateurs n'était pas détruite : ils craignaient que, menacé sur sa tête, le coupable ne nommât ses complices !...

Quoi qu'il en soit, la plainte de madame la maréchale se trouve justifiée sur tous les points.

L'assassinat est prouvé avec la plus haute évidence.

Les insultes faites au cadavre, son exhumation, l'épitaphe inscrite sur le pont du Rhône, que M. de Saint-Chamans dépose avoir lue de ses propres yeux, et qu'il n'a pas eu, lui, préfet de Vaucluse, la force de faire supprimer [1] : tous ces faits sont également prouvés.

Il en est de même du pillage des effets du maréchal : on les divise ; chacun a son lot ; et l'un des signataires du procès-verbal de suicide, un lâche, obtient en partage la glorieuse épée du maréchal!

Toute cette procédure est soumise à la chambre d'accusation de la Cour royale de Nîmes. L'arrêt de renvoi, rendu par cette chambre, démontre le crime, et signale le criminel : un acte d'accusation est dressé contre le nommé *Guindon*, dit *Roquefort*.

Cependant, même après cinq ans écoulés, le gouvernement ne croit pas sûr de faire juger le procès sur les lieux ; et un arrêt de la Cour de cassation renvoie la cause devant la Cour de Riom.

Ce renvoi est regardé comme un bonheur. Quelle gloire pour vous, Messieurs, qu'au seul bruit de cette décision, chacun ait félicité madame la maréchale! A Riom, lui disait-on, l'on vous fera justice ; là vous trouverez, au sein d'une population douce et paisible, ennemie des troubles, étrangère à l'esprit de faction, des magistrats intègres et courageux, qui, ne connaissant que leur devoir et n'écoutant que leur conscience, savent qu'il importe à la gloire comme au

---

[1] Elle y est peut-être encore, a dit M. le procureur-général dans son exposé.

bonheur de leur pays que le crime soit puni, par quelques personnes, en quelque lieu, et dans quelques circonstances qu'il ait été commis.

Dès lors, madame la maréchale Brune se décide à faire le voyage de Riom. Vous avez vu, Messieurs, sa profonde douleur, son courage au-dessus de son sexe; sa déférence, son respect pour la justice; son dévouement à ses devoirs.

Devais-je l'accompagner? — Sans doute, je savais qu'elle eût trouvé, dans le barreau de Riom, talens distingués, obligeance extrême, secours et conseils utiles [1]; mais j'avais été le premier interprète de la douleur de madame la maréchale dans sa requête au Roi; j'avais recueilli et rédigé sa plainte : elle désirait me voir achever mon ouvrage; sa cause était trop belle pour ne pas l'entreprendre, et la confiance qu'elle daignait me témoigner trop honorable, pour ne pas y répondre avec l'empressement qu'elle mérite, et un dévouement qu'elle sait bien être sans bornes.

(Les faits ainsi exposés, Me Dupin est entré dans la discussion du fond).

Le principal intérêt de madame la maréchale, a-t-il dit, est de détruire l'idée que le maréchal Brune se soit suicidé. Le suicide entache la mémoire : c'est un crime aux yeux de la morale et de la religion; c'est de plus une lâcheté; et il n'a fallu rien moins que la rage insensée et le raffinement de l'esprit de parti,

---

[1] Me Bayle, un des avocats les plus distingués du barreau de Riom, a suivi toute la procédure devant la Cour de Riom, et a assisté, comme conseil de Madame la maréchale, au jugement du procès.

pour entreprendre de déshonorer ainsi la gloire d'un
guerrier dont on venait de trancher la vie par un
assassinat !

De là naît, pour madame la maréchale et pour sa
famille, le besoin de demander que cette mention de
suicide soit effacée de tous les registres de l'état civil
ou autres, sur lesquels elle aurait pu être portée.

On objectera peut-être que la loi défendant d'é-
noncer le genre de mort sur les registres de l'état civil,
il n'est pas à craindre qu'on ait violé cette règle. Mais
la loi défendait aussi de rédiger un procès-verbal en
vue de mettre un suicide à la place d'un assassinat !
Elle défendait aux fonctionnaires publics d'Avignon
de dissimuler le crime, puisqu'elle leur enjoignait de
le poursuivre ; et cependant un procès-verbal attestant le suicide a été dressé, et ils n'ont pas craint de
le signer ! D'ailleurs, les conclusions sur ce point ne
sont qu'hypothétiques, et pour le cas seulement où,
la mention ayant eu lieu, une rectification deviendrait
nécessaire.

Maintenant, Messieurs, j'aurai peu d'efforts à faire
pour prouver qu'il y a eu *assassinat* et non pas *suicide*.

Relèverai-je d'abord cette forme insolite de procès-
verbal, qu'on fait signer par une foule de fonctionnaires dont le concours était inutile ? N'est-ce point
le cas de voir le dol dans l'excès même de la précaution ? Un homme est mort ; on appelle le juge d'instruction : il doit procéder seul ; qu'a-t-il besoin de la
collaboration et de l'attache des fonctionnaires publics
de l'ordre administratif ? A quoi bon l'intervention
de ceux-ci dans un acte judiciaire, si ce n'est pour se

prêter un mutuel secours, en attestant solidairement ce qu'aucun deux n'eût voulu prendre sur lui d'affirmer seul? Acte honteux de faiblesse ou de complicité, sorte de *pétition officieuse* en faveur du crime contre la victime, qui accusera long-temps les signataires de connivence ou de pusillanimité!

Mais enfin l'iniquité s'est mentie à elle-même; car le procès-verbal seul suffit pour démontrer sa propre fausseté.

En effet, les fonctionnaires qui l'ont signé n'y figurent pas comme témoins; ils n'attestent rien qui soit à leur connaissance personnelle; ils ne paraissent que pour donner un air d'authenticité aux déclarations que renferme le procès-verbal.

Or, ces déclarations rappellent les faits de rassemblement, d'investissement de l'hôtel, d'invasion de la chambre du maréchal, de vociférations, de menaces. L'empreinte des balles au plafond et sur la muraille atteste qu'on a tiré deux coups de feu. L'état du cadavre, constaté par les gens de l'art, la description de ses blessures, prouvent qu'il y a eu assassinat commis par derrière, et non un suicide, démontré impossible par toutes ces circonstances de fait. Cependant les fauteurs du procès-verbal n'y ont aucun égard; la vérité la plus palpable est méconnue ; elle succombe sous la déposition des deux seuls hommes qu'on daigne interroger, par prédilection, au milieu de cette foule : d'un serrurier et d'un boucher, dignes témoins d'une pareille scène!

Mais le procès-verbal est surtout détruit par l'instruction subséquente qui a eu lieu sur la plainte de madame la maréchale. Dans cette instruction, en effet, plusieurs des signataires mêmes du procès verbal se rétractent, et déclarent que s'ils avaient d'abord cru au suicide, depuis ils n'ont pu s'empêcher de reconnaître qu'il y avait eu assassinat. MM. de Saint-Chamans et Verger père sont de ce nombre. (L'avocat rappelle leurs dépositions.)

Pour colorer l'allégation du suicide, on avait prétendu que le maréchal avait emprunté le pistolet d'un factionnaire du régiment des chasseurs d'Angoulême. Mais cette assertion est démentie avec fermeté par les officiers mêmes de ce corps, qui attestent que leurs soldats, et notamment ce factionnaire, n'étaient point armés de pistolets.

(Après avoir fait ressortir plusieurs autres preuves qu'il puise dans l'instruction, Me Dupin en tire cette conséquence, qu'il y a eu assassinat et non suicide.

Il se demande ensuite quel est l'auteur de cet assassinat?)

Cette question, dit-il, n'est que secondaire; on n'eût pas découvert le coupable, que l'intérêt civil eût été le même : faire décider qu'il n'y a pas suicide, et faire rectifier les fausses énonciations des registres et des actes qui auraient assigné cette cause à la mort du maréchal. Cet intérêt si naturel, si juste, si pressant, survivrait au décès du coupable, comme à son absence, et même à son absolution.

Mais cette considération même est superflue; car le fait de la culpabilité du contumace est complétement établi par l'instruction.

Ici j'entreprendrai le moins possible sur les fonctions du ministère public; et je le ferai avec d'autant plus de réserve, que ces nobles fonctions sont exercées dans la cause par un procureur-général qui sait allier, au plus haut degré, le talent qui distingue l'homme avec cette courageuse impartialité qui honore le magistrat.

D'ailleurs, l'intérêt du gouvernement parle ici plus haut que le nôtre. Le crime est constant; faites donc qu'il soit puni. Faites taire ceux qui disent : Il n'y a plus de justice en France; on y tue les gens publiquement et impunément [1]. Si la mort d'un maréchal de France reste impunie, quelle sera la sécurité des autres citoyens? Si l'homme qui porte l'épée du commandement pour le prince, n'a pu être protégé ni par ses dignités ni par sa gloire, qui vengera la mort du paysan, du bourgeois, du simple soldat? Réfléchissez, Messieurs, aux conséquences de l'impunité d'un tel crime, au milieu de la conviction de son existence, si fortement empreinte dans tous les esprits; et vous verrez qu'en effet il s'agit ici bien moins d'un intérêt particulier, que de la gloire du prince et de l'honneur de son gouvernement.

(Après avoir présenté ces considérations, l'avocat de madame la maréchale Brune retrace les circonstances au milieu desquelles a eu lieu l'instruction : au milieu des passions locales, au milieu des influences qui avaient protégé le crime. Il représente l'anxiété des témoins...)

[1] *Ejusmodi tempus erat ut homines vulgò et impunè occiderentur* (CICERO, pro Roscio).

Rappelez-vous ce que Truphémy disait, dans cette même enceinte, des témoins appelés contre lui : *S'ils étaient à Nîmes, ils ne parleraient pas ainsi.* Par conséquent, il est permis de dire que si les témoins entendus contre Roquefort étaient présens devant vous, ils parleraient plus hardiment qu'ils n'ont pu faire à Nîmes et dans Avignon.

Qui pourrait douter de cette fatale influence exercée sur les témoignages, lorsqu'on voit, d'une part, le sieur Dusquet, maire de Suze, déposer, dans l'instruction, qu'il était *présent* au procès verbal de suicide, et *que lorsqu'on déposa du pistolet prétendu arraché par le maréchal, un Monsieur fit signe, à celui qui déposait, de ne plus rien dire;* et d'un autre côté, le sieur Mailli-Fort, qui, en 1815, était soldat dans la première compagnie du régiment Royal-Louis, entendu dans l'information de Marseille, déposer « qu'en descendant de la chambre du « maréchal, lui témoin, dit *qu'il avait été tué;* et « qu'aussitôt un officier *lui ordonna de dire qu'il « s'était tué lui-même;* et que, s'il disait le contraire, « *il le ferait mettre pour quinze jours en prison.* »

Toutefois, et malgré ces manœuvres, l'instruction est concluante contre l'accusé.

La clameur publique le désigne hautement.

Mainier a dit à deux témoins dignes de foi qu'il avait *vu* Roquefort tirer le coup de carabine qui a tué le maréchal.

D'autres témoins signalent également ce portefaix comme l'auteur de l'assassinat.

D'autres enfin, sans désigner l'assassin par son

nom, donnent de sa personne un signalement conforme à celui indiqué par ceux qui l'ont vu ; ils affirment d'ailleurs qu'ils ont assez bien remarqué l'assassin *pour le reconnaître s'il leur était représenté.*

Là, je ne vois qu'une adroite réticence des témoins pour se mettre à l'abri de la rage d'un homme qu'ils savaient n'être point encore arrêté : c'est un appel à la justice ; c'est lui dire : Faites saisir le coupable ; mettez-le sur le banc des accusés ; qu'il soit hors d'état de nous nuire, et nous le reconnaîtrons.

D'ailleurs, est-il donc nécessaire que les témoins désignent *par son nom* l'individu auquel ils ont vu commettre un crime ? Ne suffit-il pas qu'ils le reconnaissent à la confrontation ?

Mais si l'accusé lui-même a rendu cette confrontation impossible ; s'il a eu l'adresse de se soustraire aux recherches de l'autorité ; poussera-t-on la complaisance jusqu'à l'absoudre d'office, parce qu'il aura lui-même, par sa contumace, privé la justice du moyen le plus efficace qu'elle eût de le convaincre, celui de le mettre en présence des témoins de son crime ?

(Ici, Me Dupin fait sentir la différence qui existe entre un arrêt qui décide qu'il n'y a pas lieu à accusation, et l'arrêt qui statue définitivement sur l'accusation elle-même. Le premier n'empêche pas qu'on ne reprenne l'individu, s'il survient de nouvelles charges ; le second le libère d'une manière absolue, et empêche qu'il ne puisse désormais être poursuivi pour le même fait).

Si donc il était possible de supposer que Roquefort fût acquitté, vous assureriez l'impunité du crime ; vous priveriez pour toujours la justice de la possibilité d'atteindre le coupable et de le punir, lors même qu'étant arrêté, il serait reconnu par tous les témoins de son forfait.

Ainsi tout l'honneur qu'on a voulu attribuer à la cour de Riom serait reporté à Nîmes ; ainsi la Cour de Cassation aurait eu tort de déplacer le siége du procès. A Nîmes, en effet, au sein des passions les plus vives, des haines les plus fortes, de l'esprit de parti le plus violent, on n'a cependant douté ni du crime, ni de l'assassin ; et à Riom, on l'acquitterait par contumace ! sa résistance aux ordres de la justice deviendrait la cause de son salut !

Le supposer serait faire injure à la cour.

Non, messieurs, vous rassemblerez tous les témoignages, vous pèserez l'ensemble des preuves, et vous demeurerez convaincus qu'il y a eu assassinat, et que Roquefort en est le détestable auteur.

Prononcez donc, magistrats, prononcez. Que votre arrêt devienne la justification du gouvernement, auquel on a si long-temps reproché son inertie ; qu'il rassure les bons citoyens ; qu'il soit la terreur des coupables ; qu'il porte l'effroi dans l'âme du monstre qui a commis le crime ; qu'il trouble, au sein même de leur prospérité, les hommes non moins pervers qui l'ont commandé !

Qu'ils songent au mal affreux qu'ils ont fait ! Ah ! Messieurs, en étudiant la douleur de mon infortunée cliente, j'ai souvent entendu sa plainte et recueilli les expressions de son désespoir, à une époque où toute espérance d'obtenir justice semblait anéantie. Malheur! s'écriait-elle quelquefois dans l'amertume de son cœur, malheur aux assassins de mon époux! Je leur souhaite tous les maux qu'ils m'ont faits : s'ils sont époux, qu'ils perdent leurs épouses; s'ils sont pères, qu'ils perdent leurs enfans; qu'ils perdent tout ce qui leur est cher! et quand ils auront tout perdu, lorsqu'ils auront eux-mêmes un pied dans la tombe, que la grande et vénérable image de mon époux leur apparaisse; qu'elle tire leur drap mortuaire, et leur dise : Venez avec moi; vous m'avez précipité dans l'éternité, je vous y traîne à mon tour; venez devant Dieu: qu'il juge enfin entre les bourreaux et la victime!!

Et puis, revenant presque aussitôt à des sentimens plus calmes, elle se disait : Mais non; justice me sera faite même en ce monde : l'esprit de parti ne peut pas triompher éternellement de ma juste douleur. L'impunité ne saurait être constamment la sauvegarde du crime. Les gouvernemens sont établis pour le punir, et non pour le couvrir de leur égide; les magistrats sont institués pour le poursuivre, et non pour le protéger. La justice des hommes ne peut me rendre le bonheur; mais elle me rendra la paix, qui suit toujours l'accomplissement, quelque pénible qu'il soit, d'un grand devoir. Eh bien! j'irai; oui, j'irai partout demander cette justice aux juges qu'on m'aura donnés. Ils verront ma douleur, mes larmes, mon désespoir : quels qu'ils soient, ils en seront touchés; ils ne résisteront pas à l'évidence des preuves : un arrêt solennel condamnera les assassins du maréchal; un arrêt solennel affranchira la gloire de mon époux de l'odieuse et lâche imputation de suicide : cet arrêt, je le déposerai dans sa tombe, au jour des funérailles, à côté de ses restes chéris!!

ARRÊT.

LA COUR, vu, etc., etc.;

Ouï Marie, avoué de madame la maréchale Brune, qui a conclu à ce qu'il plût à la cour déclarer que le nommé *Guindon*, dit *Roquefort*, coupable d'assassinat sur la personne du maréchal Brune, sauf à monsieur le procureur-général à prendre, pour la vindicte publique, les conclusions qu'il avisera;

Et, statuant sur l'intérêt civil, autoriser madame la maréchale Brune, partie plaignante, en vertu de l'arrêt à intervenir, et sans qu'il en soit besoin d'autre, à faire procéder à la rectification de tous actes de décès, portés sur les registres de l'état civil, ou autres, où la mort du maréchal Brune serait attribuée à un suicide;

Donner acte, au surplus, à madame la maréchale Brune de ce que son intention n'ayant jamais été que de poursuivre la vengeance légale du crime et de l'outrage fait à la mémoire du maréchal, par l'imputation de suicide, elle ne réclame ni dommages-intérêts, ni dépens;

Ouï Dupin, avocat de madame la maréchale, en sa plaidoirie;

Ouï le procureur-général en son réquisitoire, tendant, etc.;

Reconnaît et déclare N..... *Guindon*, dit *Roquefort*, portefaix, habitant à Avignon, atteint et convaincu des faits énoncés au résumé de l'acte d'accusation, et avec toutes les circonstances comprises dans ledit résumé;

En conséquence, attendu qu'il est constant, au procès,

que le maréchal Brune a été assassiné; que la vérification du cadavre, la nature de la blessure qui a procuré la mort, et qui a eu lieu par derrière et à bout portant, exclut toute idée de suicide ;

Attendu que le procès verbal du 2 août 1815 est absolument en contradiction avec la déclaration des gens de l'art, sur l'état de la blessure reconnue par tous ;

Attendu qu'il est prouvé que *Guindon*, dit *Roquefort*, a fait partie du rassemblement formé autour de la maison occupée par le maréchal, et qu'il s'est présenté au peuple, en lui annonçant qu'il avait cessé de vivre ;

Attendu que *Guindon*, dit *Roquefort*, est désigné dans les informations, pour avoir tiré le coup d'arme à feu qui a donné la mort au maréchal Brune ;

La Cour déclare le nommé *Guindon*, dit *Roquefort*, coupable d'avoir, dans la journée du 2 août 1815, fait partie d'une réunion de plus de vingt personnes armées en rébellion, par attaque et résistance avec violences et voies de fait envers la force publique, et officiers et agens de police administrative et judiciaire agissant pour l'exécution des lois, des ordres ou ordonnances de l'autorité publique ;

Le déclare également coupable d'avoir, volontairement et avec préméditation, donné la mort au maréchal Brune ;

Attendu que ces faits constituent des crimes prévus par les articles 209, 210, 216, 296 et 302 du Code pénal, et 472 du Code d'instruction criminelle, dont la lecture a été faite publiquement par M. le président, et qui sont ainsi conçus, etc., etc. ;

La Cour condamne N..... *Guindon*, dit *Roquefort*, portefaix, domicilié à Avignon, à la peine de mort ;

Et, attendu sa contumace, ordonne que extrait du présent arrêt sera, dans les trois jours, à la diligence du procureur général ou de son substitut, affiché, par l'exécuteur des jugemens criminels, à un poteau qui sera planté au milieu d'une des places publiques d'Avignon, où le crime a été commis;

Ordonne que les frais faits pour parvenir à la répression du crime seront pris et prélevés sur les biens dudit *Guindon*.

Faisant droit sur la demande de la maréchale Brune, partie civile,

La Cour, sans s'arrêter au procès-verbal du 2 août 1815, l'autorise à faire procéder à la rectification de tous actes de décès portés sur les registres de l'état civil, ou autres, où la mort du maréchal Brune serait attribuée à un suicide; lui donne acte de ce qu'elle ne réclame ni dommages-intérêts civils ni dépens.

Faisant droit sur le réquisitoire du procureur-général, et vu l'article 157 du décret du 18 juin 1811, ainsi conçu, etc.;

La Cour ordonne que la maréchale Brune sera tenue d'avancer les frais et dépens de la procédure, sauf son recours contre le condamné.

Ordonne que le présent arrêt sera imprimé, affiché, etc.

Fait, jugé et prononcé publiquement, à l'audience de la cour d'assises du département du Puy-de-Dôme, du vingt-cinq février mil huit cent vingt-un, siégeant messieurs Souteyran, conseiller en la cour royale de Riom, *président;* Landois; Touttée; Gisclon, chevalier de l'ordre royal et militaire de Saint-Louis; Desribes, officier de l'ordre royal de la légion d'honneur, aussi conseillers, tous membres de ladite cour d'assises, lesquels ont signé.

—————

A la fin du Procès imprimé à Riom, on trouve la note ci-après, que nous avons cru bon de reproduire ici:

« Les *Mémoires historiques de madame de Lamballe,* publiés par madame Guénard, baronne de Méré, 4e édition, tome 2, pages 328, 329 et 330, font connaître les détails de

l'horrible assassinat commis sur cette princesse. Ils désignent
en même temps *Charlat* et *Grison*, comme ayant porté, l'un
la tête, et l'autre le cœur de cette illustre infortunée.

« On y lira que le premier, pour se soustraire aux poursuites, s'étant rendu à l'armée, inspira tant d'horreur à ses camarades, qu'ils le massacrèrent.

« Le second, convaincu d'avoir coupé la tête à cette inté-
ressante victime, fut par la suite condamné à mort, et exécuté
à Troyes, département de l'Aube.

~~~~~~

LE DUC DE ROVIGO.

ARRÊT DU 27 DÉCEMBRE 1819.

Le procès du lieutenant-général Savary, duc de Rovigo, a été recueilli et imprimé en 1820, chez les frères Baudouin, avec cette épigraphe qui mérite d'être méditée : « En pareil « cas en usent bien sagement ceux qui laissent faire l'entrée « aux autres, et se présentent en seconde ligne pour se justi- « fier ; parce que les dernières accusations sont toujours plus « douces et plus mollement poursuivies. » (AYRAULT, *de l'ordre, formalité et pratique judiciaires* , liv. III., n° 31.)

Le duc de Rovigo, inscrit sur *la liste* du 24 juillet 1815, avait été traduit devant un conseil de guerre , comme *accusé du crime de trahison*, *et d'avoir pris part au prétendu complot*, *qui*, *en 1815, avait ramené Napoléon en France.*

Mais l'accusé avait prudemment fait défaut , il était *contumax :* et bien lui en prit ; car un jugement du 24 décembre 1816, le condamna à mort *à l'unanimité.*

Labedoyère, Ney , les frères Faucher, ceux enfin qui, pour nous servir de l'expression d'Ayrault, avaient *fait l'entrée aux autres*, tous avaient succombé. Mais en 1819, la réaction avait un peu cédé, et il y avait quelque espoir que le duc de Rovigo se présentant *en seconde ligne pour se justifier*, l'accusation cette fois serait *plus douce et plus mollement poursuivie.*

Quoi qu'il en soit, le duc, de retour en France, ayant réclamé jugement, fut constitué prisonnier à l'Abbaye. — Il fit offrir sa défense à Me Dupin qui se rendit aussitôt à sa prison.

L'accusé parut devant le conseil de guerre le 27 décembre 1819.

Après la lecture des pièces et l'audition des témoins, le duc de Rovigo, prononça un discours dans lequel après avoir exprimé sa confiance dans l'équité de ses juges, il ter-

minait par ces mots : « Je sollicite de votre bonté, Messieurs,
« d'entendre l'honorable orateur qui a bien voulu me prêter
« l'appui de son ministère dans une position où l'homme le
« plus rassuré par sa conscience ne doit point s'en rapporter
« à lui-même [1]. Je l'ai chargé spécialement de vous rendre
« compte de la conduite que j'ai tenue pendant mon exil. »

M. le chef de bataillon Chambeau ayant soutenu l'accusation comme rapporteur, M. Dupin lui répondit par le plaidoyer qu'on va lire.

Les juges se retirèrent ensuite pour délibérer, et le résultat de leur jugement fut que le duc qui, trois ans auparavant avait été *condamné à mort à l'unanimité*, fut cette
fois *acquitté à l'unanimité*.

Il fut mis sur-le-champ en liberté, et comme l'observe
l'auteur du procès imprimé chez Baudouin : « Les mêmes
« soldats qui avaient été commandés pour répondre de sa
« personne avant son jugement, lui ont, aussitôt après son
« acquittement, rendu les honneurs militaires dus au rang
« éminent qu'il occupe dans l'armée. »

---

[1] Le duc traduisait ici Tacite, qui parlant du trouble que doit
nécessairement éprouver un accusé qui serait réduit à se défendre
lui-même, s'exprime ainsi : *Proprio in metu qui exercitam quoque de-
bilitat eloquentiam.*

PLAIDOYER

POUR

M. LE LIEUTENANT-GÉNÉRAL SAVARY,

DUC DE ROVIGO,

DEVANT LE 1er CONSEIL DE GUERRE, SÉANT A PARIS,
LE 27 DÉCEMBRE 1819.

MESSIEURS,

Fort du témoignage de sa conscience, et pénétré
d'une confiance entière dans la justice du roi, dans
la modération de son gouvernement, et dans l'équité
de ses juges; M. le duc de Rovigo, lieutenant-général
des armées françaises, est venu, au sein même de la
capitale, se constituer prisonnier, et solliciter, non
pas sa grâce (il n'appartient qu'aux coupables de la
demander ou de la recevoir), mais le jugement impartial de l'accusation portée contre lui.

Dans un temps de troubles, de malheurs et de
réactions; lorsque le duc, retenu malgré lui sur une
plage étrangère, était privé du droit de se défendre;

des juges, exempts de partialité sans doute, mais entourés, par le fait, des plus sinistres préventions, ont prononcé contre lui la cruelle peine de mort!

Mais telle est la nature des condamnations par contumace, qu'elles tombent d'elles-mêmes à la première apparition de l'accusé. A son seul aspect, les choses sont remises de plein droit en leur premier état, et la cause, redevenue entière, doit être examinée de nouveau, sans qu'il puisse résulter le moindre préjugé de la précédente décision.

Remercions donc la Providence de ce qu'elle a voulu que ce procès ne pût s'agiter contradictoirement, qu'à une époque où le gouvernement se trouvant mieux affermi, les passions étant moins irritées, et les hommes paraissant devenus plus sages, tout viendrait concourir à rendre plus facile la justification de l'accusé.

Elle sera complète, je l'espère.

Mais, avant tout, Messieurs, je dois, pour me conformer à mon mandat, mettre sous vos yeux la conduite de M. le duc de Rovigo, et vous faire connaître les causes indépendantes de sa volonté, qui jusqu'à présent ne lui ont pas permis de comparaître devant vous.

C'est pour la première fois, Messieurs, que j'ai l'honneur de parler devant un conseil de guerre; mais j'ose me livrer à l'espoir que les chefs de l'armée entendront avec quelque indulgence un avocat qui s'est consacré avec un entier dévouement à la cause des militaires accusés ou proscrits.

M. le duc de Rovigo ne dissimule pas qu'il doit

à l'empereur Napoléon sa fortune, ses honneurs, et .
la haute existence dont il a joui sous son règne; mais
la reconnaissance qu'il en a conservée ne l'a point
porté à trahir ce qu'il devait à la France, et au gouvernement que la restauration nous a rendu.

Au mois d'avril 1814, le duc de Rovigo se retira
dans sa terre de Nainville, à dix lieues de Paris. Aucun emploi ne lui fut confié, il ne devint l'objet d'aucune grâce de cour; malgré l'éminence de son grade,
il ne fut pas même nommé chevalier de Saint-Louis;
on n'exigea de lui aucun serment; il était sans place,
sans fonctions, sans pouvoir, sans activité, à demi-
solde enfin.

Pendant près d'une année, il est resté constamment à Nainville, et n'est venu que deux fois à Paris,
pendant vingt-quatre heures seulement, pour assister
aux couches de madame la duchesse, et s'assurer par
lui-même de l'état de sa santé.

La police d'alors (si elle était bien faite) doit
savoir dans quel isolement vivait M. le duc de Rovigo; il ne voyait que sa famille et quelques-uns de
ces amis ordinairement si rares, dont l'attachement
survit à la disgrâce des hommes en place.

Le duc était surtout bien éloigné d'entretenir
des communications avec l'île d'Elbe. La seule circonstance où il ait reçu des nouvelles directes de l'empereur est consignée dans son interrogatoire ; ces
nouvelles, qui ne consistaient que dans des formules
d'obligeance, n'avaient aucun caractère inquiétant;
d'ailleurs, le duc eut le soin d'en informer le gouvernement, qui en effet n'en conçut aucun ombrage.

8

Plusieurs mois s'étaient écoulés depuis que le duc menait une vie paisible et heureuse, exclusivement occupé d'agriculture et des soins qu'il donnait à l'éducation de ses enfans, lorsque la nouvelle du débarquement de Cannes vint troubler la sécurité générale.

Aussitôt le duc se vit soupçonné, menacé; il fut prévenu qu'on devait l'arrêter; mais alors ce prétendu complice de Napoléon, qui apparemment aurait dû fuir de son côté, pour aller renforcer son parti, prend une route opposée; il vient à Paris, et s'y tient caché dans une complète inaction, uniquement occupé du soin de sa sûreté personnelle, et sans prendre aucune part aux événemens.

Napoléon arrive à Paris : le duc est mandé aux Tuileries; il y va dans la soirée du 20 mars. Le cercle était nombreux, et le duc put se convaincre que l'invitation qu'il avait reçue n'était pas privilégiée.

Que va-t-il se passer? Quel accueil recevra le duc de Rovigo? S'il a été l'un des conspirateurs, s'il a préparé ou facilité le retour de l'île d'Elbe, il va recevoir le prix de ses services; s'il n'obtient pas un accroissement de puissance et de crédit, du moins il n'obtiendra pas au retour un poste inférieur à celui qu'il occupait le jour du départ. Eh bien! Napoléon ne rappelle point le duc au ministère, et ce n'est qu'à la seconde entrevue qu'il dit, pour toute faveur, à son ancien ministre de la police : *Je vous ai nommé inspecteur-général de la gendarmerie.*

Loin d'accepter avec empressement, le duc hésite; il lutte pendant plusieurs jours, il envoie même sa démission; et si plus tard il se résout à accepter, c'est par la seule considération que le poste qu'on lui confie n'a rien d'hostile, parce qu'il a pour principal objet le maintien du bon ordre, la sûreté des personnes et des propriétés ; il ne l'accepte enfin que dans l'espoir d'y faire du bien, comme il ne l'a quitté qu'avec la conscience de l'avoir opéré, en rendant une foule de services particuliers. Aussi, à son retour à Paris, le duc s'en est vu récompensé par l'intérêt que se sont empressés de lui témoigner des hommes de toutes les classes, de tous les régimes, de toutes les opinions.

Je passe rapidement sur les cent jours.

La bataille de Waterloo est perdue...; et déjà je vois le général Savary sur le *Bellérophon* [1].

Il croyait n'être que prisonnier de guerre : on le fait prisonnier d'état. Séparé de Napoléon, il est conduit à Malte et jeté dans un fort.

Pendant ce temps, les ennemis du duc agissaient contre lui. Une liste est dressée!... Il est inscrit sur ces funestes tables; et toutefois, malgré la haine de ses ennemis, dans l'opinion même de ses délateurs, il ne doit y figurer que le dernier. Le duc voudra toujours ignorer à quelle main il est redevable de sa proscription; il ne l'apprendrait que pour l'oublier. Seulement, je dois vous faire remarquer qu'au 24 juillet 1815, il n'existait aucune charge contre lui, puisque dans le rapport fait au conseil de guerre, lors du ju-

[1] Le duc ayant adhéré à la fortune de Napoléon, ne crut pas devoir l'abandonner dans ses revers : il s'embarqua avec lui.

gement de contumace [1], se trouve la preuve que ce n'est qu'à *la fin d'août* 1816, qu'on a, dit-on, découvert, produit ou créé la fameuse lettre sans date, sans adresse, sans authenticité, dont on s'est fait depuis une arme mortelle contre le duc.

Ce dernier était si convaincu de son innocence, que, dans tout le cours de sa captivité à Malte (qui a duré jusqu'au mois d'avril 1816), il ne cessait de demander à être reconduit dans sa patrie pour y être jugé conformément aux lois. Il ne voulait pas croire ce que lui disait souvent l'officier anglais préposé à sa garde : *qu'il faisait meilleur à Malte qu'à Paris.* Il ignorait ce qui se passait en France, et à quel point, sous le meilleur des rois, les passions, déchaînées en tout sens, faisaient venir les lois et les jugemens au secours de la haine, de la vengeance et des réactions.

Peu après cependant, comme il apprit la mort du maréchal Ney, l'avis de l'officier anglais lui revint en mémoire; et lorsqu'en avril 1816 il fut parvenu à s'échapper de Malte, il s'embarqua sur un navire qui faisait voile vers l'Archipel.

Le 18 avril 1816, le duc aborde à Smyrne; il touche ces rivages autrefois le théâtre de la gloire et de la liberté des Grecs, aujourd'hui soumis à ce que l'orgueil européen est convenu d'appeler le despotisme turc; pays cependant où l'on sait encore respecter le malheur et donner l'hospitalité.

Mais à peine arrivé, ses pensées se reportent de

---

[1] Voyez le *Moniteur* du 27 décembre 1816.

nouveau vers sa famille et vers la France. Il revient à son projet de se faire juger. Il écrit à Paris; il demande des juges : une première réponse exprime le danger qu'il y aurait à rentrer. Il écrit au duc de Feltre; pour réponse, il reçoit son arrêt de mort.

Frappé de cet arrêt, le duc fût volontiers resté à Smyrne. Mais je ne sais quelle sorte d'acharnement on mettait à le poursuivre même au delà des terres européennes.

Inquiété par la diplomatie française, il cherche et trouve un appui chez les consuls des nations étrangères; il s'embarque sur un bâtiment autrichien qui faisait voile pour Trieste, où il aborde le 1er mai 1817. Il demande asile; on lui assigne pour résidence la ville de Gratz en Styrie. Là, il doit le dire, il a trouvé, sous la protection éminente de l'empereur d'Autriche, la plus noble hospitalité; et dans l'élan de sa vive reconnaissance, il ne peut s'empêcher de s'écrier : Honneur aux gouvernemens qui prouvent ainsi par leurs actes, que la civilisation ne consiste pas seulement dans le progrès des sciences, des arts et de l'industrie, mais dans la douce pratique des devoirs les plus chers de l'humanité!

De Gratz, le duc écrit au garde-des-sceaux de France, et demande encore des juges : point de réponse.

Il écrit à sa femme; elle accourt près de lui (16 août 1817). Ni la distance des lieux, ni la fatigue du voyage, ni le mauvais état de sa santé, rien n'arrête cette courageuse mère de famille; elle est accompagnée de sa fille aînée.

Au milieu de tant de traverses, après deux ans de malheurs et d'exil, le duc, pour un instant du moins, peut presser dans ses bras son épouse et sa fille.

Bientôt madame la duchesse revient à Paris avec des lettres pour les divers ministres. Le duc insiste encore auprès d'eux pour avoir l'autorisation de rentrer en France purger sa contumace.

Des réponses particulières, sorties de bonne source, lui font pressentir « qu'il devait y avoir une « *loi de rappel*, et qu'il valait mieux attendre, pour « en profiter, que de s'exposer à venir se soumettre « au jugement toujours incertain des hommes. » *La rage y est encore*, disait une de ces lettres.

Alors le duc se décide à retourner à Smyrne, sous l'assurance qui lui fut donnée, au nom du gouvernement français, par l'intermédiaire de la légation autrichienne, qu'il n'y serait pas inquiété.

Arrivé pour la deuxième fois à Smyrne (juin 1818), le duc de Rovigo s'y créa des occupations littéraires, et il y mena, pendant près d'une année, une vie tranquille qui ne fut troublée que par un seul incident, fâcheux sans doute par l'imprudence de celui qui l'occasiona; mais dans lequel toutefois le général français, placé sous la seule invocation du droit des gens, sut faire respecter sa personne insultée et son caractère outragé.

Cet événement (dont les journaux ont rendu compte) ayant fait craindre au duc de nouvelles persécutions, il se détermina à s'embarquer sur un vaisseau anglais qui le conduisit à Londres, où il est descendu en juin 1819.

Là, il doit le dire encore, quelle que fût d'ailleurs la politique du gouvernement anglais, qu'il n'a
pas le droit d'examiner, il ne peut s'empêcher de
rendre un éclatant hommage à la noble générosité
avec laquelle plusieurs Anglais lui donnèrent asile.
Dans ce pays, du moins, il est vrai de dire que la
maison de chaque citoyen est un refuge assuré, un
fort impénétrable, qu'aucun agent même de l'autorité
n'oserait entreprendre impunément de forcer. Législa-
lation admirable, puisqu'elle grandit l'homme, en
donnant aux simples particuliers l'heureux pouvoir
de placer d'infortunés proscrits sous la protection de
leurs dieux domestiques, à l'abri des extraditions!...

Ce souvenir de l'hospitalité anglaise console le
duc des vexations ministérielles dont on s'est efforcé
de le rendre l'objet pendant son séjour en Angleterre.

Dans ces derniers temps on lui avait fait entendre
qu'il devait se rendre à Hambourg. Mais, pour cette
fois, lassé de tant de fluctuations et d'incertitudes, il
se résout à mettre un terme à la vie errante qu'il
menait depuis quatre ans.

Il se reporte aux circonstances de l'accusation;
il s'interroge lui-même, et ne trouvant rien en lui
qui pût motiver ni même excuser la rigueur sanguinaire avec laquelle on l'avait traité, il forme tout à
coup le projet de rentrer en France, et de faire un
appel immédiat à la justice du roi.

On lui refuse des passe-ports, mais il trouve le
moyen de s'en passer. Il s'embarque à Douvres, le
4 décembre 1819, prend terre à Ostende, se rend à
Bruxelles, y achète une voiture, et vient directement

à Paris sans être inquiété sur la route, et sans autre précaution que d'éviter avec soin ces machines télégraphiques, si fatales à plus d'un accusé!

Le 17 décembre, il descend à son hôtel, qui le croirait! sous l'escorte d'un jeune officier anglais, qui avait pris sur lui le soin obligeant de le ramener au sein de sa famille, à l'exemple de ses trois généreux compatriotes qui, quatre ans auparavant, avaient enlevé de France et soustrait à la peine de mort l'infortuné dont le nom précède immédiatement celui du duc de Rovigo sur la liste du 24 juillet.

A ce seul rapprochement, on voit combien les temps sont changés?....

Si le duc a voulu venir jusqu'à Paris même, ce n'est point pour *braver* l'autorité: tant d'orgueil n'entre pas dans l'âme d'un proscrit! Mais il a réfléchi que s'il était arrêté, ou s'il se constituait prisonnier dans une ville frontière, sa famille en serait alarmée; qu'il serait privé de son secours et de celui de ses amis; qu'il lui serait peut-être moins facile de trouver un défenseur; il a cru enfin qu'à Paris, sous les yeux mêmes du gouvernement, au centre de l'autorité, là où son action plus puissante est aussi mieux réglée que partout ailleurs, il obtiendrait sans délai cette justice, objet de ses vœux, à laquelle il est venu fièrement confier sa tête et ses destinées.

Combien il doit s'applaudir, Messieurs, d'avoir suivi ce généreux dessein, en voyant l'équité du monarque s'empresser de lui faire indiquer le tribunal devant lequel il aurait à comparaître, et lui donner pour juges d'anciens compagnons d'armes, aussi renommés par la fermeté de leurs principes que par l'éclat de leurs belles actions!

Ces explications étaient nécessaires, Messieurs, pour faire connaître le conduite du général Savary aux yeux de ses compatriotes et de tous ceux dont il a eu à se plaindre ou à se louer.

Par l'arrivée du duc, l'arrêt de contumace est annulé de plein droit : il est effacé. Il ne reste plus qu'une accusation à peine soutenue, insoutenable en effet, et sur laquelle je regarderais même toute discussion comme superflue, si, dans la position du duc, avec le nom qu'il porte et les souvenirs qui s'y rattachent, son honneur et celui de sa famille n'exigeaient pas que j'anéantisse, comme je le puis et comme je vais le faire, jusqu'aux moindres traces des premières impressions qu'elle a pu faire naître contre lui.

(Après cet exposé, Me Dupin passe à l'examen de l'accusation. Nous allons analyser cette partie de sa plaidoirie.

Il commence par rendre hommage à l'impartialité de M. le rapporteur. Ensuite il précise l'accusation ; elle se réduit à deux chefs ; le duc est accusé : 1° d'avoir entretenu avec l'île d'Elbe des correspondances criminelles, et d'avoir favorisé le retour de Napoléon ; 2° de s'être emparé du pouvoir avant le 23 mars 1815).

Le premier chef est appuyé sur la lettre opposée au duc de Rovigo ; mais d'une part, l'accusé nie que cette lettre soit de lui ; de l'autre, fût-elle de lui, il n'en résulterait aucune charge.

...J'examine d'abord cette première question : La lettre est-elle du duc? Pour se convaincre du contraire, il suffit de faire attention aux circonstances suivantes :

1° Cette lettre n'a été produite qu'à la fin d'août 1816, et cependant le duc a été proscrit le 24 juillet 1815; par conséquent, proscrit *par provision* et en attendant les preuves.

2° Elle est sans date et sans adresse; de sorte qu'on ne peut la rattacher ni à une époque fixe ni à une personne déterminée.

3° Comment cette lettre est-elle au procès?—On prétend qu'elle a été adressée au duc d'Otrante. Mais est-ce donc lui qui l'a envoyée? Non sans doute, car cette lettre disant que Renoult a été le colporteur des communications entre l'île d'Elbe et *nous ;* ce dernier mot aurait compromis le duc d'Otrante aussi bien que le duc de Rovigo. Le duc d'Otrante l'eût donc supprimée, sinon dans les cent jours, au moins depuis, lorsqu'il a changé, non de ministère, mais de maître et d'opinion; il l'eût supprimée, ne fût-ce qu'au mois de juillet, lorsqu'il contresignait l'ordonnance du 24. — Mais si ce n'est pas le duc d'Otrante qui a livré la lettre, comment a-t-elle été introduite dans la procédure? Ceux qui ont pris communication du dossier de 1816 y ont lu la lettre suivante :

État-major de Paris, 1re *division militaire.*

Paris, 28 août 1816.

M ONSIEUR,

« J'ai l'honneur de vous transmettre ci-jointe, une

lettre entièrement-écrite de la main du duc de Rovigo
(Savary), et signée de lui, par laquelle il recommande au duc d'Otrante, à qui elle était adressée, le
docteur Renoult, comme l'agent d'une correspondance entre l'île d'Elbe et le parti de l'usurpateur.

« Ce monument *incontestable* de la *culpabilité* de
Savary servira à la fois à compléter votre instruction et à éclairer la justice du conseil sur les trames
du prévenu.

« *Le général command. la* 1re *divis. milit.*, comte DESPINOIS.

A M. VIOTTI, *rapporteur.* »

(Me Dupin fait remarquer le ton de partialité de
cette lettre qui n'aurait dû être qu'une simple lettre
d'envoi, et qui renferme non-seulement une accusation, mais en quelque sorte une sentence, puisqu'on
y parle affirmativement de la culpabilité). «Voilà,
dit-il, en quels termes et sous quelle influence on a
procédé en 1816 au jugement du duc de Rovigo !
— Mais il y a toujours une circonstance qui reste
dans l'obscurité : de qui M. le comte Despinois te-
nait-il cette lettre ?....

Joignez à cela l'absence de tout souvenir de la part
du duc de Rovigo d'avoir écrit une pareille lettre,
et la conviction qu'il avait de sa fausseté, et vous ne
serez pas surpris qu'il ait refusé de la reconnaître.

Mais, dira-t-on, des experts écrivains ont constaté,
dans leur rapport, que l'écriture de cette lettre était
de la même main qu'une pièce de comparaison écrite
par le duc, sous les yeux de M. le rapporteur.

Ah! Messieurs, la multiplicité des faux, la difficulté de les reconnaître avec certitude, et les nombreuses erreurs des hommes les plus intègres, appelés à donner leur avis en pareille matière, ont depuis long-temps fait regarder la vérification des écritures par experts comme une chose purement conjecturale et qui n'offrait aucune certitude.

Malgré l'appareil des mots scientifiques dont ils s'entourent, *roideur des agens moteurs*, *flexibilité des doigts et de l'avant-bras*, *aptitude générale du corps et de la main*, etc. ; malgré, dis-je, ce docte mélange d'anatomie et de métaphysique, la science des vérifications d'écritures n'en est pas moins une science vaine ; et nous pouvons dire hardiment de nos experts écrivains ce que les Romains disaient de leurs augures, qu'on ne conçoit pas comment ils peuvent se regarder sans rire. (On rit effectivement en regardant les experts.)

Que peuvent-ils attester, en effet? Non pas que la pièce est de tel individu, car ils n'ont aucune certitude à cet égard ; mais ils déposent uniquement sur l'état matériel de la pièce, sur la similitude ou la dissemblance des écritures et des caractères.

Aussi un expert écrivain qui, lassé apparemment de faire des rapports, a voulu faire des livres, Levayer de Boutigny, qui a écrit *sur la preuve par comparaison d'écritures*, parle de son art en ces termes :

« Il est certain que la commune opinion de tous les docteurs est qu'il n'y a que *doute et incertitude* dans la comparaison des écritures, elle ne peut tout au plus aller qu'à former une présomption telle quelle. »

Or, ouvrez le Dictionnaire de l'Académie au mot *telle quelle*, et vous verrez qu'on l'interprète ainsi : TELLE QUELLE, *plus mauvaise que bonne.*

D'ailleurs, à quelle époque les expertises sur les écritures ont-elles commencé à être en usage parmi nous? à une époque où la justice était rendue par des seigneurs féodaux qui ne savaient ni lire ni écrire [1] : il fallait bien alors qu'ils s'en rapportassent à des experts. Mais depuis que les connaissances se sont répandues, que les juges ont acquis plus d'instruction, et sont devenus capables de juger par eux-mêmes ces sortes de questions; les expertises sur les comparaisons et vérifications d'écritures, quoique conservées par habitude, ont perdu de fait presque tout leur crédit.

En effet, combien d'exemples n'avons-nous pas d'erreurs commises en cette matière, non-seulement de la part des experts, mais même de la part des personnes appelées à reconnaître leur propre écriture! Combien de négocians, par exemple, ont payé comme émanés d'eux des billets que réellement ils n'avaient pas signés ! Et la raison en est simple ; si la différence entre les écritures était sensible, il n'y aurait pas faux, à proprement parler; car le faux ne consiste que dans l'imitation du vrai. *Nihil aliud est falsitas nisi veritatis imitatio*, dit la loi ro-

---

[1] « Lequel a déclaré ne savoir signer, attendu sa qualité « de gentilhomme, » portent la plupart des actes notariés passés dans les bons vieux temps féodaux. Le connétable de Montmorency lui-même, quoique d'ailleurs grand capitaine, ne savait pas écrire, disent nos historiens.

maine. Or, cette imitation va souvent jusqu'à la perfection.

La loi, en pareil cas, ne s'en rapporte pas aux experts; elle remet le tout à la prudence du juge. Il ne faut donc voir qu'une chose dans le rapport dont il s'agit, une grande identité entre l'écriture de la lettre et celle du duc; et, du reste, il faut examiner si les circonstances de la cause viennent confirmer ou détruire l'induction qu'on voudrait d'abord tirer de cette similitude.

Or, rappelez-vous maintenant toutes les remarques que j'ai déjà faites sur la lettre attribuée au duc, et joignez-y celles-ci : 1° la lettre est une réponse; — où est la demande? Si le duc a eu l'imprudence d'accorder une recommandation en ces termes, il n'aura pas vu de danger à garder la pétition; 2° la lettre est une recommandation; où est l'homme recommandé? M. Renoult nie l'avoir ni demandée, ni obtenue; on n'a pu dans le temps lui prouver le contraire; et il vient de vous reproduire les raisons avec lesquelles il s'est défendu. D'abord la place était supprimée, et il savait avec certitude qu'on ne la rétablirait pas. Ensuite comment le mot *colporteur* pourrait-il s'appliquer à lui? il n'a pas quitté Paris depuis 1811; et en sa qualité de médecin de la préfecture de police, il ne s'est pas passé un seul jour sans que, pour raison de son service, il n'ait donné sa signature sur les registres de cette administration. Ainsi le contenu de la pièce serait faux. Donc la pièce elle-même est fausse.

Mais qui donc aurait commis ce faux?

Messieurs, s'il était besoin pour la défense du duc
de remonter à la source.... il ne serait pas impossible
peut-être d'en découvrir l'auteur. Rappelons-nous
seulement que cette lettre n'a été introduite au procès qu'un an après la proscription du duc , et seulement à l'époque de son jugement par contumace,
en 1816 !

Mais nous pouvons nous passer de toutes recherches à cet égard, parce qu'il est suffisamment démontré que la pièce n'est pas du duc, et parce que,
fût-elle de sa main, il n'en résulterait rien contre
lui.

En effet, cette lettre parle de communications
avec l'île d'Elbe : mais toute espèce de communications n'était pas défendue avec cette île. Il y avait
une poste française qui faisait ce service. Il faudrait
donc examiner si ces communications étaient innocentes ou criminelles?

Ici ce serait à l'accusateur à prouver; or, non-
seulement il ne prouve pas, mais il n'articule aucun
fait; et M. le rapporteur, avec cette probité d'o-
pinion et cette impartialité dont il a fait preuve
devant vous, convient qu'il n'a aucun document sur
ce point.

D'ailleurs il suffit d'examiner quelle a été la conduite de M. le duc de Rovigo, pour se convaincre
qu'il n'a eu aucune communication avec l'île d'Elbe.
Il vivait à la campagne, retiré, ne recevant presque
personne; il était l'objet d'une surveillance active,
et en même temps facile, puisqu'il habitait une terre
isolée. Qu'on interroge les rapports de police dont il

a pu être l'objet, et l'on verra si ses relations étaient suspectes. — Qui eût-il employé ? Ses anciens agens de police ou ses anciens gendarmes... Un seul est-il venu chez lui ?... — Si le duc eût contribué au retour; lorsqu'il fut inquiété en mars, il eût fui du côté de Napoléon; et précisément il a fui du côté opposé.

Après l'arrivée de Napoléon, s'il est allé le voir, ce n'est qu'après avoir reçu, comme tous les grands personnages de la capitale et tous les anciens chefs de l'administration, l'invitation de se rendre aux Tuileries. Et en résultat, quelle faveur, quelle si grande place a-t-il obtenue, qu'on puisse regarder comme la récompense de services rendus au prisonnier de l'île d'Elbe ? un poste fort inférieur à celui qu'il occupait auparavant.

Ceci nous conduit à examiner le second chef. Mais sur le premier, il est constant que la lettre n'est pas du duc; et fût-elle de lui, il n'est pas prouvé que les communications dont elle parle fussent criminelles.

Le premier chef d'accusation est donc tout-à-fait sans fondement.

Passons au second. Le duc s'est-il emparé du pouvoir avant le 23 mars 1815?

(Ici Me Dupin entame une discussion préliminaire sur l'ordonnance du 24 juillet 1815).

Cette ordonnance n'est pas une loi pénale : elle ne définit pas les délits, elle n'inflige pas de peines; elle n'a trait qu'à la mise en jugement : c'est une ordonnance du genre de celles qu'on appelait autrefois *lettres excitatives de juridiction*.

Voyons ce que porte l'article 1ᵉʳ : « Les généraux
et officiers qui ont trahi le Roi avant le 23 mars,
ou qui ont attaqué la France et le gouvernement à
main armée, et ceux qui, par violence, se sont em-
parés du pouvoir, seront arrêtés et traduits devant
les conseils de guerre compétens. »

M. le duc de Rovigo est-il dans les termes de cette
disposition ? Non, Messieurs, non le duc de Rovigo
n'a pas trahi le Roi. Qu'est-ce que trahir ? Ce mot
n'est pas difficile à définir devant un tribunal composé de guerriers français. Trahir, c'est tourner
contre quelqu'un un pouvoir qu'on n'a reçu de lui
que pour le défendre ou le protéger. Un commandant trahit, par exemple, lorsqu'il livre à l'ennemi
une ville qu'il était chargé de défendre au prix
de son sang. Mais le duc de Rovigo n'avait aucune
mission, aucune place, aucune autorité ; il n'a donc
pas tourné contre le Roi un pouvoir qu'il tînt du
Roi ; il n'a donc pas trahi le Roi.

A-t-il été *rebelle ?* Sans doute il mériterait ce
nom, si, comme le dit l'ordonnance, il eût attaqué
la France et le gouvernement *à main armée ;* mais il
n'est pas même accusé de ce fait : je n'ai donc pas à
l'en justifier.

S'est-il du moins emparé du pouvoir ?

Ici la question est complexe, et, pour être dans
les termes de l'ordonnance, il faut la diviser en
trois :

1° Le duc s'est-il *emparé* du pouvoir ?

2° S'en est-il emparé *par violence ?*

3° S'en est-il emparé *avant le 23 mars* 1815 ?

9

Une seule de ces circonstances manquant, l'ordonnance est inapplicable; à plus forte raison, si elles manquent toutes trois.

Et d'abord, qu'est-ce que s'emparer du pouvoir dans le sens de l'art. 1er? C'est, par exemple, aller, à la tête d'une troupe d'hommes armés, envahir une mairie, une préfecture, une administration quelconque; mais il en est autrement de ceux qui ont reçu un pouvoir qu'ils ne recherchaient pas, et qui ne l'ont reçu qu'à leur corps défendant.

Ainsi, pour appliquer cette distinction au duc de Rovigo, si le 20 mars il se fût transporté au ministère de la police avec un piquet de gendarmerie, qu'il eût chassé le titulaire royal et repris ses anciennes fonctions, il serait dans le cas prévu par l'ordonnance du 24 juillet.

Mais il a précisément fait tout le contraire.

Le 20 mars au matin, les ambassadeurs d'Angleterre et d'Autriche, le supposant apparemment réintégré de plein droit dans ses fonctions, parce que l'empereur avait couché à Fontainebleau, et qu'on l'attendait à Paris, s'adressèrent au duc de Rovigo comme ministre de la police générale, pour avoir des passeports; il leur répondit qu'il était sans caractère, et qu'ils devaient s'adresser à M. Dandré, ministre du Roi, près duquel ils étaient accrédités.

Les employés de la préfecture craignant de se compromettre s'ils agissaient de leur chef, vinrent prier M. le duc de Rovigo de leur donner des ordres, alléguant que la police de Paris exigeait une activité non interrompue et une action de toutes les heures, de tous les instans; il leur dit : *Faites comme si le préfet était absent, mort ou malade.*

Quant à l'inspection de la gendarmerie, même raisonnement. Si le duc de Rovigo se fût transporté à l'hôtel de M. le maréchal Moncey, qu'il eût envahi ses bureaux, qu'il s'en fût emparé par violence, il serait coupable.

Mais il a tenu une conduite tout opposée.

Il ne s'empare pas du pouvoir, on le lui défère.

Un décret le nomme; le ministre de la guerre lui enjoint d'obéir.

Loin de céder avec empressement, le duc résiste.

Le 21, il envoie M. le colonel Lagorce chez M. le maréchal Moncey pour le prier de rester à un poste qu'il a si dignement rempli; le lendemain 22, il y va lui-même pour réitérer ses instances. Le même jour 22, à neuf heures du soir, madame la duchesse, qui ce jour-là avait dîné aux Tuileries, remet après dîner, à Napoléon, la démission de son mari. Est-ce là, je le demande, s'emparer du pouvoir? Est-ce là surtout s'en emparer avec *violence?*

Mais il est une dernière circonstance. Il faudrait en tout cas que le duc s'en fût emparé *avant* le 23 mars. Eh bien! fixons-nous sur les époques, et nous verrons que cette troisième circonstance manque encore.

On oppose le décret de nomination du 20 mars. Ce décret aurait pu être du 15, du 10 ou du 1er mars,

qu'importe? C'est là le fait de celui qui nomme;
tandis qu'il s'agit, dans l'accusation, du fait de celui
qu'on suppose avoir accepté.

Or, ce n'est que le 21 que Napoléon a dit au duc :
Je vous ai nommé, etc. Ce jour-là le duc n'a point
accepté; le 22, à quatre heures, il insistait encore
auprès de M. le maréchal Moncey pour l'engager à
rester; à neuf heures du soir, le même jour, il était
en état de démission. Il acceptera plus tard; eh! qu'importe! Toujours sera-t-il vrai qu'il n'aura pas accepté
avant le 23 mars, comme le veut l'ordonnance; mais
seulement *après*.

D'ailleurs, il ne s'agit pas de la *simple acceptation*
de fonctions. Autrement, il faudrait faire le procès à
tous les fonctionnaires des cent jours; et le nombre
des coupables serait grand! car je ne sache pas qu'une
seule place soit restée vacante à cette époque-là; mais
il s'agit de *l'emparement du pouvoir* et de son
exercice.

Or, il est de fait que M. le duc de Rovigo n'a
exercé aucune fonction à l'hôtel Moncey; il n'a pris
possession que rue Cérutti, où les bureaux n'ont été
transportés que le 23 et le 24. M. Yvert, chef de ces
bureaux, vous a assuré que le duc n'a pu donner de
signatures que le 25.

D'ailleurs, où sont les actes de son administration
qu'on pourrait lui opposer antérieurement à cette
époque? Il n'en existe aucun. Le changement d'inspecteur-général a entraîné des changemens secondaires. Or, qu'on interroge ceux qui à cette époque
ont pu être atteints par des destitutions ou des chan-

gemens de destination : il n'en est pas un qui se soit trouvé dans ce cas avant le 25 [1].

Dans la première procédure, on avait parlé d'un ordre du jour rédigé le 23; mais outre que cette date est déjà hors les termes de l'ordonnance, il a été vérifié sur le registre de l'imprimeur, que cet ordre du jour n'a été achevé d'imprimer que le 24; il n'a donc pu être expédié que le 25.

Enfin, on a objecté au général Savary qu'il avait été payé de son traitement, à compter du 20 mars. Mais il a répondu lui-même que l'usage constant dans le militaire était de payer les officiers du jour de leur nomination, et non du jour de leur entrée en fonctions.

(Après avoir ainsi détruit successivement toutes les charges, Me Dupin se résume, et il conclut de toute sa discussion : 1° que M. le duc de Rovigo n'a pas entretenu de correspondance criminelle avec l'île d'Elbe; 2° qu'il ne s'est pas emparé du pouvoir, qu'il ne s'en est pas emparé par violence, qu'enfin il ne s'en est pas emparé avant le 23 mars.

Tout à coup, il s'arrête à cette dernière circonstance)... Eh quoi! n'est-il pas de principe que la loi doit avertir avant que de frapper : *moneat prius-quàm feriat*, dit le chancelier Bacon; une loi pénale surtout doit toujours précéder le délit, et ici c'est le 24 juillet 1815 qu'on défend de s'emparer du pouvoir avant le 23 mars précédent!

---

[1] M. le président du conseil de guerre était dans ce cas, il avait été remplacé le 25.

Voyez un peu l'arbitraire qui en résulte. Le Roi
a quitté Lille le 23 ; et ce jour-là, lorsqu'à peine le
Roi avait franchi le seuil de la frontière, lorsqu'il
était encore en vue, une main audacieuse aurait pu
avec impunité précipiter l'étendard royal et le remplacer par un autre ; et la veille, ceux qui sur le rivage de Cannes, envahi et occupé à cette époque
depuis 22 jours, auraient accepté des fonctions,
seraient trouvés coupables !

Mais à quoi m'arrêté-je, Messieurs ? vous vous élè-
verez à d'autres considérations. Vous n'êtes pas seulement juges ; avant tout vous êtes jurés : tout peut
et doit entrer dans la balance de vos déterminations.
Eh bien ! daignez m'écouter.

S'il est vrai que dans les premiers temps de son
établissement ou de son rétablissement, un gouvernement ne puisse être affermi que par des actes de
rigueur ; au moins on m'accordera que de tels actes
sont superflus, et même dangereux, quand rien ne
menace plus son existence.

Ne parlons plus de 1816.... Aujourd'hui, on est
las, fatigué, rassasié de condamnations ; on ne demande, on ne veut que le repos ; chacun se dit et
répète aux autres :

Eh quoi ! toujours du sang et toujours des supplices !

Remarquez d'ailleurs quelle bizarre différence
entre le sort des hommes qui ont couru les mêmes
chances et mérité qu'on portât d'eux le même jugement !

Le duc de Rovigo est accusé d'avoir recommandé
le docteur Renoult pour une cause qui, si elle avait
réellement existé, accuserait principalement ce docteur; et pourtant celui-ci a été trouvé innocent,
même en 1816! Condamnera-t-on pour le même fait
le duc de Rovigo en 1819?

Ce duc est accusé pour avoir accepté un pouvoir
que lui a déféré le prince d'Eckmuhl :

Quand le bras a failli, l'on en punit la tête :

Ici, au contraire, M. le duc de Rovigo a été condamné à mort pour avoir obéi; et celui qui a donné
l'ordre est prince, pair et maréchal, et digne de l'être
en effet.

Messieurs, au nom de la patrie, entendez le cri
de la France, ou plutôt écoutez le cri de votre propre
cœur : écoutez cette inspiration qui ne trompe jamais.
Tout vous dit : Plus de sang, plus de supplices, plus
de vengeances, plus de réactions, plus de haines;
union et oubli.

Général, oubliez vos malheurs; ne vous souvenez
que de la justice qui va vous être rendue; cherchez
désormais dans les douceurs de la vie privée, au
sein d'une famille qui vous adore et que vous ché-
rissez, un dédommagement aux disgrâces que vous
avez éprouvées dans votre vie politique.

Quant à moi, Messieurs, puisque la Providence a
permis que je défendisse le premier et le dernier des
noms inscrits sur une liste fatale, puisse la voix unanime qui acquittera celui-ci, consoler les mânes de

l'autre! puissé-je voir aujourd'hui le terme de tant de funestes procès, et désormais n'avoir plus occasion de prêter le secours de ma toge à ces braves qui pendant si long-temps prêtèrent à la patrie l'héroïque appui de leur vaillante épée!

————

Après trois quarts d'heure de délibération, le conseil a déclaré, à l'unanimité des voix, que M. le duc de Rovigo n'était pas coupable, et ordonné qu'il serait mis sur-le-champ en liberté.

(Jugement du 27 décembre 1819.)

AFFAIRE DES TROIS ANGLAIS,

WILSON, BRUCE ET HUTCHINSON.

———

23 avril 1816.

———

Aucun des nombreux procès politiques, intentés depuis la restauration, n'a excité la curiosité publique plus vivement que l'affaire des trois Anglais, Wilson, Bruce et Hutchinson. C'est à l'occasion de leur affaire qu'on a commencé à donner des billets d'entrée, signés du président de la Cour d'assises et du procureur-général.

On a dû à cette mesure le choix brillant des personnages distingués de toutes les nations qui occupaient la première enceinte de la salle d'audience. Plusieurs Anglais de marque sont venus exprès de Londres pour assister aux débats ; on y remarquait des princes, des ambassadeurs [1], des généraux, des pairs et des députés : la foule occupait le reste de la salle ; un public innombrable assiégeait toutes les avenues du palais.

Quelle est cette cause en effet ? tout y est extraordinaire ; la qualité et les relations des accusés, le genre du délit, les moyens de défense.

Ce sont trois étrangers, trois Anglais, dont l'un est général, décoré des croix de plusieurs ordres qui annoncent de nombreux services publics et particuliers ; tous les trois appartiennent à de grandes familles, et jouissent dans leur pays d'une haute considération ; ils correspondent familièrement avec ce qu'il y a de plus distingué dans toute l'Europe ; ils ont l'estime et même l'amitié de plusieurs souverains dont ils produisent les lettres honorables.

L'action dont on les accuse, délit prévu par nos lois, est en soi-même un acte de générosité. Ils ont facilité sans autre

———

[1] Même celui de la Porte Ottomane.

motif, disent-ils, que celui de l'humanité, à leurs frais, et
en s'exposant à des dangers de plus d'une espèce, l'évasion
d'un homme condamné à périr sur un échafaud. Cet homme
est sans doute un parent, un ami, une connaissance ou un
compatriote au moins ? Non, c'est un Français qu'ils n'a-
vaient jamais vu ; ce Français vient se jeter dans leurs bras ;
il leur dit qu'il n'attend que d'eux son salut ; à leurs yeux sa
condamnation est injuste : d'ailleurs c'est un homme, il est
malheureux.... il est sauvé ! aussi se glorifient-ils du délit
qu'on leur impute.

Jusque-là tout homme impartial ne pourra s'empêcher
d'applaudir tacitement au motif qui semble avoir dirigé la
conduite des trois Anglais. Mais écoutons l'accusation : on a
saisi leur correspondance ; on y a trouvé la révélation de
leurs plus secrètes pensées, et l'on croit y voir que l'évasion
de Lavalette et sa fuite hors de France ne sont, pour ainsi
dire que l'accessoire d'un projet beaucoup plus coupable.

Ils se déclarent les chevaliers du genre humain ; ils rêvent
l'indépendance universelle ; ils sont, dit-on, à la tête *d'un
complot dirigé en général contre le système politique de l'Europe* et ayant pour but spécial *de détruire ou changer le gouvernement français.*

Tel fut en effet, dans l'origine, le caractère assigné à l'accusation ; ce système avait même été adopté par l'ordonnance
de la chambre du conseil.

Wilson, Bruce et Hutchinson, voulant rester unis dans
leur défense, comme ils l'avaient été dans l'action pour laquelle ils étaient poursuivis, choisirent d'un commun accord
Me Dupin pour leur avocat.

Le premier soin de ce jurisconsulte fut de s'instruire de
toutes les circonstances du fait. Il se fit donner par ses cliens
les détails les plus circonstanciés sur la part qu'ils avaient
prise à l'évasion de Lavalette ; et rédigea, pour fixer les
faits, la *relation* de sa fuite hors de France.

Cette pièce a le double mérite d'une grande simplicité
et d'une sévère exactitude. L'illustre Madame de Staël écrivait, le 17 décembre 1816, « qu'elle avait été très-intéressée
» par la lecture de ce petit écrit. » Cette relation a paru dans
le temps, avec la traduction italienne qu'en a fait la femme
de l'auteur, qui, dans une affaire dont le souvenir est si
honorable pour les dames, a voulu s'associer aux travaux de
son mari.

L'accusation était assez menaçante pour mériter d'être con-
jurée dans son principe. Aussi, dès que l'ordonnance de la
chambre du conseil fut connue, Me Dupin s'empressa de

rédiger un mémoire où il réfute l'imputation gigantesque de ce complot prétendu subversif de tous les gouvernemens européens !......

Ce mémoire fut aussitôt traduit en anglais [1], et recherché avec avidité. Dans les deux premiers jours, il s'en vendit à Londres plus de dix mille exemplaires.

A Paris, il produisit l'effet qu'on s'en était promis ; il dissipa ce fantôme de conspiration européenne, et fit réduire l'accusation à ce qu'elle devait être réellement, *au chef d'avoir procuré l'évasion d'un prisonnier.*

Ramenée à ces termes, l'accusation, sans entraîner le même risque pour les accusés, n'en offrait pas moins d'appât à la curiosité publique.

Elle augmenta encore par les scènes de l'audience.

On vit pour la première fois invoquer en France les principes de la jurisprudence criminelle anglaise, dans ce qu'elle a de protecteur pour les accusés.

On eut une idée nette de l'*habeas corpus,* lorsqu'on entendit Wilson et ses deux amis, réclamer contre l'odieuse pratique du secret, qu'ils qualifièrent de *torture morale,* substituée à la *torture physique.*

On apprit qu'un accusé n'était pas obligé de *s'incriminer* lui-même dans ses interrogatoires ; et qu'il pouvait licitement se refuser à en accuser d'autres, lorsqu'on les entendit répondre à toutes les questions qui auraient pu compromettre des tiers : *Notre mémoire n'est pas organisée pour trahir la confiance et l'amitié.*

Dans leurs discussions à l'audience, soit avec le président de la Cour, soit avec l'avocat-général, ils prouvèrent que sans cesser d'être respectueux, l'homme accusé peut se défendre avec noblesse et fierté ; et que si toute la force du pouvoir est du côté de l'accusation, toute la protection des lois doit environner la défense.

Aussi la leur fut libre ; et l'un des plus beaux mouvemens de l'orateur, qui voulait par là prévenir les interruptions, fut sans doute lorsqu'il s'écria : « Mais je connais ma « nation ; elle est grande ; elle est généreuse ; elle a le senti- « ment des convenances ; elle sait bien qu'il faut que des « étrangers, accusés parmi nous, soient défendus aussi libre- « ment qu'ils le seraient chez eux par des avocats de leur « nation. » —Après cela, toute interruption devenait impossible.

---

[1] Dans l'édition du procès donnée par Guillaume, cette traduction est placée en regard du texte.

Et en effet, les développemens de cette cause furent écou-
tés avec une attention qui ne fut troublée que par des applaudissemens, indiscrets sans doute, puisque la loi les ré-
prouve, mais qui, par cela même, attestaient la puissance
exercée par l'orateur sur un auditoire qui s'y laissait entraîner.

Aussi cette plaidoirie est une de celles qui ont fait le plus
d'honneur à Mᵉ Dupin. L'histoire en conservera le souvenir.
« En plaidant cette cause qui rappelait, au milieu des scènes
« sanglantes de cette époque, ce que la tendresse conjugale
« avait de plus sublime et l'humanité de plus héroïque,
« Mᵉ Dupin (disent les auteurs de la *Galerie des contem-*
« *porains* imprimée à Bruxelles) porta dans toutes les âmes
« l'attendrissement et l'admiration pour ses nobles cliens, et
« obtint ainsi le triomphe le plus doux auquel l'éloquence
« puisse aspirer. »

L'éditeur du *Procès* annonce que ce plaidoyer a été recueilli
par le sténographe. Cela est possible. Tout nous porte néanmoins
à croire qu'il avait été composé par écrit, au moins en grande
partie. On n'improvise pas avec autant de fini et de précision :
et dans les plaidoiries réellement improvisées dont la conservation n'est due qu'à la sténographie, si nous retrouvons
toujours le nerf et le piquant qui caractérise la manière de
Mᵉ Dupin, il est aisé de voir à certaine rudesse et à quelques négligences toujours inséparables des véritables impro-
visations, qu'elles n'ont pas ce moelleux de style et ce choix
parfait d'expressions qui distinguent le plaidoyer pour les
trois Anglais.

Au plaidoyer de Mᵉ Dupin, nous ajouterons comme un
appendice de la défense, et peut-être aussi parce qu'il eut
quelque part à leur rédaction, les discours prononcés par
MM. Bruce et Wilson. Ces discours ont d'ailleurs fait époque, en ce que depuis, presque tous les accusés en matière
politique ont voulu, à l'exemple des Anglais, mais souvent
avec moins de bonheur, ajouter personnellement quelques
phrases aux plaidoyers de leurs avocats.

A la suite on trouvera l'extrait de l'arrêt.

Le *Procès* entier, avec les interrogatoires, et plusieurs
autres pièces dont quelques-unes sont très-intéressantes, a
été publiée à Paris, chez Guillaume. Un vol. in-8º. Il a eu
deux éditions. La dernière est beaucoup plus complète que
la première.

MÉMOIRE

DEVANT LA CHAMBRE D'ACCUSATION

POUR

SIR ROBERT WILSON,

ET

MM. BRUCE ET HUTCHINSON.

———

Privés du secours d'une communication de pièces qu'ils n'ont cessé de solliciter depuis le commencement de leur procès, et qui leur a été constamment refusée, sous prétexte que cette communication pourrait *compromettre le succès de l'instruction* [1], en leur procurant la facilité de se justifier; sir R. Wilson, MM. Bruce et Hutchinson entreprendront cependant de discuter les motifs de l'ordonnance du 2 mars 1816.

Dans cette ordonnance, il est dit que « le *nommé*
« Wilson, d'après ses aveux, et d'après sa corres-
« pondance dans laquelle il manifeste des *opinions*
« *condamnables* et *subversives* de tout ordre social,
« est suffisamment prévenu d'avoir concerté et ar-
« rêté, avec ses correspondans et complices, une ré-

[1] Arrêt de la chambre d'accusation du 9 mars 1816.

« solution, et par conséquent un *complot dirigé en*
« *général contre le système politique de l'Europe*,
« et ayant pour but spécial de *détruire ou changer le*
« *gouvernement français*, et d'exciter les habitans à
« s'armer contre l'autorité du Roi; qu'il est égale-
« ment prévenu d'avoir tenté de parvenir à l'exécu-
« tion de ce complot, en cherchant à arracher, *par*
« *adresse ou violence*, aux poursuites voulues par le
« Roi, des individus compris dans l'article 1er de l'or-
« donnance du 24 juillet dernier, et principalement
« en concertant, arrêtant et consommant l'évasion et
« le recèlement de Lavalette, condamné pour crime
« de haute trahison, et que ces crimes sont prévus
« par les art. 87, 88 et 89 du code pénal et peuvent
« donner lieu à une peine afflictive et infamante; —
« que les *nommés* Hutchinson et Bruce sont suffisam-
« ment prévenus d'avoir, *avec connaissance*, aidé et
« assisté Wilson dans les faits qui ont préparé, facilité
« et *consommé ce même complot*, et d'avoir coopéré
« à son exécution, savoir : Bruce, en concertant avec
« Wilson la fuite de Lavalette, en participant aux
« mesures prises pour le cacher dans l'appartement
« de Hutchinson, et en prêtant son cabriolet pour
« faire partir ledit Lavalette; et Hutchinson, en re-
« cevant et cachant chez lui Lavalette, et en l'escor-
« tant jusqu'à Compiègne; — que ces *crimes* sont
« prévus par les art. 59, 60, 87 et 89, 240 et 248
« du Code pénal, et peuvent également donner lieu
« à une peine afflictive et infamante. » Voilà le texte
de l'accusation, qui, si elle était prouvée, entraînerait *la peine capitale* contre les prévenus.

Dans ces circonstances, les juges doivent (aux termes de l'art. 221 du Code d'instruction criminelle) « examiner s'il existe contre les prévenus des preuves ou des indices d'un fait qualifié crime par la loi ; et si ces preuves ou indices sont assez graves pour que la mise en accusation soit prononcée. »

C'est aussi ce que vont examiner sir Robert Wilson et MM. Bruce et Hutchinson, au risque de *compromettre le succès de l'instruction.*

La prévention dont sir Robert Wilson est l'objet, comprend trois chefs : 1° d'avoir voulu détruire le système politique de l'Europe ; 2° d'avoir voulu détruire ou changer le gouvernement français ; 3° d'avoir consommé l'évasion de Lavalette.

La première de ces accusations inspire d'abord l'étonnement. Quoi, se dit-on, sir Robert Wilson aurait conçu le projet de renverser *le système politique de tous les États de l'Europe* [1]! Cela est impossible : Bonaparte à la tête de six cents mille soldats n'avait pu y parvenir ; et sir Robert Wilson l'aurait tenté, lui troisième ! sir Robert est donc en démence ? Et puis, se dit-on encore, s'il était vrai qu'un projet aussi gigantesque fût entré dans sa tête, ce n'est pas un tribunal français, ce n'est pas *la chambre du conseil du tribunal civil de première instance de Paris* qui pourrait en connaître : car il est de règle que chaque gouvernement ne peut se mêler que de ce qui le regarde, et qu'il n'a pas le droit de punir les crimes dirigés contre les gouvernemens étrangers. Il faudrait donc,

---

[1] Ce sont les expressions du mandat d'arrêt décerné contre lui et ses amis, le 1er mars 1816.

pour juger sir Robert Wilson, assembler un nouveau *congrès ?*

Mais, sans poursuivre plus long-temps une telle chimère, revenons au principe posé par l'article 221 : c'est « qu'un prévenu ne peut être mis en accusation que lorsqu'il existe contre lui des preuves ou indices d'un *fait qualifié crime par la loi* » : or, il n'existe en France aucune loi qui mette au rang des crimes punissables par les tribunaux français, des *complots dirigés contre le système politique de l'Europe*, de l'Asie, de l'Afrique ou de l'Amérique. D'où il suit que, dans l'espèce, le prétendu complot reproché à sir Robert Wilson ne peut pas motiver sa mise en accusation.

Ajoutons, pour sa justification, que ce complot n'est qu'un fantôme qui a traversé l'imagination des premiers juges, puisqu'il n'existe aucune preuve qu'en effet sir Robert Wilson ait tramé rien de semblable.

L'ordonnance parle de ses aveux ! singulière preuve, vraiment, en matière capitale, où il est de maxime invariable que *l'aveu d'un prévenu ne peut jamais motiver sa condamnation !* et d'ailleurs, il est faux, entièrement faux, que sir Robert Wilson se soit avoué l'auteur d'un complot dirigé contre le système politique de l'Europe.

Que M. le juge d'instruction lui ait fait subir une espèce *d'examen sur la politique ;* que sir Robert Wilson lui ait parlé avec plus ou moins de confiance et d'abandon ; qu'il lui ait fait observer quelquefois que sa *curiosité judiciaire allait bien loin ;* que néanmoins il ait professé devant ce magistrat les mêmes idées libérales dont tout véritable Anglais est animé, que chaque membre du parlement, que chaque citoyen même a le droit d'émettre en Angleterre sur les affaires politiques de son pays et des pays voisins ; qu'il ait professé la doctrine de Platon ou d'Aristote, celle de Mably ou de Rousseau, de Loke ou de Bacon ; qu'il se soit montré *utopiste ;* qu'il ait été du sentiment de l'abbé de Pradt, ou de tout autre avis : qu'importe? il a usé du droit qu'a tout Anglais et que tout homme devrait avoir, de penser ainsi que bon lui semble.

La loi ne fait pas le procès aux *pensées,* mais aux *actes ;* ainsi donc ce n'est pas dans les *opinions* politiques de sir Robert Wilson, qu'on pourrait trouver matière à accusation : il en serait autrement sans doute, s'il avait réellement ourdi *un complot ayant pour but spécial de détruire ou changer le gouvernement français.*

Mais ce complot n'a pas plus de consistance que le premier ; et c'est ce qu'il est bien facile de montrer en parcourant les fragmens de *correspondance* sur lesquels les premiers juges ont assis leurs préventions.

On pourrait d'abord se demander par quels moyens les lettres opposées à sir Robert Wilson sont tombées entre les mains de la justice, et vérifier si ces moyens sont approuvés ou condamnés par la loi française elle-même..... Mais, sans vouloir pénétrer ce mystère, sir Robert Wilson a trop d'estime pour les respectables amis avec lesquels il a correspondu, pour croire que ses lettres aient été livrées par eux au gouvernement français ; et il se borne à déclarer ici qu'il est fermement convaincu que les lettres produites contre lui n'ont pas été remises par ceux à qui elles avaient été adressées.... Parmi ces lettres, il faut distinguer celles que sir Robert Wilson a écrites lui-même, de celles qui ont pu lui être adressées. Les premières, étant émanées de lui, renferment l'expression de ses propres sentimens. Mais quant aux autres, il n'est pas vrai d'en conclure, comme le porte l'ordonnance du 2 mars, *que ces lettres prouvent un parfait concours de sentimens et d'actions entre les correspondans.* En termes généraux de droit, un écrit ne fait jamais preuve que contre celui de qui il est émané : comment donc en matière criminelle, où l'on est bien plus sévère encore sur les preuves, une lettre adressée à un prévenu pourrait-elle devenir une preuve contre lui ? Ce mode d'argumentation est inadmissible, même dans la supposition que les correspondans avaient un fond commun d'opinions sur lequel ils s'écrivaient ; car, qui ne sait à quel point la même opinion est susceptible de modifications diverses : témoin la loi d'amnistie sur la nécessité de laquelle presque tout le monde était d'accord, et que pourtant chacun voulait amender, restreindre et circonscrire à son gré : témoin encore la loi du budjet, que personne ne rejette, parce qu'il en faut nécessairement une, mais que tout le monde combat, parce que chacun a ses idées, ou son intérêt sur ce point, comme sur tout autre. Les lettres écrites à sir Wilson ne prouvent donc rien du tout, si ce n'est qu'elles lui ont été

écrites, et qu'elles renferment les opinions de ceux
qui les lui ont écrites. Il y a d'ailleurs une remarque
particulière à faire sur celle de ces lettres qui est
analysée dans l'ordonnance du 2 mars, et que sir
Robert Wilson a reconnue pour être de son frère ;
et cette remarque, la voici : La raison naturelle indique, et notre code d'instruction criminelle dit positivement (article 322), qu'on ne peut pas recevoir
les *dépositions du frère contre le frère*. Cette défense est générale, elle est absolue, elle est fondée
sur la morale et sur l'honnêteté publique; et la même
pudeur, qui interdit de recevoir la déposition orale
d'un frère contre son frère, repousse également tout
témoignage écrit de l'un contre l'autre. Le frère de
sir Robert Wilson ne devrait pas être reçu en témoignage, alors même qu'il y consentirait : donc,
et à plus forte raison, on ne peut pas opposer ses
lettres comme établissant une preuve ou une charge
quelconque contre son frère.

Si, du reste, on suit l'ordonnance du 24 mars dans
l'analyse qu'elle présente des lettres écrites ou reçues par sir Robert Wilson, on n'y trouve que des
opinions émises sur les affaires du temps, des nouvelles de Bavière, de Prusse et d'Autriche, une
grande prédilection pour les idées libérales, le désir
de les voir se propager; le vœu formé de voir les
discussions du parlement d'Angleterre traduites en
français, et mises à la portée d'un plus grand nombre de
lecteurs; la condamnation de certaines mesures; des
jugemens portés sur l'esprit public en France; l'annonce d'une baisse dans les fonds publics; un pres-

sentiment de révolutions possibles; des pronostics de mouvemens populaires, résultat inévitable d'un mécontentement qu'il croyait général : voilà en abrégé ce qu'offre la correspondance de sir Robert Wilson.

Mais on le demande : est-il vrai que ces opinions soient *subversives de tout ordre social?* est-il vrai qu'il en résulte la prévention suffisante d'un complot arrêté entre lui et ses *correspondans et complices* pour renverser le système politique de l'Europe et le Gouvernement français en particulier? — Non, sans doute.

Si, en fait d'homicide, un homme écrivait à un autre : Nous attendrons sur telle route un tel qui doit partir seul de tel endroit, tel jour, à telle heure; tu prendras avec toi une paire de pistolets et un poignard; j'en ferai autant de mon côté, et nous le tuerons.... Certes, on ne pourrait pas s'empêcher de voir là un projet d'assassinat.

Mais si un ami écrivait à son ami : Je vous conseille d'acheter le bien d'un tel à pension viagère, car il est d'une faible constitution, et il abrége luimême ses jours par son intempérance et ses débauches; d'ailleurs je le crois poitrinaire, etc., etc. : pourrait-on dire que les deux amis étaient d'accord pour tuer cet homme et lui ravir son bien? On ne le pourrait pas, à peine d'absurdité. Eh bien! il en est de même du prétendu projet de renverser le système politique de l'Europe et de détruire ou de changer le gouvernement français. Il y a un complot contre un gouvernement, quand on se propose de tuer celui qui en est le chef, ou de changer sa dy-

nastie, ou de renverser sa constitution; mais pour
cela il faut de l'argent, des soldats, des complices,
un plan d'attaque, un temps, un lieu, un signal d'exécution. Ici, rien de tout cela. Les amis qui s'écrivent
sont des observateurs et non des acteurs; ils peuvent
raisonner de travers, mais ils ne complottent pas.

Par exemple, ils croient que la Prusse sera avant
peu le théâtre d'une révolution. Eh! qu'importe à la
Prusse, si cette révolution n'éclate pas?

La Bavière et l'Autriche sont en armes. — Tous
les journaux l'ont dit; mais il est encore évident que
toutes les conjectures possibles, formées au sujet de
ces armemens, ne pouvaient être d'aucune influence
sur les véritables intentions de ces deux puissances.

On annonce une baisse dans les fonds publics; et
c'est-là l'indice d'un complot! Mais il faudrait donc
regarder comme des conspirateurs tous les négocians
qui, dans l'intérêt de leurs propres affaires, ont si
grand soin de tenir leurs correspondans au courant
de tout ce qui peut influer sur le cours des effets
publics?

La correspondance fait pressentir des mouvemens
populaires, des insurrections; elle signale un grand
mécontentement; et l'on en conclut que Wilson et ses
amis ont voulu exciter les habitans à s'armer contre
l'autorité du Roi : étrange conséquence en vérité!
Mais les journaux français qui ont annoncé les troubles de Lyon, de Nismes et de Tarascon, avaient
donc aussi pour but d'exciter les Français à s'armer
contre l'autorité du Roi? Et remarquons même, à
l'avantage de sir R. Wilson, que ces journaux étaient

publics, tandis que ses lettres saisies ou interceptées qui servent aujourd'hui de base à la prévention, devaient rester secrètes, et n'ont été vues d'aucun Français. Ce n'était donc pas un moyen *d'exciter les Français à s'armer contre l'autorité du Roi.*

Mais, porte l'ordonnance, il était question dans ces lettres de faire traduire en français *les discussions du parlement d'Angleterre*, et de leur donner ainsi une plus grande publicité. C'était là une idée mise en avant, un projet. Mais on suppose qu'on ait été plus loin, et que ce projet ait été mis à exécution : s'ensuit-il la preuve d'un complot contre l'Europe en général et la France en particulier? Pour cela il faudrait donc supposer que, dans le parlement d'Angleterre, on professe des opinions *subversives de tout ordre social.* Mais, outre que cela n'est pas vrai, on ajoute qu'une semblable idée ne pourrait pas être celle de Wilson et de ses correspondans, et qu'au contraire, s'ils désiraient de répandre au loin la connaissance des discussions du parlement d'Angleterre, c'est qu'ils les considéraient comme devant produire un résultat heureux pour les divers peuples de l'Europe [1]. Si en cela ils se trompaient, ce n'était pas une raison pour ériger leur erreur en complot; mais seulement, et dans le cas où réellement les discussions dont ils parlaient auraient été traduites en français, la police française aurait pu en défendre l'introduc-

---

[1] C'est ce qu'exprime le reste de la lettre où Sir R. Wilson renvoie son correspondant à l'endroit où l'abbé de Pradt célèbre l'influence que les discussions du parlement d'Angleterre ont exercée sur le congrès.

tion et la distribution en France, comme elle a fait pour le *Morning Chronicle*, et poursuivre ensuite les contraventions, s'il y en avait.

A l'occasion d'une lettre écrite à sir R. Wilson, le 1er janvier 1816 [1], les premiers juges remarquent « que c'est *de l'époque même où elle est écrite*, que datent les faux bruits et les nouvelles alarmantes que l'on a commencé à faire circuler en France. » La remarque n'est pas heureuse. En effet, si c'est de *l'époque même* où cette lettre a été *écrite* que datent les nouvelles alarmantes, qu'on a commencé à faire circuler en France, ces nouvelles ne sont donc pas le résultat de la lettre dont on argumente; car cette lettre a été écrite de Brighton, à vingt lieues de Londres : elle n'est arrivée à Paris que le 12 janvier; impossible par conséquent de prétendre que cette lettre soit la cause des bruits répandus à Paris avant sa réception ; impossible même de prétendre qu'elle a servi de texte aux nouvelles alarmantes répandues depuis, puisque sir R. Wilson, qui ne l'avait reçue que le 12 au soir, a été arrêté dès le lendemain matin.

La correspondance analisée dans l'ordonnance du 2 mars, prête encore à d'autres réflexions non moins décisives que celles qui précèdent.

Un reproche grave (que sir Wilson n'adresse pas aux magistrats français, mais aux interprètes dont ils se sont servis pour traduire les lettres anglaises), c'est que cette traduction est fautive dans plusieurs passages essentiels. La mémoire de sir R. Wilson lui.

[1] C'est une erreur : cette lettre est du 3 janvier et non du 1er.

rappelle parfaitement que, dans plusieurs endroits où la phrase était *conditionnelle et purement hypothétique*, le traducteur lui a donné un sens *affirmatif;* qu'ainsi, par exemple, il a mis *aurait* au lieu de *pourrait avoir;* dans un autre endroit, *devait être* au lieu de *serait.* Un mot qui dans le sens évident de la phrase signifiait *données positives*, a été traduit par le mot *faits*, etc., etc. Enfin ces traductions semblent avoir été faites par un homme imbu de l'idée qu'il y avait un complot dans ces lettres, et qu'il fallait que tout se rapportât à cette idée. Cette infidélité du traducteur serait portée ici au plus haut degré d'évidence, si les pièces avaient été communiquées au conseil des prévenus : par-là sans doute, *le succès de l'instruction eût été compromis;* mais l'innocence ne l'eût pas été; l'on n'aurait pas transformé des hypothèses en réalités, des possibilités en faits, et des communications amicales en conspiration européenne.

Les magistrats chargés de réviser l'ordonnance du 2 mars, s'attacheront encore à deux circonstances importantes : l'une tient à la nature des pièces, l'autre à la qualité des personnes.

La première, c'est que les pièces opposées à sir R. Wilson ne sont pas des actes publics, des pamphlets, ni de ces écrits qu'en France on appelle séditieux : ce sont des lettres purement confidentielles, dictées par le sentiment d'une grande intimité, et qui, dans aucun cas, ne devaient être rendues publiques. On ne peut donc pas même dire, que ce soit des *écrits séditieux*, destinés à *provoquer les citoyens à la révolte.* La loi du 9 novembre 1815, et surtout

la discussion qui l'a précédée, ne permet pas de se
livrer à cette interprétation.

La seconde circonstance à laquelle les juges devront s'attacher, c'est que ceux qui ont écrit les lettres et ceux à qui elles sont adressées sont tous Anglais; aucun Français n'est nommé dans cette correspondance; aucun n'y a pris part : tout se passe
entre Anglais. Or, on conçoit bien que tout étranger
et par conséquent tout Anglais, résidant en France,
soit obligé de conformer ses actions extérieures aux lois
françaises; mais il n'est pas également obligé de plier
toutes ces idées aux idées françaises. Un Anglais qui
va à Constantinople n'est pas obligé de se faire Turc;
un Anglais qui vient à Paris, ne cesse pas d'être Anglais : il n'est pas tenu de se dénationaliser en prenant terre à Calais. Quoique la religion romaine soit
dominante en France, il ne lui est pas défendu d'y
être anglican, quaker ou presbytérien. De même,
quoiqu'il n'y ait pas d'opposition en France, il n'est
pas défendu aux Anglais de soutenir que c'est une
excellente chose chez eux que le parti de l'opposition.
Ils peuvent même être de ce parti, en avoir toutes les
opinions, rêver le bonheur des peuples et la libéralité des gouvernemens, échanger leurs idées sur ce
point et se faire part de leurs désirs, de leurs doutes,
de leurs espérances. S'ils prévoient mal les événemens, ce sont de faux prophètes; mais ils ne sont
pas pour cela ennemis des hommes, ennemis des
gouvernemens, ennemis de la sociabilité. Ceux qui
écrivent des nouvelles de Paris à leurs amis à Londres, ne sont pas plus des conspirateurs, que ceux

qui, dans Londres même, en plein parlement, répètent les mêmes faits, émettent les mêmes opinions. Tout cela tient à LA LIBERTÉ DONT JOUISSENT LES ANGLAIS; au droit qu'ils ont de dire, d'imprimer et de publier toutes leurs opinions; liberté, droit, qui peuvent ne pas exister aussi complétement en d'autres pays : mais cela n'empêche pas que les Anglais ne puissent *correspondre entre eux* SOUS LE COUVERT INVIOLABLE DE LEUR AMBASSADEUR, *et dialoguer sur tous les événemens qu'ils voient, qu'ils entrevoient ou qu'ils prévoient.*

De cette explication, il résulte que le procès fait à sir R. Wilson et à ses compatriotes ne serait au fond que le PROCÈS FAIT EN FRANCE AU PARTI DE L'OPPOSITION ANGLAISE; mais comme ce parti est protégé par la constitution anglaise, cette même constitution ne peut pas abandonner à la merci d'un gouvernement étranger des Anglais, qui sont seulement prévenus d'avoir *pensé* à Paris comme *pensent* leurs amis de Londres. Un tel procès serait grandement impolitique; il tendrait évidemment à troubler la paix et la bonne harmonie qui existe entre les deux peuples; puisque ce serait tout uniment SOUMETTRE LA LIBERTÉ CONSTITUTIONNELLE DES ANGLAIS A LA JURIDICTION DES TRIBUNAUX FRANÇAIS.

Ce que sir R. Wilson avance ici, il le soutiendra hautement, s'il y est réduit, par une mise en accusation; et il a la noble confiance que, dans cette grande lutte, il ne serait pas abandonné par les honorables amis avec lesquels il était en correspondance d'idées, de doctrines et de sentimens.

On n'a parlé jusqu'ici que de sir R. Wilson, parce que les pièces relatées dans l'ordonnance du 2 mars lui sont *personnelles*.

Quant à MM. Bruce et Hutchinson, leur défense est encore plus facile ; car l'ordonnance n'énonce *aucune espèce de charge contre eux*. En ce qui les touche, il n'existe *pas un seul aveu*, *pas un seul témoignage*, *pas un seul écrit* d'où l'on puisse tirer, nous ne disons pas la preuve, mais même le plus léger indice de complicité dans un complot dont l'inexistence, au surplus, vient d'être assez amplement démontrée pour en conclure, en faveur de tous les trois, qu'aucun d'eux ne peut raisonnablement être mis en accusation pour les prétendus crimes d'état énumérés dans l'ordonnance du 2 mars.

Reste à examiner ce qui concerne l'évasion du sieur Lavalette. Tout ce qui est relatif à cette évasion pourrait se traduire ainsi :

Madame Lavalette prévenue d'avoir sauvé son mari ;

Les geôliers prévenus d'avoir été induits en erreur ;

Les domestiques prévenus de n'avoir pas trahi leur maître ;

Trois gentilshommes anglais, prévenus d'avoir écouté la voix de l'humanité en sauvant un français.

On a bien senti qu'une accusation ainsi présentée n'exciterait aucune indignation contre les accusés ; que tous les cœurs seraient émus en voyant une mère de famille, une épouse assise sur le banc des criminels pour une action qui honore son sexe, et lui assure d'avance les éloges de la postérité ; que cet intérêt inséparable d'un dévouement si touchant, se répandrait infailliblement sur les accusés intermédiaires, et qu'il serait porté au plus haut degré en arrivant à ces trois gentlemen, dont tout le crime serait de n'avoir pas été insensibles à la gloire d'une action généreuse.

D'ailleurs, on n'a pas pu se persuader que l'humanité seule fût capable d'enfanter un tel miracle; on s'est abandonné à d'autres soupçons; quelques lettres ont paru les fortifier; on en a supposé plus qu'on n'en voyait : et voilà comment la *prévention d'avoir coopéré à l'évasion de Lavalette* s'est trouvée transformée en un *crime d'état.*

Dans ce système il fallait rattacher l'évasion de Lavalette à ce crime d'état : les premiers juges l'ont fait en présentant cette évasion comme un *commencement d'exécution de ce grand complot* qui devait renverser le gouvernement français et embraser toute l'Europe. Ils ont puisé leur conviction à cet égard dans une lettre écrite par sir R. Wilson le 6 janvier (la veille du départ de Lavalette), dans laquelle se trouvait cette phrase : *le point est arrêté, l'impulsion est donnée;* ce qui, selon eux, « se réfère évidemment « à l'exécution du projet d'évasion qu'il venait d'ar- « rêter, et dont il se flattait que les mesures par lui « concertées produiraient l'effet politique qu'il en « attendait. »

Mais d'abord, soit que l'interprète n'ait pas tout traduit, soit que les juges n'aient pas tout lu, sir Robert Wilson assure qu'*ici sa lettre est tronquée,* et qu'après les mots cités dans l'ordonnance, se trouvent *d'autres expressions qui détruisent absolument l'induction qu'on fait résulter de ceux qui précèdent.* Ensuite les magistrats n'ont pas fait attention qu'il n'y avait aucune liaison entre ce fait particulier de l'évasion de Lavalette et ce grand complot européen, puisqu'il n'est pas un seul des États de l'Europe qui ait souffert de cette évasion, et qu'au contraire c'est l'Europe qui a donné asile à ce malheureux fugitif.

Enfin, et même en restreignant à la France les effets malencontreux qu'aurait pu produire cette évasion, comment pouvait-il venir à l'idée de sir Robert Wilson et de ses amis, qu'un tel événement était capable de détruire le gouvernement français, puisqu'ils n'ignoraient pas une foule des circonstances qui devaient leur donner à penser tout le contraire ?

Ainsi, 1° La cour de Bavière avait fait demander la grâce de Lavalette ; et cette démarche ne permettait pas de croire que le salut de la France dépendît de la mort de Lavalette.

2° Les journaux avaient annoncé que M. le duc de Richelieu lui-même s'était rendu l'organe de cette sollicitation ; et l'on pouvait encore moins supposer que le premier ministre de France eût demandé une grâce pernicieuse à son gouvernement.

3° Un maréchal de France, capitaine des gardes-du-corps du Roi, avait forcé la consigne pour conduire madame Lavalette aux pieds du Roi ; et cette démarche éclatante ne permettait pas davantage de croire que la France était perdue si Lavalette n'était pas exécuté.

4° Si réellement l'évasion de Lavalette avait dû produire un soulèvement, on ne pourrait pas encore l'imputer à sir R. Wilson et à ses amis ; car ce soulèvement aurait été produit par le fait même de l'évasion, par la première nouvelle qui s'en serait répandue. Or, cette évasion n'est pas leur ouvrage, puisqu'il est constant que Lavalette était évadé depuis onze jours, quand on leur proposa, pour la première fois, de le faire sortir de Paris.

5° Enfin, et ce qui doit lever tous les doutes, c'est que sur le rapport fait à la chambre des députés, plusieurs membres considérèrent cet événement comme peu important. M. Bellart lui-même fut de cet avis ; et puisque sir R. Wilson et MM. Bruce et Hutchinson sont renvoyés devant lui, il les excusera, s'ils se font une autorité du jugement qu'il en a porté. A la séance du 28 décembre, il a dit en propres termes : « Je pense que l'événement qui occupe l'assemblée N'A D'AUTRE IMPORTANCE QUE CELLE QU'ON LUI DONNE » ; et c'est, en effet, ce que d'autres avec lui ont très-bien démontré.

Par toute cette série de faits, tous antérieurs au 24 décembre, tous publics avant cette époque, il est donc bien évident que sir R. Wilson et ses amis, en se chargeant, le 7 janvier, de faire sortir Lavalette de France, n'ont pas eu en vue, *d'exciter les citoyens à s'armer contre le Roi, de détruire ou changer le gouvernement français, ni encore moins de renverser le système politique de tous les États de l'Europe.*

Mais ont-ils, du moins, commis un délit de nature à mériter des peines correctionnelles ?

C'est ce qui reste à examiner. Ici, et en peu de mots, les prévenus déclarent sur leur honneur qu'aucun d'eux n'a jamais vu madame Lavalette, ni avant, ni même depuis l'évasion de son mari, et qu'ils n'ont eu aucune connaissance du projet qu'elle avait de le sauver.

Ils déclarent également sur leur honneur (et l'ordonnance ne renferme rien qui démente cette déclaration) qu'ils n'ont ni vu, ni corrompu les gardiens de Lavalette, ni agi de connivence avec eux.

Ils attestent pareillement que ce n'est point chez l'un d'eux que Lavalette s'est retiré après son évasion ; qu'ils ne l'ont vu et reçu que le 5 janvier au soir, veille de son départ, et que, jusqu'au moment où on leur a proposé de le sauver, ils partageaient avec le public l'opinion qu'il était déjà en lieu de sûreté.

Le fait qui leur est reproché n'a donc aucune connexité avec le crime imputé aux gardiens de Lavalette ; il n'en a même aucune avec l'action de madame Lavalette, qui n'a de commun avec la leur que la pureté de leurs intentions et la générosité de leurs motifs.

Cette séparation est bien marquée : il n'y a pas un aveu, pas un témoin, pas un écrit, pas le plus léger indice de connexité ; sir R. Wilson, et MM. Bruce et Hutchinson ne coupent pas le trait d'union qu'on prétend exister entre les deux actions : ils soutiennent seulement, avec toute la force que donne le sentiment énergique de la vérité, qu'il n'y a entre elles aucune liaison.

Il faut donc juger leur action séparément et abstraction faite de toute circonstance étrangère. Leur
affaire commence au 31 décembre, à huit heures du
matin, par le billet anonyme adressé à M. Bruce; elle
finit au retour de sir R. Wilson dans son hôtel, rue
de la Paix, le 10 janvier au soir.

Tout cet intervalle est rempli par leurs aveux; ils
n'ont dissimulé aucune circonstance de leur conduite;
ils ne s'excusent pas de ce qu'ils ont fait; ils n'en tirent pas non plus vanité; mais leur conscience ne
leur reproche rien; ils ont le sentiment qu'ils ont agi
en véritables amis de l'humanité, et dès lors ils ne
redoutent l'application d'aucune loi.

La législation française punit, et avec raison, ceux
qui corrompent des geôliers, des conducteurs ou des
gardiens de prisonniers; elle punit *a fortiori* ceux
qui par violence arrachent des détenus du lieu que
la justice leur a assigné pour prison; parce que, dans
le premier cas, on fait commettre aux gardiens un
crime dont on devient le complice; et que, dans le
second, on emploie la force contre une autorité qu'on
doit respecter.

Mais, quand sir R. Wilson et ses amis ont résolu
de sauver Lavalette, Lavalette n'était plus un détenu : son évasion était consommée, si bien consommée, qu'on se disposait à l'exécuter par effigie;
si bien consommée, que sa femme et ses geôliers
étaient détenus comme prévenus d'être les auteurs
de cette évasion, et qu'ils auraient été jugés pour ce
fait, quand même Lavalette serait resté dans Paris.

Les journaux avaient annoncé que Lavalette était

en pays étranger : on citait les lieux où il avait passé,
les gens qu'il avait vus, les anecdotes de son voyage ;
la police avait renoncé à le chercher : bref, l'évasion
était complète.

Or, dans cet état, l'honnêteté publique obligeait-
elle Bruce à communiquer à la police française l'avis
confidentiel qu'il avait reçu ? Devait-il démentir la
juste opinion qu'on avait conçue de l'élévation et de
la générosité de son caractère ? Lui était-il défendu,
aussi bien qu'à ses deux amis, d'écouter la voix de
l'humanité qui lui criait au fond du cœur : *sauvez,
sauvez un malheureux ?* Et maintenant, est-il une loi
qui dise que Paris est une prison, et que celui qui
fera sortir de Paris un homme depuis long temps
évadé de prison, sera puni comme s'il l'avait fait sortir
directement de sa prison ? Est-il une loi qui dise que
la France entière est une prison, d'où l'on ne puisse
s'évader sans encourir des peines, la France dont le
sol donnait autrefois la liberté aux esclaves qui étaient
assez heureux pour y mettre le pied.

Il n'y a donc pas de loi positive qui vienne ici af-
faiblir le sentiment du droit naturel ; et sur ce dernier chef, comme sur celui de la prétendue conspiration, il ne saurait y avoir lieu à accusation.

Quant au prétendu recel, on a déjà dit qu'après
son évasion, Lavalette s'était retiré dans une maison
inconnue à MM. Bruce, Wilson et Hutchinson : il
n'a jamais été, pas même un seul instant, ni chez
sir R. Wilson ni chez M. Bruce. Il n'est venu chez
M. Hutchinson que comme dans un *lieu de rendez-*

vous, comme on se rend à la diligence quelque temps avant que d'y monter.

Du reste, on ne prétendra pas que la voiture même fût un lieu de recel, puisque Lavalette est sorti en plein jour, face découverte, fraîchement rasé, dans un boquey qui laissait voir la moitié de son corps.

S'il est permis aux prévenus de faire une dernière réflexion, ils ne craindront pas d'insinuer aux magistrats appelés à statuer sur leur mise en acccusation, qu'on a donné à cette affaire plus d'importance qu'elle n'en méritait ; que la prétendue conspiration est une chimère ; qu'en soi, l'évasion de Lavalette n'est rien ; et que, vu de près, sans partialité, cet événement a peut-être été plus profitable que nuisible au gouvernement français.

Dans tous les cas, il doit demeurer pour constant que sir R. Wilson, et MM. Bruce et Hutchinson ont agi sans aucun motif d'inimitié contre la France : ils ont servi l'humanité ; les amis de l'humanité les défendront.

Paris, ce 14 mars 1816.

Signé, WILSON, BRUCE et HUTCHINSON.

DUPIN, avocat.

PLAIDOYER

POUR LES TROIS ANGLAIS,

WILSON, BRUCE ET HUTCHINSON.

Messieurs,

Sur le même banc où ne paraissent ordinairement que d'obscurs criminels, vous voyez assis trois gentilshommes que la noblesse de leur naissance, l'élévation de leurs sentimens et la loyauté de leur caractère, semblaient devoir préserver de ce malheur.

Mais tel est l'effet de la prévention; elle ne juge que sur les apparences; elle va toujours au delà du vrai : et ce n'est plus qu'avec effort, que l'on parvient à détruire l'ouvrage de son inconcevable facilité.

Les accusés en ont fait la triste expérience. Une espèce de colère publique s'est d'abord élevée contre eux. On les a signalés comme capables et coupables des plus grands crimes; ils ne voulaient rien moins, disait-on, que *renverser le système politique de tous les états de l'Europe !....*

Placés sous le poids d'une accusation aussi grave, ils sont cependant parvenus à la faire écarter : leur justification sur ce point a été accueillie.... Grâces soient rendues à la justice et à la sagesse de la chambre d'accusation !

Mais si, par-là, leur tête a cessé d'être menacée, leur honneur n'a pas cessé d'être en péril ; et, pour eux comme pour nous, l'honneur est tout.

La défense ne doit pas seulement avoir pour objet de les soustraire à un emprisonnement plus ou moins long ; ce n'est pas là ce qui leur importe le plus ; ce qu'ils veulent avant tout, par-dessus tout, c'est de conserver à leurs personnes, à leurs familles et à leur nation plus ou moins compromise par leur accusation, la juste considération qui leur est acquise. Voilà le grand objet de leur sollicitude.

Le voyage de Lavalette serait encore un mystère que rien n'aurait pu pénétrer, si le général Wilson n'avait eu l'imprudence de confier au papier le récit de toute l'aventure.

Et cette imprudence même n'eût amené aucune révélation, si sa lettre fût parvenue au noble lord à qui elle était adressée.

Elle portait en tête ces mots : *Secrète et confidentielle*; elle devait partir sous le couvert inviolable de l'ambassadeur d'Angleterre : rien ne pouvait donner à penser qu'elle serait divulguée.

Mais les journaux ont appris que le valet de chambre de Wilson avait trahi son maître....

Quoi qu'il en soit, et de quelque manière que cela soit arrivé, le fait est que la lettre est tombée dans des mains autres que celles de lord Gray.

Il n'en fallut pas davantage pour motiver l'arrestation de Wilson et de ses deux amis.

La forme employée pour leur arrestation excita leurs réclamations par une raison toute simple; elle choquait leurs lois, leurs mœurs et leurs idées constitutionnelles.

Si je fais cette remarque, ce n'est pas pour justifier, mais pour expliquer leurs plaintes.

Ainsi, le général Wilson trouva injurieux que des gendarmes et des officiers de paix fussent entrés dans la chambre où il était couché avec lady Wilson; que l'on se fût emparé, sans inventaire, de ses papiers et de ceux de sa femme; et qu'on ne lui eût pas préalablement donné connaissance de l'accusation dont il était l'objet. Mis au secret, il récitait hautement l'*habeas corpus*, et s'obstinait à ne pas répondre aux interrogations qui lui étaient adressées. Il protestait contre ce qu'il appelait une *question morale* substituée à la *question physique*; et contre toute évidence qu'on tenterait ainsi d'obtenir de lui ou de ses amis.

Jusque-là, il ignorait nos lois; mais dès que son ambassadeur lui eut fait connaître qu'il devait s'y soumettre, les réponses les plus franches et les plus ouvertes vinrent s'appliquer à toutes les questions qui lui furent adressées. Il ne s'arrêta que là où ses aveux auraient pu compromettre des tiers. Ses deux amis, de leur côté, en avaient usé de même; et tous les trois ont bien justifié ce mot : *Que leur mémoire n'était pas organisée pour trahir la confiance et l'amitié.*

On a reproché aux accusés de vouloir transformer une discussion judiciaire en une dispute politique. Ils n'ont pas su, a dit le ministère public, distinguer entre l'instruction qui d'abord n'avait eu pour objet que la part qu'ils avaient pu prendre à l'évasion et au recélé de Lavalette, et qui s'était ensuite dirigée vers la recherche d'un complot contre l'État; et l'accusation qui, dégagée de ce qui était relatif à ce même complot, se trouvait réduite au délit correctionnel résultant de leur coopération au recélé et à l'évasion de Lavalette.

Eh bien! s'il en est ainsi, pourquoi parler d'autre chose? Ici il est évident que les accusés ne sont pas les provocateurs. Rappelons les faits.

Ils furent d'abord arrêtés comme prévenus uniquement d'avoir favorisé l'évasion de Lavalette.

Ce n'était là qu'un délit purement correctionnel : et c'est aussi pour cela qu'ils demandèrent à être mis en liberté provisoire, en donnant caution.

Cette liberté leur fut refusée, attendu que l'instruction annonçait quelques symptômes d'une conjuration contre la sûreté de l'État.

Effectivement, ce que Wilson appelle la curiosité judiciaire s'était étendue dans tous les sens; des recherches avaient eu lieu dans toutes les directions; on avait suivi la trace des indices en apparence les plus frivoles; et le 2 mars, la chambre du conseil rendit une ordonnance par suite de laquelle MM. Wil-

son, Bruce et Hutchinson furent renvoyés devant
M. le procureur-général comme prévenus d'un complot tendant à renverser le système politique de tous
les États de l'Europe, etc., etc.

Quoique privés de la communication des pièces,
il ne fut pas difficile aux prévenus de montrer le
néant et le ridicule de cette prétendue conspiration.
C'est ce qu'ils firent dans un mémoire adressé à la
chambre d'accusation, et qui depuis a été imprimé
à Londres avec une version anglaise en regard du
texte.

La chambre d'accusation, malgré le rapport de
M. le procureur-général qui concluait à la confirmation de l'ordonnance du 2 mars, rendit le 15 du
même mois un arrêt, qui, sur les faits de conspiration, dit qu'il n'y avait lieu à accusation, et les renvoya devant la cour d'assises comme simplement
« accusés d'avoir, de complicité, recélé Lavalette,
« sachant qu'il était condamné à mort ; et d'avoir faci-
« lité et consommé son évasion. »

C'est en vertu de cet arrêt que l'acte d'accusation
a été dressé, et il aurait dû se renfermer dans les
faits relatifs à l'accusation, sans rappeler ceux que
la chambre d'accusation avait éliminés.

En effet, si, après cet arrêt, quelqu'un se fût
permis de dire dans le public que Bruce et ses amis
étaient des *conspirateurs*, des hommes *anti-sociaux*,
qui voulaient *renverser tous les États de l'Europe*,
l'action en calomnie leur eût certainement été ouverte ; car non-seulement ceux qui se seraient permis
ces clameurs n'auraient eu aucune preuve légale à

l'appui de leur allégation; mais la seule preuve évidente, celle qui résultait de l'arrêt, attestant le défaut de charges, eût par-là même attesté la calomnie.

Le ministère public, tout-puissant pour poursuivre avant l'arrêt de mise en accusation, conserve-t-il donc, après l'arrêt même, le droit d'alléguer contre les accusés des faits que cet arrêt a écartés de l'accusation? L'art. 271, qui le lui défend, ne permet pas de le penser. Et, dans notre espèce, on s'étonne d'autant mieux de voir ces faits reproduits, que les inductions qu'on en tire sont entièrement étrangères au procès.

Quoi qu'il en soit, le magistrat qui a dressé l'acte d'accusation y a inséré tous les faits relatifs à la conspiration, et les a même reproduits avec plus d'insistance et de vivacité.

Cet acte d'accusation a été lu à l'audience du 22 avril, en présence de la cour d'assises.

Plusieurs journaux l'ont imprimé en entier; et ceux qui n'en ont donné que des extraits, les ont accompagnés de préambules ou de commentaires pour le moins aussi forts que le texte.

A l'audience d'hier, le ministère public a pris la parole, et a de nouveau frappé sur les accusés avec toute la force que peut avoir un discours où le talent prête ses armes à l'autorité.

Jusque-là les accusés n'ont encore rien dit pour leur défense.

Moi-même je n'ai rien dit non plus pour eux qui ait trait à cette partie de la cause : et j'affirme qu'il n'entrait point dans mon dessein d'en parler. Je sentais que tout cela était étranger au débat.

Cependant le public, MM. les jurés, les magistrats de la cour, tous ceux qui m'écoutent, ont eu l'imagination frappée de ces faits, et mes cliens se trouvent exposés à toutes les impressions défavorables qu'ils ont dû faire naître.

Je me trouve donc dans une position tout-à-fait délicate. Si je m'égare (ce qu'à Dieu ne plaise), on me regardera comme un mauvais citoyen; si je mollis, je passerai pour un lâche déserteur des intérêts de mes cliens.....

Incedo per ignes.

Mais je connais ma nation : elle est grande; elle est généreuse ; elle a le sentiment des convenances ; elle sait bien qu'il est de son honneur que des étrangers, accusés en France, y soient aussi loyalement défendus qu'ils le seraient dans leur propre pays par des avocats de leur nation.

Ici de vifs applaudissemens interrompent l'orateur.

M. le président. Huissiers, faites faire silence. — On applaudit au théâtre ; devant la justice on écoute et l'on se tait.

Me Dupin. Chacun sent d'ailleurs qu'il ne s'agit pas de mes opinions , mais de leur défense.

Je ferai donc ce que je dois.....

(Me Dupin s'occupe alors d'examiner et d'interpréter les lettres des Anglais, dont on a rapporté des passages dans l'acte d'accusation. M. le président l'interrompt en lui disant que s'il veut atta-

quer les traductions de ces lettres, on va faire venir
l'interprète.

Ici l'orateur dit qu'il ne s'y oppose pas; cependant
la proposition du président n'a point de suite pour le
moment. Le défenseur continue l'examen des lettres;
il dit que dans l'une d'elles on a traduit le mot anglais
qui signifie *allure de cheval*, par le mot *chapeau*,
d'où l'on a induit que les Anglais étaient convenus
de faire prendre un chapeau anglais à Lavalette,
tandis qu'ils disaient qu'il ne fallait pas le faire sortir
à cheval, parce qu'on l'aurait reconnu à sa manière
de monter, différente de celle des Anglais.)

..... Une autre lettre, qui est du mois de décembre, a été datée dans la traduction, du 6 janvier, veille de la sortie de Lavalette de Paris, ce
qui a fait croire que les mots *l'impulsion est donnée* se rapportaient à l'évasion, tandis qu'ils faisaient
allusion à toute autre chose. Ce qui surtout importe
à Wilson, c'est de disculper son frère de l'imputation qu'on a dirigée contre lui d'après un passage
d'une de ses lettres, dans laquelle, dit l'acte d'accusation, il recommande au général de faire croire à
la *persécution réelle ou imaginaire* contre les protestans. Ce passage ne se trouve pas dans la lettre du
frère de Wilson, du moins avec le sens qu'on lui
prête. Le frère, énumérant dans cette lettre les causes
qui ont indisposé quelques individus contre le gouvernement français, place au nombre de ces causes
la persécution réelle ou imaginaire contre les protestans. C'est le vrai sens de la phrase....

(Ici l'avocat est encore interrompu par M. le pré-

sident qui appelle, pour expliquer le passage de la
lettre, l'interprète qui l'a traduite d'abord, et M. John
Roberts, interprète nommé d'office. Après un assez
long débat pour savoir si la lettre sera lue en entier, ou seulement le passage critiqué par l'avocat,
celui-ci observe qu'il ne critique pas la traduction,
qui est bonne, mais la manière infidèle dont la
phrase a été rappelée dans l'acte d'accusation. M. le
procureur du roi, pour mettre fin à toutes ces discussions, accorde aux Anglais le droit d'expliquer
leurs lettres comme ils voudront; il ne contestera
aucune des rectifications qu'ils trouveront convenables de faire. Fort de cette concession, l'avocat continue de justifier les intentions de ses cliens, et sur
l'envie qu'ils ont eue de voir traduire et circuler en
France le journal anglais intitulé, *Edimbourg Re-
view;* et sur le désir qu'ils manifestent de voir tous
les peuples jouir de la liberté; et sur les discussions
enfin qu'on trouve dans leurs correspondances au
sujet des affaires de l'Europe.)

..... En cela, on ne peut pas dire que Wilson et
ses correspondans se mêlaient de choses qui ne les
regardaient pas.

En effet, telle est la constitution anglaise, que
chaque citoyen a le droit de dire, d'imprimer et de
publier toutes ses opinions; de critiquer les actes de
son gouvernement, et de s'élever contre les mesures
qui, de près ou de loin, semblent menacer la liberté
publique ou compromettre l'honneur national.

Chez les Anglais, chacun tient singulièrement à
l'exercice de ce droit; et ceux dits de l'opposition y

tiennent plus que d'autres, parce qu'ils en usent avec plus de latitude.

On ne leur en fait pas un crime; car on sait bien que l'excès de leur zèle en faveur de la liberté, est suffisamment compensé par la tendance que les ministres ont naturellement vers les excès de pouvoir et les abus d'autorité.

Eh bien! Wilson est un de ces hommes libres, jaloux de la gloire et de la prospérité de sa nation, et qui, du reste, comme il vous le dira lui-même, voudrait voir tout homme libre et tout État indépendant.

Voilà la liberté dont il se fait gloire! liberté qui ne doit pas être confondue avec notre licence révolutionnaire; mais liberté constitutionnelle, fondée sur la dignité de l'homme, l'amour de la justice et la connaissance éclairée des lois de son pays!

Eh! ne croyez pas qu'en cela je veuille mettre les Anglais au-dessus de nous. Nous avons aussi nos droits, nos libertés, notre constitution; et ils voient bien, à la manière dont je les défends, qu'un citoyen français est aussi libre qu'eux.

Mais de la discussion à laquelle je viens de me livrer, je suis toujours fondé à conclure que la prévention a prêté à sir Robert Wilson des intentions criminelles qu'il n'a jamais eues; qu'on a mal pris, qu'on a travesti ses pensées, et qu'on a eu tort de lui faire un crime de ce qui, chez lui, n'était que l'exercice d'un droit constitutionnel.

Maintenant, Messieurs, vous allez être bien étonnés de voir que cet homme qu'on vous a dépeint comme un ennemi de toute l'Europe, est un de ceux dont l'Europe a le plus à se louer, et qui a rendu les plus grands services *à la bonne cause.*

Il est temps de vous expliquer les hiéroglyphes d'honneur qu'il porte sur son sein.

Le major-général Wilson n'est pas de ces possesseurs de mauvaise foi, qui, interrogés sur la cause de leur possession, ne peuvent rien répondre, sinon : je possède parce que je possède : *possideo quia possideo.* Il peut rendre compte de toutes ses récompenses, parce qu'il peut rendre compte de tous ses services.

Il porte les décorations de l'*Aigle-Rouge*, de *Sainte-Anne*, de *Saint-George*, de *Marie-Thérèse*, de la *Tour et l'Épée*, du *Croissant*, etc., etc., etc., parce qu'il a fait avec distinction les campagnes de *Flandre* et de *Hollande*, d'*Irlande*, du *Helder*, d'*Égypte*, de *Pologne*, de *Portugal* et d'*Espagne*, de *Russie*, de *Prusse*, d'*Allemagne* et d'*Italie* ; parce qu'il a été chargé de missions importantes à *Constantinople* et à *Saint-Pétersbourg*, etc., etc.

Il s'était déjà fait remarquer par des actions d'éclat, lorsqu'à peine âgé de vingt-un ans, il est allé combattre Bonaparte en Égypte. Unissant ses armes à celles des Musulmans, il a mérité que le Grand-Seigneur lui conférât l'ordre du Croissant; et joignant le mérite littéraire à la bravoure d'un chevalier, il est devenu l'historien de cette fameuse expédition où l'oncle d'Hutchinson commandait en chef l'armée anglaise.

Wilson est encore allé combattre Bonaparte en Espagne, où il a puissamment contribué à arrêter ses progrès, en recrutant lui-même cette légion portugaise dont la formation eut une si grande influence sur le sort de la péninsule.

C'est dans cette guerre qu'il connut le maréchal Ney : il ne craint pas d'avouer qu'il fut vaincu par lui; mais, dans sa défaite, il eut à se louer de la générosité du vainqueur, et voilà l'origine de cet intérêt qu'on a depuis attribué à des considérations politiques, sans savoir qu'il puisait sa source dans une juste reconnaissance.

A Moscow, Bonaparte a encore eu Wilson en tête. Dans ses bulletins, il se plaint amèrement de ce *commissaire anglais;* c'est, en d'autres termes, attester les services que Wilson a rendus dans cette campagne.

Lorsque Moreau fut atteint d'un boulet français, Wilson était auprès de ce général, et fut le premier à le relever et à lui porter des secours.

Enfin, et pour achever ce tableau, l'aîné des fils de Wilson, enseigne de vaisseau sur le *Northumberland,* a conduit Bonaparte à Sainte-Hélène !

Je vous demande maintenant, Messieurs, si le général Wilson est un homme *antisocial,* un *factieux,* un ennemi de la *bonne cause;* en un mot, si c'est un *bonapartiste ?*

Wilson a rendu des services à tous les souverains de l'Europe; il a même eu le bonheur d'en rendre au roi de France ; et ce monarque, dont le cœur a si bonne mémoire, ne les a sûrement pas oubliés.

Au surplus, et pour achever de vous faire connaître le général Wilson, cet ennemi du repos de l'Europe, et vous montrer en quelle haute estime il

est auprès des souverains alliés, permettez-moi de
vous lire quelques lettres où ces souverains daignent
eux-mêmes rendre hommage aux nobles qualités qui
le distinguent.

Voici mes témoins à décharge : ce sont les rois
qui vont parler :

Lettres de l'empereur de Russie.

« Monsieur le général Wilson, lorsque je vous décorai,
devant la troupe, des marques de mon ordre militaire de Saint-
Georges de la troisième classe [1], je rendais justice à ce zèle infatigable qui, pendant toute la campagne, vous a constamment
fixé aux avant-postes ; à la valeur brillante et au dévouement
dont j'ai été le témoin à la bataille de Bautzen, et à tant d'autres preuves d'intrépidité attestées par tous les braves des
armées combinées. Il m'est agréable aujourd'hui de vous répéter par écrit des témoignages auxquels vous avez des titres
aussi marqués, et de vous assurer de mes sentimens.

« A Tœplitz, le 15 — 25 septembre 1813.

« *Signé* ALEXANDRE. »

« Monsieur le général Wilson, au moment où vous quittez
les armées où j'ai été si souvent à portée de rendre justice à
votre zèle et à la plus brillante valeur, pour suivre une autre
destination, j'ai voulu vous donner une nouvelle preuve de
ma satisfaction, en vous décorant de mon ordre de Sainte-
Anne de la première classe. Vous en trouverez les marques
ci-jointes. Les braves avec lesquels vous avez si souvent combattu vous regretteront. Quant à moi, je me rappellerai toujours votre courage et votre infatigable activité ; et si les
événemens vous ramenaient près de vos anciens frères

---

[1] Après la bataille de Bautzen, l'empereur de Russie, entouré de
tout son état-major, arrivé à la tête de ses gardes, nomma Wilson
commandeur de l'ordre de Saint-Georges. L'empereur lui donna sa
propre décoration.

d'armes, je le verrai avec plaisir. Sur ce, monsieur le général Wilson, je prie Dieu qu'il vous ait en sa sainte et digne
garde.

« A Fribourg, le 24 décembre 1813.

« *Signé* ALEXANDRE. »

Lettre de S. M. le roi de Prusse.

« Monsieur le général, je suis sensible aux sentimens que
vous m'exprimez par votre lettre du 1er janvier. En rendant
justice au zèle que vous avez montré *pour la bonne cause*, et
en particulier à votre attachement pour ma personne, je me
ferai un plaisir de vous prouver en toute occasion l'intérêt que
je vous porte [1].

« Bar-sur-Seine, ce 7 février 1814.

« *Signé* FRÉDÉRIC GUILLAUME. »

A M. le général anglais Robert Wilson.

Lettre de M. de Metternich à Wilson, au nom de S. M. l'empereur d'Autriche.

« Monsieur le général, l'empereur ayant appris que vous avez
perdu la croix de l'ordre de Marie-Thérèse par l'effet d'une
conduite toute aussi brillante que celle qui vous a valu jadis
cette distinction, m'a chargé, monsieur le général, en ma
qualité de chancelier de l'ordre, de vous transmettre de nouveau une décoration à laquelle vous acquérez tous les jours
de nouveaux titres [2].

[1] Le général Wilson a eu l'aigle rouge après la bataille de Bautzen, pour les services rendus dans cette bataille.

[2] Le 24 avril 1794, Wilson, âgé de quinze ans, alors lieutenant
de cavalerie dans le régiment du roi, dégagea l'empereur d'Autriche,
qui se trouvait cerné dans le village de Villers-en-Couchée, proche
Cambrai ; il reçut la décoration de Marie-Thérèse. Étant monté le
premier à l'assaut de la grande batterie de Dresde, il perdit sa
croix en grimpant sur la muraille, et l'empereur lui en renvoya
une autre.

« Conservateur de cette belle institution, je suis personnellement intéressé à voir porter par des hommes de votre
mérite une marque de valeur sur laquelle ils ne réfléchissent pas moins de lustre qu'ils n'en reçoivent eux-mêmes.

« Recevez, monsieur le général, je vous prie, les assurances de la considération distinguée avec laquelle j'ai l'honneur d'être, monsieur le général, votre très-humble et très-
obéissant serviteur.   *Signé* le comte DE METTERNICH. »

Tœplitz, 24 septembre 1813.

A M. le chevalier Wilson, général au service de S. M. Britannique.

« Monsieur le général, j'éprouve une satisfaction particulière à pouvoir vous annoncer que S. M. l'empereur, désirant
vous donner une marque particulière de l'estime que vous lui
avez inspirée, autant par les services que vous avez rendus
comme militaire, que par la conduite loyale qui vous a distingué pendant votre séjour au quartier-général, que S. M. I. vous
voit quitter avec regret, s'est décidée à vous accorder la croix
de commandeur de son ordre de Marie-Thérèse [1].

« Chargé en ma qualité de chancelier de cet ordre de vous
transmettre la décoration ci-jointe, je me félicite, mon cher
général, de trouver une occasion de vous réitérer l'expression
de tous les sentimens d'amitié et d'attachement que je vous ai
voués depuis long-temps, et qui ne sont pas moins partagés
par une armée qui a été si souvent témoin de votre conduite
brillante, que par tous mes compatriotes qui ont été à même
d'apprécier les *qualités de votre cœur.*

« Recevez, mon cher général, les assurances de tous mes
sentimens aussi distingués qu'inviolables.

« *Signé* le prince DE METTERNICH. »

Fribourg, le 4 janvier 1814.

---

[1] Ce fut après la bataille de Leipsick. Avant Wilson aucun Anglais n'avait eu cette décoration. Le duc de Wellington ne l'a obtenue qu'après la bataille de Waterloo.

Cette dernière lettre rend hommage à la bonté du cœur de Wilson, et ce témoignage est assez justifié par les faits.

En 1808, des prisonniers français étant menacés à Oporto par les soldats portugais et par des paysans *infuriés* [1], et armés au nombre de quarante mille, Wilson s'opposa à la rage de ces derniers avec une poignée de troupes anglaises; il les contint par la crainte d'une rupture avec l'Angleterre, dans le cas où ils oseraient ainsi violer le droit des gens; et après trente-six heures d'un péril imminent, ayant été renforcé par une division espagnole, il réussit à assurer aux Français un libre passage au port.

Dans le combat de Jarentina, près Moscow, Wilson a sauvé la vie au neveu du duc de Feltre; il l'a gardé chez lui en lui prodiguant des soins et de l'argent, et lui offrant même de le sauver.

Le neveu du prince de Talleyrand, alors aide-de-camp du maréchal Oudinot, ayant été fait prisonnier au passage de la Bérésina, et *se trouvant en misère* [2], Wilson lui donna la moitié de son argent et de ses habillemens, et lui évita le voyage de Sibérie.

A Wilna, si M. Desgenettes, médecin en chef de l'armée française, recouvra sa liberté, il en fut uniquement redevable aux ardentes sollicitations du général Wilson. C'est le seul de tous les prisonniers à qui cette faveur fut accordée. Non content de cela, Wilson lui remit 200 ducats pour être distribués aux malheureux Français.

[1] Expression de Wilson.
[2] Autre expression de Wilson.

Indépendamment de ce secours général, son humanité s'est signalée dans cette déroute par une foule de services particuliers, rendus notamment aux généraux Normand et de la Houssaye, à M. de Fontanges, à M. Durfort, de la maison de Duras, etc., etc.

Je ne parle que des bienfaits dont les Français ont été l'objet, parce qu'ils sont de nature à vous intéresser davantage; mais Wilson ne s'est pas montré moins généreux envers les infortunés des autres nations. Un malheureux, quel qu'il fût, avait des droits assurés sur son cœur.

Wilson, tel que je viens de le dépeindre, brave, humain et libéral :

Bruce, issu d'une des plus anciennes familles d'Écosse, parent du célèbre voyageur qui a marché, à travers tant de périls, à la découverte de ce fleuve fameux qui féconde l'Égypte; Bruce, voyageur lui-même, ayant observé les mœurs des différens peuples, ayant vu que chez tous l'humanité était en honneur, et qui réfléchit avec douleur, qu'en France, au centre de la civilisation européenne, il est traduit sur le banc des accusés pour un acte d'humanité que les Arabes même du désert auraient célébré par des éloges :

Hutchinson, trop jeune encore pour qu'on puisse vous raconter sa vie, mais remarquable en ce qu'il tient à l'une des plus illustres maisons d'Irlande, et qu'il est personnellement appelé à succéder à la pairie; Hutchinson, à qui le gouvernement ne peut pas dire : Qu'êtes-vous venu faire en France?.... Il y est entré par Waterloo.

Voilà, Messieurs, les personnages que, depuis leur arrestation, la malignité publique représente comme ennemis des hommes, ennemis des gouvernemens, ennemis de la sociabilité; accusés, tantôt d'une conspiration imaginaire, tantôt d'une complicité honteuse avec des valets et des geôliers; gardant prison pendant trois mois en attendant le jour de leur jugement; mais dans cette prison même, où ils sont détenus pour cause d'humanité, multipliant encore autour d'eux les actes de bienfaisance et de philanthropie.

Serez-vous maintenant disposés, Messieurs, à douter que la conduite de mes cliens envers M. de Lavalette ait été guidée par d'autres motifs que l'amour de l'humanité?

(Arrivé à la discussion, l'avocat établit, 1° qu'il n'y a pas de complicité entre les Anglais et les autres accusés; 2° que le fait dont on les accuse, considéré isolément, ne saurait, d'après nos lois, d'après nos mœurs, ni à nos yeux, constituer un crime ni un délit punissable. Il développe ces propositions en ces termes :)

Première proposition. — Il n'y a pas de complicité entre les Anglais et les autres accusés.

Blackstone, cité comme raison écrite par M. l'avocat-général, parle des accessoires antérieurs au délit, des accessoires qui l'accompagnent et de ceux qui le suivent; il range parmi ces derniers l'action de faire évader et de recéler un condamné.

Blackstone a raison : sa doctrine est conforme à celle de tous les criminalistes; elle est d'accord avec nos lois.

L'article 60 du Code pénal répute « *complices* « d'une action qualifiée crime ou délit ceux qui par « dons, promesses, menaces, abus d'autorité ou de « pouvoir, machination ou artifices coupables, au- « ront provoqué à cette action, ou donné des instruc- « tions pour la commettre ;

« Ceux qui auront procuré des armes, instrumens, « ou tout autre moyen qui aura servi à l'action, « sachant qu'ils devaient y servir ;

« Ceux qui auront, avec connaissance de cause, « aidé ou assisté l'auteur ou les auteurs de l'action « dans les faits qui l'auront préparée ou facilitée, ou « dans ceux qui l'auront consommée. »

C'est aussi cet article qu'on oppose à MM. Wilson, Bruce et Hutchinson, pour en conclure qu'ils sont complices de l'évasion de Lavalette.

Examinons donc si réellement cet article leur est applicable dans l'une ou dans l'autre de ses parties.

Il est d'abord évident que l'article 60 suppose un concert entre les complices et l'accusé principal.

En effet, comment provoquer à une action et donner des instructions pour la commettre, sans entrer en rapport avec celui qui doit se charger de l'exécution : les mots *dons, promesses, menaces*, ne sont pas absolus ; ils sont tous relatifs ; ils supposent de toute nécessité, non-seulement une personne qui donne, qui promette ou qui menace ; mais encore une autre personne à qui l'on donne, à qui l'on promette, ou que l'on menace.

Le même raisonnement s'applique à la seconde partie de l'article : il suppose un concert établi entre celui qui procure des armes, des instrumens, ou tout autre moyen d'exécution, et celui qui reçoit ces armes, ces instrumens, ces moyens, pour les mettre en œuvre. Ici la loi exige que celui qui a fourni les moyens d'exécution *ait su qu'ils devaient servir à cette exécution;* or, il n'a pu le savoir sans communiquer avec celui qui devait commettre l'action.

Enfin, le dernier paragraphe de l'art. 60, réputant complices ceux qui, avec connaissance, ont aidé ou assisté l'auteur ou les auteurs de l'action dans les faits qui l'ont préparée, facilitée ou consommée, entend nécessairement que le complice aura été instruit de l'action qu'il s'agissait de commettre, puisque sans cela on ne concevrait pas comment il aurait pu, avec connaissance, en préparer ou en faciliter l'exécution, ou aider à la consommer.

Tout cela posé, il est certain qu'il y aurait complicité entre MM. Bruce, Wilson et Hutchinson, si par dons, promesses ou menaces, etc., ils avaient provoqué l'évasion de Lavalette, ou donné des instructions pour l'effectuer.

Il y aurait également complicité de leur part, s'ils avaient procuré des armes pour tuer ses geôliers, des instrumens pour forcer sa prison, sachant que ces armes ou ces instrumens devaient servir à cet usage.

Enfin, il y aurait complicité dans le sens de la loi, si MM. Wilson, Bruce et Hutchinson avaient, avec *connaissance de cause*, aidé ou assisté les auteurs de l'évasion dans les faits qui l'ont préparée, facilitée ou consommée; par exemple, en fournissant à madame Lavalette un déguisement; en lui procurant les fonds nécessaires pour corrompre les geôliers ; ou bien en fournissant la chaise à porteur dans laquelle il devait sortir de la cour, ou même le cabriolet qui l'attendait sur le quai.

Mais ils n'ont rien fait de tout cela. Loin de coopérer à l'évasion de Lavalette, ils n'ont pas même été prévenus que cette évasion devait avoir lieu : le projet d'évasion a été conçu, exécuté, consommé, sans qu'ils en sussent rien ; ils n'en ont été informés, comme tout le monde, que par la voie des journaux.

En l'absence de toute espèce de preuves de la complicité qui leur est reprochée, ils pourraient se borner à faire remarquer que les débats n'ont fourni contre eux aucune charge relative à cette accusation. Il n'existe aucun aveu, aucune déposition de témoin, aucun écrit qui l'établisse, ou même qui la fasse supposer.

Il ne reste contre eux que l'allégation sèche contenue à cet égard dans l'acte d'accusation ; allégation dès lors condamnée au néant dont elle n'aurait jamais dû sortir, puisque rien ne l'appuie.

Mais allons plus loin ; et quoiqu'il soit en général bien difficile de prouver un fait négatif, montrons que les élémens de la cause repoussent toute idée de complicité.

Quel est le véritable auteur de l'évasion de Lavalette ? C'est son épouse.

Dans le système d'une complicité non-seulement vraisemblable, mais prouvée, elle seule devrait toujours être considérée comme l'auteur principal de cette évasion. C'est elle qui en a conçu l'idée ; c'est elle qui,

à l'aide d'un ingénieux stratagème, a procuré à son
mari les premiers moyens d'évasion.

La complicité de ceux qui auraient coopéré à cette
évasion serait donc nécessairement une complicité
avec madame Lavalette, dans l'intérêt de madame Lavalette, et pour faire réussir le projet de madame
Lavalette.

Eh bien! l'arrêt du 15 mars a jugé qu'il n'y avait pas
lieu à accusation contre madame Lavalette. On verrait
donc une chose inouïe dans les fastes de la justice
criminelle : des accusés condamnés *comme complices*
d'un crime dont l'auteur principal [1] serait acquitté.

Dira-t-on que si messieurs Wilson, Bruce et Hutchinson ne sont pas complices de madame de Lavalette, ils sont complices des geôliers? Nous demande-
rons quel genre de complicité?

Ce ne pourrait être qu'en corrompant les geôliers
pour les engager à fermer les yeux sur l'évasion de
Lavalette. Mais ici l'on retombe dans la première
difficulté : car il est impossible de concevoir qu'ils

---

[1] La cour de cassation a bien jugé, par arrêts des 27 mai
1808, 17 août 1811, et 17 juillet 1812, que l'auteur *présumé*
d'un crime peut être déclaré non coupable et le complice
convaincu, sans qu'il y ait contradiction dans la déclaration
du jury : parce qu'en effet il peut fort bien arriver que les
présomptions élevées contre l'auteur *présumé* du crime n'ac-
quièrent pas la consistance de preuves, et qu'au contraire
les complices soient clairement convaincus d'avoir pris part
au fait. Mais, dans notre espèce, madame de Lavalette n'est
pas l'auteur *présumé* de l'évasion de son époux; il est *prouvé*,
démontré qu'elle en est non-seulement le principal, mais le seul
auteur. Elle l'avoue, le proclame et s'en glorifie.

aient corrompu les gardiens au profit de madame Lavalette, sans que cette dame en fût informée.

Or, ici, messieurs Wilson, Bruce et Hutchinson
déclarent sur leur honneur, qu'aucun d'eux n'a jamais vu madame Lavalette, ni avant, ni même depuis l'évasion de son mari, et qu'ils n'ont eu aucune
communication directe ni indirecte du projet qu'elle
avait de le sauver.

Ils déclarent également sur leur honneur, qu'ils
n'ont jamais ni vu, ni corrompu, ni aidé à corrompre
les gardiens de Lavalette, ni agi d'intelligence ou de
connivence avec eux.

Voilà leur déclaration : elle est franche, elle est
sincère, elle est vraie; rien ne la dément, tout la
confirme; et l'accusateur lui-même ne peut se dissimuler l'impuissance où il est de la contredire.

Où donc est la complicité qu'on reproche aux accusés ? Elle est, Messieurs, elle est où l'on n'aurait
jamais cru qu'il fût possible de la placer.

L'acte d'accusation suppose que la *sortie de
France* est une consommation de l'*évasion de prison;*
et raisonnant dans ce système, il applique aux prévenus Wilson, Bruce et Hutchinson la disposition de
l'article 60, qui répute complices, non-seulement
ceux qui ont provoqué, préparé ou facilité l'action,
mais ceux qui ont aidé à la consommer.

Cette objection sera donc réfutée, si l'on démontre
que l'évasion de Lavalette était complète, consommée, avant que les Anglais ne fussent appelés à lui
rendre service.

L'action de s'évader est par elle-même quelque

chose de si facile à concevoir, qu'on n'aurait jamais cru qu'il fût besoin d'en donner une définition en justice.

On dit qu'un homme s'est évadé quand il s'est sauvé d'un lieu où il était détenu ; c'est dans cette signification que tout le monde emploie le mot *évasion*; et l'on peut dire que c'est le *sens commun* de cette expression.

Ainsi, l'on dit d'un homme qu'il s'est *évadé de prison*; mais on n'a jamais dit s'évader de Paris, s'évader de France, s'évader de l'Europe, s'évader de l'univers, s'évader de l'espace.

Si, de cette façon de parler commune et générale, nous passons au texte même de la loi, nous verrons que le législateur ne punit que *l'évasion des détenus*.

La première condition, la condition essentielle pour qu'il y ait évasion, dans le sens de la loi, c'est donc qu'il s'agisse, non d'un homme *évadé*, mais d'un homme *détenu* en prison.

Autrement, et s'il s'agit d'un homme qui ne soit plus détenu, qui ait recouvré sa liberté et qui soit *in laxitate naturali*, les voyages que peut faire ultérieurement cet individu ne peuvent plus être qualifiés *évasion*; et ceux qui lui procurent les moyens de voyager ainsi ne peuvent plus être réputés coupables de l'*évasion d'un détenu*.

Il faut donc bien distinguer l'évasion même, c'est-à-dire la *sortie de prison*, qui a lieu soit par dol, soit par violence, des stations et des voyages que peut faire ensuite l'homme une fois évadé.

Cette distinction est très-bien marquée dans le

dictionnaire de l'académie. On y lit au mot ÉVASION :
« *Il se sauva habilement des prisons ; et après son*
« *évasion, il se retira en lieu de sûreté.* »

Or, c'est mot pour mot ce qu'on peut dire de Lavalette. *Il s'est sauvé habilement des prisons*, et *après
son évasion* des prisons, son évasion complète, son
évasion consommée, au bout de dix-neuf jours, lorsque chacun le croyait déjà bien plus loin qu'il n'était,
il s'est retiré en lieu de sûreté.

Il n'est donc pas permis de confondre les deux
actes en un seul ; de regarder l'un comme la consommation de l'autre ; et le tout comme constituant un
seul et même délit qu'on puisse appeler évasion.

Non-seulement il n'est pas possible de confondre
les deux actes ; mais leur séparation, dans l'espèce,
est marquée, attestée par un *délit intermédiaire*, je
veux dire celui d'un recélé dans une maison tierce,
recélé qui a commencé aussitôt après l'évasion, et
qui n'a cessé que quand la fuite a commencé.

Mais il est temps de montrer plus particulièrement
qu'en effet l'évasion de Lavalette était *consommée*
avant que les Anglais n'entreprissent de le conduire
hors de France.

Dans le sens des criminalistes, il y a évasion de détenu quand un homme qui était en prison en est sorti,
de manière que, recherche faite de sa personne, il
demeure pour constant qu'il n'y est plus

Cette évasion se constate par un procès verbal où
l'on reçoit les déclarations des concierges, geôliers et
gardiens, et de tous ceux qui peuvent avoir connaissance de l'évasion.

S'il n'y a eu ni faute, ni négligence de la part des personnes chargées de la garde du prisonnier, on se borne à constater le *fait de l'évasion.*

S'il y a preuve ou indice d'une négligence ou d'une connivence coupable, on instruit contre les personnes qu'on suppose avoir *favorisé l'évasion.*

Mais, dans tous les cas, l'évasion est considérée comme complète et consommée par cela seul que le prisonnier est sorti de sa prison sans qu'on ait pu le rattraper.

C'est aussi la marche qu'on a tenue dans l'espèce. Écoutons le récit que les journaux les plus accrédités en ont fait [1].

« Voici sur l'évasion de M. de Lavalette des détails
« dont nous croyons pouvoir garantir l'exactitude :

« Hier, à trois heures et demie, madame de Lava-
« lette, accompagnée, selon sa coutume, de sa fille,
« âgée de douze ans, et d'une femme de chambre,
« est entrée à la Conciergerie pour dîner avec son
« mari. A sept heures, la jeune fille et sa femme de
« chambre se sont présentées à la grille pour sortir
« de la prison, soutenant l'une et l'autre une per-
« sonne qui paraissait être madame de Lavalette. Cette
« personne, vêtue des mêmes habits que portait ma-
« dame de Lavalette à son entrée à la Conciergerie,
« était enveloppée dans une fourrure, ayant la tête
« couverte d'un chapeau, et tenant un mouchoir sur
« ses yeux. Tous les employés de la prison étaient
« présens. Accoutumés à voir ces trois femmes sortir

---

[1] *Journal des Débats* du 22 décembre 1815.

« tous les soirs de la prison, et peut-être aussi tou-
« chés de compassion sur l'infortune et la mauvaise
« santé de madame de Lavalette, ils ont négligé de
« s'assurer de l'identité de sa personne.

« Trois minutes après, le concierge s'est rendu
« dans la chambre du condamné. Quelle surprise d'y
« trouver la femme au lieu du mari! *Ah! Madame*,
« s'écrie-t-il, ainsi qu'elle l'a déclaré elle - même,
« *qu'avez-vous fait? vous m'avez perdu.* Celle-ci le
« conjure de ne faire aucun bruit; craignant que son
« mari ne soit atteint si l'on se met sur-le-champ à sa
« poursuite, elle retient fortement le concierge par le
« bras. Le concierge, désespéré, court au greffe aver-
« tir les gardiens de la prison de ce qui est arrivé, et
« leur crie d'aller de tous côtés à la recherche du
« prisonnier.

« Ceux-ci se dirigent sur plusieurs points. Deux
« d'entre eux rencontrent sur le Pont-Neuf la même
« chaise à porteur dans laquelle madame Lavalette
« avait coutume de se rendre à la prison, et y était
« venue hier : ils l'arrêtent à l'instant; mais le pri-
« sonnier fugitif l'avait déjà quittée.

« *Aussitôt que l'évasion de Lavalette a été connue*,
« des ordres ont été donnés pour fermer les barrières,
« et elles étaient encore fermées ce matin à sept
« heures. De nombreuses perquisitions ont été faites
« dans Paris; des estafettes ont été expédiées par
« toutes les routes du royaume, pour porter en tous
« lieux le signalement du condamné.

« Immédiatement après la *nouvelle de l'évasion*,
« M. le ministre et M. le préfet de police se sont

« transportés à la Conciergerie. Son Excellence y a
« interrogé tous les employés de la prison; elle y a
« ordonné l'arrestation du concierge et d'un porte-
« clefs. Le premier paraît coupable de négligence, et
« le second est soupçonné d'avoir favorisé l'évasion. »

On ne s'en est pas tenu là; on a instruit leur procès
et celui de madame Lavalette, *pour le fait de cette
évasion*; et ils eussent été jugés pour ce fait *quand
même* Lavalette ne serait pas sorti de France.

Pour s'en convaincre, il suffit de lire les procédures, les interrogatoires, les informations et les
réquisitoires dirigés contre eux, avant qu'il ne fût
question des Anglais.

L'évasion était donc complète. Mais, dira-t-on,
on avait l'espoir de le reprendre. Je réponds que si
l'on a eu un moment cet espoir, on n'a pas tardé à
le perdre entièrement.

En effet les recherches les plus actives n'ont rien
produit. On n'a pu ni retrouver le cabriolet qui avait
reçu Lavalette, ni découvrir le lieu où il s'était caché.
On a pris le change, au point que tous les journaux,
les plus fins comme les plus simples, ont suivi Lavalette jusqu'en pays étranger, qu'ils l'ont fait passer
tantôt par Bruxelles, tantôt d'un autre côté. Tout le
monde s'est affermi dans l'idée que Lavalette était
hors d'atteinte.

La justice elle-même était si bien convaincue que
l'évasion était consommée, qu'on disposait tout pour
l'exécuter en effigie, et que cette exécution subsi-
diaire a effectivement eu lieu.

Or, tout le monde sait qu'on ne se détermine à

exécuter un condamné en effigie, qu'après avoir désespéré de pouvoir l'exécuter en personne. Il serait absurde, en effet, d'exécuter par effigie un condamné dont l'évasion ne serait pas consommée.

Attachons-nous donc à ces circonstances :

Lavalette s'est évadé le 20 décembre ;

On n'a pas pu le rattraper à l'instant même ;

On n'a pas pu découvrir le lieu de sa retraite ;

On a commencé le procès de sa femme, de ses domestiques et de ses gardiens, comme prévenus d'être les auteurs de son *évasion;*

On l'a exécuté par effigie ;

Son évasion était donc consommée.

Et l'on eût passé pour un malveillant, pour un sot ou pour un mauvais plaisant, si, tout cela fait, on eût prétendu que Lavalette n'était pas évadé, et que son évasion n'était que *commencée.*

L'évasion de Lavalette était *consommée* dans toute la force du terme, lorsque, le 31 décembre, Bruce reçut le billet qui lui annonçait que cet infortuné était encore à Paris.

La proposition contenue en ce billet n'a donc rien de commun, ni avec l'action de madame de Lavalette, ni avec le crime imputé aux gardiens de son mari.

C'est une affaire totalement à part, qui commence long-temps après que l'autre était déjà finie.

Il est donc bien démontré que la *complicité* alléguée dans l'accusation n'a jamais existé.

Deuxième proposition. — Le fait particulier aux Anglais ne constitue pas un délit punissable.

J'examine à présent si l'action des Anglais, dégagée

de toute idée de complicité, considérée en elle-même, prise isolément et abstraction faite de toute circonstance étrangère, constitue un crime ou un délit punissable.

Et d'abord est-il vrai qu'ils aient *recélé* Lavalette ? Le contraire est certain.

Ce n'est pas chez eux que Lavalette est allé se cacher, *après son évasion*. Il est allé chez un ami, dont le nom est et demeurera long-temps inconnu....

Il a été recélé chez cet ami, parce que cet ami l'a reçu avec l'intention bien sentie de le dérober aux recherches dont il était l'objet, et de le garder aussi long-temps qu'il aurait l'espoir de le soustraire au danger qui le menaçait.

Ce recélé durait depuis dix-neuf jours lorsque Lavalette est venu chez Hutchinson. Mais y est-il venu pour y rester caché ? Hutchinson l'a-t-il reçu dans l'intention de le recéler chez lui ? — Voilà toute la question.

Remarquons d'abord, malgré l'amitié qui unit les trois accusés, malgré la solidarité dont ils font profession, et leur empressement à prendre leur portion des charges du procès; remarquons, dis-je, que l'accusation de recélé ne pourrait porter que sur Hutchinson seul; car Lavalette n'est allé que chez Hutchinson; il n'a jamais été chez Bruce ni chez Wilson. On ne pourrait pas dire qu'il y a complicité entre eux parce que Bruce et Wilson ont su que Lavalette était chez Hutchinson : car il n'y a complicité que pour des faits criminels; or ce n'est pas un crime, ce n'est pas même un délit, que de savoir qu'un condamné est dans une maison, et de ne pas dénoncer ce fait à la police ou à la justice. La loi oblige à révéler les complots qui se trament contre la sûreté de l'État, parce qu'en ne les révélant pas, on compromet l'État lui-même, qui peut être renversé par l'explosion de ce complot : mais, hors ce cas, la loi n'oblige pas quiconque connaît la retraite d'un condamné à mort, à le dénoncer et à le livrer immédiatement au bourreau.

La question de *recélé* ne pourrait donc être élevée que relativement à Hutchinson seul.

Or, tout va concourir à vous démontrer que cette question doit être résolue en sa faveur.

Je vous prie d'abord d'observer que Hutchinson n'était pas domicilié à Paris ; il faisait partie de la garnison anglaise ; il était *logé militairement* rue du Helder. En recevant Lavalette dans ce logement précaire, c'est comme s'il l'avait reçu au *camp*, et qu'il lui eût permis de reposer sous sa *tente*. Et dans ce cas je demande si l'on serait fondé à lui faire un crime de l'hospitalité qu'il lui aurait ainsi momentanément accordée ?....

Cette première considération en amène une autre : Hutchinson logé militairement, campé rue du Helder, n'avait pas un appartement qu'il pût partager avec Lavalette, et où il lui fût possible de le recéler. Hutchinson n'avait pas même de lit à lui donner ; et il résulte des dépositions des gens de la maison, qu'il n'avait fait aucune disposition pour augmenter son mobilier ; ce qu'il n'eût pas manqué de faire si, de sa part, il s'était agi de *recéler* Lavalette.

13

Ce dernier d'ailleurs eût agi bien imprudemment, en quittant sa première retraite où il était si parfaitement ignoré, pour venir s'installer dans la chambre d'un militaire, ouverte à tout venant ; d'un militaire qui, d'un instant à l'autre, pouvait recevoir l'ordre de partir et d'évacuer les lieux ; dans une maison enfin occupée par le magistrat qui recherchait avec tant d'activité les auteurs et les complices de l'évasion antérieure et du recel de Lavalette.

On ne recèle pas un homme par cela seul qu'il se présente chez nous et qu'il y est reçu. Il faut encore qu'il y soit reçu avec l'intention de lui accorder refuge et de l'y cacher [1].

C'est une conséquence de la règle suivant laquelle, en matière criminelle, le fait est toujours inséparable de l'intention.

Cela posé, et pour apprécier au juste l'intention que Hutchinson a eue en recevant chez lui Lavalette, reportons-nous à la proposition faite à Bruce.

On ne lui proposait pas de recéler Lavalette ; ce dernier ne demandait pas à changer d'asile ; s'il n'avait voulu que rester caché dans Paris, il était mieux où il était qu'il n'eût pu être chez Hutchinson.

Mais ce que voulait La Valette, ce que l'on demandait pour lui, c'était de sortir de France :

Réciproquement ce qu'a promis Bruce, ce que par suite ont promis Wilson et Hutchinson, n'était

---

[1] *Receptatores sunt qui deliquentes recipiunt, refugiumque eis præstant* abscondendi causâ. J. VOET, *ad Pandectas*, tit. *de receptatoribus*, n° 1.

pas de recéler Lavalette, mais de le faire sortir de France.

C'est uniquement dans la vue de ce voyage à faire hors de France, que les pourparlers ont eu lieu, que les paroles ont été données, et que les dispositions ont été prises.

Ainsi, par exemple, lorsque Wilson a demandé et obtenu des passeports, il est bien évident que ce n'était pas pour *recéler* Lavalette. Ce n'était pas non plus pour le recéler qu'il donna sa voiture, que Bruce prêta son boguey, et Hutchinson ses chevaux.

Ne voyons donc dans le fait reproché aux Anglais qu'une seule et unique action, qu'une seule et même entreprise; celle de *conduire Lavalette hors de France.*

Voilà ce qu'on leur a demandé;

Voilà ce qu'ils ont promis;

Voilà ce qu'ils ont exécuté.

Maintenant il est clair que pour sortir de France il fallait d'abord sortir de Paris, et que pour sortir de Paris il fallait avant tout que Lavalette quittât le lieu de sa retraite.

Il est manifeste encore que pour partir avec le secours des Anglais, il fallait se réunir à eux; il fallait venir les trouver.

Si Lavalette est venu chez Hutchinson, on en a donné la raison; c'est que la maison de Hutchinson était la plus proche de la barrière. Mais il n'y est pas venu comme dans un lieu de recel, pour y rester caché; il y est venu comme à un lieu de rendez-vous, sans intention d'y rester; et au con-

traire avec le dessein arrêté d'en partir quelques
heures après.

C'est le premier pas de son voyage.

Mais il n'a pas plus été recélé à Paris par Hutchinson qu'il ne l'a été à Compiègne, qu'il ne l'a été
à chaque poste, à chaque station.

Il a mis du mystère dans sa route; il est allé le soir
chez Hutchinson; voilà bien, dira-t-on, l'intention
de se cacher.

Sans doute, Lavalette craignait d'être repris; sans
doute, il ne voulait pas être vu. Mais toutes les précautions prises, soit par lui, soit par ses amis, ne
font pas qu'il ait été recélé chez Hutchinson.

Qui veut la fin, *veut les moyens*; et s'agissant de
faire sortir de France Lavalette sans qu'il fût reconnu, il était naturel de préférer l'obscurité au
jour, de substituer un déguisement à son costume
ordinaire, etc., etc.

Mais, on le répète, l'emploi de tous ces moyens
ne constitue pas un recel.

Autrement le délit d'évasion emporterait toujours
avec soi le délit de recel, puisque tout homme qui
s'évade cherche toujours à n'être pas repris; tout
homme qui fuit, à n'être pas rattrapé; tout homme
qui se déguise, à n'être pas reconnu.

Cependant la loi ne confond pas ces deux délits;
elle les distingue, au contraire, avec soin; elle en
parle sous des articles différens; elle y applique des
peines différentes.

Il ne faut donc pas voir le recel dans un fait qui
n'aurait tout au plus trait qu'à l'évasion.

Mais est-il vrai même qu'il y ait eu évasion dans le sens légal?

Je dis dans le sens légal, parce qu'on ne doit pas perdre de vue qu'il faut que le fait soit qualifié crime ou délit *par la loi.*

Or, la loi n'a en vue que l'évasion des gens confiés à une garde, ou à une escorte, ou détenus en prison.

Faire évader un prisonnier détenu dans les liens de la gendarmerie, ou compris sous les verroux d'une maison d'arrêt, c'est méconnaître l'autorité publique; c'est y porter une atteinte coupable, soit qu'on emploie la corruption, soit qu'on use de violence.

Voilà ce que la loi punit, voilà ce qu'elle a dû punir, parce que sans cela, et si l'on n'était retenu par la crainte des peines, il serait impossible de conserver aucun prisonnier.

Mais quand un homme n'est pas encore arrêté, ou bien lorsqu'après avoir été arrêté, il est parvenu à s'évader; ceux qui le trouvent dans cet état de liberté non encore perdue ou déjà recouvrée; le voiturier qui le conduit, le batelier qui le reçoit dans son bateau pour traverser une rivière, l'ami qui lui donne son argent ou qui l'accompagne, ne sont pas coupables aux yeux de la loi.

Ainsi les Anglais qui savaient que Lavalette était évadé; qui savaient que toutes les recherches faites pour le retrouver avaient été infructueuses, et auxquels on ne demandait plus que de le conduire hors de France, n'ont pas cru, en acceptant cette proposition, se charger de l'évasion d'un détenu. Il ne s'agissait plus de séduire ses gardiens ni de forcer sa prison ; il n'était plus détenu, il était évadé, il était libre.

Maintenant, est-il une loi qui dise que Paris est une prison, et que celui qui fera sortir de Paris un homme depuis long-temps évadé de prison, sera puni comme s'il l'avait fait sortir directement de sa prison ? Est-il une loi qui dise que la France entière est une prison, d'où l'on ne puisse s'évader sans encourir des peines ? La France, dont le sol fortuné donnait autrefois la liberté aux esclaves qui étaient assez heureux pour y mettre le pied !

Non, Messieurs, une telle loi n'existe pas ; et pourtant il en faudrait une expresse, formelle, antérieure au fait qualifié délit, et qui lui fût littéralement applicable [1] ; car vous savez qu'il n'est pas permis d'étendre les lois pénales d'un cas prévu à un cas non prévu ; en matière criminelle on ne raisonne point par analogie ; et d'ailleurs j'ai prouvé que cette analogie manquait absolument, puisqu'il n'y a aucune parité entre celui qui soustrait et qui arrache un détenu de sa prison, et celui qui trouvant un individu libre de sa personne et affranchi de gardiens, lui accorde seulement le secours de l'humanité.

Oui, Messieurs, *de l'humanité ;* car, lorsqu'on proposa à Bruce de sauver Lavalette, ne croyez pas

[1] Code des délits et des peines, art. 2 et 3.

Code pénal de 1810, art. 4. Code d'instruction criminelle, art. 299. 1°. art. 363 et 369. La jurisprudence anglaise n'est pas moins précise. *Voy.* le 22e. statut de Charles II, chap. 1er, appelé l'*Acte de Conventry*, et BACON, *de justitiâ universali*, aphor. 13.

qu'il se soit dit : *Saisissons cette occasion de nuire au gouvernement français.* Toute ouverture, toute proposition qui eût eu l'air d'un complot aurait été rejetée par lui sans hésiter.

Mais il se représenta ce que la position de Lavalette avait d'affreux : il admirait le noble dévouement de sa généreuse épouse. Lavalette remettait sa vie entre ses mains ; et, en effet, un refus de sa part le rendait à la mort : sa femme elle-même ne pouvait lui survivre !.... Bruce n'eut pas la force de refuser. La pitié, l'humanité avaient trop d'empire sur son cœur : son imagination lui montra le déshonneur et la lâcheté à côté d'un refus. Que dis-je ? il vit une sorte de gloire à sauver un infortuné et à assurer à madame Lavalette ce qu'il appelait *le fruit de sa belle action*.

Aujourd'hui on lui en fait un crime : mais que voudrait-on qu'il eût répondu ?

Voudrait-on qu'après avoir reçu le billet du 31 décembre, il en eût aussitôt donné avis à la police ? Mais ce serait oublier que chacun en ce bas monde agit selon sa vocation ; et que, s'il est des hommes à qui leur charge impose l'obligation de tout épier, de de tout recueillir et de tout révéler, il en est d'autres qui ne pourraient se conduire ainsi sans se déshonorer aux yeux de la société et à leurs propres yeux.

Ainsi Bruce aimerait mieux souffrir mille morts, que d'avoir eu la lâcheté de trahir le secret qui lui était confié.

A la bonne heure, dira-t-on, il ne devait pas dénoncer Lavalette ; mais toujours est-il qu'il ne devait

pas accéder à la proposition qui lui était faite, et
qu'il devait refuser d'y donner les mains.

Détruisez donc en lui tous les sentimens qui honorent l'humanité.

Qu'on tienne ce langage à des geôliers, à des bourreaux, à tous ceux dont les provisions, scellées en
noir, portent la terrible clause : *Tu seras sans pitié;
tu seras inexorable :* je le conçois.

Mais peut-on parler ainsi à un *gentleman* que
sa jeunesse, son éducation, ses goûts, la noblesse de
ses inclinations et de ses habitudes, portent avec ardeur vers toutes les actions généreuses ?

Non : il ne fut pas au pouvoir de Bruce d'être sourd
à la voix de la pitié; il ne fut pas le maître de cesser
d'être humain : pour lui, un malheureux fut toujours
une chose sacrée; il promit de s'intéresser à Lavalette.

Ses compagnons sont entrés dans les mêmes vues;
c'est un motif commun qui les a tous entraînés, qui
se trouve exprimé dans tous leurs interrogatoires, et
qui est inséparable de leurs aveux.

Comment croire d'ailleurs qu'il ait pu leur venir à
l'idée qu'en sauvant Lavalette, ils compromettaient
l'existence du gouvernement français ?—Ce serait de
deux choses l'une : ou faire de la fuite de Lavalette
un événement bien important; ou faire de la chute
du gouvernement français une chose étrangement
facile !

Mais la preuve que les accusés ne pouvaient pas
avoir cette pensée se tire des faits qui ont précédé
leur détermination.

Si l'évasion de Lavalette avait dû produire un soulèvement, une révolution; ce soulèvement, cette révolution se seraient manifestés aussitôt après cette évasion.

Or, il est de fait que depuis le 20 décembre, jour de l'évasion de Lavalette, jusqu'au 31, date du billet adressé à Bruce; et depuis le 31 décembre jusqu'au 8 janvier, jour du départ de Lavalette, son évasion n'avait été la source d'aucune calamité pour l'État; la tranquillité publique n'en avait pas été troublée un seul instant; le Roi n'était ni moins respecté ni moins adoré de ses fidèles sujets : cependant on croyait bien Lavalette échappé sans retour! Et si quelques personnes, en petit nombre, ont paru s'en alarmer outre mesure, les meilleurs esprits, les plus sages, s'expliquant sur cette évasion, sur ses causes présumées et sur ses suites probables, ont déclaré hautement que « cet événement n'avait d'autre importance que celle qu'on lui donnait. » C'est, en propres termes, ce qu'a dit M. le procureur général lui-même à la chambre des députés, dans la séance du 23 décembre.

Lors donc que, plus de quinze jours après cette opinion émise, les Anglais se sont chargés de conduire Lavalette hors de France, on ne peut pas dire qu'ils l'aient fait dans l'intention de troubler le gouvernement français; ils avaient la certitude du contraire.

Malheureux fruit de nos funestes dissensions ! Le mal est devenu si commun, et les bonnes actions si rares, que l'on ne veut plus croire aux vertus, et l'on ne peut se persuader qu'il se soit trouvé trois hommes assez généreux pour en sauver un autre, uniquement par un sentiment d'humanité !

Comme les mœurs changent avec les temps !

À Athènes, dont le peuple est cité pour sa légèreté, mais dont l'Aréopage fut renommé pour sa justice, un jeune homme fut condamné à mort pour avoir tué une colombe qui, poursuivie par un épervier, était venue se réfugier dans son sein. On jugea que celui qui était sans pitié ne serait jamais un bon citoyen. Et chez nous, au dix-neuvième siècle, on verrait des hommes condamnés pour avoir sauvé la vie à un autre homme qui mettait son sort entre leurs mains ! Notre nation, si vantée autrefois pour sa douceur et sa politesse, a-t-elle donc dépouillé tout sentiment d'humanité ?

On l'aurait pu croire dans ces temps d'une liberté ennemie de la justice, où la raison, vaincue par le nombre, s'estimait heureuse si elle n'était que méprisée, sans être punie; dans ces temps d'affreuse mémoire, où l'on traitait en ennemi tout homme qui ne se jetait pas à outrance dans le parti dominant; où la fureur des réactions, fermant les cœurs à la pitié, faisait considérer comme indigne de vivre et de posséder ses propres biens, tout citoyen qui ne portait pas l'exagération de ses opinions jusqu'à la hauteur marquée par la passion !

Mais il n'en peut pas être ainsi sous le gouvernement paternel d'un prince, que sa justice, sa clémence et sa bonté recommandent également à l'amour et à la fidélité de son peuple. Sous le règne du petit-fils de saint Louis, l'humanité se confond avec la charité chrétienne. Eh bien! les ministres de nos autels nous présentent comme le triomphe de la charité, l'œuvre de ce saint personnage [1] qui ne crut pas offenser les lois de son pays en faisant évader des galères un misérable dont il prit la place et les fers.

Ces actes sublimes d'humanité ne tombent pas en juridiction. Les tribunaux sont institués pour punir les crimes, et non pour faire le procès aux vertus.

N'exagérons rien. L'évasion de Lavalette en soi est peu de chose. Elle n'a causé aucun dommage au gouvernement...

Quoi qu'il en soit, on a déjà reconnu que madame Lavalette ne pouvait pas être *accusée pour avoir sauvé son mari*.

On reconnaîtra probablement que les geôliers ne doivent pas être punis pour avoir été induits en erreur.

Le domestique de Lavalette sera facilement absous du reproche immoral de n'avoir pas trahi son maître. On ne donnera pas à la société, déjà si corrompue, le scandale de voir un domestique puni de sa fidélité.

Or, si ces trois premières classes de personnes sont à l'abri de toute peine, comment les Anglais pourraient-ils être condamnés?

Ils n'ont point contribué à faire *évader* Lavalette de *prison*. Ils ne l'ont point *recélé* après son évasion. —Ce n'est qu'après dix-neuf jours qu'ils l'ont conduit hors de France.

Mais ce n'est pas là un fait qualifié crime par nos lois. — C'est un acte de pure humanité.

Les accusés sont étrangers! Ils sont Anglais. — Mais n'ont-ils pas des Français pour juges! C'est là,

[1] Saint Vincent de Paule.

Messieurs, que notre honneur national est intéressé.
— C'est là que vous devez redoubler de justice pour
les juger, comme j'ai dû redoubler de zèle pour les
défendre : et nous aurons ainsi, chacun en ce qui dépend de soi, vérifié en eux cette parole d'un de nos
plus illustres chanceliers, qui disait : *Les étrangers
sont personnes privilégiées en France quand ils y
implorent la justice du roi.*

DISCOURS DE WILSON.

Monsieur le président, vous m'avez fait trop d'honneur dans la séance d'avant-hier, en disant que
j'avais une connaissance approfondie dans la langue
française. Malheureusement, j'en suis peu familia-
risé; je la parle même très-mal. Ainsi je dois demander, et j'espère obtenir votre indulgence.

Il faut que je commence par des remercîmens à
cette cour pour la pleine liberté qu'elle a accordée à
notre défense, et la justice que nous avons reçue
pendant les débats.

N'ayant point assez de connaissance dans le code
de vos lois, dont les principes et les formes sont essentiellement en contradiction avec les lois de l'Angleterre, nous avons confié notre défense en entier à
notre avocat, et nous lui devons toute notre reconnaissance, non pas seulement pour les efforts de ses
talens et de cette éloquence qu'il sait faire briller en
toute occasion, mais aussi pour le zèle généreux qu'il
a déployé incessamment dans notre cause.

Cependant il y a des explications qui me restent à donner, et que je me propose de faire avec tout le respect que je dois à l'autorité et à la majesté de la justice.

Messieurs, vous n'ignorez pas qu'une accusation beaucoup plus grave a pesé sur nos têtes. Menacés par cette attaque dirigée contre notre vie et notre honneur, nous n'avons cherché notre salut ni dans la politique des cabinets, ni dans la clémence.

Confians dans notre innocence, nous n'avons réclamé d'aucun gouvernement, que la protection d'un jugement impartial, et nous avons trouvé notre égide dans la sagesse et dans la justice de la chambre d'accusation.

Néanmoins, malgré l'arrêt de cette chambre, on a persisté d'insérer dans l'acte d'accusation un amas de faits étrangers au délit dont nous sommes présentement accusés; et en même temps qu'on m'a désigné comme ennemi de tous les gouvernemens, pour des observations destinées aux confidences les plus sacrées, on m'a comblé devant l'Europe des expressions les plus outrageantes et les plus calomnieuses.

Né dans un pays libre, élevé avec le droit de penser librement sur toute affaire et de communiquer mes pensées, soit par parole, soit par écrit, j'ai fait usage de ce droit.

Animé par l'amour pour la justice, l'humanité et la liberté (non pas la liberté révolutionnaire, mais la liberté sur laquelle l'ordre social de ma patrie est basé, et que nous chérissons comme le principe vivifiant de notre bonheur et de notre puissance), je me suis exprimé dans ma correspondance toujours avec l'ardeur que ces sentimens m'inspirent.

On peut sans doute trouver dans cette correspondance des nouvelles, des anecdotes, des prédictions qui ne sont pas vérifiées. Sachant qu'elles ne devaient jamais être mises au jour par ceux à qui mes lettres étaient adressées, je les ai communiquées sans conséquence. Mais il n'y a pas une seule opinion à moi sur la morale de la politique, que je ne sois fier d'avouer et prêt à défendre.

Il est vrai que j'ai cru voir, dans l'horizon politique de l'Europe, des orages prêts à se renouveler et des éclairs prêts à se lancer; j'ai aussi cru voir cette belle France encore souffrante et encore éloignée du bonheur que, de toute mon âme, je lui souhaitais; mais je n'ai fait que tracer les indices sur lesquels cette croyance était fondée.

La religion, oui, Messieurs, la religion de ma politique m'empêche de m'immiscer dans les affaires intérieures des autres nations.

Je plains leurs malheurs; je désire leur prospérité; je voudrais voir, comme a dit mon avocat, tout homme libre et tout état indépendant; mais je n'ai jamais formé ces vœux en conspirateur.

Dévoué à l'honneur et à la constitution de ma patrie, je m'oppose et je m'opposerai toujours à tout système, à tout acte qui, selon mon avis, les blesse ou même les menace; mais je marche sous le drapeau déployé de cette même constitution; et mes armes ne sont ni le poignard ni le poison, mais les lois et les droits de mon pays.

Messieurs, ne croyez pas que c'est un crime pour un Anglais de veiller sur les projets et de s'ériger en juge des actes de son gouvernement.

La liberté et la réputation de sa patrie est son patrimoine, dont il ne peut pas cesser d'être le gardien, sans trahir ce qu'il doit à ses aïeux, à ses concitoyens et à sa postérité!

Les gouvernemens arbitraires demandent le dévouement aveugle de leurs sujets; mais un état constitutionnel exige de toutes les classes de ses citoyens la surveillance la plus jalouse sur le gouvernement lui-même.

La nature, l'honneur et la religion ajoutent à cette obligation; et l'exercice de ce devoir fait la superbe prérogative d'un homme libre; et c'est une vérité dont vous ne douterez plus, quand vous aurez vécu plus long-temps sous votre régime constitutionnel.

On a dénoncé mes principes comme affreux; mais on persuadera difficilement aux peuples que les principes qui annoncent l'attachement à la bonne foi, la clémence, le patriotisme et la philantropie, sont des principes qui naissent d'une source criminelle.

Mais qui a donné publicité à mes pensées?

Qui s'est emparé, et par quels moyens s'est-on emparé d'une correspondance adressée seulement à des amis et à des compatriotes? adressée seulement aux yeux d'un frère et d'un personnage dont le nom porte avec soi la garantie de ce qu'il y a de plus illustre et de plus loyal dans la nation dont il fut constamment un des soutiens les plus éclairés et les plus zélés?

Le procureur du Roi m'a paru ne pas vouloir que je parlasse de ces moyens. Mais comme il veut faire valoir leur fruit fortuit, qui, d'après la législation française, est puni de peines afflictives et infamantes, et le présenter comme preuve et *la seule preuve qu'il y a* d'un crime *purement correctionnel*, j'ai été obligé de relever la question, et j'espère, Messieurs, que le jury y portera toute l'attention qu'elle mérite.

Je ne veux pas entrer dans des autres détails, depuis que notre avocat nous a rendu si noble justice, et vengé l'honneur de mon frère, lié pas seulement à l'honneur de sa famille, mais à celui de la nation.

Quant à l'accusation d'avoir conduit M. Lavalette hors de France, je ne vous tiendrai pas long-temps. Le fait est avoué, je n'ai insisté que sur les motifs.

Il est vrai que le caractère de M. Lavalette, avec qui je n'avais d'ailleurs aucune liaison particulière, m'avait inspiré un intérêt que je voyais partagé par toutes les classes de la société en France.

Les sacrifices pénibles, le dévouement intéressant, l'audace si sagement calculée de madame Lavalette, avaient singulièrement augmenté cet intérêt. Et où est l'homme, où est l'homme qui aurait pu voir sans peine et sans regret le bonheur et la gloire de cette femme vertueuse et pour toujours illustre, se terminer en infortune et en désolation!

Il est vrai aussi que j'ai regardé M. Lavalette comme un homme condamné dans un temps de révolution, pour une offense seulement politique; et qui, s'étant rendu librement, se fiant à son innocence et à la validité présumée des traités faits avec les puissances alliées, méritait tout notre intérêt. Mais je déclare que ces réflexions si puissantes n'ont eu qu'une influence bien secondaire sur ma détermination.

L'appel fait à notre humanité, à notre caractère personnel et à notre générosité nationale; la responsabilité jetée sur nous de décider à l'improviste sur le salut ou la mort d'un malheureux, et surtout d'un malheureux étranger; cet appel était impératif et ne permettait point de calculer ses autres titres à notre bienveillance.

A la voix de ce même appel, nous en aurions fait autant pour un obscur inconnu, ou même pour un ennemi tombé dans le malheur.

Peut-être nous avons manqué à la prudence; mais nous préférons, et nous nous réjouissons dans ce moment, d'avoir cédé aux sentimens de nos cœurs.

Et ces mêmes hommes qui nous ont calomniés sans connaître ni les motifs ni les détails de notre conduite; ces mêmes hommes, dis-je, auraient été les premiers à nous signaler comme des lâches sans honneur et sans patriotisme, si, par notre refus de sauver M. Lavalette, nous l'eussions abandonné à une mort certaine.

Nos amis et nos compatriotes auraient réuni leurs reproches à ceux de nos ennemis; et alors dégradés par le juste mépris du monde, dévoués par notre propre honte, et méritant la mort dont nous fûmes plus tard menacés, nous aurions traîné une existence odieuse et flétrie.

Messieurs, je m'abandonne avec confiance aux sentimens généreux d'un jury purement français. Si, en votre âme et conscience, vous pensez que nous avons offensé les lois de votre pays, et que nous leur devons une satisfaction, nous aurons toujours pour consolation de penser que nous n'avons pas offensé les lois de la nature, et que nous avons satisfait au devoir de l'humanité.

DISCOURS DE BRUCE.

MESSIEURS, je parais devant ce tribunal, accusé d'avoir contribué à l'évasion de M. Lavalette : si c'est un crime d'avoir sauvé la vie d'un homme, j'avoue que je suis coupable.

Je ne veux, Messieurs, tirer aucune vanité de ce que j'ai pu faire. Un appel a été fait à mon humanité, et mon honneur m'imposait l'obligation d'y répondre.

Si l'accusation s'était bornée à l'affaire de Lavalette, je n'aurais que peu de mots à vous dire ; mais, Messieurs, j'ai été accusé d'avoir conspiré contre le système politique de l'Europe, d'avoir excité les habitans de la France à s'armer contre l'autorité du Roi. Il est vrai que cette charge absurde, ridicule, dénuée de tout fondement, et qui a excité autant d'étonnement que d'indignation dans toute l'Europe, a été rejetée par la sagesse de la chambre d'accusation ; mais quoique cette accusation ait été écartée, les motifs sur lesquels elle était basée subsistent encore. Le procureur-général s'est *permis* de les reproduire dans le préambule de l'acte d'accusation (Ici M. le président recommande à M. Bruce, qui parle très-bien français, de s'exprimer plus décemment toutes les fois qu'il s'agira d'un magistrat, et surtout d'un magistrat aussi recommandable que M. le procureur-général). M. le procureur-général a donc dit, reprend M. Bruce, que je suis ennemi par principe de toute idée d'ordre et de bon gouvernement; ennemi par principe des rois, de la justice et de l'humanité, et l'ami des factieux de tous les pays.

Voilà, il faut en convenir, des accusations graves; mais l'explication que je vais vous donner de mes principes sera une réponse victorieuse à ces allégations calomnieuses. Je ne vais point entrer dans des abstractions sur le droit des gens, ni dans les digressions sur la politique, ni vous entretenir du beau rêve de Platon. Je me restreindrai à faire connaître les principes qui ont toujours dirigé mes actions politiques.

Je suis né Anglais; j'aime avec enthousiasme la constitution de ma patrie, c'est-à-dire cette constitution telle qu'elle a été établie par notre glorieuse révolution de 1688. C'est alors que s'est formé ce système de gouvernement qui excite une admiration si universelle; qui sert de modèle aux autres nations; qui nous fait appeler, par excellence, la terre classique de la liberté; qui nous a mérité l'éloge de ce sage, de ce philosophe Montesquieu qui n'est pas le patrimoine de la France seulement, mais du monde entier, et qui dit de nous que les Anglais sont le seul peuple au monde qui sachent user de leur religion, de leurs lois et de leur commerce. C'est de la révolution de 1688 que datent la prospérité, la grandeur et la liberté de l'Angleterre.

Je dois dire que si ces principes, qui sont les miens, et qui sont ceux de la constitution de ma patrie, sont subversifs de toute idée d'ordre et de bon gouvernement, et me font l'ennemi des rois, de la justice et de l'humanité, je suis le plus coupable des hommes; et mon accusateur a raison; mais, si au contraire ce sont ces principes qui nous ont procuré nos lois protectrices, qui nous garantissent nos personnes, nos propriétés et notre religion; qui ont fait d'un peuple peu favorisé par la nature la nation la plus heureuse, la mieux gouvernée et la plus florissante de l'Europe; j'ai le droit de conclure que l'accusation n'a été qu'une calomnie.

Voilà les principes affreux de ces Wilson et de ces Bruce, dont M. l'avocat-général a parlé d'une manière si insultante. Les miens, je les ai hérités de mes ancêtres : ils m'accompagneront au tombeau. Je suis né libre et je mourrai tel; et je dis comme notre illustre Sidney, qui sert de modèle à la jeunesse anglaise.

> . . . . *Manus hæc inimica tyrannis*
> *Morte petit placidam sub libertate quietem.*

Quant à l'affaire de Lavalette, la politique n'y est entrée pour rien. Je n'ai été mu que par les sentimens d'humanité. Je connaissais à peine Lavalette. Il est vrai que la bonté de son caractère, l'amabilité de son esprit et la douceur de ses manières m'avaient

inspiré plus d'intérêt qu'on n'en ressent, en général,
pour une personne qu'on a si peu vue. Je n'ai jamais
été chez lui, ni lui chez moi. Je n'ai vu sa femme
qu'à cette audience, et je n'ai eu aucune communica
tion directe ni indirecte avec lui depuis le moment
de son arrestation. Il vous a été aussi démontré qu'il
n'existe aucune complicité entre nous et les autres
prévenus. J'ai respecté les fers et les portes d'une
maison de justice. Mais un homme malheureux,
frappé par la rigueur des lois, demande ma protection; il montre de la confiance dans mon caractère,
il met sa vie entre mes mains, il réclame mon humanité. Qu'aurait-on dit de moi si j'avais été le dénoncer
à la police? J'aurais alors bien mérité la mort dont
j'ai depuis été menacé. Que dis-je? Qu'aurait-on pensé
de moi si j'avais refusé de le protéger? on m'aurait regardé comme un lâche, comme un homme sans principes, sans honneur, sans courage, sans générosité;
j'aurais mérité le mépris des gens de bien. Mais, Messieurs, il y a aussi d'autres considérations qui m'ont
déterminé. Il y avait quelque chose de romanesque
dans l'évasion de Lavalette. Sa miraculeuse évasion
de prison; cette cruelle incertitude entre la vie et la
mort, dans laquelle il est resté si long-temps; le noble
dévouement de sa femme, qui est l'*Alceste* française,
et pour laquelle, quoique je sois un accusé, je ne puis
m'empêcher de témoigner mon admiration et mon
dévouement absolu; cette action héroïque qui vivra
dans l'histoire, ont frappé mon imagination, et ont
excité un intérêt si vif dans mon cœur, que je n'ai
pu résister à son impulsion. D'ailleurs, comme le dit

votre La Fontaine qui, avec sa naïveté, a tout dit :

> Dans ce monde il se faut l'un l'autre secourir :
> Il se faut entr'aider ; c'est la loi de nature.

Messieurs, je suis encore jeune, mais j'ai eu l'avantage de beaucoup voyager. J'ai vu beaucoup de pays, et j'ai examiné avec toute l'attention dont je suis capable les mœurs des peuples. J'ai toujours observé même chez les nations les plus barbares, chez celles qui étaient presque dans l'état primitif de la nature, que c'était une chose sacrée pour eux de secourir ceux qui avaient recours à leur protection. C'est un devoir commandé par leur religion, par leurs lois et par leurs mœurs. Un Bédouin du désert, un Druze habitant du Mont-Liban, sacrifierait plutôt sa vie que de trahir celui qui lui aurait demandé un asile. Quel que soit son pays, quel que soit son crime, il ne voit que les devoirs de l'humanité et ceux de l'hospitalité. J'ai cru, homme civilisé, devoir imiter les vertus même des barbares.

Messieurs, je vous ai avoué avec la franchise et la loyauté de mon caractère, la vérité tout entière sur la part que j'ai eue dans l'évasion de Lavalette ; et malgré le respect que j'ai pour la majesté des lois, malgré le respect que je dois à ce tribunal, je ne peux manquer au respect que je me dois à moi-même en avouant que j'aie le moindre repentir de ce que j'ai fait.

Messieurs, j'ai tout dit.... Je vous laisse à décider sur mon sort, et je ne réclame que la justice.

Je ne peux pas croire que le peuple français, un peuple si célèbre dans tous les temps, pour sa sensi-

bilité, pour son humanité et pour son caractère chevaleresque, qui compte parmi ses rois un Henri IV,
ce modèle des princes, et plût à Dieu que tous les
rois lui ressemblassent! qui compte parmi ses chevaliers un Bayard, le plus parfait de tous, sans peur
et sans reproche, et dont la devise était de secourir
les malheureux; je dis qu'un tel peuple ne peut condamner un Anglais pour avoir sauvé la vie à un
Français !

EXTRAIT DE L'ARRÊT.

Du 23 avril 1816.

La Cour, vu la déclaration du Jury, etc......

. . . .

En ce qui concerne Hutchinson, Bruce et Wilson,
attendu qu'il résulte de la déclaration du jury qu'ils
se sont rendus coupables d'avoir recélé et fait recéler
le condamné Lavalette, sachant que ledit Lavalette était condamné à la peine capitale; délit prévu
par l'article 248 du code pénal,

Condamne John-Ély Hutchinson, Michel Bruce et
Robert-Thomas Wilson à subir la peine de trois mois
d'emprisonnement.

Et conformément aux articles 368 du Code d'instruction criminelle et 55 du Code pénal, condamne
lesdits....., Hutchinson, Bruce et Wilson, solidairement et par corps, envers l'État, aux frais du
procès....

MARINET. — LORD WELLINGTON.

ARRÈT DU 14 MAI 1819.

Dans la nuit du 10 au 11 février 1818, au moment où lord Wellington rentrait en son hôtel rue des Champs-Élysées, un coup de pistolet fut tiré, dit-on, sur sa voiture.

Les recherches les plus actives ne purent faire découvrir aucune trace de la balle que le pistolet aurait pu contenir [1].

Une instruction judiciaire fut immédiatement commencée. Enfin, les soupçons se portèrent sur un ancien soldat nommé *Cantillon*.

Quelques indiscrétions d'un sieur *Marinet*, ancien auditeur au conseil d'état de Bonaparte, qui s'était vanté auprès de lord Kinnaird d'avoir entendu parler d'un projet d'assassiner lord Wellington, éveillèrent aussi les soupçons sur lui : et, malgré sa qualité de *révélateur*, il fut arrêté et mis en jugement avec Cantillon.

L'un et l'autre comparurent devant la cour d'assises de Paris, le 10 mai 1819.

Comme le gouvernement français attachait la plus haute importance à prouver à l'Europe qu'on n'avait négligé aucun moyen de réprimer l'attentat dont on croyait que le noble duc avait été l'objet, on donna beaucoup de solennité aux débats, et on fit entendre un grand nombre de témoins dont quelques-uns étaient venus exprès de la Belgique.

Plusieurs ambassadeurs et généraux étrangers étaient présens. L'affaire dura cinq audiences.

---

[1] Aussi vit-on l'un des journaux qui rendaient compte de cette affaire, intituler constamment ses articles de la manière suivante : « Coup de pistolet tiré à balle *ou sans balle*, sur *ou près* la voiture « du duc de Wellington. »

Bref, Marinet et Cantillon furent acquittés, et le ministère usa envers Marinet d'une courtoisie telle, que deux passe-ports lui furent offerts, audience tenante, par M. l'avocat-général, selon qu'il voudrait retourner en Belgique, ou aller en Suisse rejoindre sa famille.

Le plaidoyer de Me Dupin n'a pas été recueilli en entier. Nous ne pouvons en présenter que l'*analise*, telle qu'elle a été rapportée dans le temps.

Le ton de cette plaidoirie est, en général, épigrammatique; un peu trop peut-être. On y voit que l'orateur n'aime pas les Anglais; et, à la manière ironique dont il prononça cette phrase dans une de ses répliques : « Je n'attaque point la « loyauté du noble duc; et je n'examine point comment il « observe les *capitulations*... [1]; » on crut remarquer que le défenseur du maréchal Ney avait gardé rancune à lord Wellington.

Les journaux anglais de l'opposition traduisirent ces sarcasmes, et en amusèrent quelque temps le public des trois royaumes.

Ce qu'il y a d'assez remarquable, c'est que Napoléon qui avait eu connaissance de cette affaire par les journaux, a légué, par son testament, une somme de dix mille francs à Cantillon, en termes qui prouvent, au surplus, jusqu'à quel point il avait été aigri par les mauvais traitemens de la geôle anglaise de Sainte-Hélène.

[1] *Constitutionnel du 12 mai.*

PLAIDOYER

POUR LE SIEUR MARINET,

DANS L'AFFAIRE DU COUP DE PISTOLET PRÉTENDU TIRÉ
SUR LA VOITURE DU DUC DE WELLINGTON.

MESSIEURS LES JURÉS,

Tous les crimes doivent être punis : qu'ils aient
été commis sur des nationaux ou sur des étrangers,
fût-ce même sur des ennemis, la justice est la même
pour tous.

Je vais plus loin : entre toutes les impressions qui
d'abord pouvaient être défavorables aux accusés, la
plus redoutable pour eux fut sans doute ce sentiment
secret qui, pour l'intérêt même de l'honneur national,
parut réclamer plus de scrupule dans l'examen des
preuves, et plus de sévérité dans l'application des
lois, précisément parce qu'il était bruit d'un assassinat tenté, disait-on, par des Français sur la personne
d'un étranger.

Toutefois, si l'instruction étendue dans tous les
sens, si les recherches poussées jusqu'aux plus minutieux détails, continuées pendant quinze grands mois,

dans deux royaumes différens, n'ont produit aucun résultat; loin de regarder le néant des preuves comme un fait qu'il faudrait déplorer, nous aurons à nous réjouir de ce qu'un crime aussi odieux, aussi opposé au génie du caractère français, n'a point souillé une époque déjà trop féconde, hélas! en illustres forfaits.

M. l'avocat-général semble avoir rendu notre tâche plus facile; cependant, plus il a montré d'élévation dans les sentimens et de générosité dans le caractère, plus ce qu'il a conservé de l'accusation mérite d'être soigneusement réfuté, afin qu'il n'en reste absolument rien contre aucun Français. C'est un plaisir que nous voulons procurer même aux étrangers.

En 1816, année féconde en supplices, Marinet fut condamné à mort par la cour prévôtale de Dijon, comme un des auteurs de cette vaste conspiration qui avait, disait-on, ramené Napoléon de l'île d'Elbe; conspiration négative, *crime d'inertie,* sur lequel on est désormais bien fixé.

Condamnation heureusement par contumace! Marinet avait suivi le conseil du président de Harlay, qui disait que si on l'accusait d'avoir emporté les tours de Notre-Dame, il commencerait par se sauver (cet homme connaissait les révolutions!).

Marinet s'expatrie; il voyage en Suisse, en Italie, en Grèce; Smyrne le voit; il revient à Trieste. Il obtient des lettres de recommandation pour l'Amérique, et prend un passe-port pour cette destination.

Il repart; traverse la Suisse, longe l'Allemagne, et

se dirige vers les Pays-Bas; mais en allant de Franc-
fort à Mayence il est dévalisé.

Le 30 juillet 1817, il arrive à Bruxelles, dénué
de tout.

Ses relations avec divers accusés s'expliqueront en
discutant les charges; quant à présent je ne veux que
lier les principaux faits.

Peu de jours après son arrivée à Bruxelles, Marinet va à Anvers pour voir M. de Warbruch, auquel
il était recommandé par le duc de Bassano, pour faciliter son embarquement pour l'Amérique.

Là, il fait la rencontre d'un nommé *Alexandre*,
qui lui parle d'un prétendu projet d'assassiner le duc
de Wellington.

L'existence de cet officier et sa présence à Anvers
à l'époque indiquée par Marinet vous ont été attestées par plusieurs témoins.

Marinet vous a expliqué pourquoi, à l'instant
même, et sur le premier avis qu'il en reçut, il n'avait
pas révélé cette confidence.

Vous vous rappelez son principal motif [1].

De plus, il voulait savoir si ce n'était pas un bruit
en l'air, et enfin dans quel intérêt le coup était
médité.

Plus tard, il acquit la certitude, que si le projet
d'attenter aux jours de Wellington était réel, ce projet
n'avait pas été conçu dans l'intérêt du parti dans lequel
il se trouvait rangé par l'arrêt de la cour prévôtale.

Il se décida dès lors à en parler à lord Kinnaird.

---

[1] Je ne m'intéressais pas assez à la *santé* du duc de
Wellington.

Je ne sais encore s'il s'adressait bien; mais au moins il était de bonne foi.

Attachons-nous au caractère de cette révélation.

Si Marinet y met une condition, ce n'est pas pour lui, c'est pour trois de ses compatriotes réfugiés.

Tout cela est invariablement fixé par la lettre écrite le 30 janvier 1818 par lord Kinnaird à sir Georges Murray :

« Il me demanda, dit lord Kinnaird dans cette lettre, si je pensais *qu'il fût possible d'intéresser* le duc de Wellington en faveur de ses trois amis; je lui dis que je pensais *que cela était impossible.* » En effet, il faut rendre cette justice au duc de Wellington, qu'au milieu des grands pouvoirs dont il était investi, il n'a jamais abusé de son influence pour solliciter la grâce ou le rappel d'aucun proscrit !....

Marinet a relevé dans cette lettre une grave inexactitude. Le traducteur, dont la version est transcrite dans l'acte d'accusation, fait dire à lord Kinnaird que le révélateur « ne demandait rien pour lui, ayant été *condamné avec justice* [1]. » Marinet n'a pas dit cela ; il savait bien qu'il avait été condamné *prévôtalement!* et de fait, lord Kinnaird s'est servi des mots *fairly condamned*, qui n'expriment que la régularité de la procédure, et non l'équité de la condamnation.

Du reste, il est très-vrai que Marinet ne demandait rien pour lui; seulement lord Kinnaird déclarait « que ce révélateur, ayant été condamné à mort, son apparition en France était *impossible, à moins qu'on ne garantît sa sûreté dans ce voyage et son retour.* »

[1] Ces mots sont soulignés dans l'acte d'accusation.

Je ne répète pas ce que j'ai dit sur cette garantie, telle qu'elle fut effectivement donnée au nom du duc de Wellington, ou du moins telle qu'elle fut entendue et acceptée par Marinet. On se rappelle assez la discussion incidente élevée à ce sujet à l'une des précédentes audiences [1].

Quoi qu'il en soit, et sur la foi de cette garantie, ou indéfinie, selon l'accusé et lord Kinnaird ; ou limitée aux suites de la contumace, suivant la version la plus favorable à l'honneur anglais ; Marinet se décide à partir avec lord Kinnaird.

Le 20 février 1818, le sieur Marinet et lord Kinnaird arrivent à Paris. En entrant en ville, lord Kinnaird se sépare de Marinet et prend les devants. Il se rend directement à l'hôtel du duc de Wellington, de cet ennemi !.... Lord Kinnaird expose l'objet de son voyage, et demande de nouveau s'il y a pleine sûreté pour celui qu'il amène : on le lui confirme. Marinet se présente. De nouvelles assurances lui sont données. Une longue conférence a lieu. Marinet sort libre ; il va dans les lieux publics, il se trouve partout où allait le duc, et où l'on supposait que l'auteur de la tentative chercherait à recommencer son coup.

Mais au bout de trois jours on se lasse ; déjà on avait eu l'imprudence de publier la lettre de lord Kinnaird dans les journaux ; on arrête Marinet.

Ibi omnis
Effusus labor, atque..... rupta.....
Fœdera.

Le 24 février, Marinet subit un premier interro-

[1] Voyez les journaux du 12 mai.

gatoire. On a eu tout le temps de l'interroger depuis;
il est resté *quinze mois* en prison, dans lesquels il
faut compter cinq mois et demi de secret; car dans
le *siècle d'exception* [1] qui vient de s'écouler, nul
prisonnier n'échappait à cette torture.

Ils n'en mouraient pas tous, mais tous étaient frappés.

L'instruction se poursuit avec zèle.

La police de deux royaumes est en émoi.

A Paris, on explore tout; on cherche la balle dans
la rue, sur les murs et presque dans l'air : on fait une
expertise sur le papier qu'on dit être celui de la bourre.
On interroge cent quatre-vingt-deux armuriers sur le
compte d'un pistolet trouvé chargé dans l'enclos de
la Madeleine. On arrête, on questionne tous ceux qui,
dans la journée du 11 février, ont fait abattre leurs
moustaches, parce qu'un des domestiques du duc
avait déclaré que l'assassin en portait. De simples témoins sont arrêtés, mis et tenus au secret, comme
des prévenus : bref on use de tous les moyens connus
de justice et de police.

Je ne me plains pas de tous ces soins; je loue tant
de sollicitude; l'honneur national y était vivement
intéressé; la vigilance ordinaire n'eût pas suffi; plus
on pouvait raisonnablement douter du crime, et moins
il fallait laisser de prétexte à l'intrigue pour en tirer
parti contre nous. Mais enfin qu'a produit cette montagne de pièces ?...... L'acte d'accusation.

[1] Le même jour, à la même heure, M. Lainé disait à la
chambre des députés, *le siècle des cent jours.*

L'acte d'accusation! vous l'avez entendu, MM. les jurés.

Sans doute on doit respecter les intentions de son auteur; elles sont hors de toute atteinte; il n'a mis dans son acte que ce qu'il a cru voir dans l'instruction.

Mais tel est le malheur de cette rédaction, qu'abandonnée à elle-même, sans contradiction, à la simple lecture, tout homme impartial, la main là..... y chercherait vainement la preuve des faits qui s'y trouvent présentés *comme constans*.

Et pourtant ce n'est pas la faute du criminaliste! Tout y est rapproché, fondu, lié, commenté...... Rien n'y est négligé...... Les glaces même, qui étaient levées dans la voiture, se trouvent baissées dans l'acte d'accusation...... Quoi de plus?

Vous en savez la cause : on s'était attaché à l'instruction de Bruxelles; et les *dépositions vivantes* vous ont appris ce qu'il fallait retrancher des *dépositions écrites*.

Après cet exposé des faits, Me Dupin entame la discussion.

Il se demande d'abord s'il existe un corps de délit bien constaté. Il soutient et démontre que non, et il insiste principalement sur ce que M. l'avocat-général a dit aux jurés : « Vous examinerez, Messieurs, en votre âme et conscience, *s'il y avait une balle ou non dans le pistolet?* » En effet, si M. l'avocat-général doute que le pistolet fût réellement chargé, comment peut-il croire sérieusement qu'il y ait eu tentative d'assassinat? MM. les jurés ne se demanderont donc pas seulement *si les accusés sont coupables*; mais ils se demanderont, avant tout, s'il a été commis un crime, *s'il y a un corps de délit.*

Me Dupin aborde une seconde question.

Dans quel but, dit-il, dans quel intérêt, le crime aurait-il été commis? On tue pour voler; on tue pour hériter; on tue par vengeance; on assassine encore, il n'est que trop vrai, par esprit de parti! Mais, dans tous les cas, il faut voir quelle relation existe entre l'assassin et l'intérêt qu'on lui suppose.

Ici, on n'allègue pas que l'accusé Marinet aurait voulu voler; on ne signale aucune injure qu'il eût à venger; point de femme, de maîtresse enlevée; pas de déni de justice ni de mesure arbitraire à faire expier. On est donc réduit à se demander si l'accusé n'aurait pas été l'instrument d'un parti?

Mais à l'instant même on se demande de quel parti? et dès lors il faut voir à quel parti cette mort aurait été utile : *is fecit cui prodest.*

Au parti des exilés? Mais quel était leur intérêt? De rentrer au sein de leur patrie, ou du moins de ne pas aggraver leur position déjà trop malheureuse en pays étranger. Eh bien! cet assassinat eût été contraire à leur intérêt.

Déjà se faisait entendre le bruit flatteur du prochain départ de cette armée, qui nous avait donné *tant d'occupation.* L'*Agamemnonat* du lord Wellington allait finir. Quel effet eût produit la mort sanglante de ce général? Non pas de dissoudre la coalition, mais de faire rester les *alliés*, plus alliés que jamais, entre eux (s'entend) contre nous. Une foule de gens se seraient empressés de signaler la malheureuse France comme

un volcan toujours prêt à faire éruption, et de nouveaux malheurs fussent venus fondre sur la nation.

D'un autre côté, on n'eût pas manqué d'attribuer
cette machination aux exilés ou à leurs partisans : j'en
ai pour garans ces bruits déjà semés d'avance à Bruxelles, à Anvers, à Cambrai ; j'en atteste les dépositions
généreuses de ces témoins *belges, j'ai presque dit
français;* de ces loyaux témoins qui, en recouvrant
en votre présence plus de liberté qu'ils n'en ont eu
dans leur propre pays, vous ont dit que l'on voulait
d'abord faire de cela une affaire de *réfugiés*, et que,
suivant l'opinion générale de la Belgique, le prétendu
complot n'était qu'une intrigue anglaise....... Aussi
Marinet n'a-t-il cessé de dire, que s'il avait fait des
révélations à lord Kinnaird dans l'intention de déjouer
le coup, c'est qu'il pensait que le coup était tenté
dans l'intérêt d'un parti autre que celui qu'il avait
embrassé.

(Me Dupin discute les prétendues charges qui ont
été mises en avant contre son client; il pulvérise l'acte
d'accusation et continue ainsi):

Au premier rang, parmi les charges, on allègue
les *opinions politiques* de Marinet. — Fait-on donc
encore le procès aux opinions, aux manières diverses
de voir et de penser? Et d'ailleurs, quelles opinions
reproche-t-on à Marinet? Quels traits honteux ont
souillé sa vie? Jeune, d'abord destiné au barreau, il
a dû prendre dans ces premières études l'amour de
l'ordre et le respect des lois. Fonctionnaire public
(même pendant les cent jours), auditeur au conseil

d'État, quelles vexations, quels actes arbitraires peut-
on lui reprocher?

· Il était (dit l'arrêt par contumace) un des auteurs
du complot qui a ramené Napoléon de l'île d'Elbe :
allégation prévôtale! dénuée de fondement.

Mais il détestait le duc de Wellington! et même,

On sait que de Sa Grâce, il médit l'an passé!

Hélas! Messieurs, si tous ceux qui n'aiment pas le
noble duc, qui ont voté son départ, ou mal parlé
de lui, étaient, pour cela seul, soupçonnés d'avoir
voulu l'assassiner, où trouverait-on assez de jurés
pour leur faire leur procès?

Marinet, dit-on encore, a eu des relations suspectes avec plusieurs réfugiés en Belgique. L'objection n'est pas généreuse. Le malheureux cherche le
malheureux; celui qui n'a plus de patrie n'en recherche qu'avec plus d'empressement ses compatriotes
isolés. On se secoure, on s'entr'aide, on se console
mutuellement; on se parle patrie. Ce sentiment n'est
pas dans le génie de l'accusation; mais il est dans
la nature.

Non ignara mali, miseris succurere disco.

Les dames Guyet et Cauchois-Lemaire étaient
dans cette douloureuse position. Exilées par attachement pour leurs époux proscrits (car à côté des proscriptions se trouvent souvent les plus touchantes
vertus), ces dames recevaient les exilés : mais rien
en cela qui les accuse.

L'acte d'accusation les signale comme tenant chez

elles des *conciliabules!* Mais tous les témoins, Desprez, Fabre, Deniez, ont rétracté cette expression comme insérée mal à propos dans l'instruction de Bruxelles.

Et qui donc assistait à ces prétendus *conciliabules?* La femme de ce poëte ingénieux qui, du sein d'une terre étrangère, a su exciter sur sa terre natale des applaudissemens dont le bruit est revenu le consoler dans son exil ;

Sa sœur, l'épouse dévouée d'un ministre dont le caractère facile et obligeant fit souvent des ingrats.

Mais achevons. Marinet a caché M. Regnault de Saint-Jean-d'Angely. A cette époque, M. Regnault n'avait pas obtenu la permission de rentrer dans sa patrie pour y mourir; il était encore proscrit. Quelle *bonne fortune* pour un acte d'accusation! Marinet, plus généreux, n'a jamais cessé de *se vanter* d'avoir eu le bonheur de servir son malheureux compatriote, en lui procurant un asile caché.

Funeste effet des discordes civiles! elles dessèchent l'âme; elles étouffent l'humanité; elles transforment en crime d'état les plus admirables vertus!

On reproche à Marinet sa liaison avec lord Kinnaird, personnage inexpliqué, qui figure à la fois dans la cause comme étranger, comme révélateur, comme témoin, et presque comme accusé.

On fait trois versions sur son compte.

L'acte d'accusation le présente comme un homme *criblé de dettes, cherchant par ses intrigues à relever une fortune dérangée;* on ajoute qu'il est *ennemi du duc de Wellington;* enfin l'acte d'accusation, arrivant à ce qu'il appelle la seconde époque, annonce que « c'est ici que va se dévoiler *le projet que lord Kinnaird méditait depuis long-temps*, et dont on devait entendre parler sous peu. »

Sir Georges Murray, au contraire, vous a dit que lord Kinnaird avait une grande fortune; que lord Wellington le comptait au nombre de ses amis; que lord Kinnaird était descendu à Paris chez le duc; qu'il avait logé dans son hôtel; enfin qu'il avait révélé onze jours à l'avance le complot tramé contre sa vie.

Mais il est une dernière version : celle de Fabre et autres témoins belges. Ils vous ont révélé que lord Kinnaird s'était fait chasser de Paris pour inspirer plus de confiance aux réfugiés français; qu'il disait *pis que pendre* de Wellington en Belgique; qu'il parlait mal de Waterloo! Et cependant lord Kinnaird est Anglais! et cependant sir Murray le dit ami du duc de Wellington! et cependant les journaux anglais racontent le bon accueil que lui a fait à Londres lord Castlereagh! Suivant ces témoins, l'opinion générale de la Belgique n'a vu là qu'une *intrigue anglaise* pour compromettre les Français. On voulait, disent ces témoins, faire de cet événement une *affaire de réfugiés*. Huit d'entre eux avaient déjà été arrêtés; un plus grand nombre l'eût été, sans la vertueuse résistance de M. le juge d'instruction. Il voulait même faire arrêter lord Kinnaird!... Mais il en fut empêché par le procureur-général. Celui-ci serait-il donc *ministériel?*...

De toutes ces versions sur lord Kinnaird, j'adopterai, si l'on veut, la dernière.

Mais quelle conséquence à en tirer contre Marinet?

Il a appris le complot de bonne foi; il l'a révélé de bonne foi; seulement il aurait été dupe de la perfidie anglaise.

Ah! sans doute, malgré l'émulation devenue historique entre les deux nations, elles ne doivent point se refuser d'honorables témoignages quand ils sont mérités.

J'ai dans cette enceinte même proclamé, il y a quelques années, le noble dévouement de ces trois généreux Anglais [1] qui, au risque de leur propre liberté, avaient sauvé un infortuné Français condamné à mort [2]. Je me féliciterai toute ma vie d'avoir pu leur prêter mon ministère, et d'avoir, en les défendant, payé un juste tribut d'estime à la nation qu'ils avaient honorée par leur noble conduite. Mais la même voix s'élevera toujours au besoin pour reprocher à d'autres leur déloyauté, leur perfidie, leurs affreuses machinations, leur injuste inimitié contre nous.

(L'orateur parcourt ensuite les différentes charges que l'acte d'accusation fait résulter contre Marinet de ses relations avec Cantillon. Il démontre l'impossibilité de supposer que ces deux accusés, qui n'ont résidé ensemble à Bruxelles que neuf à dix jours, et qui, dans un si court espace de temps, ne se sont vus que deux ou trois fois en public et comme en passant, aient pu prendre assez de confiance l'un dans l'autre pour concerter cet assassinat auquel ni l'un ni l'autre n'avaient intérêt.)

[1] Wilson, Bruce et Hutchinson.   [2] Lavalette.

L'acte d'accusation allègue que Marinet s'est rendu complice de Cantillon en l'excitant, *par dons et promesses*, à commettre le crime. Où sont ces dons? quelles sont ces promesses? Non-seulement il n'existe pas de preuves, mais il n'y a pas le plus léger indice qu'une somme quelconque, faible ou forte, ait été donnée ou promise par Marinet à Cantillon!

Quant aux propos et confabulations attribuées à Marinet, vous le savez, MM. les jurés, Marinet est doué d'une grande facilité à s'exprimer. Il a pu quelquefois abuser de cet avantage; mais le blâme devient ici sa justification : il n'a parlé que par légèreté.

Et, au fond, que signifient ces propos, si piquans dans l'instruction de Bruxelles, expliqués à l'avantage de l'accusé, et réduits à rien dans les dépositions orales proférées devant vous?

Enfin, ce qui achève de démontrer victorieusement que Marinet n'avait pas préposé Cantillon pour assassiner Wellington, c'est qu'il a révélé ce qu'il avait entendu dire du projet de lui ôter la vie. Cette révélation n'a point été tardive; elle a été faite et reçue à temps utile. Si le duc était réellement menacé, il pouvait se garantir. Et comment supposer que Marinet, plus que cruel, féroce sans motif, eût tout à la fois conçu le projet de faire assassiner le duc, qu'il l'eût ensuite dévoilé lui-même, et que cependant il n'eût pas arrêté le bras qu'il avait armé?

(Après avoir détruit toutes les autres charges, l'avocat termine ainsi):

Le procès est désormais éclairci : il l'est pour les nationaux; il l'est pour les étrangers.

De retour chez eux, ils pourront dire : Nous avons été témoins de tout ce qu'on a fait en France pour découvrir la vérité.

Tant qu'on a pu croire à l'existence d'un crime, on a épuisé les recherches, on a redoublé de précautions, on a même usé de rigueurs. Mais lorsqu'après tant d'investigations continuées pendant quinze mois, on a vu le néant des résultats ; quand on n'a pu même constater le corps du délit ; quand des dépositions courageuses eurent soulevé le voile qui couvrait une misérable intrigue, les cœurs français ont tressailli, et les amis de la patrie ont eu la double joie de voir notre nation absoute du reproche d'avoir tramé un lâche assassinat, et nos ennemis convaincus d'avoir inutilement spéculé sur les effets d'une odieuse machination.

Marinet aussi devra faire d'utiles réflexions. Jeune encore, qu'il prenne une route nouvelle ; qu'il cultive ses heureuses dispositions, et que surtout il se défie des lords qui voyagent sur le continent !.... qu'il console la vieillesse de son père, et qu'il n'oublie jamais cette belle devise dont il s'entretenait avec Fabre : *Honneur et Patrie !*

AFFAIRE DE LYON.

SAINNEVILLE CONTRE CANUEL.

Décembre 1819.

Nous ne pouvons présenter une idée plus exacte des circonstances qui ont donné naissance à cette affaire, qu'en transcrivant ici l'exposition qui se trouve placée en tête du recueil complet des pièces du *Procès*, imprimé en 1819 (Paris, Lhuilier, libraire, 1 vol in-8°).

« Jamais procès, dit l'éditeur, ne fut plus digne de fixer l'attention publique que celui dont nous offrons l'histoire.

« Ce n'est pas une de ces querelles privées dont l'intérêt est renfermé entre les parties. C'est un procès qui intéresse la seconde ville du royaume, le département du Rhône, la France entière, et le gouvernement lui-même. C'est un procès qui doit jeter la lumière sur une époque mémorable, et dont l'histoire s'emparera pour le consigner dans ses annales.

« Chacun sait que les troubles qui ont agité le département du Rhône, en 1817, ont été la source de ce procès.

« Long-temps on fut en doute de savoir si ces troubles étaient réels ou factices; s'ils étaient l'ouvrage des ennemis du trône ou des ennemis de la liberté; s'ils étaient concentrés dans les villages où ils ont éclaté, ou s'ils avaient des ramifications dans toute la France et même dans l'Europe.

« D'abord on savait vaguement qu'il y avait eu des mouvemens dans le département du Rhône, et que le sang français avait coulé sur l'échafaud; on connaissait l'exécution d'Oudin et une partie des désordres qui l'avaient accompagnée; on n'ignorait pas enfin que M. le maréchal duc de Raguse avait été envoyé comme lieutenant du Roi, pour rétablir le calme et ramener la paix dans cette province.

« Mais peu de personnes connaissaient la mesure du mal. La plupart en jugeaient par l'énergie du remède, et l'imagination effrayée allait au delà du vrai.

« Cependant la mission du duc de Raguse était l'objet des censures les plus amères et des attaques les plus violentes de la part de certains hommes. Un journal clandestin (*le moniteur royal*) était rempli de diatribes contre le lieutenant du Roi ; et l'on se demandait qui pouvait exciter cette colère ?

« Du haut de la tribune nationale un coin du voile fut soulevé. Quoique avec l'accent du doute, un honorable député (M. Camille Jordan) avait traité la révolte de Lyon, *d'absurde et ignoble complot, qui n'aurait pu qu'avorter au moment où il aurait éclaté...; où l'action et l'espionnage n'auraient été que trop visibles...; dont le parti de l'exagération s'était évidemment emparé..., et dont il aurait accompagné la punition d'excessives rigueurs.*

« Il est vrai que sa voix avait été comprimée; qu'on avait hautement démenti ce qu'il n'avait fait qu'indiquer. Mais cela n'avait point suffi pour rassurer l'opinion. N'avait-on pas aussi démenti M. Voyer d'Argenson, sur les massacres de Nîmes ?

« Dans ces circonstances, le colonel Fabvier, qui avait accompagné le duc de Raguse, dans sa mission, en qualité de chef d'état-major, crut devoir repousser les attaques dirigées contre son chef, et mettre le public dans la confidence de ce qu'il savait sur les événemens de Lyon. Il publia son premier écrit, intitulé *Lyon en* 1817.

« Suivant cet écrit, les troubles auraient été provoqués; ils auraient eu pour directeurs secrets des agens même de l'autorité. La cruauté des supplices aurait égalé le machiavélisme qui les avait préparés.

« Aussitôt le maire de Lyon, le grand prévôt, l'ancien préfet, le lieutenant-général Canuel, et d'autres personnes attaquées directement ou indirectement dans cet écrit, pu-

blient leurs réfutations, expliquent les faits à leur manière,
et appuient leurs explications sur des pièces qu'ils présentent
comme justificatives.

« Suivant eux, la conspiration fut réelle; elle avait des ramifications immenses, dans la France, et même hors la
France. Loin de l'encourager, les autorités civiles et militaires
l'ont comprimée, et en la comprimant ils ont sauvé le trône
et l'état; ils ont bien mérité du prince et de la patrie!

« Le colonel Fabvier réplique par un écrit intitulé *Lyon
en* 1817, *seconde partie*. Il assure que loin d'avoir exagéré
les faits, il n'a pas même dit la vérité tout entière dans sa
première relation.

« M. de Sainneville se joint à lui, et publie son livre ayant
pour titre : *Compte rendu des événemens qui se sont passés à
Lyon, depuis l'ordonnance royale du 5 septembre* 1816 *jusqu'à la fin d'octobre* 1817. Il confirme tout ce qu'a dit le colonel, il l'appuie sur de nombreuses pièces. Il ne se contente pas
de présenter les faits ; il remonte à la source, et indique leur
cause. On voulait prouver, suivant lui, que le régime constitutionnel ne convenait pas à la France ; qu'il ne pouvait être
qu'un germe de discorde et de révolutions, et qu'il fallait en
adopter un autre : on voulait surtout renverser le ministre
qui paraissait soutenir et défendre ce régime contre les
attaques d'un parti.

« Quoique ces écrits eussent jeté un grand jour sur les
événemens de Lyon, ils ne suffisaient point pour lever tous
les doutes.

« On attendait que le gouvernement se prononçât dans
cette lutte, qu'il fît connaître les vrais coupables et poursui-
vît leur punition : son silence augmentait les incertitudes.

« Enfin, quand on vit le général Canuel demander des
juges, qui ne lui furent point accordés, ce fut un nouveau sujet d'étonnement, et pour ceux qui le soutenaient innocent,
et pour ceux qui l'auraient cru coupable.

« Tels étaient l'état des choses et la fluctuation des esprits,
lorsque le général baron Canuel se détermina à intenter sa
plainte en calomnie contre MM. Fabvier et Sainneville.

« Ce procès devait enfin mettre un terme à toutes les incertitudes, et dévoiler la vérité tout entière ; non que le jugement dût porter sur le fond, puisque les juges n'avaient à examiner que la question de savoir si les parties avaient une preuve légale des faits avancés par elles, c'est-à-dire un jugement ou des actes authentiques propres à prouver les intrigues mystérieuses qu'ils disaient avoir existé ; mais on savait que dans les débats se dérouleraient les preuves morales qui suffisent à l'opinion pour asseoir ses jugemens et à l'histoire pour écrire ses annales. »

Me Couture avait exposé les moyens du baron Canuel à l'audience du 28 novembre 1819.

Me Dupin prononça pour M. de Sainneville le plaidoyer qu'on va lire, aux audiences des 5 et 12 décembre 1819.

Le colonel Fabvier fut défendu par son frère, avocat de Nancy, et par Me Mauguin.

Le tribunal, par son jugement du 19 janvier 1819, a condamné les sieurs Sainneville et Canuel chacun en 50 francs d'amende, dépens compensés.

PLAIDOYER

POUR M. DE SAINNEVILLE.

Audience du 5 décembre 1819.

MESSIEURS,

CHAQUE jour votre juridiction voit étendre le cercle de ses attributions. Investis déjà du droit de punir les nombreux délits dont la connaissance vous est dévolue par les lois ordinaires, *et par les lois d'exception*, vous êtes encore appelés à juger toutes les demandes personnelles que le caprice ou la passion des particuliers les porte à former devant vous.

Remercions toutefois le ciel, de ce que, devançant l'action publique qui, tôt ou tard, doit s'emparer des *événemens de Lyon*,.... la folle confiance de notre adversaire l'a conduit à vous déférer lui-même une partie des faits qui doivent éclaircir ce *mystère d'iniquité!*

La vérité enfin va donc être connue!

Une grande population sera justifiée!

Et l'honneur de ces révélations demeurera tout entier aux citoyens courageux, aux fonctionnaires incorruptibles qui, les premiers, ont signalé les horreurs dont je vais retracer le tableau!

Peu de temps me fut laissé, sans doute, pour répondre à une attaque méditée pendant plusieurs mois, et me préparer à une exposition rendue difficile par le nombre des pièces et la qualité des faits.

Mais, si mon récit est dénué de recherche et de toute prétention oratoire, la vérité n'y perdra rien de sa force; il suffira de raconter.

Du reste, Messieurs, soyez pleinement rassurés sur la mesure et la modération de mes pensées et de mes expressions. Vous n'entendrez pas sortir de ma bouche les épithètes tant prodiguées, de *libelliste*, de *pamphlétaire* et d'*empoisonneur....*

Notre cause est trop noble pour admettre l'invective et l'injure; elle est trop forte pour avoir besoin d'un pareil secours : surtout elle est trop éminemment nationale, pour ne pas conserver, dans les termes comme pour le fonds des choses, un caractère de dignité incompatible avec l'intempérance du langage et la pompe frivole des déclamations.

« Le plan que je me suis proposé (vous a dit mon principal adversaire), est de vous rendre un *compte fidèle* de ce qui s'est passé à Lyon et dans ses environs, sous le commandement de M. Canuel, de vous faire sentir le *plan des libellistes*, et de vous présenter le *détail de leurs calomnies.* »

Et moi aussi, je me suis proposé de vous rendre un *compte fidèle* de ce qui s'est passé à Lyon, sous le commandement de M. le baron Canuel : et s'il résulte des preuves que je vais développer devant vous, que les mouvemens qu'on a qualifiés de *conspiration* ont été méchamment excités par une race d'espions, connus sous le détestable nom d'*agens provocateurs*; qu'avertie d'avance, l'autorité, qui aurait pu si aisément prévenir, à mieux aimé sévir et réprimer; si à l'établissement de ces points principaux se joint la justification de tous les faits particuliers avancés par mon client : vous serez, vous demeurerez convaincus, Messieurs, et la France entière avec vous, que le département du Rhône a été indignement calomnié; et que M. de Sainneville a bien mérité de ses concitoyens en révélant l'oppression sous laquelle ils n'ont que trop-long-temps gémi !

Je ne veux pas reprendre les choses de trop loin.

Chacun de nous connaît les funestes réactions dont les événemens du 20 mars ont été la cause ou le prétexte.

Les choses en étaient venues au point que, pour sauver la France des fureurs d'un parti, il fallut licencier la chambre de 1815.

L'ordonnance du 5 septembre eut à peine annoncé cette dissolution, que ce même parti s'écria que tout était perdu....

Les ministres ne furent pas épargnés : et, parmi eux, il en est un surtout [1] qui devint plus spécialement l'objet de la haine et des accusations....

[1] M. de Cazes.

16

On allait procéder à de nouvelles *élections*. Ceux qui regrettaient la chambre de 1815 voulaient à toute force réélire les mêmes députés ; ceux qui avaient été vexés par les *lois d'exception* qui se rattachent à cette époque, voulaient des hommes amis de la liberté publique et des principes constitutionnels. Il fallait disputer à ceux-ci une incontestable majorité.

Des comités ou *sociétés secrètes* avaient été organisés sur presque tous les points de la France. — Lyon eut le sien : rien ne fut oublié pour tourmenter l'opinion, et conquérir ou intimider les électeurs. — Quiconque n'était pas de la *ligue* était *censé conspirer*.

Ces craintes sur une conspiration prétendue ourdie dans Lyon même, furent semées si à propos, que le 4 octobre 1816 (précisément le jour où s'assemblait le collége électoral), les principaux fonctionnaires se réunirent chez M. le préfet, sur la demande des *généraux*, qui affectaient les plus vives inquiétudes.

Sur la demande des généraux ! Oui, Messieurs; car à cette époque, on avait créé à Lyon, comme en beaucoup d'autres lieux, une *police militaire*, toujours rivale, et souvent ennemie de la *police civile*, dont elle contrariait sans cesse les opérations, pour amener à cette conclusion : que la *police civile* trahissait; qu'en tout cas, c'était un *ministère* inutile; ce qui, bien traduit, voulait dire, qu'il fallait renvoyer le *ministre*.

Quoi qu'il en soit, la conférence eut lieu. On y lut un long rapport. Il commençait par ces mots : «Une

« *agitation extraordinaire* se manifeste dans les cam-
« pagnes des environs de Lyon. »

Je ne lis point ce rapport; il est cité dans le mémoire de M. de Sainneville, page 19 et suivantes :
on peut y recourir.

Mais ce que je vous lirai, Messieurs, c'est le
compte que rendit de ces *premières tentatives* un
fonctionnaire dont nos adversaires ne récuseront pas
le témoignage, puisqu'ils l'ont eux-mêmes invoqué.

Lettre de M. de Chabrol au ministre de la police générale.

Lyon, 27 octobre 1816.

(Lecture de la pièce. M. le préfet y dit que l'*agitation morale* de Lyon a eu *pour cause ou pour
prétexte l'ordonnance du 5 septembre.* C'est au désir
d'un parti de prévaloir dans les élections, qu'il attribue *tous ces bruits vagues de conspiration.....* Ce
magistrat se plaint de la *contre-police* exercée par l'autorité militaire *contre la police générale administrative.* Il indique les mesures qu'il lui paraît convenable de prendre dans les circonstances.)

Assurément, Messieurs, on ne peut rien voir de
mieux pensé, de plus sagement exprimé, que cette
opinion de M. le préfet du Rhône sur la situation de
Lyon en octobre 1816 : et c'est ici qu'il a réellement
mérité qu'on dît de lui :

Video meliora proboque.....

Mais à peine l'intrigue du 4 octobre est déjouée,
qu'une *seconde intrigue* se prépare. De nouvelles

révélations ont eu lieu : elles ont été adressées à l'autorité militaire : M. de Sainneville, comme lieutenant-général de police, demande à être mis en rapport avec les indicateurs ; on le lui refuse : la raison en est simple, il fallait rendre suspecte la police à laquelle il appartenait, et supposer que les conjurés étaient d'intelligence avec elle.

Des arrestations ont lieu ; huit personnes sont enlevées de leur domicile, la nuit, par l'autorité militaire, seule et sans l'intervention de l'autorité civile.

Dès que M. de Sainneville en est instruit, il demande une conférence chez M. le préfet : il l'obtient. Là, les généraux Canuel et Maringonné présentent un nouveau rapport, qui se composait de copies de pièces au nombre de vingt-une.

Cette communication tint lieu de toute autre explication ; et M. de Sainneville se hâta de se retirer pour s'occuper d'une instruction qui se présentait sous un aspect aussi grave.

Ses recherches furent aussi actives que minutieuses ; et bientôt il acquit la preuve que les faits dénoncés étaient controuvés, et que tout se bornait à des intrigues mal ourdies par deux agens secrets de la police militaire.

La preuve de tous ces faits se trouve dans le Mémoire de M. de Sainneville (page 25-34), et dans les *pièces justificatives* auxquelles il renvoie. Vous les lirez, sans doute ; mais qu'il me soit permis dès à présent de confirmer tout ce que je viens de vous dire par l'opinion que M. le préfet du Rhône en a

conçue. Voici le compte qu'il a rendu de cette *prétendue conspiration*, au ministre de la police générale, le 4 novembre 1816.

(L'avocat lit la pièce : on y remarque que M. le
préfet signale tous ces *mouvemens*, toutes ces *fausses
conspirations*, comme étant l'effet « de la *tactique*
« d'hommes *mécontens de certaines mesures* du gou-
« vernement, qui, non moins inconsidérés dans leurs
« manœuvres que dans leurs discours journaliers,
« *s'occupent à produire une agitation factice*, dans
« la vue de s'en faire *une arme contre le ministère.* »)

Voilà donc encore une prétendue conspiration qui
n'est que *factice!* dont tous les élémens sont reconnus *faux!* et qui est démontrée n'avoir été imaginée
que par ceux qui voulaient *renverser le ministère!*

Se lasseront-ils enfin de fatiguer l'autorité par leurs
sinistres rapports ? Consentiront-ils à laisser respirer
en paix une population industrieuse, qui ne demande
qu'à réparer par le travail les pertes que la guerre a
causées à ses manufactures et à son commerce ?....
Non ; de plus grands ressorts vont être mis en jeu ;
et, dût la France y périr, il faudra prouver, en excitant de nouveaux troubles civils, que le ministère
trahit le Roi, que la Charte déplaît à la nation, et
que le gouvernement représentatif est insuffisant
pour assurer la tranquillité publique.

Saisissez le fil, Messieurs ; retenez ce que vous a
dit notre adversaire, que *les événemens du 8 juin se
liaient aux mouvemens antérieurs;* et puisqu'il vous
est démontré que ceux-ci n'ont été que le résultat

de manœuvres *factices*, concluez-en que ceux qui suivirent n'ont pas eu d'autre cause.

Accipe nunc Danaûm insidias; et crimine ab uno
Disce omnes.

On en a fait assez l'expérience pour savoir maintenant à quoi attribuer tous les faux bruits, tous les fâcheux présages qui ont accompagné chacune des mesures qui semblaient nationales et constitutionnelles.

L'ordonnance du 5 septembre est proclamée : les désordres commencent.

Une loi sur les *élections* est proposée, qui, en appelant un plus grand nombre de citoyens à voter, garantit que les choix seront plus conformes à l'intérêt général : — et l'on essaie de réaliser de nouveaux troubles !

Il s'agit de *recruter* une armée, de la composer de Français, et d'appeler le mérite et l'expérience à diriger le courage ; et il semble qu'il n'y ait plus de monarchie, on affecte de croire que des *Reitres* seraient plus fidèles que des citoyens !

L'étranger va partir ! chacun de nous répète avec Henri IV : *Adieu, Messieurs, mais n'y revenez plus.* Eh ! voilà que par des *notes secrètes* on cherche à le retenir parmi nous ; et que des bruits d'évasion [1], malicieusement répandus, signalent sur l'océan de nouveaux orages prêts à fondre sur nous !

---

[1] A cette époque, on répandit le bruit que Napoléon s'était échappé de Saint-Hélène.

Rassurons-nous : cette tactique est désormais connue..... Mais elle ne l'était pas encore quand une troisième conspiration fut ménagée dans le département
du Rhône.

Reprenons le fil des événemens.

Ici la police militaire va jouer un grand rôle. Cette
police ne fut d'abord que turbulente : elle accablait
les autres autorités de notes et de dénonciations
vagues qu'on était obligé de transmettre au gouvernement, et qui paraissaient n'être destinées qu'à faire
naître des inquiétudes. Bientôt son zèle se signala
par des atteintes plus graves portées au repos des
citoyens. On la voyait, sur les plus frivoles indices,
agir elle-même isolément; se livrer, à toute heure
de la nuit et du jour, à des visites domiciliaires, et
même exécuter des arrestations, sans autre autorisation que celle de ses chefs. A côté de ces actes arbitraires, on remarquait des mouvemens de troupes,
de bruyantes patrouilles, et l'on était tenté de se demander si de tels moyens étaient imaginés pour calmer les esprits, ou pour semer l'agitation.

On a déjà vu que le préfet du Rhône s'en était
plaint au gouvernement. Mais les choses avaient pris
une accroissement tel, que ce magistrat crut devoir en
faire la matière d'un rapport spécial au ministre de la
police générale, le 6 décembre 1816.

(L'avocat lit la pièce. Dans ce rapport le préfet
signale *les dangers des envahissemens de l'autorité
militaire....* « Les choses même, dit-il, avaient été
« portées au point que des patrouilles qui n'appar-
« tenaient ni à la force civile, ni à la force militaire,

« mais qui étaient *avouées par cette dernière*, se per-
« mettaient également des actes de juridiction, et
« des visites domiciliaires. On n'a pas oublié que c'est
« ainsi que se formèrent, en 1795, ces *compagnies*
« *dites de Jésus*, qui ne tardèrent pas à se trans-
« former *en bandes d'assommeurs*. Au mois de no-
« vembre 1814, ces mêmes bandes avaient commencé
« à s'organiser, etc., etc. » — M. le préfet termine
en rendant compte des mesures qu'il a prises pour
déjouer ces menées.)

Je ne me lasse point de rendre justice aux bonnes
intentions et à la sagesse des vues dont cette correspondance est remplie : et je ne fais nul doute que si,
à cette époque, on eût adopté le sage parti qu'on a
pris depuis, de faire rentrer l'autorité militaire sous
l'influence de l'autorité administrative, on eût évité
beaucoup de malheurs.

Mais poursuivons :

En février 1817, cette même fille (que M. le
préfet du Rhône avait déjà signalée comme réunissant la folie au fanatisme) fait de nouvelles révélations : elles sont reconnues aussi fausses que les
premières.

On brodait sans mystère dans les ateliers de Lyon
des tissus, dont le dessin offrait sur un champ d'a-
beilles un phénix avec cette devise : *Je renais de mes
cendres.* On parut croire que c'en était fait du royaume ;
et il fallut, pour rassurer les alarmés, des preuves
bien positives que la broderie avait été commandée
par le *roi d'Haïti.*

. Quelques désordres ayant été excités à Grenoble, au mois de mars suivant, on essaya d'ajouter aux « agitations factices de la ville de Lyon, en cherchant « à les lier aux troubles du département de l'Isère. » (*Mém. Sainneville, p.* 41.)

Les déclarations authentiques faites par le nommé *Bonafoux*, devant M. Chopin d'Arnouville, préfet de l'Isère, aux mois de septembre et octobre 1817; jettent le plus grand jour sur cette intention. Bonafoux déclare formellement qu'il avait été envoyé à Lyon, en mission près du général Canuel, par le général qui commandait à Grenoble à l'époque des troubles, et qu'il avait été chargé par ces deux généraux, « *d'exciter les mécontens, et de leur proposer de se* « *mettre à leur tête pour monter un coup.* — STIMULÉ « par Donadieu, dit-il, j'ai donné une *apparence de* « *conspiration* à ce qui n'était que des discours de « mécontens, *sans action et sans projets.* »

C'est ici qu'il faut signaler plus particulièrement la présence des *agens provocateurs* [1] employés par *l'autorité militaire.*

***

[1] L'emploi des *agens provocateurs* est bien ancien. Les princes des prêtres et les Pharisiens, qui étaient les *ultrà* de leur temps, en usèrent pour essayer de perdre Jésus. Témoin ce passage de saint Luc (*chap.* 20, *verset* 20). *Et observantes miserunt insidiatores, qui se justos simularent, ut caperent eum in sermone, ut traderent illum principatui et potestati præsidis.* Ce que M. de Sacy traduit en ces termes : « *Comme ils ne cherchaient que les occasions de le perdre, ils lui en-voyèrent des personnes apostées qui contrefaisaient les gens de bien, pour le surprendre dans ses paroles, afin de le livrer au magistrat et au pouvoir du gouverneur.* (Et il ajoute en note) : *S'il lui échappait quelque mot contre les puissances et le gouvernement.*

Le général Canuel a nié dans sa brochure, et cela de la manière la plus formelle, que l'autorité militaire eût employé de tels agens.

« J'affirme, dit-il, page 33, *qu'aucun* de ces agens « n'appartenait à l'autorité militaire ; et que *tous* « appartenaient au lieutenant de police. »

«Je ne sais, dit-il, même page 33, si les procé- « dures de la cour prévotale ont attesté l'emploi de « ces *moyens odieux* ; mais ce que je sais très-bien, « c'est que *s'ils ont été employés*, ils n'ont pu l'être « que par une seule autorité, celle qui, par la nature « de sa place, avait des agens à sa solde. »

Vous en aviez aussi à votre solde, général Canuel, quoique cela ne convînt nullement à la nature de vos fonctions. Et il vous siérait mal aujourd'hui de traiter avec tant de dédain la police, après vous être im- miscé à la faire *d'office*, et quoique cela n'entrât point dans vos attributions.

Je le prouve d'abord par une pièce irrécusable ; elle est émanée de vous.

Le 14 juin, M. le général Canuel fit connaître à M. de Sainneville qu'il s'était livré à des dépenses de *haute police pour des agens secrets*, et dont il lui paraissait juste d'être remboursé. M. de Sainneville lui répondit qu'il allait en demander l'autorisation au ministre de la police ; et après l'avoir obtenue de son excellence, M. de Sainneville remit 1200 francs au général Canuel, qui lui en donna quittance en ces termes :

« J'ai reçu de M. de Sainneville, lieutenant-général « de police, la somme de 1200 francs, en rembour-

« sement de pareille somme que j'ai déboursée *pour*
« *frais de haute* [1] *police*, dont quittance. A Lyon,
« le 25 juin 1817. Le lieutenant-général comman-
« dant la dix-neuvième division, *Canuel.* »

Voyons maintenant à quels agens cette *haute police* fut confiée. De troubles, de complots perni-
cieux auteurs, on les a constamment surpris au milieu des agitations, dont ils avaient été les premiers
instigateurs. Arrêtés par la police civile, et livrés
aux tribunaux, on les a vus perpétuellement re-
vendiqués par leurs chefs; et toujours exciper avec
avantage de leur qualité *d'agens provocateurs*, pour
excuser les provocations criminelles dont, en effet,
ils s'étaient rendus coupables envers d'infortunés et
crédules citoyens.

Déjà vous avez pu voir dans les rapports du gen-
darme *Gauthié* (imprimés à la suite du mémoire de
M. de Sainneville), que ce Gauthié était l'agent secret du général Maringonné; et que c'est *d'après
les ordres* de ce général, qu'il s'était *approché* des
hommes qu'il supposait bonapartistes. — Vous vous
rappelez aussi en quels termes M. le préfet s'explique
sur le compte de cet agent, dans son rapport du 4 novembre 1816.

Claude Boudoy, accusé et convaincu de vol, a
avoué dans les interrogatoires qui ont précédé sa
condamnation comme voleur, qu'il était *l'agent secret* du général Maringonné. C'est *en cette qualité*

---

[1] Si toutefois il y a des hauteurs dans la police. (*Plaidoirie
de M*^e *Couture.*)

qu'il avait fait des révélations lors de la seconde conspiration dont on a parlé.

Chambouvet, arrêté comme prévenu d'enrôlemens
séditieux, déclara dans les débats qui eurent lieu
lors de son jugement, n'avoir joué que le rôle *d'agent
provocateur.*

Mais ils n'étaient pas les seuls coupables de ces
perfides manœuvres. A côté d'eux, les agens de M. de
Sainneville avaient surpris et saisi un nommé *Brunet*, qui travaillait avec non moins d'ardeur qu'eux-
mêmes à faire des dupes. A peine cet homme fut-il
arrêté, que M. de La Colombe, adjudant de place,
vint en personne le réclamer, *comme agent secret de
la police militaire.* M. de Sainneville exigea une demande par écrit ; elle lui fut adressée, et Brunet
fut mis en liberté.

(Me Dupin lit deux lettres de M. le procureur du
Roi, en date des 16 et 29 août 1817, par lesquelles il
revendique nominativement Brunet, attendu que si
l'on pouvait d'abord « soupçonner cet individu d'a-
« voir pris part aux manœuvres des conspirateurs, il
« ne se trouve ainsi compromis que parce que M. de
« La Colombe lui - même l'avait employé *comme*
« *espion.* »)

Cormeau ayant été arrêté comme complice d'un
mouvement séditieux préparé à Saint-Rambert, a
avoué dans ses interrogatoires qu'il en avait été le
provocateur.

Maintenant qui servait-il ? Interrogé sur ce point,
il répondit que, désirant obtenir une demi-solde de

retraite, il en avait formé la demande au ministre de la guerre : que cette demande ayant été communiquée au général Maringonné, celui-ci le manda, et, *qu'après lui avoir reproché d'avoir servi la police civile de préférence à la police militaire, il l'avait chargé de le tenir informé de tout ce qui se passait à Saint-Rambert*, ET DE NE PAS CRAINDRE DE DIRE ET FAIRE TOUT CE QU'IL VOUDRAIT POUR INSPIRER PLUS DE CONFIANCE AUX ENNEMIS DU GOUVERNEMENT. Voilà ce que Cormeau n'a pas cessé de répéter jusque dans les débats qui ont précédé son jugement. « C'est, « disait-il, *pour me rendre favorable le général Ma-* « *ringonné que je me suis prêté au rôle* D'AGENT « PROVOCATEUR. »

Fiévée dit *Champagne.* — Sa mission comme *agent provocateur* employé par *l'autorité militaire*, est prouvée :

1° Par le rapport du commissaire de police de l'arrondissement de Pierre-Cise, en date du 15 juillet 1817. (*Pièces justificatives*, p. 41.)

2° Par les deux interrogatoires qu'il a subis les 17 juillet et 6 août 1817 (imprimés dans lesdites pièces, p. 41 et suiv.).

3° Par une lettre du préfet du Rhône adressée au ministre de la police générale, le 17 août 1817, dans laquelle il convient *qu'on s'est servi de Champagne* pour faire donner les factieux dans le *piége.*

4° Enfin par la déclaration de Garlon, du 11 juin 1818.

Dans les déclarations devant le préfet de l'Isère (notamment celle du 20 octobre 1817), Bonafoux, parlant du *comité insurrectionnel* qui a existé à Lyon, dit que ce comité fut organisé sur la proposition de *Jacquit*.

Bonafoux désigne les principaux membres de ce comité : Jacquit, Moulin, et autres, notamment un capitaine dont il ne s'est pas rappelé le nom, mais dont il donne le signalement.

Jacquit, dit-il, avait de fréquens rapports « avec « le *général Canuel où il allait à onze heures du soir*, « *et avec qui il paraissait très-lié, puisqu'il entrait* « *chez lui sans frapper.*

« *Moulin allait aussi, et même plus souvent que* « *Jacquit, chez le général Canuel* ; car il parlait trop « librement et n'avait aucune crainte de se compro- « mettre ; et disait qu'il fallait profiter du moment de « l'augmentation des grains, où le paysan étant pressé « par la faim, le désespoir s'emparerait de lui, et « serait plus facile à conduire, et à lui prouver que « le Roi le faisait mourir de faim. »

Bonafoux, qui s'avoue lui-même pour *agent de Canuel*, auquel il rendait fréquemment *compte*, et chez lequel il surprit un jour *Jacquit* et *Chauveaux*, qui sortirent précipitamment pour se soustraire à sa vue.

Barbier ! ce misérable fut cause de la perte de Saint-Dubois, en lui donnant à porter des paquets de cartouches dont ce malheureux ignorait le con- tenu : Barbier était un *agent provocateur.*

Les déclarations à cet égard sont nombreuses, précises et concordantes.

Il paraît qu'il unissait le fanatisme à la perfidie.

Voici en effet ce qu'on lit dans la déclaration du sieur Caffe.

« Quelques jours avant notre jugement, Barbier continuant de me donner sa confiance, me fit une confidence surprenante dont voici le détail mot à mot :

« Je ne vous cacherai pas, mon ami Caffe, que trois mois avant le 8 juin, je travaillais à détruire les projets des conjurés. A cet effet, je fus chez les sœurs de Sainte-Claire prendre une relique pour faire bénir moi-même à Notre-Dame de Sourvière (ce que je fis), afin que ce bijou précieux *me fît rester dans les intérêts des conjurés jusqu'au moment de l'explosion de la conspiration, sans qu'ils connussent que je les trahissais ; et pour en connaître tous les chefs et sous-chefs, pour les livrer au tribunaux, lorsqu'il en serait temps, ce que j'ai fait.....*

Et *Le Blanc*, niera-t-on qu'il fût agent provocateur? Si on eût cru ce monstre, une foule d'honnêtes gens auraient péri.

Il allait de ville en ville, inscrivait sur un *carnet* les noms de ceux qu'il jugeait à propos de proscrire.

On peut lire dans les *pièces justificatives*, imprimées à la suite du mémoire de M. de Sainneville, comment sont conçus ses rapports.

Mais il est à son sujet d'autres documens officiels qu'il convient de faire passer sous vos yeux.

(Ici l'avocat cite, 1° la déclaration très-précise du sieur Pellet, aubergiste à Villefranche, reçue le 9 août 1817, par M. Perroussat, commissaire délégué *ad hoc* pour la recevoir; 2° la lettre adressée le 9 août 1817 à M. le lieutenant de police de Lyon, par M. le sous-préfet de Villefranche; 3° le rapport

de M. Passot, commissaire de police de Villefranche ;
4° l'interrogatoire de Henri Blanc lui-même.)

Chatelain vient de faire (en septembre et novembre) des déclarations extrêmement précieuses.

Il a été employé en qualité *d'agent provocateur*
par l'autorité militaire.

Je rapporte la permission qui lui fut donnée le
1er mars 1817 par son colonel, portant : « Il est per-
« mis au sieur Chatelain, sergent-major de la légion,
« *de sortir tous les soirs* et d'aller librement de Lyon
« à Perrache [1]. »

Le grand prévôt lui a donné, le 8 octobre 1818,
un certificat *des plus honorables*, attestant « qu'il a
« connaissance des services importans que lui a ren-
« dus le nommé Chatelain, qu'il a employé d'une
« manière très-utile au service du Roi, et *périlleuse*
« *pour ledit Chatelain*. La *manière* dont il a été em-
« ployé rendait en ce moment son séjour à Lyon
« *dangereux pour lui*. Mais je pense qu'il doit être
« employé avec confiance au service du Roi. »

M. le général Canuel lui a aussi donné, le 5 novembre 1817, une lettre de recommandation pour le
commandant du département de la Loire-Inférieure.
« Ce sous-officier, dit-il, a été obligé de prendre un
« congé *pour des motifs qu'il vous expliquera*. Comme
« son intention est de ne plus retourner dans le corps
« auquel il appartient, si vous pouvez le faire entrer
« avec son grade dans une autre légion que la sienne,
« vous lui rendrez un très-grand service. C'est un

[1] C'est le nom du quartier où la légion était casernée.

« *excellent sujet*, ce serait une *bonne acquisition*
« pour le régiment dans lequel il entrerait. Je vous
« aurai, en mon particulier, une obligation infinie
« pour tout ce que vous voudrez bien faire en sa
« faveur. »

Ce Chatelain donc était un *agent provocateur*. Il
explique comment, *d'après les ordres de ses chefs*, il
s'est *habillé en bourgeois*, et est entré dans la confidence de quelques mécontens. Il vint faire ses rapports à son colonel. « Je le priai, dit Chatelain, de
« rendre compte au général Canuel. Je lui promis de
« *rompre moi-même le fil de cette conspiration*
« (RIEN NE M'ÉTAIT PLUS FACILE). Il me défendit de
« rien faire qui pût *entraver* la marche de cette
« affaire, *d'après l'ordre du général Canuel.* »

(Nous ne rapporterons pas ici les différentes dépositions de Chatelain. Elles sont fort circonstanciées,
mais trop étendues : nous citerons seulement le passage ci-après, qui termine celle du 24 septembre.
Il s'y accuse lui-même du rôle infâme qu'il a joué.)

« Je n'ai été, dit-il, ni trompé, ni séduit, ni égaré. J'ai seulement *obéi aux ordres de mes chefs.....* Les conspirateurs
m'accusent ; ils ont raison. Ils diront que je leur ai offert de
la poudre, ils auront raison ; ils diront que j'ai promis de les
protéger dans toutes leurs expéditions, ils auront raison ;
que je disais comme eux, ils auront raison. Mais ils ne savent
pas que, pour déjouer le mal, tous les moyens sont bons. J'ai
été sage, modéré, prudent et humain, et surtout véridique :
et cependant, pour récompense, j'ai failli à me trouver parmi
les coupables, et perdu mon grade de sergent-major, que j'ai
gagné et regagné mille fois. J'ai eu le bonheur de passer ma
jeunesse dans les champs de bataille et les bivouacs. »

17

Gauthier, Boudoy, Chambouvet, Brunet, Cormeau, Fiévée dit Champagne, Jacquit, Moulin,
Barbier, Blanc, et tant d'autres, voilà donc les misérables qu'on a lancés au milieu des paisibles habitans
du Rhône !

A l'aide desquels on est parvenu à troubler quelques instans la paix publique !

S'adressant aux anciens militaires, les agens provocateurs rappelaient à ces braves leur gloire passée,
la présence de l'ennemi, les demi-soldes non payées,
l'armée dissoute, et les dégoûts dont on abreuvait
les anciens officiers ;

Aux ouvriers, ils objectaient la stagnation du commerce, la rivalité des Anglais, la contrebande favo-
risée, et le déclin des manufactures ;

Au bas peuple, la cherté des vivres, qu'ils attri-
buaient, non à l'insuffisance de la récolte, mais aux
monopoleurs, et même au gouvernement.

On peut juger à présent si M. le général Canuel a
dit la vérité, lorsque dans sa réponse au colonel Fabvier, il s'est exprimé en ces termes :

« J'affirme que de tous ces agens qui, suivant M. le
« colonel Fabvier, parcouraient les villes et les cam-
« pagnes, *aucun* n'appartenait à l'autorité militaire,
« et que *tous* appartenaient au *lieutenant de police ;*
« que les renseignemens qui me parvenaient, à moi
« Canuel, étaient *communiqués officieusement par*
« *des citoyens honnêtes, et non par des hommes à*
« *gage.* »

Il est un résultat non moins avéré : c'est que l'autorité militaire a constamment agi en *affectant de*

s'isoler de la police civile. Quel que soit le véritable motif de cette défiance, elle devient un fait constant, et qu'il importe de ne pas perdre de vue.

Enfin on a pu voir, dans toutes les intrigues qui ont signalé les époques dont je viens de rendre compte, que les agens de l'autorité militaire, officieux ou salariés, ont constamment été surpris et interceptés au milieu des agitations, jouant le rôle d'infâmes provocateurs; et que les agens de la police civile n'y ont jamais paru que pour déjouer les complots et arrêter les coupables.

Cessez donc d'accuser la *police civile*, et de rejeter sur elle l'emploi de ces *moyens odieux* [1]. Elle était loin de les recommander à ses agens. Pour s'en convaincre, il suffira de ce passage que j'extrais textuellement d'une des lettres [2] de son excellence le ministre de la police générale au préfet du Rhône, au sujet du nommé *Blanc*.

« En thèse générale, monsieur le comte, il me semble que le plus convenable et le plus sûr est de ne point employer d'agens qui ne soient connus des fonctionnaires intéressés à favoriser le cours de leurs opérations. *Il importe aussi de* LEUR INTERDIRE EXPRESSÉMENT la *dangereuse faculté de chercher des coupables*, EN CRÉANT EUX-MÊMES DES CONSPIRATIONS IMAGINAIRES ; de leur *défendre* d'être les propagateurs ou les échos des bruits alarmans; de les faire enfin se renfermer dans le rôle que la moralité, si nécessaire à la police, et une saine politique indi-

---

[1] *Canuel*, p. 33. [2] 20 août 1817.

quent dans tous les temps, et surtout aux époques où il n'est aucun incident, indifférent peut-être en lui-même, dont ne s'empare l'esprit de parti. C'est ainsi que l'on marche au même but; que les choses et les intentions ne sont point dénaturées, et que des accusations réciproques de contre-police (lorsqu'il ne saurait, en effet, y en avoir qu'une seule) ne se présentent point, ou s'évanouissent d'elles-mêmes. »

Mais il ne suffit pas d'avoir prouvé ce que M. de Sainneville avait annoncé sur les manœuvres des agens de la police militaire; je vais justifier cette autre proposition avancée dans son mémoire : « *Qu'on a été « instruit du complot à l'avance*, ET QUE POUR L'EM-« PÊCHER, IL EUT SUFFI DE LE VOULOIR (p. 62). »

Les documens abondent pour établir la vérité de cette proposition.

Plusieurs jours avant l'explosion du 8 juin, les apprêts en avaient été annoncés, non par des bruits vagues, par des *on dit*, mais par des déclarations *positives*, par des avis *officiels*.

1° Vernay a déclaré (le 18 septembre 1818) que, « M. Lambert étant venu le voir dans sa prison (à Saint-Joseph), lui dit : Pauvre Vernay, si j'eusse su que l'on voulait vous perdre dans l'affaire du 8 juin, je vous aurais prévenu du piège que l'on vous tendait. Environ *une quinzaine de jours avant le 8 juin*, me trouvant chez des dames, elles me dirent : Le général Canuel sort d'ici; il vient de nous rassurer sur la conspiration , en disant *qu'elle n'aurait pas lieu le 1er juin, mais bien le 8.* J'ai pris toutes les mesures pour que vous n'ayez rien à craindre. Au reste, je ferai mettre une sentinelle à votre porte. *Je pousse l'affaire* jusqu'à ce qu'elle soit *en maturité*, pour prendre cette canaille en flagrant délit. »

2° Chatelain n'a-t-il pas confirmé ce récit, en disant dans sa déclaration qu'il avait, antérieurement au 8 juin, offert un moyen aussi facile que sûr de prendre tous les conjurés sans coup férir ; mais qu'on refusa d'accepter cette offre, parce qu'il valait mieux, lui dit-on, *réunir cette populace dans un lieu où on pourrait les massacrer tous ?*

M. l'abbé Bougenot, vicaire de Saint-Polycarpe, a déclaré, en août 1817, « qu'étant allé le vendredi 6 juin à l'état-major de la place, demander un détachement pour escorter la procession de la paroisse le dimanche 8 juin, M. de la Colombe lui dit : Monsieur l'abbé, soyez tranquille, vous aurez, indépendamment des cent cinquante gardes nationaux, un bon détachement de troupes de ligne; parce que *nous savons qu'on prépare un mouvement pour ce jour-là.* »

(L'avocat lit encore d'autres pièces qui confirment le même fait, notamment le rapport de M. Valentin, maire de Saint-Genis-Laval, celui de M. de Saint-Paulet, officier de gendarmerie; et enfin plusieurs passages de l'écrit même du général Canuel (pag. 13, 14 et 15), où celui-ci avoue avoir été prévenu *la veille à 7 heures du matin,* et n'avoir cependant commandé la troupe que pour *trois heures après-midi.* L'avocat continue :)

Assurément, on ne saurait être moins pressé. On

néglige la *veille* l'avis qui est donné pour le *lende-*
main; et le lendemain, sur l'avis donné à *sept heures*
du matin, que la conspiration va éclater le jour
même, on ordonne aux troupes de ne prendre les
armes *qu'à trois heures après midi!*

Et si la conspiration eût éclaté à huit heures du
matin, était-on en mesure?

Mais non; tout était su d'avance. On ne craignait
pas les factieux. Leurs principaux chefs étaient des
agens provocateurs; le reste, composé d'hommes
obscurs et de paysans égarés ne causait nulle inquiétude; et, comme l'ont dit Vernay et Chatelain, *on*
voulait prendre cette canaille en flagrant délit.

On était si rassuré à Lyon, que, parce qu'il sur-
vint dans la soirée une grande pluie, le général fit
rentrer immédiatement toutes les troupes dans leurs
casernes, laissant à quelques patrouilles de garde
nationale le soin d'assurer la police nocturne de
cette grande cité.

Mais enfin, direz-vous, il est pourtant de fait
qu'il y a eu des mouvemens insurrectionnels.

Sans doute, il y en a eu : c'est un fait qu'on n'a
jamais nié. Mais quoiqu'on ne doive jamais *justifier*
la révolte, on peut *l'expliquer.* Il est même de l'intérêt du gouvernement d'étudier toutes les causes
de mécontentement, pour les faire disparaître quand
elles sont fondées ; et il ne lui importe pas moins
d'être instruit des sourdes menées qui ont porté les
citoyens à la sédition, pour déjouer d'odieuses intrigues, et soustraire le peuple aux insidieuses propositions des agitateurs.

Or, ici il est bien prouvé, et par les faits qui se rattachent aux premières tentatives d'octobre 1816, et par les faits qui se rattachent aux événemens du 8 juin 1817, que les désordres de cette journée ne peuvent être imputés qu'aux instigations des agens provocateurs mis en œuvre par la police militaire, et à la malheureuse influence qu'ils ont eu l'art d'exercer sur la misère et la crédulité de quelques malheureux habitans.

En effet, ces désordres sont loin d'avoir eu le caractère de gravité qu'on leur a prêté, lorsque, après les avoir comprimés, on s'est vanté d'avoir *sauvé le trône et l'État!*

Vainement on a supposé aux séditieux du 8 juin un plan extrêmement vaste; on n'a pu nier qu'en tout cas tous les moyens d'exécution leur manquaient.

La caisse des insurgés était mal fournie : l'instruction a appris que Volozan avait reçu de Taisson 150 francs, et Barbier 100 francs; que ce dernier avait encore reçu de Joannard, le 7 juin, 821 francs, mais qu'il les avait gardés. — Ainsi l'argent employé à la conspiration ne s'élève pas aux 1200 francs reçus par M. le général Canuel pour sa *haute*, ou plutôt pour sa *basse* police.

Le nombre des conjurés n'offrait rien de redoutable. Le département du Rhône comprend 261 communes : sur ce nombre, onze seulement ont pris part au mouvement, cinq au sud-ouest et six au nord, séparées par cinq à six lieues de distance ; rien n'a bougé dans cet espace intermédiaire. Ces onze communes comptent 10,000 âmes : sur ce nombre, on a égaré 250 hommes au plus; et, dans ce nombre de 250, tous n'étaient pas séditieux. Le 8 était un dimanche; on sonne le tocsin; plusieurs furent attirés par le bruit ou par la curiosité; et c'est ainsi que les habitans de Millery, par exemple, accoururent au milieu de l'attroupement *avec des seaux*, croyant être appelés à éteindre un incendie.

La plupart étaient sans armes, sans munitions, sans chefs.

Aussi fallut-il bien peu d'efforts pour dissiper ces rassemblemens : quelques cavaliers suffirent; et comme le dit M. de Chabrol dans son rapport officiel : « Tout fut ainsi dispersé dans un clin d'œil. « Dans moins de vingt-quatre heures tout était rentré « dans l'ordre, *sans que la force armée eût été obligée* « *de tirer un seul coup de fusil* [1]. »

« Partout (dit M. de Saint-Paulet dans son rap- « port), *partout ces misérables ont fui* à l'approche « de quelques gendarmes, et n'ont *pas même cher-* « *ché à se défendre*, quoique le pays leur offrît les « plus grands avantages. Dès le lundi, la terreur les « avait saisis au point qu'ils *jetèrent leurs armes*, et « essayèrent de *rentrer isolément dans leurs domi-* « *ciles*, aussi *supplians* qu'ils étaient audacieux la « veille. »

Pourquoi donc, au lieu de les recevoir à résipiscence, les a-t-on traités, la plupart, avec tant de rigueur, je dirai plus, d'inhumanité?

L'article 100 du Code pénal est ainsi conçu : « Il

---

[1] Adde *Canuel*, p. 17.

ne sera prononcé aucune peine, pour fait de sédition, contre ceux qui, *ayant fait partie de ces
bandes*, sans y exercer aucun commandement, et sans
y remplir aucun emploi ni fonction se seront reti-
rés au premier avertissement des autorités civiles
ou *militaires*, ou même depuis, lorsqu'ils n'auront
été saisis que hors des lieux de la réunion séditieuse, *sans opposer de résistance et sans armes.*
—Ils ne seront punis, dans ces cas, que des crimes
particuliers qu'ils auraient personnellement commis, etc. »

Cet article est sage : en laissant une porte ouverte
au repentir, il prépare une soumission plus facile et
plus prompte.

Cependant, telle a été la sévérité déployée contre ces hommes égarés, que sur deux cent cinquante insurgés, parmi lesquels on ne devait frapper
que *les chefs*,

13 ont été condamnés à la peine de mort
contradictoirement;
16 condamnés à mort par contumace;
26 condamnés à la déportation;
4 aux travaux forcés;
48 à l'emprisonnement;
15 par contumace, à diverses peines autres
que celle de mort.

TOTAL, 122 condamnés.

Et parce qu'à côté de ces condamnations, il y a eu
quelques acquittemens prononcés [1], vous croyez avoir

---

[1] Tous ceux qui ont été acquittés ont été mis en *surveillance.*

tout balancé, en disant sur un ton de plaisanterie où je n'ai reconnu ni l'humanité, ni le bon goût qui vous distinguent : « *Si le département pleurait d'un œil,* « *il se consolait de l'autre* [1]. »

Cour prévôtale. — On s'est récrié sur ce que M. de Sainneville a blâmé, comme excessive, la sévérité déployée par la cour prévôtale. *La cour prévôtale et ses arrêts*, a-t-on dit, *n'ont pu trouver grâce* devant M. de Sainneville!

Non certes, non pas même aujourd'hui.

Vantez tant qu'il vous plaira *la douceur des prévôts*, le mot ne passera jamais en proverbe, si ce n'est par dérision.

M. de Sainneville a reproché à cette cour d'avoir divisé et multiplié les procédures : c'est un fait justifié par la multiplicité des arrêts, et la lente succession des supplices.

Écoutons d'ailleurs à ce sujet ce que dit M. le duc de Raguse, dans sa lettre à M. le garde-des-sceaux, du 24 septembre 1817.

« . . . .

« Une révolte a eu lieu le 8 juin. Quelques paysans de différens villages ont pris les armes au son du tocsin : la révolte a eu lieu à la même heure, au même moment; des individus de Lyon ont été soupçonnés d'avoir dirigé ses mouvemens. Tout cela était évidemment une seule opération et ne devait être l'objet que d'une seule affaire. Bien plus, c'était en considérant cette révolte comme une affaire unique, qu'on se réservait les moyens de punir seulement les chefs, en laissant dans l'obscurité et en renvoyant chez eux des malheureux

---

[1] *Plaidoirie de Me Couture.*

qui n'avaient été qu'entraînés. C'était aussi la seule manière
de faire juger régulièrement les individus de Lyon par la cour
prévôtale; car, comme il faut révolte à main armée pour que
le délit soit de sa compétence, et qu'il n'y a pas eu de révolte à Lyon, il en résulte que dès que les intrigues qui y
ont eu lieu sont jugées séparément, elles ne sont plus de son
ressort. Au lieu de cela, on a fait de la révolte de chaque
village une affaire, ce qui a mis dans le cas de punir de la
peine capitale des misérables de la dernière classe. On a mis
en jugement et on a condamné des individus qui n'avaient
point été pris les armes à la main, et qui étaient rentrés chez
eux sur la foi de la publication qui avait été faite qu'il ne
leur serait fait aucun mal, et des dispositions de l'art. 100 du
Code pénal, qui sont formelles.

« L'institution des cours prévôtales a pour objet une justice prompte. Il y a quatre mois qu'elle est chargée de cette
affaire, et ses procédures ne sont pas finies : *c'est qu'on s'est
plu à se repaître de l'idée des supplices et de la terreur qu'ils
inspirent.* Il faut qu'un ordre de chose aussi blâmable, aussi
contraire au bien du service du Roi et à la tranquillité, finisse,
et réparer autant que possible le mal qu'il a fait. »

M. de Saimneville a dit qu'on n'avait eu égard ni
au sexe, ni à l'âge. Il a eu raison; car on a impliqué
des *femmes* dans ces procédures; on a condamné un
vieillard de soixante-seize ans, et un *enfant* de seize
ans et demi! Et loin que cette dernière considération
ait paru atténuante, elle a été relevée comme aggra-
vante par le ministère public, qui, dans un de ces
transports qui conviennent si peu à cette auguste
fonction, s'est écrié : « Enfin que vous dirai-je moi-
« même *sur l'âge* du coupable! Le *monstre* n'a pas
« plus de seize ans et demi. Est-ce là un motif pour
« que la justice l'épargne? — Non. » (Les conclu-

sions imprimées avec l'arrêt sont jointes aux pièces.)

C'est le même qui, dans un discours *plein de douceur*, disait à la cour prévôtale : « *L'équité*, qui jus-
« qu'ici a présidé aux arrêts rendus par la Cour, ga-
« rantit la *sagesse* de ceux qu'elle doit prononcer
« encore. » — En conséquence il conclut à la peine
de mort [1] contre *vingt-six* accusés à la fois. Madame
Lavalette était du nombre. (La notification du réquisitoire faite par huissier à cette dame est jointe
aux pièces sous la date du 18 octobre 1817.)

Mais, dit-on, des *recours en grâce* ont eu lieu;
des *pourvois* ont été formés, et la cour de cassation
les a rejetés.

Sans doute; mais qui donc ignore, d'une part, que des
recours en grâce ne sont guère accueillis que lorsqu'ils
sont appuyés par les juges mêmes qui ont prononcé;
et, d'autre part, comment peut-on objecter que les
pourvois en cassation n'ont pas réussi, lorsqu'on sait
que les condamnations prévôtales étaient précédées
de cette désespérante formule : « *Par ces motifs, la*
« *cour prévôtale jugeant en dernier ressort*, *et* SANS
« RECOURS EN CASSATION. »

Amnistie violée. — Il est trop vrai encore, ainsi
que l'ont avancé le colonel Fabvier et M. de Sainneville, que des malheureux, rassurés par les procla-

---

[1] On a été jusqu'à improuver le courage avec lequel les
condamnés ont subi leur sort. « Ils persistent, dit le préfet
« dans une lettre du 16 juin 1817, dans un système de déné-
« gation absolue ; et cette fermeté, qu'on ne trouvait autre-
« fois que dans les coupables à grand caractère, *a passé au-*
« *jourd'hui jusque dans la canaille !* »

mations et les promesses des chefs de troupe envoyés à leur poursuite, ont quitté leur asile pour venir se livrer à l'autorité; et, au lieu de la grâce promise, ont reçu la mort. Cette déloyauté, cette trahison ont été vainement démenties. On avait excepté de la grâce *les chefs de bande*, a dit le général Canuel. Mais les deux cent cinquante insurgés avaient-ils cent cinquante-cinq chefs? Les accusés de Saint-Andéol n'étaient qu'au nombre de *vingt; douze* ont été condamnés. Le nombre des commandans était-il donc plus considérable que celui des soldats? Que dira d'ailleurs le général Canuel, lorsque nous lui montrerons, d'une main, les lettres originales écrites à divers individus nominativement par un commandant de la force armée, pour les engager à rentrer; et de l'autre, la liste des condamnés, dans laquelle les noms de ces malheureuses victimes de la foi violée se trouvent écrits en caractères de sang.

1º *Laurent Colomban.* — L'ordre qui l'invite à reparaître se trouve rapporté dans les pièces justificatives de M. de Sainneville, p. 67, nº 11. Il est ainsi conçu :

Saint-Andéol, ce 11 juin 1817.

« Le nommé Laurent Colomban voudra bien se rendre auprès de moi à l'instant même, *conformément à l'ordre du jour qui vient d'être publié et affiché.* » *Signé*, GANDVOINET, major.

Cet ordre fut remis en original à sa femme, qui s'empressa de le faire parvenir à son mari. (Déclaration de cette femme, reçue devant Morellet et son collègue, notaires à Lyon, le 14 octobre 1818.)

Colomban se rendit de suite. Il fut arrêté, jugé, condamné à mort le 30 juin, et exécuté le 1er juillet.

2° *Jean-François Déchet.* — « Monsieur le chef d'escadron de la gendarmerie royale a promis *sur sa parole d'honneur* que les *frères Déchet* ne seraient pas arrêtés s'ils viennent chez eux et s'y comportent honnêtement et tranquillement et qu'ils rendent leurs armes. » Charnay, le 12 juin juin 1817. *Signé*, DE BAROLLET, lieutenant.

Jean-François Déchet s'est présenté ; il a été condamné à mort par arrêt du 4 juillet 1817.

3° *Le même manque de foi a été pratiqué envers les sept individus mentionnés dans l'acte de notoriété ci-après.*

Le 11 janvier 1818 il a été procédé à l'acte de notoriété qui suit :

Les soussignés, propriétaires et habitans de la commune de Saint-Andéol-le-Château, canton de Giv...., arrondissement de Lyon, département du Rhône, certifient et attestent à tous ceux qu'il appartiendra, que les nommés *Claude Guillot, François Charvin, François Desgranges,* Andéol, *Milliet, Jean-Antoine Campin,* Andéol, *Colombal,* et *Alexandre Guillot,* tous natifs et domiciliés de cette commune, condamnés à la peine de la déportation ; et *Jean-Pierre Champion, Jean-Antoine Targe,* de la même commune, condamnés à la peine des travaux forcés pendant cinq ans, par arrêt de la cour prévôtale du Rhône, du 30 juin dernier, pour avoir pris part à une sédition du 9 du même mois de juin, se sont rendus *de bonne foi, à la suite d'affiches apposées par les officiers en chef de la garde nationale et M. André, capitaine dans le 42e régiment de ligne de la légion inférieure,* qui les y *invitaient,* et d'après les *promesses* qui lui ont été verbalement faites qu'ils seraient *tous* *pardonnés.* En foi de quoi ils ont signé le présent. A Saint-Andéol, le 11 janvier. Suivent trente-deux signatures. »

Nonobstant l'ordre du jour, la promesse de grâce à ceux qui se présenteraient volontairement, et l'article 100 du Code pénal, les dénommés en l'acte de notoriété ci-dessus copié ont été condamnés par arrêt du 30 juin.

.... Et l'exemple inouï d'un homme exécuté sur un ordre verbal, sans avoir été, ni emprisonné, ni interrogé, ni accusé, ni jugé ! Si l'on doit s'en rapporter à la déclaration de sa veuve, voici ce qui se serait passé : laissons-la parler elle-même. Après avoir exposé les motifs d'animosité que M. le maire avait conçus contre son mari, cette femme continue en ces termes : « Le maire lui fit de violentes menaces (dont il ne crut pas devoir s'effrayer, n'ayant rien à se reprocher), en lui disant qu'il trouverait bien l'occasion de l'en faire repentir. Peu de temps après, le maire lui imputa le crime du 8 juin, et le fit appeler dans son domicile, le 12, par le garde-champêtre. Je me suis transportée chez le maire, mais on m'a refusé l'entrée de sa maison, à moi et à mes parens. Le garde-champêtre me dit de m'en retourner, qu'il n'arriverait rien à mon mari. Un instant après je vis sortir mon mari, environné de gardes nationales. Je demande si on l'amène chez nous ; on ne me répond rien ; je me mets à crier : Où est-ce que l'on emmène mon mari? Comme j'étais enceinte de huit mois, l'on me retenait et me consolait avec mes enfans; nous faisions de hauts cris. Je me suis élancée contre la troupe, pour aller vers mon mari; aussitôt l'on m'a repoussée brutalement, avec l'enfant que j'avais dans mes bras; ils m'ont présenté leurs baïonnettes, en me menaçant de me percer si je ne me retirais pas. Ensuite, *par l'ordre du maire on l'a fusillé à mes pieds.* Il donnait encore quelques signes de vie : on lui a tiré deux *coups de pistolets que le maire avait toujours à sa poche, mais qu'il avait donnés aux gardes nationales.* Un peu plus loin le maire était à la tête d'un peloton de gardes nationales, qui l'attendait de peur qu'il ne s'échappât. Tout le monde était en alarme, voyant cette victime, et on se croyait perdu. *Le maire en dansait de joie.* Après le décès de mon mari, quand je voyais ce monstre devant mes yeux, je lui demandais pourquoi il avait fait assassiner mon mari? Il m'a menacée de me faire prendre par les gendarmes, si je lui faisais le moindre reproche. Il les fit transporter dans mon domicile; je leur ai dit qu'on avait fait une victime de mon mari; que s'ils voulaient en faire une de ma personne, la mort ne me faisait pas peur, mais c'était pour mes trois enfans, dont le plus âgé avait six ans..... »

Parties intéressées, dites, dites à présent qu'il *faudrait creuser au centre de la terre pour y ensevelir les erreurs ou les crimes de l'autorité.* Non, non, Messieurs, il est utile de divulguer de pareils forfaits : pour la société, afin qu'elle les déteste ; pour le gouvernement, afin qu'il les punisse ; pour tous les citoyens, afin de leur apprendre à redouter l'arbitraire et à déplorer les funestes effets des discordes civiles ; enfin, pour les fonctionnaires eux-mêmes, afin d'avertir ceux qui seraient tentés d'abuser de leur pouvoir, qu'il est une justice, au moins d'opinion, qui, tôt ou tard, doit les signaler et les atteindre.

Postérité! tu n'oublieras pas les noms de ceux qui, dans ces derniers temps, se rendirent exécrables en offensant l'humanité, et tu les inscriras dans les fastes de l'histoire, à côté des noms du président d'Oppède et de Laubardemont!

Parlerons-nous maintenant de l'arbitraire des emprisonnemens, de la mauvaise foi dans les interrogatoires, de la cruauté de certaines arrestations, du régime des prisons, des procès injustes, vexatoires, absurdes, dont le détail serait infini...... et du projet, sans cesse renaissant, de nouvelles conspirations?

Antoine Constant a formellement déclaré, le 8 juin 1817, qu'après l'avoir interrogé et avoir écrit ses réponses, on avait, au moment de la signature, essayé deux fois de substituer une autre minute à celle qui contenait ses véritables réponses.

Extrait de la déclaration de Marinet (24 sept. 1818).

« Savarin, agent de M. Coste, se livra à tout ce que la fureur peut inspirer, envers le nommé Berger, logeur, ex-soldat de l'ex-vieille garde. Il le roua de coups de bâton sur les jambes et sur la tête, dont Berger a éprouvé une aliénation mentale, qui n'est pas encore totalement guérie. Ce Savarin souffrit que des passans joignissent leurs coups aux siens. De ce nombre était un nommé Brémaud, marchand d'indienne, rue Saint-Pierre, qui, en uniforme de garde nationale et armé (je ne sais s'il était de service), lui donna plusieurs coups de crosse de fusil, en grande partie dans l'estomac; après quoi cet infortuné fut *lié comme une fascine, jeté dans un tombereau que l'on accula à l'entrée des*

18

*caves de la maison de ville, par les degrés desquelles on le
fit rouler comme une bûche.... Il n'était pas le seul !.... »*

Lors de l'arrivée du duc de Raguse à Lyon, il
restait *dans ces caves* quarante-quatre détenus *qui
n'avaient pas encore été interrogés.* On ne disait plus
à Lyon *mettre en prison*, mais *jeter à la cave.* Tous
les détenus ont subi le secret le plus rigoureux. Nous
avons la copie de dix mandats d'arrêts lancés par le
maire de Lyon, contre une vingtaine d'individus ; ils
sont tous conçus en ces termes : « Le concierge de la
« maison d'arrêt de Saint-Joseph tiendra un tel à *ma
« disposition et au secret.* »

M. le colonel Fabvier à lu à l'audience la déclaration notariée du sieur Olivier sur les mauvais traitemens qu'il avait reçus, en sa qualité d'*acquéreur de
biens nationaux.*

On a fait feu sur les prisonniers ; plusieurs ont été
tués ; et les soldats qui se sont permis cette violence
ont été acquittés par un conseil de guerre, attendu
qu'ils n'avaient agi que *sur l'invitation de l'économe*,
et que d'ailleurs *telle était la consigne.*

Dans sa déclaration du 26 juillet 1818, Chatelain
donne des renseignemens assez curieux sur quelques
exactions commises par le militaire dans la commune
de Saint-Genis-Laval.

On sait quels sont les désordres qui ont accompagné l'exécution du capitaine Oudin : on a du moins
la consolation de penser que le soldat qui dépouilla
son cadavre n'était pas Français [1].

[1] Il était *Suisse.* (Écrit du général Canuel, p. 44.)

Le maire de Saint-Genis-Laval fit, le 18 juillet 1817, à M. le préfet du Rhône, son rapport sur la conduite du détachement qui avait présidé à cette exécution.

Le maire se plaint des exactions commises par les soldats, et surtout de l'intempérance des Suisses. — Deux d'entre eux, logés chez une veuve, avaient reçu pour *rafraîchissement* six bouteilles de vin, du pain à discrétion, et trois plats différens; ils ont battu la veuve, pour avoir encore du vin et de nouvelles provisions.

Le rapport est rempli d'autres traits du même genre.

Ce détachement était commandé par le capitaine D**. Cet officier fut traduit à un conseil de guerre et acquitté. Un des principaux fonctionnaires du département, rendant compte aux ministres de cette absolution, ne put s'empêcher de convenir que « cet acquittement était un vrai scandale.... Mais l'esprit de parti, dit-il, s'est emparé de cette affaire, *attendu qu'il s'agissait d'un gentilhomme et d'un chevalier de St-Louis*. On annonçait d'avance le résultat du jugement, qui a produit la plus mauvaise impression..... JE NE PENSE PAS *qu'il puisse rester* DANS LE CORPS. »

La même époque fut encore signalée par d'autres mesures arbitraires.

M. le préfet... [1] considérant qu'il est juste que ceux qui ont paru à la révolte supportent les frais que leur rebellion a occasionés, et qu'ils soient rendus so-

---

[1] Mémoire Sainneville, *pièces justificatives*, p. 24.

lidaires les uns pour les autres, comme aussi les pères et mères pour leurs enfans,

ARRÊTE qu'une somme de 1,850 francs sera répartie entre divers habitans de la commune de Saint-Andéol, qu'il désigne dans un rôle exécutoire joint à son arrêté.

Dans cet état, qui est remis immédiatement au percepteur, la veuve Dumont, la mère de ce malheureux enfant de seize ans et demi qui avait été coudamné à mort, est comprise pour 150 francs, qu'elle a été contrainte de payer.

L'argent ainsi extorqué à cette veuve pour sa quotepart dans les frais d'exécution de son malheureux fils, ne rappelle-t-il pas le trait du bourreau de Verrès, qui convenait de prix avec les mères, pour abréger le supplice de leurs enfans!

La persécution ne se borna pas à Lyon et aux communes environnantes. Elle étendit au loin ses ravages. L'arrondissement de Villefranche en fut surtout la victime. C'est là peut-être que la réaction fournit le plus de ces petits traits qui ont plus particulièrement le caractère poignant de vexation, et qui par-là même sont le plus propres à aigrir et irriter les esprits.

1° Jolivet, ancien maréchal-des-logis, privé de son bureau de débit de tabac, et arrêté pendant quarante jours, parce qu'on croit reconnaître dans la peinture de son enseigne, le mélange criminel des couleurs proscrites. — Il n'a été mis en liberté qu'après un rapport d'experts qui a établi que le peintre n'avait pas employé de *bleu*.

2° Le lieutenant-colonel Perroud, le capitaine Perrin, le lieutenant Meyer, arrêtés pour s'être absentés de la procession, et *pour leur opinion reconnue contraire au gouvernement.*

3° L'ex-capitaine de grenadiers Velu, interrogé sérieusement sur le crime d'avoir donné le nom de *cosaque* à son cheval, et à qui l'on demande : « Comment avez - vous pu donner à votre cheval un nom qui doit être *cher à tous les bons Français?* » — On sait que cet infortuné capitaine est mort en prison.

4° Un malheureux prisonnier tombe malade, on ne consent le transport de son corps à l'hôpital, que sous la condition que sur son lit de douleur on lui mettra les fers aux pieds : il les avait encore six heures avant d'expirer !

J'abrège ce détail, et je vous rappelle seulement ce que vous a dit M. le colonel Fabvier, « que si on « l'y force, il consent à faire, *village par village,* « le tableau des actes arbitraires et des concussions « supportées par le département. »

Arrivons au dénoûment de ces scènes tragiques.

Mais auparavant reposons nos esprits, fatigués du récit de tant d'horreurs, par un trait qui honore à la fois la religion et l'humanité.

M. le curé de Millery, appelé en témoignage aux débats devant la cour prévôtale dans l'affaire de Millery, le 12 août 1817, interrogé par le président, répondit : « Je prie la Cour de me dispenser de dé- « poser. Je ne vois sur les bancs de l'accusation que « mes paroissiens. Je suis leur père spirituel : ils « sont mes fils en Dieu. Je ne puis déposer ni pour,

« ni contre eux. S'il y a eu du tumulte dans ma com-
« mune, il n'a pu être causé que par des étrangers. »

Le président lui reprocha avec aigreur de montrer
tant de faiblesse, et l'admonéta en termes sévères.

M. de Sainneville a dit, et avec raison (p. 118),
« qu'immédiatement après le 8 juin, on s'attacha à
« exagérer dans l'opinion les mouvemens qui avaient
« eu lieu, et à écarter les doutes qui s'élevaient dans
« quelques esprits sur leur nature, leur importance
« et leurs dangers. »

Mais on ne s'arrêta pas là. Pour continuer la réaction, il fallait entretenir les craintes ; et, dans ce dessein, on essaya de prouver au gouvernement que les
factieux conspiraient encore, et qu'ils cherchaient à
renouer l'entreprise au moment même où leur complot venait d'être déjoué, et où le sang de leurs complices coulait sous le glaive de la loi.

La police civile redouble de surveillance ; mais,
en remontant à la source, elle parvient à saisir *Fiévée*,
dit *Champagne*, et le nommé *Blanc*, tous deux *agens
provocateurs*, l'un et l'autre instigateurs de troubles,
et créateurs de complots.

Dans la vue de compromettre la police civile,
Champagne avait déclaré qu'il était allé *chez M. de
Sainneville*, et que celui-ci lui avait fait des *propositions séditieuses et des offres d'argent*. Mais en présence de M. de Sainneville, il avoua *qu'il ne l'avait
jamais vu avant cette époque*.

L'imposture de *Blanc* fut également mise à découvert. Ceux qui l'avaient mis en œuvre, le réclamèrent :
on le leur rendit ; mais il demeura pour avéré qu'il

en avait imposé sur tous les points, et qu'il n'avait jamais *ni vu ni entendu aucun de ceux* que pourtant il avait inscrits sur son *carnet* comme membres de comités d'insurrection auxquels il prétendait avoir assisté!

Cependant le bruit d'un mouvement pour le 25 août s'était répandu avec la rapidité de l'éclair : ce bruit, colporté à dessein par *les hommes du parti*, frappa tous les esprits de consternation.

Près de huit mille habitans quittèrent la ville : la terreur fut à l'ordre du jour.

Mais quel changement s'opère tout à-coup? En un instant les manœuvres cessent, les bruits alarmans ne circulent plus. Chaque autorité rentre dans le cercle de ses attributions. Deux jours auparavant, l'un des principaux fonctionnaires affirmait qu'un nouveau mouvement d'insurrection était imminent; un autre écrivait que le département avait besoin de *rester pendant quelque temps encore soumis au régime militaire* : et cependant aujourd'hui ces mêmes autorités, si alarmées, assurent que Lyon jouissait alors *du calme le plus parfait*, et que des mesures nouvelles n'étaient pas nécessaires.

Quelle était donc la cause d'un si subit et si étonnant changement? On venait de répandre à Lyon la nouvelle que M. le duc de Raguse allait y être envoyé comme *lieutenant du Roi*, afin de s'assurer de la véritable situation de cette malheureuse contrée, et d'examiner la conduite des autorités.

Un changement de langage si prompt ne fit que fortifier les doutes; et M. le duc de Raguse partit.

La faction n'ayant pu empêcher son départ, se répandit du moins en injures contre sa personne. Et certain *Moniteur*, soi-disant *royal*, ne craignit pas de dire à ses abonnés que la mission dont le duc était chargé au nom du Roi était une *mission infâme*.

M. le duc de Raguse n'en a pas moins rempli sa mission avec fermeté et impartialité. C'est une des plus glorieuses époques de sa vie.

A son arrivée, il s'aperçoit que les Suisses tenaient leurs canons braqués du côté de la ville, en avant de leurs casernes : il leur ordonne de les retirer ; et cette première mesure remplit de joie toute la ville. Instruit de ce fait, le ministère en témoigne sa satisfaction au maréchal, en disant que « les Suisses de-« vaient être honteux d'une pareille et si ridicule « précaution. On vous sait autant de gré de ce com-« mencement (dit la lettre officielle), que si vous « eussiez fait *lever le siége de la ville* : tant les Fran-« çais sont faciles à conduire et à contenter quand on « sait les prendre! »

Quelques jours après, M. le duc de Raguse passa la revue de la garde nationale, et la confiance des Lyonnais se montra telle, qu'à aucune autre époque la réunion n'avait été aussi nombreuse.

Le lieutenant du Roi entend toutes les plaintes, explore tous les faits; il rassure, il apaise, il calme les ésprits; il fait justice à tous, et s'acquiert ainsi des droits éternels à la reconnaissance des habitans.

Les FAITS recueillis par M. le duc de Raguse, ses RAPPORTS au gouvenement et les PIÈCES qui les appuient, attestent les *maux* que le département a soufferts, en signalent les *auteurs*, et indiquent les *remèdes* qu'il convient d'y apporter.

Que le général Canuel ne s'autorise pas de *récompenses* qu'il dit avoir obtenues à la recommandation de M. le maréchal. A-t-il donc oublié, ou faudra-t-il lui apprendre que si sa disgrâce alors ne fut pas complète, il ne le dut qu'à l'extrême modération du lieutenant du Roi. A cette époque d'ailleurs la vérité n'était pas encore entièrement connue. Elle se découvre de plus en plus tous les jours....

Cependant la mission de M. le duc de Raguse, combattue dans son principe, contrariée dans ses opérations, fut attaquée dans ses résultats.

Vainement sa conduite et ses mesures avaient reçu l'approbation du monarque : la faction que j'ai signalée dans tout le cours du récit; cette faction antifrançaise, dont la haine invétérée semble désormais incurable; incorrigible dans ses prétentions, inépuisable dans ses regrets, insatiable dans ses vengeances; également ennemie et du pouvoir des rois et de la liberté des peuples; qui se croit esclave quand elle n'est pas la maîtresse;... cette faction, dis-je, se déchaîna contre M. le maréchal [1].

---

[1] Le général Foy a dit mieux que cela. Interpellé par le côté droit, à la séance du 20 mars 1822, de désigner ce qu'il entendait par aristocratie, il répondit à ceux qui le provoquaient : « Nous appelons aristocratie au XIXe siècle, la ligue « et la coalition des hommes qui veulent consommer sans « produire, vivre sans travail, tout savoir sans avoir rien « appris, envahir tous les honneurs sans les avoir mérités, « et occuper toutes les places sans être en état de les remplir! »

« D'injustes provocations, d'abord ignobles et
« clandestines, bientôt publiques dans plusieurs ou-
« vrages, et enfin éclatantes à la tribune même, en-
« gagèrent M. le colonel Fabvier à publier un écrit
« dont le but était d'éclairer ses concitoyens sur leur
« situation et sur leurs dangers [1]. »

M. le préfet du Rhône exposa les faits à sa manière,
avec un sang-froid et une tranquillité qui suspendirent
un instant le jugement des hommes impartiaux.

Mais d'autres écrits plus vifs se succédèrent bientôt.

Feu M. le maire de Lyon publia ce qu'il appelait
la vérité, et y joignit quelques pièces.

Le grand prévôt publia aussi un mémoire apologé-
tique, dont *l'épigraphe* surtout est remarquable par
le rapprochement auquel elle prête, avec un factum
du même genre publié en 1545 [2].

M. Canuel enfin répondit au colonel Fabvier.

Dans ces diverses brochures, M. de Sainneville
était traité avec peu de ménagement :

S'attaquant à lui, le général Canuel surtout lui reprochait ouvertement d'avoir été d'intelligence avec
les factieux, de les avoir protégés, et de n'avoir employé, pour découvrir et déjouer leurs complots, aucun
des moyens que sa qualité de lieutenant-général de
police mettait à sa disposition.

Ces attaques, aussi violentes qu'inconsidérées,
dirigées contre la personne de M. de Sainneville,
contre son caractère d'homme public, et sa conduite
dans l'exercice des fonctions qu'il avait exercées, suf-

---

[1] Discours du colonel Fabvier à l'audience du 28 décembre.
[2] Par le président d'Oppède.

fisaient sans doute pour l'autoriser, que dis-je? pour l'obliger à répondre.

Mais je ne le dissimule pas, ou plutôt je suis chargé de vous le dire, un motif plus noble, plus grand, plus cher à son cœur, lui dit que le moment était enfin venu de démasquer les détestables intrigues dont ses concitoyens avaient été victimes.

Il a été long-temps leur magistrat, leur magistrat affectueux, protecteur et désintéressé. C'est un témoignage qu'il avait déjà recueilli de la bouche même de ceux qui depuis l'ont déchiré.

Aujourd'hui il est attaqué en calomnie pour avoir publié la vérité!... Hommes de ténèbres, si la lumière qu'il a répandue sur ces tristes faits vous blesse et vous importune, baissez les yeux, mais ne vous plaignez pas.....

J'ai rétabli la vérité des faits sur les *événemens de Lyon;* et de leur exposé, appuyé des pièces probantes, il est resté pour constant :

1° Qu'une faction ambitieuse et mécontente a semé des bruits alarmans, et employé des manœuvres perfides pour exciter une agitation factice, et signaler des dangers imaginaires;

2° Que cette faction, après avoir échoué deux fois, est revenue à la charge une troisième, et est parvenue, à l'aide *d'agens provocateurs,* à exciter quelque mouvemens séditieux;

3° Que l'autorité, prévenue à l'avance qu'une insurrection devait éclater, n'a cependant rien fait pour en prévenir l'explosion;

4° Que ce mouvement, dont les chefs seuls méritaient d'être punis, a été suivi de la condamnation de la moitié des insurgés, en telle sorte que chaque chef n'aurait eu qu'un soldat;

5° Qu'enfin l'esprit de réaction et de vengeance s'est emparé de ces événemens, pour exercer sur les malheureux habitans du Rhône une foule d'actes arbitraires, d'exactions et de vexations de détail qui avaient porté le désespoir et l'exaspération à leur comble, quand le lieutenant du Roi est venu rendre à tous la justice et la paix.

C'est en vain que des clameurs s'éleveront pour démentir quelques-uns de ces faits. On ne rendra point la vie aux morts; et les gémissemens des mères, les accens douloureux des veuves, ne se tairont point devant la hardiesse des dénégations !

Maintenant que le point de fait est connu, examinons le point de droit.

M. de Sainneville s'est-il rendu coupable de calomnie envers le général Canuel?—Les articles 367 et suivans du Code pénal sont-ils applicables à l'espèce?

Ici se présentent deux questions graves:

1° Les articles 367 et suivans du Code pénal peuvent-ils être invoqués par les fonctionnaires publics, contre les écrits qui renferment la censure de leurs actes ou de leur conduite dans l'exercice de leurs fonctions?

Les raisons de décider pour la négative se tirent principalement de ce que ces articles sont placés sous le titre II du Code pénal, dont la rubrique porte :

Crimes et délits CONTRE LES PARTICULIERS; ce qui exclut visisiblement les fonctionnaires : d'autant mieux que, sous les titres précédens, se trouvent prévus et punis tous les *crimes et délits* CONTRE LA PAIX PUBLIQUE; ce qui comprend non-seulement les délits dont les fonctionnaires peuvent se rendre coupables eux-mêmes, mais encore ceux dont on peut se rendre coupable envers eux, comme on peut le voir par la section 11 intitulée : *Résistance, déso-béissance et* AUTRES MANQUEMENS ENVERS L'AUTORITÉ PUBLIQUE.

Une autre raison se tire du fond même des dispositions du Code ; car si l'on appliquait aux fonctionnaires les dispositions relatives à la calomnie contre les simples particuliers, il en résulterait non-seulement que les peines seraient les mêmes, malgré la différence des personnes ; mais que les peines prononcées *pour la calomnie* se trouveraient moins fortes que celles prononcées par le même Code pour de *simples injures verbales* contre les fonctionnaires : ce qui serait évidemment contraire à la règle fondamentale, qui veut qu'en matière criminelle les peines soient *graduées* selon la qualité des personnes et la gravité des faits.

2° Une seconde question serait de savoir jusqu'à quel point les articles 367 et suivans du Code pénal, publiés sous l'empire d'une constitution qui n'admettait pas la liberté de la presse, et sous un régime de censure qui ne laissait rien passer qui pût déplaire au gouvernement ou à ses agens ; jusqu'à quel point, disons-nous, ces articles, en tant qu'on voudrait les appliquer à la calomnie contre les fonctionnaires publics, seraient aujourd'hui compatibles avec la Charte constitutionnelle, qui consacre la liberté de la presse, et qui par-là même permet de censurer les actes, et de critiquer la conduite des fonctionnaires.

Ce sont, je le répète, des questions graves, sur lesquelles je ne m'étendrai pas présentement, parce qu'elles ont déjà été traitées par M. l'avocat Fabvier, et que d'ailleurs on y reviendra dans la réplique.

Quant à présent, j'examinerai la question de calomnie sous d'autres points de vue qui se lient plus immédiatement aux circonstances du procès.

La loi n'a voulu rien d'absurde ni de contradictoire; et pourtant on tomberait à chaque instant dans l'un et dans l'autre, si l'on s'attachait littéralement, judaïquement, à la disposition de la loi qui répute calomnieux tout fait à l'appui duquel la preuve légale n'est pas incontinent rapportée.

On tomberait dans l'absurde. En effet, comme tous les actes de la vie humaine ne sont pas de nature à se prouver par des jugemens, il en résulterait le plus souvent qu'il serait impossible de citer les faits les plus notoires, les plus évidens, sans courir le risque d'être accusé de calomnie.

Qu'un historien, par exemple, rapporte une bataille, et qu'il dise que l'aile gauche a plié, parce que tel officier a manqué de présence d'esprit ou de résolution; qu'au lieu d'arriver à huit heures du matin, il n'a pris position qu'à midi; qu'il s'est porté à gauche, au lieu de se diriger vers la droite; notre Polybe moderne pourra être attaqué en calomnie.

Vainement il s'écriera que le fait est notoire, qu'il s'est passé en présence de cent mille témoins, que lui-même était parmi les soldats, qu'il a été blessé dans le feu de l'action; que tous les journaux français et étrangers en ont rendu compte!... N'importe, l'officier plaignant lui répondra bravement, avec l'article 367, que l'imputation est de nature à l'exposer au mépris et à la haine de ses concitoyens; qu'elle est calomnieuse, parce qu'il n'y a pas de jugement qui, aux termes de l'article 370, constate la fausse manœuvre relevée dans la narration; et qu'enfin, quoiqu'il y ait cent mille témoins, l'auteur de l'imputation, ne peut pas, d'après l'article 368, être admis, pour sa défense, à demander que la preuve en soit faite, ni alléguer que le fait est notoire et consigné dans les journaux. Un jugement déclarera en conséquence les faits calomnieux : l'affiche en sera ordonnée, et le brave officier, réparant sa défaite en police correctionnelle, pourra, en dépit de ses compagnons d'armes, faire lire sa gloire placardée au coin des rues et dans les carrefours.

Non-seulement on tomberait ainsi dans l'absurde; mais j'ajoute qu'avec ce système de juger un procès en calomnie, avant qu'une décision soit portée sur le fond des faits dénoncés dans l'écrit réputé calomnieux, on s'exposerait à d'étranges contradictions : car il pourrait souvent arriver, qu'après avoir condamné à la prison l'auteur de l'écrit, comme calomniateur, sous prétexte qu'il ne rapportait pas la preuve légale, cette preuve fût ensuite acquise contre le demandeur en calomnie, qui, par ce moyen, viendrait

se ranger dans la même prison, à côté de son prétendu calomniateur, pour les mêmes faits qu'on aurait prématurément réputés calomnieux.

Si la preuve légale est exigée indistinctement et
dans tous les cas, on ne criera plus *au voleur;* car il
pourra se retourner effrontément, et revenir sur vous
en demandant où est la preuve légale qu'il ait volé?

Mais, dira-t-on, ce cri *au voleur* est une sorte de
dénonciation autorisée par l'usage.

Et n'est-il donc pas également permis de jeter un
pareil cri dans l'intérêt de la société tout entière?
Quoi, si je vois la vie d'un seul homme menacée, je
puis impunément crier *à l'assassin!* Et si j'ai été témoin de l'oppression de toute une province, si j'ai vu
couler le sang d'un grand nombre de citoyens, si j'en
ai vu d'autres jetés dans les fers, rançonnés, menacés, vexés, sans raison et sans mesure, il me sera
défendu d'élever la voix! je serai calomniateur parce
que j'aurai révélé ces faits, que je les aurai dénoncés
à l'opinion publique et au gouvernement! et lorsqu'à
grands cris j'appellerai justice sur les coupables, on
me condamnera comme calomniateur, sous prétexte
que la justice que j'invoque n'a pas encore été rendue!

Ah! si la révélation des grandes injustices et les
cruautés des proconsuls avaient toujours dû être ac-
compagnées de la *preuve légale,* peut-être gémirions-
nous encore sous le régime odieux de 1793; car, en
raisonnant sèchement d'après l'article 370, Robespierre et Marat auraient gagné leur procès contre
ceux qui, les premiers, ont dénoncé les crimes de
ces monstres, et tiré le peuple de sa léthargie!

Après les massacres de Cabrières et de Mérindol, quand la dame de Cental, qui habitait ces malheureuses contrées, eut le courage d'élever la voix et de dénoncer à la France entière les cruautés dont les agens du gouvernement s'étaient rendus coupables envers ses concitoyens; quoiqu'alors il n'y eût point de charte, ni de liberté de la presse, cependant on ne lui opposa point qu'elle ne rapportait pas la *vreuve légale* par un arrêt qui eût condamné les excès dont elle se plaignait, et sur lesquels elle appelait l'exécration des siècles et la vengeance des lois! on ne l'attaqua point en calomnie! Mais le roi Henri II ordonna que cette affaire serait solennellement instruite et jugée par le parlement de Paris, où elle fut plaidée pendant cinquante-deux audiences.

Ces observations préliminaires n'ont pas pour objet d'éluder les dispositions des lois sur la calomnie, mais de signaler l'abus qu'on en pourrait faire, si on les appliquait avec une rigueur qui n'admît aucun tempérament.

Passons maintenant au fond du procès.

Tout fait qui nuit ou déplaît au prochain ne constitue pas un *délit*.

Pour qu'un fait prenne un caractère répréhensible, il faut qu'il ait été commis *méchamment et à dessein de nuire à autrui*[1].

En un mot, c'est dans la perversité de l'intention que peut seule résider la criminalité.

---

[1] *Non corpus peccare, sed mentem ; et undè consilium abfuerit, culpam abesse.* Tit. Liv., lib. 1.

Ce qui est vrai de tous les délits, est vrai surtout du délit de *calomnie*.

Pour qu'il y ait calomnie, il faut, non-seulement que les faits soient faux, mais qu'ils aient été dits ou écrits *malicieusement*.

On ne se méprend pas sur ce genre d'intention; et de même qu'on appelle possesseur de mauvaise foi celui qui, interrogé sur la cause de sa possession, ne peut rien répondre, sinon, *je possède parce que je possède*; de même on peut dire qu'un homme est un calomniateur toutes les fois qu'interrogé sur les propos qu'il a tenus ou les écrits qu'il a publiés, il n'en peut rendre aucune raison honorable.

Mais ici M. de Sainneville a eu pour écrire deux motifs également vrais, également forts, également légitimes.

Ce n'est point en haine de M. Canuel que M. de Sainneville a rendu compte des événemens de Lyon; jamais aucune inimitié ne s'était déclarée entre eux.

Il n'a point attaqué M. Canuel, il ne l'a point provoqué, il n'a point été l'agresseur.

M. Fabvier avait publié son courageux écrit: M. Canuel s'en est trouvé offensé....

Au lieu de l'assigner en police correctionnelle, il a mieux aimé se faire raison à lui-même; il a employé les mêmes armes; il a répondu au colonel par la voie de l'impression... Jusque-là, rien de mieux, et M. de Sainneville (si l'on ne se fût pas occupé de lui), n'avait rien à démêler avec ces deux antagonistes.

Mais, au lieu de se borner à réfuter son adversaire, M. Canuel s'en est pris à M. de Sainneville; il l'a attaqué avec violence dans sa brochure; il lui a imputé d'avoir favorisé les conjurés, d'avoir eu des agens provocateurs, et d'autres faits de ce genre.

Ainsi provoqué, M. de Sainneville a dû répondre à son tour.

Il est permis, dit la loi, de repousser la violence par la force : *vim vi repellere licet.* Le meurtre même est excusable quand on ne la commis qu'à son corps défendant.

Lors donc qu'un citoyen est attaqué dans son honneur, quand il est traduit au tribunal de l'opinion publique, pour des faits injurieux à sa réputation : loin de décliner honteusement cette juridiction, la première et la plus puissante de toutes, il doit s'empresser de lui adresser ses justifications, de rétablir les faits, et de présenter sous leur vrai jour les événemens qu'on a dénaturés : *scripta scriptis refellere licet.*

A côté de ce besoin de se justifier soi-même, un intérêt non moins cher n'a pas permis à M. de Sainneville de garder plus long-temps le silence. S'il a dû se laver lui-même des calomnies dont il était l'objet, il a dû venger aussi sa ville, son département, ses concitoyens, ses administrés, des reproches odieux de trahison et de félonie qui leur étaient adressés.

Ce besoin est devenu plus pressant encore, quand d'autres écrits émanés d'autres fonctionnaires, mais également dirigés contre sa personne et contre son pays, eurent été publiés dans la vue d'égarer l'opinion publique sur les événemens de Lyon, et sur la part qu'il avait dû y prendre.

Ainsi l'écrit de M. de Sainneville n'est point un *libelle* dirigé contre M. Canuel.

L'auteur embrasse tous les faits dans son récit, parce que, de leur ensemble seul pouvait jaillir la lumière qu'il a répandue sur une foule d'attentats particuliers. M. Canuel y est nommé sans affectation, sans aigreur, comme tant d'autres personnages, qui mieux avisés que lui ne se sont pas plaints en police correctionnelle, et qui ont mieux aimé se laisser appeler comme témoins que de se présenter comme champions.

La brochure de M. de Sainneville, publiée dans les circonstances que j'ai rappelées, écrite avec modération et retenue, ne sera jamais rangée dans la classe de ces écrits odieux qui ne sont rendus publics que pour répandre au loin le venin de la calomnie. M. de Sainneville eût pu sans doute en appeler de suite à votre juridiction; mais il aurait cru s'avouer coupable, si, pouvant d'abord aux yeux de ses concitoyens se justifier par la seule puissance des faits, il eût commencé par se retrancher obscurément derrière le Code pénal, pour défier ensuite son adversaire de lui rapporter la *preuve légale* des torts qu'il lui reprochait.

J'ai dû avant tout, Messieurs, signaler les intentions de M. de Sainneville, parce que, en matière criminelle ou correctionnelle, le juge a toujours égard aux circonstances.

Dans les matières qui ne sont *pas encore* soumises au jury, la conscience des magistrats ne se forme pas autrement que celle des jurés; et ils savent très-bien que la lettre de la loi n'est jamais assez puissante pour les obliger à juger en sens inverse de leur conviction.

Tous les jours la jurisprudence en offre des exemples.

Il n'arrive que trop souvent que des gens acquittés par le jury, ou renvoyés d'une plainte en vol ou en escroquerie, assignent la partie civile en calomnie, et demandent des dommages-intérêts. Là, il semble que leur succès doive être infaillible; car non-seulement on n'a pas contre eux la preuve légale du vol ou de l'escroquerie dont ils ont été accusés; mais ils ont la preuve légale du contraire dans le jugement qui les acquitte, et les renvoie : eh bien! pourtant, il arrive le plus souvent qu'ils sont déboutés de leur demande, parce que le juge ne peut se dissimuler à soi-même qu'ils ont été acquittés, moins parce qu'ils étaient innocens, que parce qu'il ne manquait qu'un degré d'évidence de plus aux preuves produites contre eux.

Ici d'ailleurs les dispositions du Code sur la preuve légale pourraient d'autant moins être appliquées à M. de Sainneville, qu'il serait exact de dire avec le deuxième § de l'article 367, que les faits par lui révélés sont de la nature de ceux dont la loi autorisait la publicité, parce que M. de Sainneville était, par la nature des fonctions qu'il avait exercées, et par les devoirs qu'elle lui avait imposés, obligé de les révéler.

Mais si j'ai dû faire toutes ces observations pour fixer le vrai sens de la loi, et empêcher qu'on abusât des termes de l'article 370, pris trop généralement, je puis à présent me placer dans le cercle tracé par cet article, et démontrer que M. de Sainneville n'en redoute rien, puisqu'il n'a pas avancé un seul fait dont il ne puisse, rigoureusement parlant, rapporter la *preuve légale*.

Dans toutes les pages signalées, les reproches qui peuvent atteindre M. le général Canuel se réduisent à deux propositions générales :

1° On a organisé à Lyon une police militaire, dont les agens, justement appelés *provocateurs*, ont conçu, préparé, excité les mouvemens séditieux qui ont éclaté dans le département du Rhône ;

2° L'autorité militaire a été instruite d'avance du jour précis où les mouvemens devaient éclater ; on eût pu les prévenir, et on n'a rien fait pour cela.

Et bien, ces deux assertions sont légalement prouvées.

L'article 370 ne considère pas seulement comme preuve légale celle qui résulte d'un *jugement ;* mais il ajoute : *ou de tout autre acte authentique.*

Or, il est bien vrai que M. de Sainneville ne rapporte pas de *jugement ;* mais il rapporte *des actes authentiques* qui établissent tout ce qu'il a avancé, et cela suffit.

Il faut d'abord s'entendre sur les mots, et définir ce que la loi entend par *acte authentique.*

Il ne faut pas seulement entendre ce mot dans le sens du droit civil, qui ne donne guère la qualification d'*actes authentiques* qu'aux actes *judiciaires* et *notariés ;* il faut en saisir l'acception dans toute son étendue.

Authentique, dans son acception grammaticale,

exprime ce qui est revêtu d'une autorité suffisante, et qui fait foi par soi-même.

Suivant cette définition, tout acte est donc authentique dès qu'il émane d'une autorité qui avait caractère pour le faire.

Ainsi, non-seulement les jugemens sont des actes authentiques; mais les mandats de comparution et d'arrêt, les interrogatoires, les ordonnances du juge, bref, tous les actes de juridiction, sont des actes authentiques.

Il en est de même, dans l'ordre administratif, des décisions, des arrêtés, des rapports, des correspondances officielles.

En un mot, un acte est authentique toutes les fois qu'il a été fait ou reçu par un fonctionnaire public dans l'ordre de sa compétence ou de ses fonctions.

Or, les actes produits par M. de Sainneville, à l'appui de ses assertions, ont tous ce caractère d'authenticité.

Il a prouvé l'existence de la faction qui voulait renverser le ministère par les rapports officiels du préfet du Rhône;

L'existence d'une police militaire, ennemie et rivale de la police civile, par les mêmes rapports.

Il a, en outre, prouvé l'existence de cette police militaire par la quittance de M. le général Canuel, qui, sans être devant notaire, n'en est pas moins authentique, 1° parce qu'il l'a donnée comme fonctionnaire public, en nom qualificatif; 2° parce qu'en termes de droit, l'acte sous seing privé a, entre ceux qui l'ont souscrit, *la même foi que l'acte authentique*. (Code civil, art. 1322.)

La présence des agens de cette police, comme artisans de troubles et fabricateurs de conspirations, est prouvée,

1° Par les interrogatoires de ces agens, soit devant la cour prévôtale, soit devant les fonctionnaires de l'ordre administratif faisant fonctions d'officiers de police judiciaire;

2° Par les déclarations d'un grand nombre de témoins;

3° Par les lettres de M. le procureur du roi pour ce qui concerne la revendication de Brunet;

4° En ce qui touche Châtelain, par la lettre de son colonel, le certificat du grand prévôt, et la lettre de recommandation de M. Canuel, joints à ses interrogatoires;

5° En ce qui touche Blanc, par ses interrogatoires, la lettre du sous-préfet de Villefranche, la saisie de son carnet, et autres pièces officielles.

La seconde proposition, consistant à dire que l'autorité avait été prévenue à l'avance, est prouvée,

Par la déclaration de Vernay, par le rapport de M. Valentin, ex-maire de Saint-Genis-Laval, par celui de M. de Saint-Paulet, officier de la gendarmerie, par les propres aveux du général Canuel dans sa brochure.

Le défaut de dispositions faites pour prévenir le mouvement est un fait négatif, qui se prouve par l'absence même de toutes dispositions militaires antérieures au 8 juin.

Le reste regarde la cour prévôtale ou d'autres fonctionnaires.

Il est donc vrai de dire que tous les faits avancés par M. de Sainneville, en tant qu'ils se rapportent à la personne du général Canuel, sont prouvés *par actes authentiques.*

Sa demande en calomnie est donc mal fondée.

Passons maintenant à la plainte de M. de Sainneville.

(Ici l'avocat discute les différens reproches adressés par le baron Canuel à M. de Sainneville ; il appuie ses raisonnemens par des pièces. Il termine ensuite en ces termes :)

En me résumant sur cette dernière partie, je dis que les faits rapportés par le général Canuel contre M. de Sainneville sont graves, qu'ils sont calomnieux; que non-seulement ils ne sont pas prouvés, qu'ils ne pourront pas l'être, mais que je rapporte d'avance la démonstration contraire. Du reste, M. de Sainneville ne demande que la suppression des écrits injurieux pour toute vengeance, et une publicité convenable pour toute réparation. L'estime publique lui tiendra lieu de dommages et intérêts.

En ramenant ma pensée sur les causes qui ont donné naissance à ce fameux procès, en réfléchissant aux effets qu'il pouvait produire sur l'esprit public, je me suis demandé comment il se faisait que le général Canuel en eût été le premier moteur?

Y a-t-il cherché un accroissement de célébrité

(me disais-je), ou l'occasion de faire son apologie en chargeant ses avocats de plaider positivement qu'il avait *sauvé le Trône et l'État?*

Pourquoi, d'une autre côté, après s'être adressé au tribunal de l'opinion publique, a-t-il soudain décliné sa juridiction, pour venir se réfugier dans cette enceinte?

Ce problème m'a d'abord embarrassé; mais bientôt la solution s'est présentée. — On en a appelé à l'opinion publique, tant qu'on crut pouvoir l'égarer; mais dès qu'on a senti qu'elle était détrompée, on a pris une autre marche, toujours dans l'espoir de revenir au même but.

On s'est dit : Il existe une loi rigoureuse, faite dans un temps de despotisme, et dont tous les termes ont été calculés pour que la vérité même ne pût jamais percer ni contre le tyran, ni contre ses agens;... assignons en police correctionnelle les téméraires qui ont osé imprimer que le département du Rhône avait été voué à l'arbitraire : ils n'en auront sûrement pas la *preuve légale;* car l'arbitraire et l'impunité même n'auront pas permis de l'acquérir : ils seront donc déclarés calomniateurs; et, à la grande satisfaction de nos amis, nous pourrons afficher dans toute la France, que le département du Rhône fut réellement le foyer d'une *vaste conspiration* que seul nous avons comprimée!

C'est en vain toutefois qu'on se serait flatté de faire ainsi prendre le change sur l'intérêt principal qui s'attache à ce procès.

La vraie question est de savoir si les *événemens*

de Lyon sont tels que l'ont prétendu le maire, le préfet, le grand-prévôt, et le lieutenant-général Canuel, d'une part ; ou tels que, d'autre part, le prétendent et le soutiennent hautement, le colonel Fabvier, M. de Sainneville, et M. le maréchal duc de Raguse, lieutenant du roi.

Le général Canuel termine sa brochure par demander des juges..... Peut-être lui seront-ils octroyés !...

Mais, en attendant, la vérité des faits qui se rattachent aux calamités de Lyon ne peut être subordonnée à la chance d'un procès particulier en calomnie.

Quelle impression, en effet, produirait dans de telles circonstances un jugement de police correctionnelle qui, ne portant pas sur le fond des choses, s'appuierait seulement (je le suppose pour un instant) sur l'absence actuelle d'une preuve légale plus ou moins complète ? — Aucun. Chaque parti n'en resterait pas moins entier dans son opinion : chacun de son côté en appellerait au gouvernement, à l'opinion publique, ou, pour employer ici des expressions connues [1], *à l'éternelle vérité que Dieu a mise en chaque chose.* C'est ainsi qu'autrefois, après de longs débats théologiques, les vaincus ne manquaient jamais d'en appeler *au futur concile.*

Non, j'ose le dire, votre jugement lui-même, quelque respectable qu'il fût à nos yeux, serait impuissant pour persuader aux Lyonnais que leur pays est animé d'un esprit de révolte et de sédition ; im-

---

[1] Expressions empruntées à M. Fiévée.

puissant surtout pour les convaincre que la proscription, l'arbitraire et la désolation n'ont pas pesé
sur eux !

L'opinion publique, d'ailleurs, n'a-t-elle pas déjà
rendu son arrêt? Ne s'est-elle pas manifestée à Lyon
même, par une nomination éclatante [1]; dans toute la
France, par le frein salutaire qu'elle a imposé aux
hommes qui ne se repaissaient que de l'idée des proscriptions ?

Tels sont, dans cette mémorable circonstance, les
immenses bienfaits de la presse, qu'il a suffi de révéler les événemens de Lyon pour arrêter, sur tous les
points du royaume, le cours des persécutions locales
et de ces menues vexations qui tourmentent et déso-
lent l'existence des citoyens.

Chérissons donc nos droits constitutionnels; sa-
chons en user avec fermeté comme avec sagesse.
Les vrais amis de la vraie liberté sont plus intéressés
que d'autres à empêcher qu'on ne la confonde avec
la licence, pour avoir un prétexte de la leur enlever.

Pénétré du besoin que nous avons tous de repos
pour le présent, et de sécurité pour l'avenir, le gouvernement aura soin de faire exécuter les lois; il nous
protégera contre le retour de pareilles oppressions;
et chacun de nous s'affermira dans l'espoir que la
grande question des libertés nationales, qu'on aurait
voulu compromettre par des réactions sanglantes, ne
sera désormais résolue que par les principes constitutionnels.

----

[1] Celle de l'éloquent et vertueux Camille Jordan.

M. BAVOUX,

PROFESSEUR SUPPLÉANT A L'ÉCOLE DE DROIT DE PARIS.

2 août 1819.

Dans le courant de 1819, plusieurs facultés de droit furent le théâtre de troubles dont la cause fut attribuée à la dissidence des opinions politiques.

L'ordonnance royale du 24 mars 1819 avait donné quelques développemens à l'enseignement du droit : de nouvelles chaires venaient d'être instituées à Paris, pour le *droit naturel*, le *droit des gens*, le *droit public* ; en un mot, l'enseignement du droit promettait de devenir ce qu'il doit être dans un gouvernement constitutionnel.

Cette ordonnance fut-elle la cause des troubles qui ne tardèrent pas d'éclater à l'École de droit de Paris ? n'en fut-elle que l'occasion, ou seulement le prétexte ? C'est une difficulté que nous n'avons pas à résoudre, mais que le défenseur de M. Bavoux s'était proposée. « Nous montrerons, disait-il dans un imprimé distribué avant l'audience, comment la jalousie de métier, l'ambition, la haine, *l'esprit de parti* se sont acharnés contre M. Bavoux.

« En effet, qui pourrait douter, en voyant toute l'utilité que certains hommes, certains journaux, certaines coteries ont voulu tirer de cette affaire, soit en incriminant en masse cette brillante jeunesse qui fait la force, l'espérance et l'orgueil de la patrie, soit en accusant le système d'instruction publique en soi, que le cours de M. Bavoux n'ait été troublé à dessein, pour arrêter, dans leur élan constitutionnel, et les

professeurs et les étudians, et pour paralyser dans son exécution cette ordonnance du roi, qui promettait un enseignement
plus complet, plus libéral, plus généreux ? »

Quoi qu'il en soit, M. Bavoux, d'abord atteint par des
mesures académiques, vit son cours suspendu, et se trouva
lui-même en butte à des poursuites judiciaires.

Il fut renvoyé devant la cour d'assises comme « accusé
« d'avoir, par des discours proférés les 22, 24, 26 et 29 juin,
« dans des lieux et réunions publics, provoqué à la désobéis-
« sance aux lois. »

M. Bavoux choisit pour défenseurs MM. Persil et Dupin,
ses amis, qui, en 1810, avaient concouru avec lui pour les
chaires alors vacantes à l'École de droit.

Avant la plaidoirie, M. Dupin publia des *Observations
préliminaires*, où l'on trouvait rassemblés, avec beaucoup
d'érudition, une suite d'autorités et d'exemples très-remar-
quables, pour prouver que M. Bavoux, en critiquant certaines dispositions de nos lois, était loin d'avoir excédé les
bornes dans lesquelles ce droit de critique avait pu s'exercer
dans tous les temps. Les recherches que renferment ces observations leur ont mérité une durée qui s'étendit au delà
du procès. Nous regrettons que les limites que nous nous
sommes tracées ne nous permettent pas de les insérer ici.

M. Dupin ne s'est pas seulement distingué comme orateur
dans cette cause, il y a donné aussi une preuve de son tact
comme défenseur. S'attachant, dès le commencement des débats, à cette idée première que le délit était *dans ce qu'avait
dit le professeur à ses élèves du haut de la chaire*, et non
dans ce qu'il avait pu écrire chez lui sur un manuscrit resté
dans son portefeuille, il exigea que chacun des témoins fût
interrogé précisément sur le point de savoir « s'il avait en-
« tendu M. Bavoux professer le mépris ou la désobéissance
« aux lois. » Après plusieurs réponses toutes négatives, M. le
président, lassé de demander à tous la même chose, et
cependant toujours prié par l'avocat de leur adresser *sa
question*, finit par lui dire : *Eh ! que ne la faites-vous
vous-même ?*

Il la fit donc, et avec une constance qui, amenant toujours les mêmes réponses, détruisait radicalement l'accusation.

En effet, toute la cause était là. M. Bavoux avait enseigné publiquement, en chaire, à l'École de droit, en présence d'une foule d'auditeurs; on devait donc le juger sur ses discours publics [1].

A toutes les interpellations qui lui étaient adressées, il pouvait répondre comme notre Sauveur : Pourquoi m'interrogez-vous? Que n'adressez-vous vos questions à ceux qui ont entendu ce que je leur ait dit? Ceux-là seuls savent ce que je leur ai enseigné [2].

M. Bavoux fut acquitté à l'unanimité, et reconduit chez lui aux acclamations d'une foule de citoyens.

C'est dans ce procès qu'on a appris, de la bouche même du doyen, qu'il y avait à l'École de droit *une tribune aux écoutes*.

Plusieurs élèves en droit traduits quelque temps après devant la police correctionnelle, comme prévenus d'avoir pris part aux troubles de l'École, et d'avoir résisté aux autorités civiles et militaires, ont également été défendus par M. Dupin, et acquittés.

---

[1] *Ego palàm locutus sum mundo ; ego semper docui in synagogá et in templo, quo omnes Judæi conveniunt ; et in occulto locutus sum nihil.* SAINT JEAN, XXIII, 20.

[2] *Quid me interrogas ?* Interroga eos qui audierunt quid locutus sum ipsis. *Ecce hi sciunt quæ dixerim ego.* XVIII, 21.

RÉPLIQUE

POUR M. BAVOUX.

Messieurs,

En prenant la parole pour un professeur, un magistrat, un ancien émule devenu mon ami, je n'éprouve qu'un regret, c'est que mes forces ne me permettent pas de le défendre avec toute la chaleur d'âme que sa cause me fait éprouver.

Heureusement cette tâche est déjà presque entièrement remplie [1]. En répondant à M. l'avocat-général, je passerai légèrement sur les fragmens du manuscrit qui ont déjà été réfutés. Je n'insisterai que sur les passages qui ont échappé au milieu de l'abondance des matières soumises à la première discussion.

On s'est plu, Messieurs, à vous présenter M. Bavoux comme un magistrat en rebellion obstinée contre les ordres de la justice. Il semble aux partisans de

[1] Par le plaidoyer de M. Persil, qui avait parlé le premier.

l'obéissance passive, qu'un citoyen ne saurait se défendre sans être aussitôt coupable de révolte. Dès
qu'il est accusé, il faut qu'il plie. On lui présente des
fers, il doit tendre les mains pour les recevoir, ou
bien coller ses bras près de soi, comme ces soldats
du Nord qui présentent, avec une docilité que nous
avons admirée, leurs joues aux soufflets que l'officier
veut bien leur donner.

Mais si toute résistance de fait est interdite, la résistance légale est constamment permise ; et la première règle en cette matière, est qu'on n'agit pas
d'une manière répréhensible quand on use du droit
public : *dolo non facit qui jure publico utitur.*

Vous avez remarqué, Messieurs, que M. l'avocat-
général s'est bien moins attaché à accuser M. Bavoux
qu'à défendre M. le doyen; il semblait que celui-ci
fût le véritable accusé. M. Bavoux, dit-on, a méconnu l'autorité du doyen, de son chef.

Il est vrai que M. Bavoux ne dit pas *mon doyen* [1],
comme un soldat dit *mon colonel;* mais est-il vrai
qu'il se soit révolté contre son doyen? Le doyen n'est
pas le supérieur, le chef de ses confrères : cette qualité ne donne que le droit d'administration; elle n'est
que temporaire; elle doit alterner entre les professeurs; et c'est par un abus qu'elle réside depuis si
long-temps sur la même tête.

D'ailleurs le doyen n'est pas ici un simple témoin;
il est l'adversaire direct et principal de M. Bavoux.
Il le sera plus particulièrement encore après le procès
jugé, devant la commission d'instruction publique.

[1] M. Boulage, en déposant, a dit constamment *mon doyen.*

20

M. l'avocat-général s'est beaucoup étendu sur la question du tumulte; cependant M. Bavoux n'est pas accusé pour ce fait. On ne trouve à cet égard, dans le réquisitoire, que de simples réserves trop évidemment sans objet. Mais, même sur ce point, le résultat de l'instruction est tout-à-fait contraire à M. le doyen. Il est constant, en effet, que M. le doyen a connu d'avance le projet de siffler : projet louable, a dit M. l'avocat-général, mais projet évidemment blâmable, puisque c'était le projet de manquer de respect à un professeur. Or, M. le doyen n'a rien fait pour prévenir l'exécution de ce fâcheux projet.

En second lieu, M. l'avocat-général est convenu que M. le doyen serait dans son tort, si M. Bavoux avait fait ce qu'il devait faire pour ramener l'ordre dans son cours : mais ne l'ayant pas fait, dit-il, le doyen a dû intervenir. — Ces paroles, Messieurs, font la condamnation du doyen; car il résulte des dépositions des témoins, que le calme était rétabli quand M. le doyen est entré dans la salle, et que le trouble n'a recommencé et n'a été porté au comble que par sa présence. Au surplus, cette conduite du doyen sera examinée devant la commission d'instruction publique; elle fera probablement la matière d'un prochain règlement. On y définira les fonctions des doyens; on y décidera si leurs collègues sont sous leur dépendance, et peuvent être arbitrairement suspendus par eux ; enfin on réglera s'ils peuvent user d'espionnage, s'ils peuvent avoir un *œil-de-bœuf* ouvert sur l'école, et une police domestique où ils fassent entrer jusqu'à leurs cuisinières.

Après avoir essayé de sauver M. le doyen des reproches que lui a adressés M. Bavoux, M. l'avocat-
général a tenté de justifier l'instruction. Il s'est récrié
sur les oppositions constamment apportées par M. Bavoux; il a objecté l'article 87 du Code d'instruction
criminelle, qui autorise la perquisition au domicile
du prévenu. Mais cet article 87 est sous le paragraphe IV de la section II du chapitre VI. Or, le paragraphe III est intitulé, *De l'audition des témoins*; et le
paragraphe II, *Des plaintes*. Ce n'est donc qu'après
une plainte et une instruction préalables qu'on peut
en venir à une perquisition : or, dans notre affaire,
on a commencé par-là. M. Bavoux n'avait été l'objet
d'aucune plainte précise; aucune instruction préalable n'avait eu lieu; il n'avait pas même été interrogé; et cependant on a commencé par faire chez lui
une descente de justice, par saisir son manuscrit!

On s'est dit : Recherchons d'abord sa pensée; nous
verrons après s'il y a lieu de l'accuser.

Ici M. l'avocat-général est encore revenu sur sa
première idée, qu'il n'en fallait pas moins commencer
par obéir, sauf ensuite à réclamer. Mais si, en se sou-
mettant ainsi à une procédure illégale, celui qui en
est l'objet est tout à coup emprisonné et mis au secret; s'il y reste pendant six, huit ou quinze mois;
s'il y meurt!... On a pris pour exemple le crime de
fausse monnaie, et la nécessité d'agir avec célérité en
pareille matière. Eh bien! qu'avons-nous vu récemment dans une affaire de ce genre? Un enfant de
treize ans, enlevé subitement, à soixante lieues de Paris,
sur une place publique, sans qu'il fût permis à ses pa-

rens de lui donner ni linge ni souliers, dirigé sur la capitale à coups de plat de sabre, et mis au secret. Il est mort en prison, et, peu de temps après, son innocence et celle de sa famille a été reconnue !....

Mais enfin, a dit M. l'avocat-général, si l'on ne se fût point hâté de saisir le manuscrit, où en serait-on réduit aujourd'hui ! On équivoquerait sur les discours. — Eh quoi! ces discours n'ont-ils pas été tenus devant mille témoins? Quoi qu'il en soit, on a mis les scellés, on a saisi le manuscrit, on a obtenu ce qu'on désirait. Qu'en résulte-t-il contre M. Bavoux? — Son manuscrit est chargé de ratures. On n'a pas répondu à cette difficulté, dit M. l'avocat-général. — J'y vais répondre en citant le réquisitoire.

Il y est dit : « M. le procureur-général *croit devoir avoir* l'honneur de faire observer à la cour que ces ratures, perdues dans les ténèbres qu'a créées avec tant de travail leur auteur, autour des idées qu'elles ensevelissent, se retrouvent toutes dans des endroits fort *suspects.* » — Suspects! Ah! quel mot en matière criminelle!

Mais ce mot fatal, qui a causé la ruine et la mort de tant de victimes, à quoi sert-il ici? absolument à rien; on va s'en convaincre par le monologue que M. le procureur-général établit avec lui-même dans l'acte d'accusation.

... « Le sieur Bavoux, dit le réquisitoire, se laissait-il aller à cet endroit à un relâchement de morale sur des actions répréhensibles? *On n'en sait plus rien, la rature a tout détruit.* »

On n'en sait plus rien, et pourtant on accuse

« Au recto du folio 5.... Devenait-il en cet endroit trop hardi? *Une rature empêche de le savoir.* »

Elle devait aussi empêcher d'accuser.

« Au bas du recto et au haut du verso du feuillet n° 6, *il y a une grosse et longue et illisible rature...* Que contenait cette demi-page? *Sûrement* des choses dont l'audace de l'auteur lui-même s'est effrayée... Mais ce n'est plus qu'une *conjecture;* la rature interpose son voile officieux et *impénétrable.* »

S'il est *impénétrable,* comment former une simple *conjecture?* et si ce n'est en tout cas qu'une simple *conjecture,* pourquoi affirmer que *sûrement,* etc.?

« Au verso du feuillet 7, l'auteur décrivait avec complaisance ce que l'esprit de parti est convenu d'appeler la *terreur de* 1815... *Une longue et indéchiffrable rature* se trouve en cet endroit. »

Ici M. le pocureur-général aurait-il deviné au juste ce qui était sous la rature? M. Bavoux s'en inquiéterait peu. Il prierait M. le procureur-général de se reporter à l'ordonnance libératrice du 5 septembre, et il appellerait tous les souvenirs (hélas! trop récens) qu'ont laissés après elles «ces lois d'exception, qui (au dire non suspect de M. le comte de Castellane, dans le développement de sa proposition, tendant à la révocation de la loi du 9 novembre) étaient devenues l'objet d'un *dégoût universel.* »

Cessez donc de nous opposer ces *ratures;* elles sont illisibles, elles sont impénétrables : c'est le roc contre lequel vient se briser le flot de l'accusation; il peut le couvrir de son écume, mais il ne saurait l'ébranler.

Quant au texte même des leçons, M. l'avocat-gé-

néral vous a dit : « Le manuscrit est là, il vous sera
remis; vous le verrez et vous formerez votre conviction sur l'impression qu'il vous causera. » A cette argumentation, Messieurs, j'oppose le passage suivant,
extrait de ce plaidoyer, pour mademoiselle de Cicé,
où M. le procureur-général Bellart, alors avocat, a
porté si haut la gloire de la défense :

« Le commissaire du gouvernement a pensé, dans
son résumé, qu'il était inutile d'indiquer les phrases
qu'on pourrait considérer comme accusatrices. Il a
pensé qu'il suffirait de remettre le tout aux jurés,
pour que, dans le silence mutuel de l'accusateur et de
l'accusé, ils se décidassent seuls sur l'opinion qu'ils
doivent prendre de la correspondance.

« Ce magistrat, en exprimant une telle opinion,
a sans doute eu pour motif le désir de simplifier une
instruction déjà énormément compliquée. Pourquoi
me refuserais-je à la consolante pensée qu'un autre
motif s'est joint à celui-là? J'ai vu cette correspondance
comme lui ; j'y ai puisé l'intime conviction qu'elle ne
contient rien de répréhensible : cette conviction, il
l'a comme moi. Cette conviction apparemment, et
l'impuissance de spécifier dans les lettres une seule
phrase qui se lie à l'accusation, ont formé le second
motif pour lequel le commissaire du gouvernement
s'est déterminé à ne vous rien dénoncer en particulier
dans la correspondance.

« S'il en était autrement, l'accusé se trouverait
dans une position très-malheureuse. Une correspondance, et une correspondance assez volumineuse, est
produite. En présence de ces lettres, qu'attend-on

d'Adélaïde de Cicé? et que veut-on qu'elle dise? Est-ce
elle qui peut trouver des *phrases qu'empoisonnerait
le soupçon?* Pour elle il n'y a rien d'obscur; pour elle
il n'y a pas de soupçon, parce que dans les lettres il n'y
a rien de criminel. Irait-elle, se traînant sur chaque
mot l'un après l'autre, vous expliquer longuement les
faits minutieux et indifférens qu'ils expriment plus
ou moins; établir sur chaque ligne le système d'une
démonstration complète, et rapporter de fastidieuses
preuves de toutes les explications qu'elle nous trans-
mettra? Mais cette tâche dégoûtante d'ennui est impossible; le temps et votre patience n'y suffiraient
pas : ce n'est pas ainsi qu'un accusé peut se défendre
sur une correspondance. On l'accuse : qu'on lui dise
sur quoi; on inculpe ses écrits, qu'on lui dise lequel;
on attaque ses paroles, qu'on lui cite celles qui ont
besoin d'être défendues. Jusque-là il faut bien qu'elle
se taise ; car, au milieu de toutes ces lettres, qui sont
innocentes, il lui est impossible de deviner quelle est
celle que l'erreur pourrait regarder comme coupable. »

(Après avoir répondu à ces premières objections,
Me Dupin passe à la discussion du fond.)

On m'accorde qu'un professeur peut critiquer les
lois; seulement on prétend que cette critique doit
être extrêmement modérée, et qu'elle n'admet ni la
vigueur de l'expression, ni la chaleur du sentiment.
Cependant n'est-ce pas une expérience faite, qu'on
n'obtient rien des gouvernemens qu'en leur présentant avec force les changemens désirés par le peuple?
Un homme vint se plaindre à Démothènes de ce qu'il
avait été frappé et injurié; mais il lui raconta son

aventure si froidement, que Démosthènes refusa d'y croire. « Comment, reprit alors le client, je n'ai point été injurié, je n'ai point été frappé! Mais voyez donc les contusions et les cicatrices dont je suis couvert! voyez avec quelle barbarie j'ai été traité! voyez... — A la bonne heure, dit Démosthènes, je commence à vous croire. » — Les gouvernemens font comme Démosthènes : si la plainte est froide, ils n'en sont point touchés; mais si des hommes courageux savent se rendre les organes de l'opinion publique; s'ils expriment avec force ce qu'ils ressentent avec une profonde conviction; s'ils savent communiquer à leurs discours une éloquence égale à l'énergie de leurs sentimens, ils obtiennent ce qu'ils ont demandé, et ils fournissent aux gouvernemens l'occasion de se faire bénir des peuples, en leur accordant les institutions et les lois que réclament leurs besoins et que leurs vœux appellent.

M. Erskine a travaillé toute sa vie à l'amélioration du jury anglais, et il a obtenu, pour récompense, de mettre pour légende à ses armes : *Jugement par jurés.*

Sir Samuel Romilly, qui avait long-temps réclamé la réforme des lois criminelles, n'a pu obtenir, avant sa mort, qu'une seule amélioration dans la législation relative aux débiteurs emprisonnés pour dettes.

Sir James Mackintosch poursuit avec autant d'ardeur et plus de succès le plan de sir Samuel; et, après dix ans de motions dans les deux chambres, l'opinion publique s'est trouvée si bien éclairée, et s'est prononcée si fortement, qu'il a réduit le ministère à nommer une commission pour s'occuper des réformes que réclament les lumières et l'humanité du siècle.

Chez nous, si l'on a obtenu l'abolition du divorce, ce n'est qu'après avoir long-temps dit, proclamé et publié, chacun selon sa conscience et ses opinions, que c'était une loi contraire à la religion et à la morale, et indigne de la police d'un peuple civilisé.

Si l'on a aboli la conscription, c'est que toutes les familles se sont soulevées contre l'abus qu'on en faisait, et parce qu'on n'a pas craint de dire, sous le règne même de celui qui en fit un si cruel usage, qu'il mettait les hommes en coupes réglées.

Nous ne devons notre loi des élections, et nous ne devrons les autres lois que nous attendons, qu'au vœu énergiquement prononcé des citoyens généreux qui se sont rendus les organes de l'opinion; disons plus, de la volonté publique.

Et pourquoi M. Bavoux n'aurait-il pas usé du même droit et espéré le même succès? Il n'est pas seulement professeur de procédure criminelle; il n'est pas exclusivement chargé de l'enseignement du Code pénal, comme ses collègues sont chargés de l'enseignement du Code civil et du Code de commerce : il est professeur de *législation criminelle*. C'est assez dire qu'il n'est pas seulement chargé d'enseigner les lois telles qu'elles sont, mais les lois telles qu'elles devraient être; car qu'est-ce que la législation, sinon l'art de faire les meilleures lois possibles?

Au surplus, parcourons en détail les reproches adressés par M. Bavoux à nos lois criminelles. Plusieurs de ses critiques sont générales, et portent sur

l'ensemble de la législation; les autres sont particulières, et s'appliquent à des dispositions de détail.

M. Bavoux reproche au Code pénal d'avoir été
moins soigné que le Code civil, d'avoir été rédigé
avec précipitation, et de n'avoir été soumis à aucune
discussion nationale et publique. Eh bien! ce sont
des faits consignés dans tous les auteurs, et que personne ne conteste.

Ce Code, a dit encore M. Bavoux, a été conçu dans
l'intérêt du despotisme. — Mais M. Pardessus a dit la
même chose du Code de commerce. Or, si des lois
qui règlent les faillites ont été faites *dans l'intérêt de
la conquête*, suivant l'opinion de cet honorable professeur, comment croire qu'il n'en ait pas été, à plus
forte raison, de même d'un Code spécialement destiné
à enchaîner la liberté individuelle?

Ce qu'a exprimé M. Bavoux, un noble pair de
France l'avait déjà dit avec plus de force encore.
M. de Lally, que ses malheurs domestiques autorisent sans doute à réclamer l'amélioration de la législation criminelle, s'exprimait ainsi dans le *Moniteur*,
dans cet impitoyable *Moniteur*, qui, comme l'arbre
de la science, conserve le bien et le mal :

« Ainsi, par exemple, et pour ne pas laisser induire de son discours autre chose que ce qui est contenu dans sa pensée, l'opinant observe que jusqu'à ce
jour la chambre avait été loin d'apercevoir *l'inspiration d'une raison supérieure* dans ce Code pénal et
dans ce Code d'instruction criminelle, dont personne
ne conteste la nécessité provisoire, mais dont la révision est *ardemment désirée*. Autant on a rendu hom-

mage au Code civil, autant on a dit *anathème* au Code pénal, ou du moins à plusieurs parties de ce Code, *flétri* à sa naissance de quatre-vingts boules noires, et dont l'abrogation, dans une matière impor-tante, doit être le résultat de la dernière loi présentée à la chambre par le gouvernement. »

Ferait-on donc un crime à M. Bavoux d'avoir parlé contre le despotisme impérial? Peut-être qu'a-vant peu l'on sera traduit aux assises pour avoir dit du mal de Bonaparte.... Jusqu'à présent, il nous a été commode d'attaquer le despotisme en attaquant les actes du gouvernement impérial. Mais déjà ses an-ciens serviteurs se plaisent à rappeler que cet homme avait *la science du pouvoir;* et, comme ils croient l'avoir aussi, au moins par tradition, il arrivera pro-bablement que les ministres qui abuseront de leur pouvoir (et cette présomption est naturelle, car la Charte, permettant qu'ils puissent être accusés, a sup-posé qu'ils pourraient être coupables) prendront pour eux, à l'avenir, les critiques qui seraient adressées aux actes analogues du précédent gouver-nement.

M. Bavoux a encore reproché au Code pénal, que les peines en sont mal graduées; que les grands dé-lits y sont presque impunis, tandis que les affaires légères y sont sévèrement réprimées. On relève no-tamment cette phrase de son manuscrit : « Il semble qu'on ait voulu tout criminaliser pour se donner le hideux plaisir de tout punir. »

Que direz-vous donc, Messieurs, si je vous cite un reproche du même genre, adressé en termes beaucoup plus sévères à l'ancienne législation criminelle, par l'avocat-général Servan? Dans son discours sur la justice criminelle, ce magistrat s'exprimait ainsi :

« Il ne faut pas craindre de l'avouer, nos lois criminelles sont bien éloignées de cette perfection : au lieu de former, par une gradation bien suivie des peines et délits, une double chaîne dont toutes les parties se correspondent pour envelopper toute la société politique, elles sont éparses, sans liaison, et laissent entre elles de grands espaces vides où le magistrat peut s'égarer.

« En effet, nos lois n'ont distingué ni les délits ni les peines; elles n'ont fait aucune division des crimes par leur genre, par leur espèce, par leur objet, par leurs degrés! Quelles différences de crimes par leurs degrés! Que de nuances à marquer, que de délits à distinguer, depuis l'irrévérence jusqu'au sacrilége; depuis le murmure jusqu'à la sédition; depuis la menace jusqu'au meurtre; depuis la médisance jusqu'à la diffamation; *depuis la filouterie jusqu'à l'invasion!*

« Mais avons-nous mieux déterminé les peines que les délits? Non sans doute; et le premier vice entraîne le second. C'est une espèce de maxime, que les peines sont arbitraires dans ce royaume : cette maxime est accablante et honteuse.

« Quelle différence avons-nous mise dans nos supplices? La mort, toujours la mort, et presque sous la même forme : cependant, quelle distance dans les crimes! Le plus affreux assassin n'est pas autrement puni que le malheureux que la misère et la faim ont entraîné sur un grand chemin pour arracher, par la

violence, le pain que les hommes refusent de lui
donner par charité.

« Partout, et sans distinction, elles prodiguent la
peine de mort; les crimes les plus différens par leur
nature, les plus atroces, et quelquefois les plus légers, sont confondus sous le même supplice : on dirait que, dans leur précipitation, elles ont voulu faire
un seul faisceau de tous les crimes pour le briser à la
fois ; la raison s'étonne, et le cœur saigne en parcourant leurs terribles condamnations. »

M. Bavoux a comparé le Code de 1810 avec les
Codes de 91 et de l'an IV. Il a bien fait. Le meilleur
moyen de perfectionner une législation est de la comparer aux législations voisines. Sous l'ancien régime,
on comparait nos coutumes au droit romain, et on
n'hésitait pas à donner la préférence à celui-ci. De
nos jours, on nous a souvent proposé pour modèle
les lois des Anglais : nous leur devons l'institution du
jury; ils nous devront un meilleur système électoral.
Nous sommes arrivés à une époque où une bonne
institution ne pourra pas s'introduire chez un peuple
qu'elle ne soit revendiquée par tous les peuples voisins; et tel sera le bienfait des gouvernemens repré
sentatifs, que chaque nation dira à son gouvernement : Tel peuple a une bonne loi, nous voulons
l'avoir aussi.

Indépendamment de ces reproches généraux ,
M. Bavoux a adressé au Code pénal des reproches
particuliers ; il a fait des vœux pour l'abolition de la
peine de mort! Qu'y a-t-il en cela de coupable? C'est
une théorie, une idée philanthropique qui honore la

raison. Titus[1], quand on lui présentait une sentence de mort à signer :

Je voudrais, disait-il, ne pas savoir écrire.

Beccaria, dans son excellent Traité des délits et des peines, a consacré un chapitre exprès à examiner s'il ne conviendrait pas d'abolir la peine de mort; et il est de cet avis.

La fille de Pierre-le-Grand, l'impératrice Élisabeth, a aboli la peine de mort dans ses états. Voyez Voltaire, dans son Histoire de Russie, chap. 6; je ne le cite pas comme philosophe, je le cite comme historien.

Servan loue cette belle loi; il voudrait la voir établie en France. « Et qui sait, dit-il, jusqu'où notre courage peut aller? Qui sait si nous n'imiterons pas cette auguste souveraine? Qui sait si l'humanité ne volera pas des extrémités du Nord vers nos contrées? »

Ah! qu'elle est généreuse, cette crainte inspirée aux peuples civilisés, qui leur fait appréhender de se laisser surpasser en humanité par des nations, qu'à l'exemple des Grecs, les Athéniens de l'Europe pourraient appeler barbares.

Cependant, dit le réquisitoire, le professeur avait parlé des émigrés, pour lesquels il trouvait fort bon, *dit-on*, que l'on réservât cette peine.

[1] M. Dupin s'est mépris en attribuant à Titus un mot qui appartient à Néron. Il fallait dire : *Néron lui-même, quand on lui présentait*, etc. Mais une pareille erreur, échappée dans la chaleur de l'improvisation, ne prouve rien contre l'érudition d'ailleurs si bien constatée de l'orateur. Au reste,

Eh quoi! la foi d'un simple témoin, quand il ne dépose que par ouï-dire, n'a aucune force aux yeux de la justice, et il serait permis de fonder une accusation sur des *on dit!* Mais comment croire à cette accusation, lorsqu'on voit que, dans son manuscrit, M. Bavoux déplore les exécutions révolutionnaires!

Aurait-il cependant dit que l'émigration en soi n'était pas chose très-louable? Quand l'accusé avoue, l'accusateur s'écrie : *habemus confitentem reum;* ici, c'est l'accusé qui s'écrie : *habemus confitentem accusatorem.* En effet, Messieurs, voici ce que disait M. Bellard, alors avocat, dans son plaidoyer pour mademoiselle de Cicé.

(Ici Me Dupin prend le volume, et lit ce qui suit :)

« Déjà le gouvernement avait assez annoncé qu'en conservant toute sa sévérité, comme la liberté et nos lois l'ordonnaient, *contre ces émigrés véritablement condamnables, contre ces enfans parricides de la patrie, contre ces* MODERNES CORIOLANS, *qui avaient été de cour en cour* MENDIER DES OUTRAGES ET DES ENNEMIS CONTRE LE PAYS NATAL, il pourrait pourtant user de condescendance envers ceux des bannis qui avaient évidemment cédé à des circonstances orageuses, *qui n'avaient pas déserté volontairement leur poste de citoyen,* qui enfin n'avaient été que les victimes de la violence. »

Je ne fais aucun reproche à M. le procureur-

M. Dupin a très-spirituellement rappelé cette inadvertance dans son plaidoyer pour Béranger.

général d'avoir écrit cette phrase; il l'a écrite sans doute du fond du cœur, et avec l'*entraînement* qu'il met à tout ce qu'il fait : mais quand on a eu de telles opinions, et quand on a écrit de telles phrases, on devrait du moins se montrer tolérant envers les autres, et ne pas les accuser si légèrement.

Les journaux (poursuit le réquisitoire), les journaux ont dit que le professeur avait défini la patrie *le sol seul*. Les journaux ! quelle autorité dans un réquisitoire ! Pour en juger, Messieurs, écoutez la manière dont un journal a rendu compte de la séance d'hier.

(Me Dupin tient un journal [1] et lit ce qui suit) : « On introduit le secrétaire de M. Pardessus; il a entendu M. Bavoux blâmer tout le Code pénal; il s'est « élevé surtout contre l'article qui punit de mort les « auteurs de complots dont le but est d'attenter à la « vie du roi ou de sa famille....

« Me Dupin a exigé qu'à chaque déposition on in- « terpellât les témoins de déclarer si M. Bavoux avait « excité les élèves à désobéir aux lois. Les étudians « ont déclaré qu'on ne les avait *pas directement* ex- « cités à désobéir aux lois. »

Eh bien ! j'en appelle à tous vos souvenirs, ces faits ne sont-ils pas de la plus insigne fausseté ? Croyez donc encore aux journaux, et fondez des accusations sur leur témoignage ! Mais venons à l'objection elle-même.

J'ai lu dans une histoire du moyen âge : *Roma est ubi imperator est.* Louis XVI disait souvent : *l'État,*

---

[1] *La Quotidienne.*

c'est moi. Mais quand Bayard passa au service du duc de Savoie, son père lui dit : « Mon fils, quelque prince « que vous serviez, souvenez-vous que vous êtes Fran- « çais, et que vous ne devez jamais porter les armes « contre votre patrie [1]. » François Ier fut fait prisonnier en Espagne ; le roi Jean captif en Angleterre, et personne n'a dit que pendant le cours de leur captivité la patrie n'était plus en France.

J'arrive à une distinction vivement reprochée à M. Bavoux entre les complots non suivis d'exécution, et les attentats réalisés sur la personne du souverain. Servan va me fournir la réponse : « Est-il bien juste, « dit-il, que le *dessein* d'un meurtre soit puni comme « *l'exécution ?* »

Montesquieu, grand génie, grand homme, on ne lui contestera pas ces qualités, mais en tout cas président au parlement (On rit.), Montesquieu établit aussi cette différence [2]. C'est en confondant les *pen-*

---

[1] A l'autorité de Bayard, joignons celle de Henri IV. Le bon roi, dans le préambule de son ordonnance de 1600, portant règlement pour l'Université de Paris, s'exprime en ces termes : « Le bonheur des peuples et la félicité du royaume, et sur- « tout d'un État chrétien, dépendent de la bonne éducation « de la jeunesse, dont le but principal est d'adoucir les mœurs, « de disposer les jeunes gens à remplir dignement les diffé- « rentes places qui leur sont destinées, sans quoi ils seraient « inutiles à l'État ; enfin de leur apprendre ce qu'ils doivent à « la *Divinité*, l'attachement inviolable qu'ils doivent à leurs « *parens* et à leur PATRIE, et l'obéissance et le respect qu'ils « sont obligés de rendre aux *princes* et aux *magistrats.* » — Observez cette gradation : Divinité, parens, patrie, prince, magistrats.

[2] *Esprit des lois*, liv. XII, ch. 11.

21

sées et les *actes*, que Denys fit périr Marcias, pour
avoir rêvé qu'il attentait aux jours de ce tyran.

M. Bavoux a établi une différence entre les attentats contre le roi et les membres de sa famille. « Quelle
« immense distance, a-t-il dit, entre le chef suprême
« de l'État et ses collatéraux ou alliés ! Celle qui existe
« entre le souverain et le sujet. »

M. Bavoux a le mérite de s'être rencontré avec
Bossuet, précepteur du dauphin. Ce prélat disait souvent à son élève : « Monseigneur, entre vous et le roi
« votre père, il y a toute l'épaisseur d'un royaume. »

M. Bavoux a blâmé dans son cours les dispositions
du Code pénal qui obligent toute personne à révéler
dans les vingt-quatre heures les crimes ou complots
contre la sûreté de l'État.

(Ici Me Dupin fait remarquer ce que les révélations ont toujours d'odieux en elles-mêmes, surtout
quand il s'agit de dénoncer ses parens ou ses amis).

Richelieu osa faire un crime à François-Auguste
de Thou de n'avoir pas trahi son ami Cinq-Mars, en
révélant un complot tramé contre la vie du cardinal.
De Thou fut décapité, et Richelieu croyait si peu que
ce prétendu crime méritât la mort, qu'en ayant reçu
la nouvelle il répondit ironiquement, que « Dieu,
« quand il lui plaît, donne aux juges des lumières
« qu'il ne donne pas aux autres hommes. »

Du temps de la Fronde aussi, des mesures d'exception
avaient été prises et des exils prononcés sans condamnation. Un des proscrits avait confié ses papiers à M. de
Lamoignon. Le ministre les réclame ; Lamoignon les

refuse. On n'eut pas recours aussitôt aux perquisitions et aux scellés ; mais M. de Lamoignon fut mandé devant le roi. Il dit à Sa Majesté que c'était un dépôt. « Votre Majesté, ajoute-t-il, me refuserait son estime si j'étais capable d'en dire davantage. — Aussi, dit le roi, vous voyez que je ne demande rien de plus. » Le secrétaire d'État rentre dans ce moment, et dit au roi : « Sire, je ne doute pas que M. de Lamoignon n'ait rendu compte à Votre Majesté des papiers qui sont entre ses mains. — Vous me faites là, dit le roi, une belle proposition, d'obliger un homme d'honneur à manquer à sa parole. » Puis se tournant vers M. de Lamoignon : « Monsieur, dit-il, ne vous dépouillez de ces papiers que suivant la loi qui vous a été imposée par le dépôt [1]. » Les révélations, ajoute Me Dupin, ne sont donc pas une si belle chose !

M. Bavoux s'est récrié sur la violation du secret des lettres. Il a bien fait. Un général athénien refusa de lire celles que le général ennemi adressait à son épouse. De pareils traits honorent les gouvernemens, et ceux-ci gagnent plus par l'estime qui leur en revient, qu'ils ne perdent par la privation d'une découverte souvent indifférente à leurs desseins.

M. Bavoux a blâmé cette violation ; il aurait pu en citer des exemples assez modernes. C'est ainsi qu'en 1816 on intercepta la lettre qu'écrivait à lord Grey le généreux Wilson, que l'Europe a surnommé *l'ami de l'humanité.*

---

[1] Le même trait a été invoqué depuis, dans l'affaire de M. Madier-de-Montjau.

M. Bavoux s'est principalement élevé contre les violations de domicile : il a décrit la terreur qu'elles jetaient au sein des familles; mais la peinture qu'il en a faite est-elle donc aussi vive que celle qu'en avait tracé long-temps avant lui M. l'avocat-général au parlement de Grenoble, que j'ai déjà cité tant de fois?

« Gardons-nous bien, dit Servan, de confondre avec la vigilance ces dangereuses inquisitions sur les pensées des hommes, ou sur des actions indifférentes par leur nature. Séparons d'elle ces honteuses délations d'une lâche inimitié qui révèle avec malignité des maux qu'elle n'a pas eu le courage de faire. Le magistrat qui veille à l'ordre public doit consentir d'ignorer ce qu'il est inutile ou dangereux de savoir. Il ne doit point pénétrer trop avant dans ces mystères des familles, dont le secret fait la douceur et la paix; qu'il ne vienne pas troubler par sa présence des plaisirs innocens quoique secrets, et qui prouvent l'ordre même et l'union des citoyens. Resserrons bien plutôt ces tendres liens de la société, au lieu de les altérer par la défiance : que l'ami soit toujours sûr de son ami, l'époux de son épouse, le frère de son frère, le père de ses enfans. Ce serait un crime d'armer la nature contre elle-même; bientôt de vils espions remplaceraient les vertueux citoyens, et vous aviliriez les mœurs, pour vouloir trop éclairer les actions. »

Défiez-vous, défiez-vous *de ces accusateurs publics toujours agissans, toujours inquiets;* ce que d'autres prennent pour vigilance n'annonce qu'une âme timide et des vues incertaines; leurs yeux toujours

troublés ne reçoivent aucune image nette de tant
d'objets divers qui s'y confondent; ils s'agitent comme
un enfant qui a perdu la lumière, *et ils communiquent
à la chose publique les ébranlemens qu'ils reçoivent
de tous côtés* [1].

Je viens de parcourir tous les reproches qui avaient
été puisés dans les cahiers de M. Bavoux. Que dirai-je
maintenant de cette enquête, préparée à si grands
frais, et qui, depuis le premier témoin, M. le doyen,
jusqu'aux filles de service placées à l'œil-de-bœuf
pour espionner les cours de l'École, n'a pas offert
un seul témoignage qui rentrât dans le système de
l'accusation?

Et quand on se demande quel est l'homme qui en
fut l'objet! lorsqu'en interrogeant la vie entière de
M. Bavoux, on voit en lui la réunion de toutes les
vertus publiques et privées, bon époux, bon père,
bon ami, incorruptible magistrat; on ne peut que
s'étonner de voir qu'on ait osé lui susciter un semblable procès!

C'est dans nos cabinets que les plaideurs font retentir l'éloge ou la critique de leurs juges. Entendîmes-

---

[1] « Il y a des gens (dit Nicolle dans ses *Essais de morale*)
« qui seront toujours hors d'eux-mêmes, s'ils s'appliquent à
« des emplois qui demandent beaucoup d'action; d'autres qui
« ayant les passions vives, trouvent leur perte dans les em-
« plois qui leur présentent souvent des objets qui les aigris-
« sent; d'autres qui manquent de lumières pour s'acquitter
« des ministères qui ont besoin de beaucoup de discerne-
« ment. » (*Discours* sur l'épitre du vingtième dim. après la
Pentecôte, *in fine.*)

nous jamais la plainte la plus légère contre M. Bavoux ? Non, Messieurs ; c'est un témoignage que
je ne crains point de lui rendre en présence de
tout le barreau ; et cette justice que nous lui rendons comme avocats, vous la lui rendrez comme
citoyens et comme jurés.

LA SOUSCRIPTION NATIONALE.

1er juillet 1820.

Le 26 mars 1820 fut portée une loi qui, dans certains cas, permettait de détenir les citoyens sans jugement. C'était une de ces lois qu'on a nommées *lois d'exception*.

Plusieurs citoyens, frappés des malheurs individuels que cette loi leur paraissait devoir entraîner, proposèrent d'ouvrir une *souscription nationale en faveur des citoyens qui seraient victimes de la mesure d'exception sur la liberté individuelle.*

Tel était le titre du *prospectus* qu'ils firent imprimer. Il portait les signatures de MM. Lafitte, Lafayette, Dargenson, Kératry, Manuel, Casimir Perrier, Benjamin-Constant, le général Pajol, Gévaudan, Étienne, Odillon-Barrot, Mérilhou, Joly (de Saint-Quentin), Dupont (de l'Eure), et Chauvelin.

Divers journaux répétèrent l'annonce de ce prospectus ; chacun y joignit ses réflexions.

Le ministère, qui redoutait pour sa loi l'effet de la souscription, en fit poursuivre les auteurs ; tous, à l'exception des pairs et des députés contre lesquels le procureur-général se contenta de faire des *réserves*, furent renvoyés à la cour d'assises, ainsi que les journalistes qui leur avaient servi d'écho.

Chacun d'eux choisit un défenseur.

Aux audiences des 29 et 30 juin, on entendit successivement maîtres Jay, Rhumilly, Coffinières et Devaux pour divers journalistes ; Me Mocquart, dont la plaidoyer pour Gossuin fut très-remarquable ; Me Tripier pour Gévaudan ; Me Darrieux, pour son collègue Odillon-Barrot ; et Me Legouix, pour le lieutenant-général Pajol.

La discussion paraissant épuisée, les autres défenseurs, au

nombre desquels était Me Dupin, avocat de son confrère Me Mérilhou, renoncèrent à plaider.

M. l'avocat-général de Broë ayant repris la parole, et cherché dans une seconde attaque à remettre l'accusation des chocs qu'elle venait d'éprouver, tous les défenseurs, d'un commun accord, chargèrent Me Dupin de répliquer dans l'intérêt général de la cause.

La tâche était d'autant plus délicate, que venant après un si grand nombre d'avocats distingués, il semblait difficile de trouver à dire quelque chose de neuf. Mais notre orateur avait profondément médité son sujet; ses recherches lui avaient fait découvrir des autorités précieuses : armé de ces matériaux, qu'il sut rattacher habilement aux objections du ministère public, il parut entrer dans une lice toute nouvelle, et s'en tira avec autant de bonheur que de distinction.

Les signataires de la souscription et par conséquent Me Mérilhou, furent acquittés par arrêt du 1er juillet.

Les plaidoyers prononcés dans cette mémorable affaire ont été recueillis en un volume in-8° très-bien imprimé, chez les frères Baudouin, sous le titre de *Procès de la Souscription nationale.*

On y rend compte de l'impression qu'a produite la réplique de Me Dupin. « Ce plaidoyer, disent les éditeurs, a excité « dans tout l'auditoire une sorte d'enthousiasme, que le res- « pect pour l'enceinte de la justice a seul empêché d'éclater « autrement que par des mouvemens d'approbation souvent « répétés. Chacun des nombreux avocats qui assistaient à « l'audience, faisait lire sur sa figure, qu'il jurait avec l'ora- « teur de secourir les malheureux, de les défendre auprès « de l'autorité, et de déconcerter la délation. On a même re- « marqué qu'au moment où l'éloquent avocat parlait de l'hu- « manité qui porte quelquefois les juges à demander la grâce « du malheureux que la sévérité des lois les force à condam- « ner, des larmes sont tombées des yeux de M. Moreau, de « ce magistrat qui a si dignement présidé les assises, et qui, « dans cette même session, avait donné avec ses collègues « l'exemple touchant que l'avocat venait de rappeler. »

REPLIQUE

POUR Mᵉ MÉRILHOU,

A M. L'AVOCAT-GÉNÉRAL DE BROË,

A L'AUDIENCE DU 1ᵉʳ JUILLET 1820.

Beneficio adfici hominem interest hominis.
Loi 7, au digeste, DE SERVIS EXPORTANDIS.

MESSIEURS LES JURÉS,

JE ne puis être de l'avis de M. l'avocat-général, lors-qu'il a la modestie de croire qu'il est entré en lice avec des forces inégales. Non, non, les forces ne sont point inégales pour le ministère public, quand l'autorité de la vérité se joint, en lui, à l'autorité du magistrat...

S'il ne s'agissait que du talent oratoire, chacun de nous serait prêt à lui céder la palme : mais il s'agit du salut de nos cliens, et la vérité des choses doit nécessairement l'emporter sur la pompe des rédac-tions... *Eloquio victi re vincimus ipsá.*

M. l'avocat-général revient à la charge, il faut

donc lui résister encore : je le ferai, Messieurs, avec
le sentiment le plus sincère d'estime pour sa personne
et de respect pour le caractère public dont il est revêtu ; mais, en même temps, avec cette franchise de
contradiction dont la vivacité, chez moi, tient toujours
à l'impression profonde d'une intime conviction.

Je m'étonne d'abord de tant d'insistance. Quoi ! ni
la pureté des intentions, ni la générosité des motifs,
ni l'innocence [1] des faits, ni la considération personnelle dont les prévenus sont environnés ; ni l'intérêt
si vif, excité en leur faveur par l'humanité, qui seule
a présidé à leurs résolutions ; au milieu des circonstances où le nombre de ceux qui sont malheureux,
ou sur le point de l'être, fait de la pitié la divinité
tutélaire de toutes les classes de la société [2] : rien n'a
pu désarmer l'accusation !

Des hommes de lettres, des généraux, des capi-
talistes, des pairs, des députés, des jurisconsultes ;
voilà les coupables ! La science, la bravoure, la richesse, la dignité, l'éloquence, se sont associées pour
le crime : elles ont souscrit en commun pour le *soulagement* des détenus !

Pourquoi faut-il, Messieurs, que le deuil qu'ins-

---

[1] L'*innocuité* (si ce mot était reçu) rendrait peut-être
mieux l'idée.

[2] « La vie de l'homme, dit Pausanias, est si chargée de vicis-
situdes, de traverses et de peines, que la Miséricorde est la
divinité qui mériterait d'avoir le plus de crédit. Tous les particuliers, toutes les nations du monde, devraient lui offrir
des sacrifices, parce que tous les particuliers, toutes les nations, en ont également besoin. »

pire une telle accusation s'accroisse encore pour
nous de l'affligeante pensée qu'un membre de notre
ordre est au rang des accusés? Rien n'aura donc pu
le préserver de ce malheur : ni son intégrité double-
ment éprouvée dans la carrière de la magistrature et
dans celle du barreau ; ni la fermeté de son caractère
qui le tient également éloigné de l'insubordination et
de la servilité ; ni son talent employé d'abord à juger
ses concitoyens, et consacré depuis à les défendre!

Dans cette occurrence du moins, le secours de
l'amitié ne lui manquera pas ; celui qui défendit les
autres avec tant de courage et de dévouement, ne restera pas indéfendu ; et si je dois m'enorgueillir seul,
entre tous, d'avoir fixé son choix, il doit s'applaudir à son tour d'avoir vu tous nos confrères, également zélés pour sa cause, se montrer prêts à le défendre, et m'envier l'honorable mission de plaider
pour lui.

Qu'ils me soutiennent donc par leurs vœux, dans
cette lutte où l'honneur de notre ordre et son indépendance se trouvent éminemment intéressés.

(Après cet exordre, Me Dupin fait remarquer les
modifications que le ministère public lui-même a cru
devoir apporter à son premier réquisitoire.)

M. l'avocat-général abandonne la complicité ; et
cependant il confond perpétuellement dans sa discussion, et les écrits, et les prévenus.

Il accorde que le fait de la souscription, en soi,
n'est pas criminel ; il ne peut disconvenir que la rédaction en est modérée ; et toutefois, au lieu de s'attacher au fait en lui-même, et de l'apprécier par l'in-

tention que ses auteurs ont pris soin d'exprimer, il remplace la réalité par des conjectures, et méconnaît l'intention avouée, qui n'a rien que de louable, pour y substituer une intention supposée, qu'il criminalise.

Je me propose, Messieurs, de reprendre successivement toutes les objections du ministère public; de montrer qu'elles n'infirment pas nos défenses, et qu'elles n'ont pas tiré le premier requisitoire de l'état de faiblesse où l'a jeté la vive contradiction dont il est devenu l'objet.

J'écarte d'abord, et d'un seul mot, l'accusation de complicité. Le ministère public l'abandonne, et de fait il lui serait bien impossible de la soutenir; il n'a aucune preuve qui l'établisse; les preuves les plus claires rapportées surabondamment par les prévenus, en détruisent tout-à-fait l'idée : il faut donc la retrancher du procès : et toutefois il importe d'en tirer cette conséquence, que si le ministère public a formé cette accusation avec si peu de réflexion, qu'il ne peut pas même dire sur quel indice il l'a fondée, il en résulte une grande défaveur pour l'accusation principale elle-même, puisque l'une et l'autre ont été conçues et dirigées dans le même esprit.

En abordant ainsi l'accusation principale, une première réflexion s'offre à la pensée.

Quel est donc ce crime d'un genre nouveau sur lequel les opinions se trouvent si étrangement divisées? D'un côté, je vois quelques accusateurs signaler deux crimes dans la souscription; de l'autre, les plus graves jurisconsultes des principales villes de France, qui affirment et signent que ces prétendus crimes n'exis-

tent pas; des Chambres d'accusation, et des Cours
d'assises qui jugent dans le même sens; et la Cour de
cassation qui décide que cette manière de prononcer
n'a rien que de conforme à la loi!

Y a-t-il donc plusieurs espèces de crime et de
vertu? Ce qui est permis à Lyon, à Valence, à Grenoble, à Strasbourg, sera-t-il puni seulement sur les
rives de la Seine? et verrons-nous une scandaleuse
contradiction des arrêts en matière criminelle, remplacer la déplorable diversité des anciennes coutumes
en matière civile?

Non, Messieurs; la qualification des actions humaines n'est point ainsi livrée à l'arbitraire : elle tient
à la nature et à l'essence des choses ; il n'y a de crimes
et de délits que dans les faits qui sont qualifiés tels
par la loi; et il n'est au pouvoir de personne sur la
terre de franchir ses limites, de mettre des suppositions à la place de la réalité, et de donner à la bienfaisance les couleurs et les attributs de la sédition!

Il existe assez de délits réels, de crimes même restés impunis!... N'en créons pas d'imaginaires, et dé-
plorons la triste nécessité où nous sommes, de discuter une telle accusation...

Cette accusation doit se concentrer désormais sur
le fait de la souscription en lui-même, et sur l'écrit
du 31 mars.

Si j'en fais l'observation, ce n'est pas pour vous
donner à penser qu'il y aurait quelque danger pour
les souscripteurs à discuter, pour leur propre compte,
l'article qui sert de texte à l'accusation contre les
journalistes : la défense de ceux-ci vous a trop bien

prouvé que cet article était facile à justifier. Mais les souscripteurs persistent à soutenir que cette rédaction leur est étrangère, parce que telle est la vérité.

La discussion a porté principalement sur trois points :

1° Le *fait* de la souscription, en soi;

2° L'*intention* qui a présidé à la souscription;

3° La *forme* dans laquelle cette souscription a été annoncée au public.

Et c'est de l'ensemble de ces trois objets, c'est-à-dire du *fait* corrompu par l'*intention*, et empoisonné par les *termes*, que M. l'avocat-général a fait résulter en masse la prétendue culpabilité des prévenus.

Avant tout, ce magistrat a cru devoir vous proposer ce qu'il appelle des *principes* sur la manière dont on doit, suivant lui, apprécier les deux délits d'attaque contre l'autorité du Roi et des Chambres, et de provocation à la désobéissance aux lois. Je dois donc, avant tout aussi, discuter ces prétendus principes, et examiner s'ils méritent effectivement ce nom.

M. l'avocat-général a fait l'éloge des *interprétations*; nous ferons celui de l'*évidence* : il prétend qu'il est permis de se livrer à des conjectures, et quelquefois de se contenter d'indices et de présomptions; nous soutenons, au contraire, qu'on ne doit jamais condamner que sur les preuves les plus concluantes : c'est un point sur lequel les avocats et les procureurs-généraux seront long-temps divisés d'opinion...

Mais, dit-on, à quels dangers ne serait pas exposée la société, si l'on ne punissait que ce qui est ouvertement coupable; si l'on ne pouvait réprimer que les

attaques formelles!... Il suffirait donc d'un peu d'art
pour éluder toutes les lois?...

Vaine terreur; la loi a suffisamment garanti la société, en ne réprimant les attaques contre l'autorité,
qu'autant qu'elles seraient *formelles*, et, comme l'a
dit M. le garde-des-sceaux, *équivalentes à une provocation*.

A proprement parler, en effet, il n'y a de provocation qu'autant qu'elle est ouverte, flagrante, et,
pour ainsi dire, *populaire*. Ainsi, l'on aurait tort de
s'alarmer d'une proclamation, en langue grecque,
qui serait placardée sur les murs du faubourg Saint-
Marceau; ou de tout autre écrit, même en langue
vulgaire, qui serait rédigé avec tant de précaution et
d'adresse, qu'il faudrait tout l'esprit de l'Académie
pour y découvrir une provocation!

M. l'avocat-général a cru voir une contradiction
de la part des défenseurs; en ce que, d'une part, ils
avaient invoqué l'autorité de M. le garde-des-sceaux,
tandis que, d'un autre côté, ils avaient remarqué que
plusieurs procureurs-généraux des départemens n'a-
vaient agi que sur l'injonction de ce même ministre.
— Ce ministre a donc pensé en fait, qu'il y avait ici
une attaque *suffisante* pour autoriser des poursuites;
et, en effet, a toujours dit M. l'avocat-général, on
trouve un passage du discours de S. Exc., où elle
paraît ne pas exiger une provocation ouverte.

Sans doute, les défenseurs ont cité les paroles de
M. le garde-des-sceaux; tous ont invoqué son autorité; et je ne m'étonne pas de le voir citer également
par M. l'avocat-général. Les discours de M. de Serre

sont devenus *classiques*, dans la matière qui nous occupe; car, tel est le caractère qu'il a déployé dans cette mémorable discussion des lois sur la presse, que n'étant animé que de l'amour du bien public, il a parlé dans l'intérêt de tous, et posé des règles si sages, qu'elles protègent également et les prévenus et la société.

Mais M. l'avocat-général aurait pu s'éviter le reproche qu'il nous adresse, s'il avait fait attention à deux choses. — En premier lieu, le passage qu'il cite se trouve dans le premier discours prononcé avant que l'amendement qui tendait à introduire dans la loi la doctrine des provocations *indirectes* n'eût été proposé par M. Mestadier; or, c'est en repoussant cet amendement, que M. le garde-des-sceaux a proscrit cette doctrine, et tracé les règles qu'ont invoquées les défenseurs. —En second lieu, ce n'est pas M. de Serre qui a donné l'ordre de poursuivre les auteurs de la souscription; cet ordre a été donné, en son absence, par M. Portalis. En cela, j'en conviens, M. Portalis n'a usé que de son droit [1]; aussi, la remarque que je fais n'est point à titre de reproche; mais elle était nécessaire à titre d'explication.

Il doit donc rester pour constant *en principe*, que la loi du 17 mai ne punit pas les provocations *indirectes* qu'un commentaire, plus ou moins subtil, entreprendrait de signaler dans un écrit; mais seulement les provocations *expresses;* parce que seules elles constituent l'*attaque formelle* que cette loi s'est proposé d'atteindre et de réprimer.

[1] Code d'instruction criminelle, art. 274.

Et, d'ailleurs, suivons le ministère public dans le cours de ses interprétations, de ses commentaires et de ses suppositions; et nous reconnaîtrons bien mieux encore le danger de s'y livrer.

Il a voulu prouver que la souscription avait été conçue, et le prospectus publié dans une *intention* criminelle : nous avons soutenu le contraire; il faut donc d'abord s'attacher à l'*intention*.

Mais, M. l'avocat-général prétend que si l'excuse fondée sur l'intention était admise, il n'y aurait jamais de délit...

Je pourrais rétorquer l'argument, en disant, au contraire, que si l'on supposait toujours, et dans tous les cas, une intention criminelle, il n'y aurait jamais possibilité de s'excuser.

Mais ces deux propositions seraient également inexactes, parce que toutes deux sont trop générales.

Il ne faut pas permettre sans doute qu'un accusé puisse se justifier d'un crime réel, par une intention *supposée;* mais il faut que l'accusateur prouve que l'accusé s'attribue une intention effectivement supposée. Ici, au contraire, M. l'avocat-général ne veut pas admettre l'intention réelle, l'intention écrite, l'intention ouvertement proclamée dans le prospectus : il efface ce qui est écrit, pour y substituer une intention factice, une intention imaginaire, une intention hautement désavouée par les prévenus.

Comment raisonne-t-il en effet? Au lieu de s'attacher à l'écrit même, et d'y signaler l'intention criminelle, qu'il s'agit pour lui de démontrer, il va chercher sa démonstration dans des *exemples* qui, loin de

22

prouver ce qu'il veut établir, vont au contraire me fournir un moyen victorieux pour le réfuter.

Ainsi, pour premier exemple, M. l'avocat-général a supposé qu'une loi ayant été portée sur la contrebande, plusieurs *contrebandiers* annonceraient une souscription au profit de ceux d'entre eux qui seraient arrêtés et condamnés? Une telle souscription ne contiendrait-elle pas, a-t-il dit, une attaque formelle contre la loi; une provocation à lui désobéir? Ne serait-ce pas une *prime d'encouragement* pour le crime?

J'en conviens : mais voyez un peu la différence. La contrebande est un délit; des contrebandiers condamnés sont des criminels : il n'y a donc aucune analogie entre eux et de simples suspects, qui, loin d'être condamnés, ne sont pas même accusés d'un délit quelconque. Assister un contrebandier, c'est *assister un coupable :* assister un suspect, ce sera très-souvent, le plus souvent même, *assister un innocent.*

Deuxième exemple proposé par M. l'avocat-général. — Supposons qu'une nouvelle loi vienne d'être portée sur la presse; elle punit les délits par une amende; et voilà qu'une souscription se forme pour payer toutes les amendes auxquelles les délinquans seront condamnés! Ne sera-ce pas encore détruire tout l'effet de la loi?

Cela peut être vrai : mais, dans ce cas-là même, je ne connais pas de loi qui défende à un citoyen de payer l'amende encourue par un autre. Si c'est un inconvénient, le législateur n'a qu'un moyen d'y pourvoir; c'est d'ajouter à l'amende une peine corporelle. Mais, encore une fois, quelle analogie entre

cette supposition et l'affaire actuelle? En payant l'a-
mende, on efface la peine; on fait que le délit reste
impuni : soit. Mais, en faisant valoir la justification
d'un suspect, empêche-t-on qu'il ne soit détenu ? En
donnant des secours à sa famille, cela fait-il qu'il ne
soit plus prisonnier?

Enfin, M. l'avocat-général a pris pour dernier
exemple le cas où l'on proposerait, par souscription,
de se réunir pour acquitter toutes les amendes auxquelles seraient condamnés les jurés qui aimeraient
mieux rester chez eux que de se rendre à leurs
fonctions.

Même réponse que sur l'exemple précédent. —
Une telle souscription tendrait à paralyser l'institution même du jury; elle inviterait chaque juré à ne
pas faire son devoir. Au contraire, la souscription
nationale n'a pas pour but d'empêcher les suspects
d'être détenus. Loin de là, ce n'est (comme nous le
verrons bientôt) qu'autant qu'ils seront détenus et
constitués prisonniers, que les secours promis par la
souscription leur seront donnés; dans le cas contraire,
on ne leur promet rien, on ne leur donnera rien.
Vous voyez par-là, Messieurs, s'il est encore vrai de
dire, avec M. l'avocat-général, que la souscription
nationale offre *une prime d'encouragement pour le
crime !*

Convenons donc que c'est un étrange abus que de
mettre ainsi des suppositions à la place du fait : et
reconnaissons la vérité de ce principe, posé dans l'ordonnance de la Chambre du conseil, que « pour in-
« terpréter l'écrit incriminé, on ne peut pas recher-

« cher les intentions des auteurs, autre part que dans
« le texte de l'écrit même. »

Or, si nous recourons à cet écrit, nous verrons
que ses auteurs n'ont rien voulu laisser à la divina-
tion ; car ils ont pris eux-mêmes le plus grand soin
d'expliquer *leurs* intentions.

Ils partent d'abord de cette considération, que les
ministres seront obligés, pour l'application de la loi
du 26 mars, de s'en rapporter à des subalternes ; et
ils en tirent la conséquence, assurément fort juste
pour quiconque sait apprécier la pétulance de certains
subordonnés et l'activité des vengeances privées,
« que beaucoup de citoyens se trouveront ainsi ex-
« posés aux effets des *haines particulières*, d'un *zèle*
« *excessif et peu éclairé*, et de dénonciations *men-*
« *songères*. »

Ils rappellent ensuite des faits authentiques, dont
la preuve se trouve dans les procès verbaux de la
Chambre des députés ; savoir, que lors de la discussion de la loi du 26 mars, on a refusé aux détenus *le
secours d'un défenseur*, quoique cependant la défense soit de droit naturel ; *les soins de la famille*,
en séparant ce que Dieu avait uni, en consacrant la
liberté indéfinie de tenir les prisonniers au secret,
sans communication possible avec leurs femmes et
leurs enfans ; plus malheureux en cela que les anciens
esclaves et les nègres de nos colonies, qui, même en
cas de vente, ne pouvaient pas être séparés de leurs
proches [1].

[1] En lotissant les terres indivises, les copartageans devaient procéder de manière que les esclaves d'une même

Enfin, les auteurs de la souscription se montrent encore singulièrement affectés des besoins qui peuvent venir assiéger une famille dont le chef est au secret; et l'abstinence forcée à laquelle est exposé le détenu lui-même, réduit à *six sous* par jour [1], lorsqu'il est privé de travail, et que le pain coûte *quatre sous* la livre !

famille attachés à la glèbe, ne fussent pas séparés. Voyez la loi première, au Code Théodosien, tit. de *Communi dividundo.* — *Quis enim ferat liberos à parentibus, à fratribus sorores, à viris conjuges segregari?* — *Pietatis intuitus id non patitur,* dit le jurisconsulte Scœvola, dans la loi 41, § 2, ff. *de legatis* 3°. — De même, dans les ventes judiciaires, on ne séparait pas les proches parens. *Et in auctione fratres hostilis hasta non dividit.* Senec. 9, *controv.* 3. — En telle sorte que, si la vente était résolue à l'égard de l'un, elle devait l'être également à l'égard de l'autre. *Uno ex fratribus emptis redhibito, alterum quoque redhiberi oportet.* Lois 34-40, ff. *de œdilitio Edicto.* — Dans le Code noir, quoique rédigé par les blancs, on trouve une disposition qui porte : « Ne « pourront être saisis et vendus séparément, le mari et la « femme, et leurs enfans impubères, etc. » (*Edit de mars* 1685, *art.* 47.) — « Dans les marchés à esclaves, les cris de *oh! ma mère, ma mère! oh! mon enfant, mon enfant!* ont empêché la séparation de ces victimes de l'avarice; mais vos conseillers, plus inhumains que les marchands d'esclaves, ont séparé sans remords la mère de l'enfant! » (*Extrait de la lettre écrite le* 7 *août* 1820, *par la reine d'Angleterre, au roi son époux.*)

[1] Autrefois le pain du roi, c'est-à-dire la ration que l'État fournissait aux prisonniers de la classe la plus vile, était de *sept sous* par jour. — Le gouvernement suisse, quoique bien moins riche que celui de France, alloue douze sous par jour à ses prisonniers. (*État des prisons en Europe, par John Howard.*)

Indépendamment de ces motifs généraux qui ont agi sur tous les souscripteurs, Me Mérilhou avait encore des raisons particulières qui le portaient à entrer dans la souscription.

Il avait vu, en 1815, son père et son frère mis en surveillance par les mêmes hommes qui, en 1793, avaient conduit à l'échafaud l'un de ses oncles, et confisqué les biens d'un autre de ses proches, pour cause d'émigration.

Il se rappelait que, dans sa plus tendre enfance, il avait été mis en réclusion avec ses parens. Ainsi, c'est non-seulement par une impulsion de bienfaisance qui lui est naturelle, mais encore par ses souvenirs de famille, et par le sentiment des malheurs individuels que les lois d'exception entraînent, dans tous les temps et sous tous les régimes, que Me Mérilhou s'est décidé à entrer dans la souscription en faveur des détenus..... *Honneur à ceux qui vengent ainsi leur caste et leur famille !*

Dans ces circonstances, que se proposent les auteurs de la souscription ? Prétendent-ils, même indirectement, que les chambres et le Roi n'ont pas eu le droit de porter une telle loi, ce qui serait effectivement attaquer l'autorité constitutionnelle du roi et des chambres ? Non, Messieurs, ils n'élèvent pas même un doute à ce sujet. —Disent-ils aux citoyens, « N'o- « béissez pas à la loi du 26 mars : ce n'est une loi que « de nom; s'il se présente des gendarmes pour vous « arrêter sans un ordre de la justice, tuez-les; cela se « fait ainsi en Angleterre ? » Si tel était le langage du prospectus, j'y verrais, en effet, une provocation for-

melle à la désobéissance aux lois. Mais, bien loin de
là, les souscripteurs partent de cette supposition, que
la loi aura reçu son exécution, et que les personnes
pour lesquelles il s'agit de réclamer ou d'accorder des
secours, seront de fait constituées prisonnières. C'est
déjà ce qu'annonce le titre seul : *Souscription pour
le soulagement des personnes* DÉTENUES EN VERTU
DE LA LOI DU 26 MARS 1820.

C'est d'ailleurs ce que le fond même de la souscription met dans le plus grand jour.

En effet, quels sont les moyens qu'on annonce
devoir employer pour le *soulagement des détenus ?*
Sera-ce de s'armer pour aller briser leurs fers ? De
séduire leurs geôliers pour procurer leur évasion ?
Assurément non ! ces coupables projets n'entrent
point dans la pensée des souscripteurs : ils n'ont en
vue que deux objets :

1° L'autorité, disent-ils, peut avoir été surprise ;
dans cette hypothèse, « *on fera valoir auprès de*
« *l'autorité les réclamations des personnes* ATTEINTES
« PAR LA LOI. »

2° Les détenus ou leurs familles peuvent être dans
le besoin; *on leur fera distribuer les secours que leur
position exigera.*

Or, l'emploi du premier moyen, *réclamer auprès
de l'autorité,* n'a rien que de très-constitutionnel.

Le second, *distribuer des secours,* n'est qu'un acte
de bienfaisance et d'humanité.

Ni l'un ni l'autre ne constituent donc les délits
énoncés dans l'acte d'accusation.

Tous les deux sont même, à vrai dire, dans l'in-

térêt du gouvernement, puisqu'en diminuant la gravité des maux, ils diminuent la somme des mécontentemens [1].

Il est si vrai, du reste, que les auteurs de la
souscription n'étaient conduits que par un pur sentiment de philanthropie, que, prévoyant le cas où
il y aurait des fonds de reste, on annonce que,
s'ils ne sont pas réclamés, *ils seront appliqués à des
actes de bienfaisance ou d'utilité publique.*

Ils agissaient si peu dans les vues d'égoïsme qui
caractérisent toujours l'esprit de parti, qu'ils l'ont
hautement exprimé à la fin de l'acte du 31 mars, en
disant : « Les soussignés, mandataires des premiers
« souscripteurs, espèrent que tous les amis de l'ordre
« *et des lois, quelles que soient leurs opinions,* se
« réuniront à eux, parce que l'arbitraire menace éga-
« lement toutes les opinions, *et qu'il est de l'intérêt
« de tous, de soulager des maux dont chacun à son
« tour peut se voir frapper.* »

---

[1]   Ton âme le connut, ce noble et tendre zèle,
      Howard ! dont le nom seul console les prisons.
      . . . .
      S'il ne peut les briser, il allège leurs fers.
      Tantôt pour *adoucir la loi trop rigoureuse,*
      Porte au pouvoir l'accent de leur voix douloureuse,
      Et rompant leurs liens, pour des liens plus doux,
      Dans les bras de l'épouse il remet son époux,
      Le père a son enfant, l'enfant à ce qu'il aime.
      Par lui l'homme s'élève au-dessus de lui-même.
      . . . .
      Devant lui la mort fuit, la douleur se retire,
      Et l'ange affreux du mal le maudit et l'admire.
                     POEME DE LA PITIÉ, ch. II.

Plus haut, ils avaient déjà pris soin de rappeler,
« qu'on avait vu gémir dans les mêmes cachots, sous
« des cruautés uniformes, et en même temps, les par-
« tisans des doctrines les plus opposées. » Ils avaient
donc raison de s'écrier avec Delille :

Ah ! que les deux partis écoutent la pitié !

En effet, Messieurs, qu'on se donne la peine de
réfléchir sur les différentes réactions qui depuis trente
ans ont désolé notre patrie : on verra que chaque
parti, après avoir proscrit la faction opposée, s'est
vu proscrit à son tour par ceux qu'il croyait avoir
écrasés ; les persécuteurs ont fini par être persécutés ;
les bourreaux sont devenus victimes ; c'est là surtout
qu'on a vu l'abîme invoquer l'abîme !...... Aussi, toute
l'expérience que j'ai pu tirer du spectacle de ces misères, m'a fortement persuadé que l'avantage de cette
déplorable lutte, si long-temps prolongée, si souvent
ensanglantée, ne pouvait désormais rester qu'au parti
qui aurait la générosité d'oublier les torts réels du
parti contraire, et surtout la bonne foi de ne pas lui
supposer des torts imaginaires ; en un mot, à celui
qui, devenu le plus puissant, saurait en même temps
être le plus juste.

Mais j'en ai dit plus qu'il n'en faut, pour démontrer que les auteurs de la souscription n'ont pas eu les
intentions criminelles que leur a supposées le ministère public : je me hâte de passer aux autres objections.

Elles portent principalement sur le mode de publication de l'écrit, c'est-à-dire sur la forme et la rédaction du prospectus.

Ah ! Messieurs, quand l'accusateur lui-même est forcé de convenir qu'en soi le fait de la souscription est, non-seulement innocent, mais louable; quand il est démontré, comme je viens de le faire, que l'intention des souscripteurs a été pure, et n'a eu pour mobile que la bienfaisance ; il faudrait une rédaction bien malheureuse, bien offensante, bien odieuse, pour que le crime qui n'est pas dans le fait, se trouvât uniquement dans la manière dont il fut annoncé. On a vu quelquefois

Ce qui fut blanc au fond, rendu noir par la forme ;

mais il n'en saurait être ainsi dans l'espèce ; et en suivant l'objection dans tous ses développemens, nous reconnaîtrons aisément que si l'écrit du 31 mars n'est pas exempt de cette chaleur qui anime toujours la parole de l'homme qui veut émouvoir son semblable, lui communiquer ses impressions, et le rendre sensible au malheur d'autrui, sa rédaction, toutefois, n'a point le caractère de criminalité qu'on lui prête.

Dans le prospectus, a dit M. l'avocat-général, on conteste évidemment au législateur le droit de faire la loi ; car on élève à côté d'elle une autorité rivale ; on met le ministère dans l'impossibilité d'en user sans se rendre odieux : on en appelle à *l'opinion publique*..... Comme s'il pouvait y avoir d'autre opinion publique que celle qui est exprimée par les trois branches du pouvoir !

Il est facile de répondre à cette argumentation.

Et d'abord, il est évident que M. l'avocat-général

a défini *la loi* et non *l'opinion publique*, lorsqu'il a dit qu'elle ne pouvait être que le résultat d'une volonté parlementaire. Sans doute le Roi et les chambres ont seuls le droit de faire des lois : mais à côté de cette autorité suprême, on ne peut s'empêcher de reconnaître *l'opinion publique*, qui sans affecter la souveraineté, ni employer les formes hautaines du pouvoir absolu, a cependant aussi sa volonté, ses dédains, son mépris, sa puissance. N'est-ce pas elle en effet qui, étendant son empire jusque sur les lois mêmes, finit par abroger, en les condamnant à une triste désuétude, les lois qui l'ont froissée, méconnue ou bravée ?

Ainsi, dit un auteur dont j'ai cité les termes si souvent, que je me les rappelle encore, « qu'un souverain donne une loi évidemment opposée à la loi naturelle, à la constitution de son empire, aux mœurs essentielles de son peuple ; la force en assure l'exécution un instant, dans quelques lieux près du prince : mais dans l'éloignement, mais bientôt, la justice, *l'opinion publique*, reprennent le dessus ; le temps fait le reste [1]. »

Et n'est-ce pas là précisément ce que paraît craindre M. l'avocat-général, pour la loi du 26 mars, lorsqu'il reproche aux souscripteurs d'avoir voulu mettre le ministère dans l'impossibilité d'en tirer parti, et d'avoir ainsi tué la loi autant qu'il était en eux ?

On nie l'existence de *l'opinion publique !*

---

[1] PROST DE ROYER, dans son Dict. des Arrêts, au mot *Abrogation*.

Eh quoi! n'est-il donc pas de l'essence du gouvernement représentatif de se mouvoir sous l'influence de cette opinion? N'agit-elle pas sur les choses aussi bien que sur les hommes, sur la personne de ceux qui administrent aussi bien que sur les actes de leur administration?

Ici, Messieurs, se place naturellement la controverse que M. l'avocat-général a établie sur le droit de critiquer les lois et les actes du gouvernement. Il n'a pas nié que ce droit n'appartînt aux citoyens; mais il l'a circonscrit dans les bornes les plus étroites; et ces bornes, il a trouvé qu'on les avait excédées. Ainsi l'on a médit de la loi; on en a mal parlé; il ne fallait pas dire qu'elle était *arbitraire*, etc., etc.

La question se divise donc naturellement en deux parties : 1° En droit, jusqu'à quel point est-il permis de critiquer les lois? 2° En fait, le prospectus du 31 mars a-t-il dépassé les limites au delà desquelles il y a attaque formelle contre l'autorité du législateur, et provocation à la désobéissance aux lois?

Il est très-vrai, Messieurs, qu'après avoir signalé les inconvéniens qu'entraînerait probablement à sa suite l'exécution de la loi, les souscripteurs ont dit que « ces inconvéniens étaient inséparables de toute « législation *arbitraire.* »

Mais il ne faut qu'un peu de mémoire pour se rappeler que les ministres avaient ouvertement demandé *l'arbitraire*, l'arbitraire *pur*, l'arbitraire *de confiance.....*

Et les députés, signataires de l'acte, ne pouvaient

pas oublier que les ministres avaient obtenu *tout ce qu'ils avaient demandé !*....

Ensuite et dans le langage même des jurisconsultes, une loi est *arbitraire* quand elle est variable au gré de l'homme, par opposition aux lois *immuables* contre lesquelles le caprice du législateur est impuissant [1].

Dans ce sens encore, la loi du 26 mars est donc *arbitraire;* car elle suspend *ad arbitrium hominis,* sur le fait de la liberté individuelle, le régime *cons-*

---

[1] Le judicieux Domat, dans son *Traité des Lois*, ch. XI, n° 1, consacre cette distinction. « Les lois IMMUABLES, dit-il, « s'appellent ainsi, parce qu'elles sont naturelles, et telle- « ment *justes toujours et partout,* qu'aucune autorité ne peut « ni les changer, ni les abolir; et les lois ARBITRAIRES sont « celles qu'une autorité légitime peut établir, changer et abo- « lir *selon le besoin.* » — Ainsi, la qualification de lois *arbitraires* convient éminemment aux lois *de circonstance,* autrement dites *lois d'exception,* puisque rien n'est si variable, si arbitraire, en un mot.

C'est par opposition aux lois naturelles, qui sont le fondement immuable des sociétés, que les lois romaines ont érigé en principe, que l'arbitraire de la raison civile ne peut jamais prévaloir sur l'immuabilité de la raison naturelle : *civilis ratio jura naturalia corrumpere non potest.*

Ainsi, par exemple, si la loi humaine ordonnait un crime, *il faudrait la transgresser* pour ne pas désobéir à la loi de nature, aux commandemens de Dieu même. (*Blackstone, Comment. sur les lois anglaises*, Disc. prélim.)

Bossuet, en parlant des lois constitutionnelles et fondamentales d'un État, dit que leur vigilance et leur action est *immortelle,* et que tout ce qui se fait contre elles étant nul de droit, *il y a toujours à revenir contre.*

titutionnel, qui est la règle fixe et immuable de notre droit public intérieur.

La Charte, en effet, ne cesse pas d'être pour nous le *principe*; et, s'il faut de toute nécessité se soumettre au régime des lois *d'exception*, ce n'est que passagèrement, par circonstance, et avec l'expectative qu'accompagnent tous nos vœux, de revenir le plus tôt possible au régime constitutionnel [1].

La loi du 26 mars est encore *arbitraire*, par opposition aux *formes judiciaires* dont elle dispense les ministres.

Ce n'est donc pas porter atteinte à l'autorité constitutionnelle du Roi et des chambres, que de préférer la loi fondamentale au régime des lois d'exception, et les formes solennelles de la justice, aux brusqueries d'une police qui n'a pour règle que le caprice de ceux qui la mettent en jeu.

Ce n'est pas provoquer à la désobéissance à une loi, ni surtout à une loi transitoire, que de la présenter comme pouvant entraîner des abus dans son exécution, sans, au reste, lui contester son caractère de loi et sa force exécutive.

---

[1] Aussi cette loi renferme en elle-même le germe de sa destruction. —Comme toutes les lois d'exception, elle porte que si elle n'est pas renouvelée dans la prochaine session des chambres, elle cessera de plein droit d'avoir son effet. Cela n'empêche pas, il est vrai, qu'elle ne porte la clause, *et afin que ce soit chose ferme et stable* à TOUJOURS, *nous y avons fait mettre notre scel.* Mais c'est une pure formule, et l'on connaît la règle suivant laquelle : *Ea quæ sunt styli non operantur.*

M. le garde-des-sceaux lui-même l'a dit : « On
« peut très-légitimement contester la justice ou la
« convenance d'une loi pénale, comme de toute autre
« loi ; on peut en solliciter le changement [1]. »

Et lors de la dernière loi du 31 mars 1820, qui a
reconstitué *la bienheureuse censure*, les ministres
ont encore répété, par forme de promesse, et à titre
de consolation, que cela ne nuirait pas au droit que
conserveraient les citoyens, de se livrer à l'examen
et à la critique modérée des actes de l'autorité.

Je pourrais vous citer pour exemple, et les attaques dirigées contre la feue loi des élections, et
celles dont la loi du recrutement est menacée, et
celles dont la contrainte par corps est en ce moment
l'objet [2].

Mais je trouve une preuve plus saillante encore
du libre exercice de ce droit constitutionnel de critiquer les lois, dans un journal que la *légitimité* de
ses opinions, la *sincérité* de ses récits et *l'impartialité* de ses jugemens, m'autorisent à citer avec
confiance..... Dans le *Journal des Débats* (On rit.)....
dans le *Journal des Débats* du 18 mai 1820, on lit

[1] Exposé des motifs du projet de loi *sur la liberté de la
presse*, séance du 22 mars 1819.

[2] Il suffit à ce sujet de citer l'opuscule de M. Michel Burg,
intitulé : *Considérations sur la contrainte par corps en matière de dettes, dites commerciales*. Après avoir exposé une
partie des misères auxquelles les détenus pour dettes sont en
proie, l'auteur établit une *comparaison entre les ménageries
royales et les prisons*, et il entreprend de prouver que les
animaux, même les plus féroces, sont *mieux traités* que les
hommes ! — Voilà de la critique, j'espère !

ce qui suit : « Un de nos écrivains les plus célèbres,
« M. l'abbé de..... vient de publier une petite bro-
« chure qui fera, sans doute, une grande sensation.
« Cette brochure a pour titre : *Quelques Réflexions*
« *sur la Censure*..... Il est impossible de *prouver*, en
« moins de mots et par de plus fortes raisons, *l'in-*
« *compatibilité de la censure avec un gouvernement*
« *représentatif*. Nous reviendrons sur cette brochure,
« la plus remarquable qui ait paru depuis l'établisse-
« ment de la censure. »

Or, les auteurs de la souscription sont bien loin
d'avoir été jusque-là.

Ils se sont bien gardés de rechercher si la loi du
26 mars était, ou non, *compatible* avec le régime
constitutionnel ;

Ils n'ont pas contesté *le droit* qu'avaient eu le Roi et
les chambres de la porter, par exception à la Charte ;

Ils n'ont pas même critiqué les actes des ministres;

Ils ne leur ont pas non plus supposé de mauvaises
intentions : — au contraire.

Mais ils ont dit : « Il est impossible que, pour l'ap-
« plication de cette loi, et surtout dans les départe-
« mens, ces ministres ne s'en reposent pas sur des
« subalternes. » Ils ont entrevu dès lors que ces ministres, quels qu'ils fussent, pourraient être trompés;
et, dans cette hypothèse, bien loin de conseiller la
résistance à leurs ordres, ou la désobéissance à la loi,
les souscripteurs ont supposé qu'un citoyen serait
de fait emprisonné, mais que cette arrestation pourrait bien n'être que l'effet de *dénonciations menson-*
gères et précipitées.

C'est alors, mais seulement alors (c'est-à-dire lorsque la loi aura reçu sa pleine et entière exécution, par l'incarcération de fait d'un citoyen), que si les souscripteurs sont informés de son innocence, par ses parens ou amis, ils s'engagent à *faire valoir ses réclamations auprès de l'autorité*. Ils diront, pour le détenu, ce que le détenu dirait lui-même, s'il était libre. — Dans un temps où l'on enhardit la délation, par la crainte que l'on a de *décourager le zèle*, à combien de surprises l'autorité n'est-elle pas exposée? Elle croit de son intérêt de dissimuler avec soin la source des avis qui lui parviennent; tandis que, pour réfuter une dénonciation, il suffirait le plus souvent de nommer le dénonciateur. C'est un tel..... Eh! quoi!.... précisément..... c'est son ennemi particulier qui l'a dénoncé; il existait entre eux telle et telle cause de haine, tel ou tel conflit d'intérêts; le détenu, par exemple, était acquéreur de biens qui avaient appartenu à son maire ou à son préfet; il n'a pas voulu vendre ou céder;..... *c'est sa belle maison d'Albe qui l'a perdu!.....*

Si le détenu (qu'il ait ou non mérité son arrestation) laisse une famille dans le besoin, on lui donnera des secours....

Quel que soit le parti auquel il appartienne, la bienfaisance et *l'opitulation* seront les mêmes....

Ainsi vous voyez, Messieurs, que la critique ne tombe ni sur la loi elle-même, ni sur les pouvoirs dont elle est émanée, ni sur les ministres chargés de son exécution.

Et si, du reste, on paraît craindre que cette exé-

cution n'entraîne des malheurs particuliers, des inconvéniens qu'on croit être inséparables de toute *législation arbitraire* ; on ne dit rien, en cela, qui n'ait
été répété cent fois contre les *lettres de cachet.*

Les lettres de cachet!... Oui, Messieurs, l'analogie
est manifeste, car un député du côté droit (M. de la
Bourdonnaie, si je ne me trompe.) a dit lui-même,
que la seule différence entre la loi nouvelle et l'ancienne, c'est qu'au lieu d'un seul cachet, il y en aurait trois.

Voilà pourquoi les souscripteurs citent M. de Malesherbes, et s'appuient de son imposante autorité.
Le passage qu'ils rapportent, bien que saillant, n'est
rien en comparaison du discours entier dont il est
extrait [1]. Ils auraient dû le copier tout-à-fait sans
citer, et au grand étonnement des accusateurs, le
procès se trouverait fait à M. de Malesherbes! Pour
se défendre, il suffirait de mettre des guillemets, et
de nommer son auteur.

Dans cette harangue, en effet, ce vertueux magistrat, parlant au roi lui-même, n'a pas craint de lui
dire : « Ces sortes d'arrestations sont la punition or-
« dinaire des discours indiscrets dont on n'a jamais de
« preuves que *la délation;* preuve toujours incer-
« taine, puisqu'*un délateur est toujours un témoin
« suspect...* Les ordres signés de Votre Majesté sont
« souvent remplis de noms obscurs, que Votre Ma-
« jesté *n'a jamais pu connaître.* Ces ordres sont mis
« à la disposition de *vos ministres,* et nécessairement

---

[1] Remontrances de la Cour des aides, du 14 août 1770,
au sujet des lettres de cachet.

« de leurs commis... On les confie aux administrateurs
« de la capitale et des provinces, qui ne peuvent les
« distribuer que sur le rapport de leurs subdélégués
« ou autres *subalternes*... Il en résulte, Sire, qu'au-
« cun citoyen, dans votre royaume, n'est assuré de ne
« pas voir sa liberté *sacrifiée à une vengeance;* car,
« *personne n'est assez grand pour être à l'abri de la*
« *haine d'un ministre, ni assez petit pour n'être pas*
« *digne de celle d'un commis.*

   « Un jour viendra, Sire, que la multiplicité des
« abus déterminera Votre Majesté à proscrire *un*
« *usage si contraire à la Constitution du royaume*, et
« à la liberté *dont vos sujets* ont droit *de jouir.* »

   Voilà, Messieurs, ce que disait, des *détentions ar-*
bitraires, un magistrat de l'ancien régime, un premier président de Cour souveraine, un homme qui,
après avoir eu le courage de dire la vérité à Louis XV,
a eu le courage de mourir pour son successeur.

   On projette d'élever un monument à M. de Malesherbes ! il en est digne sans doute ! Mais comment
a-t-il mérité cet honneur insigne, si ce n'est par sa
persévérance à dévoiler les abus et à dénoncer l'arbitraire ? Le premier monument qu'il importe d'élever à sa vertu, n'est-il pas de suivre son exemple,
plutôt que d'accuser ceux dont les efforts n'ont tendu
qu'à l'imiter ?

   Ainsi, en résumant ce que nous avons dit jusqu'ici,
le *fait* de la souscription est louable en soi ; l'*inten-*
tion des souscripteurs a été pure ; les *moyens* qu'ils
se sont proposés n'ont rien que de licite ; les *expres-*
sions dont ils se sont servis sont modérées ; elles ont

pour type le plus glorieux des antécédens, la plus respectable des autorités, les remontrances d'une Cour souveraine, présidée par un sage tombé martyr de la fidélité! Où peut donc être le délit?

Car, enfin, n'est-il pas de principe que tout ce qui n'est pas défendu par la loi, est permis?

Or, quelle est, je vous prie, la loi qui défend de souscrire pour le soulagement des détenus! Y en eut-il jamais?

Hélas! oui, Messieurs, il faut le dire à la honte de l'humanité; on a vu des lois qui ont proscrit la bienfaisance et défendu de s'intéresser au sort des prisonniers. Il en est jusqu'à deux que je puis vous citer. L'une appartient au régime de 1793, elle est ainsi conçue : « Les détenus comme suspects *n'ont plus* « *aucun besoin* : la république les nourrit *frugale-* « *ment* : partant, qu'on ne leur laisse passer aucun « secours, etc., etc. [1]. » — Cette horrible mesure, l'indignation des contemporains l'a déjà jugée.

L'autre loi se rattache à une époque plus reculée, mais non moins remarquable.

Dans les premiers temps du christianisme, les par-

---

[1] Arrêté du représentant Joseph Lebon, du 18 ventose an 2, pendant sa mission *à Arras.* On sait que ces arrêtés avaient force de loi. Celui dont nous parlons se trouve notamment dans un écrit intitulé : *Atrocités commises envers les ci-devant détenus dans la maison d'arrêt*, dite la Providence, *à Arras*, par Joseph Lebon et ses adhérens, pour servir de suite aux *Angoisses de la mort*, ou *Idées des horreurs des prisons d'Arras*, par les cit. Poirier et Montgey de Dunkerque. Deuxième édition, nivose an 3, pièces justificatives, page 53.

tisans de l'ancien culte des idoles présentaient sans cesse aux empereurs la nouvelle doctrine comme *perverse*, séditieuse, subversive de l'ancien ordre de choses, et comme appelant à une révolution générale les peuples qu'elle *instruisait* de leurs droits et de leurs devoirs [1].

De là les persécutions, les rigueurs, les mesures arbitraires, les martyrs qui ont scellé la foi de leur sang...

L'empire venait d'être partagé entre Licinius et Constantin. Celui-ci protégeait les chrétiens ; mais par cette raison-là même, Licinius crut devoir les tenir pour *suspects*. « Il s'imaginait, dit Crévier, que ceux « qu'il avait dans ses États étaient attachés de cœur « à Constantin-le-Grand, qu'ils faisaient des vœux « pour lui, qu'ils désiraient de l'avoir pour maître. Il « ne pouvait pourtant leur reprocher ni sédition, ni « révolte... Mais ce prince voulait se persuader qu'ils « le haïssaient dans l'âme ; et, en conséquence, il les « haïssait lui-même, et il leur aurait déclaré une « guerre ouverte, si la crainte de Constantin ne l'eût « retenu. Ainsi, balancé entre deux sentimens qui se « combattaient, il prit un parti mitoyen ; et n'osant « pas enfreindre la loi qu'il avait portée lui-même « avec son collègue, pour accorder aux chrétiens le « libre exercice de leur religion, il résolut, sans or- « donner précisément une persécution, de les fatiguer « par des chicanes qui produisissent le même effet.

---

[1] *Hunc Jesum invenimus* pervertentem *gentem nostram.* LUC. XXIII, § 2. — *Commovet populum* docens *per universam Judæam.* IBID., § 5.

« Dans cet esprit, il publia une loi par laquelle il
« interdisait aux évêques tout commerce entre eux,
« et leur défendait de se visiter les uns aux autres,
« et surtout de tenir des assemblées et des conciles
« pour délibérer sur les affaires communes de leurs
« églises. »

Ce n'est pas tout, Messieurs, Licinius porta une
loi par laquelle il défendit expressément d'assister les
prisonniers, de les excuser, de leur porter même des
alimens, à peine d'être mis dans la même prison, et
d'être traité comme eux : loi barbare, mais qui, du
moins, par cette peine même, offrait aux malheureux le moyen de se réunir à leurs parens et à leurs
amis !

Voilà, Messieurs, cette loi dont je vous parlais !
Mais aussi, quel jugement en a porté l'histoire ! —
Écoutez.

M. de Tillemont, dans son *Histoire des Empereurs*, dit, en parlant de Licinius : « Il eut la *dureté*
« d'ordonner qu'on n'assisterait point ceux qui étaient
« dans les prisons, sous peine, à ceux qui le feraient,
« d'y être mis avec eux, et d'y être traités comme
« eux : c'est-à-dire que par *la plus injuste, la plus*
« *cruelle et la plus déraisonnable* de toutes *les lois*,
« il défendait d'avoir compassion des misérables; il
« défendait de donner à manger à ceux qui meurent
« de faim; *il défendait d'être bon*; et malgré tous
« les sentimens de la nature, *il faisait un crime des*
« *œuvres de miséricorde !* »

Le savant évêque de Césarée, qu'on a surnommé
le *Père de l'Histoire ecclésiastique*; EUSÈBE qui,

après la mort de son ami *Pamphile*, tombé sous le coup des proscriptions, ajouta son nom au sien, pour marquer le regret qu'il éprouvait de sa perte; *Eusèbe-Pamphile* s'exprime en termes encore plus énergiques. Il n'appelle pas seulement cette loi arbitraire, mais il l'appelle loi illégitime, loi impudente, loi la plus féroce de toutes les lois : *Lex illegitima, lex palàm impudens, et omnium immanissima* [1].

Tel est, MM. les jurés, le jugement qu'a porté l'histoire, de la seule loi qui, avant 1793, ait défendu

---

[1] *Quid autem attinet singula quæ iste Deo invisus (imperator Licinius) perpetravit, enumerando recencere : et quomodò leges illegitimas ipse legum omnium violator excogitaverit ? Quippè lege latâ prohibuit* « *ne quis miseris in carcere* « *detentis alimenta humaniter subministraret, neve quis ho-* « *mines in vinculis fame contabescentes miseratione prose-* « *queretur.* » *Hoc est,* ne quis omninò vir bonus existeret, neve ii qui ad proximorum miserationem naturâ ipsâ ducuntur, boni quidquam præstarent. Fuit hæc profectò LEX PALAM IMPUDENS ET OMNIUM IMMANISSIMA, *quippè* quæ omnem à naturâ insitam mansuetudinem excluderet. Quin et legi adjecta erat hæc pœna, ut qui reis stipem dedissent, pari cum reis ipsis supplicio plecterentur; ut potè in carcerem et vincula conjecti, eamdem cum noxiis hominibus pœnam subirent, qui humanitatis officia illis præstitissent. Hujusmodi fuere constitutiones Licinii. (Eusebii-Pamphili, Ecclesiasticæ historiæ, *lib.* 10, *cap.* 8, *p.* 490, *édition de Cambridge.*)*

Aussi, quel fut l'effet d'une telle législation? — Le sage Fleury nous l'apprend : « Les fidèles, dit-il, recommencèrent à s'enfuir, comme dans les persécutions précédentes, et à se retirer dans les montagnes et les solitudes. Cependant Licinius ne voulait pas que l'on parlât de persécution, et la désavouait de paroles, tandis qu'il l'exerçait si cruellement en effet. (*Hist. ecclés.*, tome 3, page 63.)

de venir au secours des prisonniers : tel serait (n'en doutez pas) le jugement que vos contemporains et la postérité porteraient de vous, si vous déclariez *coupables* des citoyens dont tout le crime est d'avoir *souscrit pour le soulagement des détenus !*

Et encore, Messieurs, remarquez cette différence. Du temps de Licinius au moins, il y avait une loi; à la vérité, une loi despotique, arbitraire, injuste, *palàm impudens atque immanissima;* mais enfin il y avait une loi : *dura lex, sed lex.* On était, par conséquent, averti qu'il n'était pas permis d'être bienfaisant envers les autres, sans péril pour soi-même. Mais de nos jours, mais en France, existe-t-il une loi semblable? Voit-on dans la législation ce qu'on voudrait introduire dans la jurisprudence? ce que quatre Cours souveraines ont déjà refusé d'admettre! ce qui a soulevé, en faveur des prévenus, l'opinion unanime des jurisconsultes de tous les pays et de tous les partis!

Excepté dans les temps de trouble et de persécution, jamais vous ne verrez le pouvoir contrarier la bienfaisance envers les prisonniers, et s'en alarmer.

Ce sentiment de compassion pour le malheur de son semblable est dans tous les cœurs; la nature l'inspire [1]; le droit des gens le recommande [2];

---

[1]　　En ce monde, il se faut l'un l'autre secourir;
　　Il se faut entr'aider ; *c'est la loi de nature.*
　　　　　　　　　　(*Le bon* LAFONTAINE.)

[2] *Homo sum et nihil humani à me alienum puto.* Terent. — *Beneficio adfici hominem* interest *hominis.* Loi 7, au Digeste, *de servis export.* — *Ita placet Stoïcis..... Homines hominum causâ esse generatos, ut ipsi inter se , aliis alii pro-*

la religion l'a mis au rang de ses préceptes [1].

Cette religion n'offre pas seulement des exemples particuliers d'une charité individuelle et isolée : c'est à elle aussi que l'on doit le modèle de ces *confréries* et de ces *associations*, qui ont pour objet de venir au secours de l'humanité souffrante [2].

---

desse possent..... Naturam debemus sequi ducem, communes utilitates in medium afferre ; mutatione officiorum, dando, accipiendo ; tum artibus, tum operâ, tum facultatibus, devincire hominum inter homines societatem. Cic. de Officiis, lib. 1, n. 22. — Voilà certainement une vaste souscription : elle comprend tout le genre humain.

[1] *Esurivi et dedistis mihi manducare : infirmus fui, et visitastis me :* IN CARCERE ERAM, ET VENISTIS AD ME. (*Mathœus,* xxv, 36 et 37.) *Non desis plorantibus in consolatione, et cum lugentibus ambula.* (Ecclesiast. vii, 38.) *Flete cum flentibus.* (Ad Roman. xii, 15.)

[2] John Howard, dans son ouvrage intitulé : *État des prisons en Europe*, traduit en Français en 1788, dit, en parlant de celles d'Italie, qu'il n'est point de pays où *l'humanité inspirée par la religion*, prodigue autant de secours aux détenus et aux pauvres. Partout, dit-il, il s'est formé des *associations charitables ;* et dans la plupart des villes, des *confréries pieuses* sont uniquement occupées du *soulagement* des prisonniers. Je ne puis me dispenser de citer ici la *confrérie de la Miséricorde,* appelée *di S. Giovanni dei fiorentini.* Il n'est point de ville un peu considérable qui n'ait la sienne. Cette confrérie soulage les prisonniers pendant leur vie, et leur prodigue ses secours jusqu'à ce qu'ils aient cessé de vivre ; elle adoucit pour eux l'amertume du trépas ; elle reçoit leurs derniers soupirs, et elle veille à leur inhumation : image de la Providence, dont la bonté *adoucit les rigueurs de la justice humaine,* et daigne accueillir dans son sein les hommes que la société a rejetés ! — Une pareille confrérie est établie en Portugal, etc.

Entre toutes celles que je pourrais citer, qui ne connaît la société formée pour la *rédemption des captifs?* Alger s'en est-il offensé? En a-t-il pris ombrage? Et jamais cadi fut-il chargé de faire le procès aux frères de la Rédemption, sous prétexte que leur institut avait pour objet de discréditer la doctrine de la servitude, et de provoquer à la désobéissance aux lois de l'esclavage?

Comment donc pourrait-on voir un crime dans une association qui a pour objet la *rédemption des suspects?* une association qui consiste uniquement à les *racheter de la délation*, s'ils ont été calomniés; et à les secourir, s'ils sont dans le besoin.

Est-ce la forme de souscription qui déplaît? Mais cette forme n'est pas nouvelle.

Déjà l'on vous a cité celle ouverte en 1777, au profit de ces *trois braves gentilshommes* [1] qui avaient assassiné le malheureux Damade. Il est vrai que M. l'avocat-général n'excuse cette souscription, qu'en faisant observer qu'elle avait été annoncée et publiée en vertu d'un *privilége du roi;* mais il est aisé de lui prouver qu'autrefois la bienfaisance pouvait s'exercer, même sans privilége.

Louis XIV, dans les malheureux démêlés qui divisaient le clergé et la couronne, prit des mesures d'une extrême rigueur contre quatre évêques. Il alla même jusqu'à faire saisir leur temporel. Aussitôt de pieuses offrandes leur sont adressées de toutes les parties de la France.

[1] Ce sont les propres expressions du prospectus de cette souscription.

Le plus vertueux de ces prélats, Caudet, évêque de Pamiers, étant réduit à l'état le plus fâcheux, un illustre solitaire, qui habitait l'abbaye de Saint-Cyran, fit parvenir à un banquier de Paris une lettre de change de deux mille écus pour la faire toucher à l'évêque ; mais elle fut interceptée et adressée au père Lachaise.

L'affaire portée au conseil du roi, quelqu'un proposa d'enfermer M. Destouches à la Bastille, comme ayant prêté secours à un sujet rebelle ; mais Louis XIV ferma la bouche à cet imprudent conseiller, par cette réponse vraiment royale :

« Lorsque j'ai sévi contre l'évêque de Pamiers, je « n'ai pas prétendu empêcher qu'on ne l'assistât dans « son malheur : il ne sera pas dit que sous mon règne « on aura puni quelqu'un pour un acte de bienfai- « sance [1]. »

Non, Messieurs, il ne sera pas dit non plus que sous le règne de notre roi, on aura puni quelqu'un pour un acte de bienfaisance ! Si Sa Majesté savait que ses procureurs - généraux ont poussé le zèle jusqu'à faire le procès à ceux de ses sujets qui ont fait vœu de soulager l'infortune, on entendrait une seconde fois les mêmes paroles sortir de la bouche royale : « Lorsque j'ai cru devoir proposer une loi d'excep- « tion, je n'ai pas, pour cela, prétendu empêcher « qu'on n'assistât les détenus dans leur malheur ; il « ne sera pas dit que, sous mon règne, on aura puni « quelqu'un pour un acte de bienfaisance. »

---

[1] *Extrait de la vie des quatre évêques engagés dans la cause de Port-Royal.*

Nos annales ne seront pas souillées d'un pareil arrêt !

Eh quoi ! jamais la bienfaisance ne fut portée plus loin : aux secours particuliers de tout genre, se joignent des associations de toute espèce, pour les malheureux de toutes les classes, pour les condamnés, et jusque pour les forçats ?

Il existe une société générale *pour l'amélioration des prisons* : elle est présidée par un prince de la famille royale, dont le nom se trouve si souvent mêlé aux actes de bienfaisance et de générosité. L'autorité a propagé cette société : elle l'a encouragée de toutes les manières ; les citoyens ont reçu leur *brevet d'associé*, à domicile, avant même qu'ils en eussent manifesté le désir, tant on s'est cru certain de leur adhésion à une si belle œuvre.

Et quand il s'agit, non plus de voleurs, d'assassins, de condamnés, de forçats ; quand il s'agit, non pas même d'accusés ou de prévenus, mais de simples suspects, détenus pour un trimestre, par mesure de pure précaution, il sera défendu de venir à leur secours !

Ainsi l'inhumanité n'a trouvé d'asile que dans le sein de la politique ! c'est là seulement qu'on se montre insensible au malheur d'autrui !

Le magistrat, après avoir condamné un coupable, le plaint, et quelquefois même le recommande à la clémence du prince. Il ne dit pas aux autres hommes : C'est un scélérat que j'ai condamné, je vous défends de demander grâce pour lui ou de soulager ses besoins : loin de là, il lui fait souvent passer des secours. C'était la vertu des Angran, des Malesherbes et des

Lamoignon : c'est encore celle de plusieurs d'entre nos magistrats.

Et un ministre dirait : Que vous importe? *c'est mon suspect*, ne vous en mêlez pas! J'ai demandé l'arbitraire, je l'ai obtenu; et néanmoins je ne veux pas que vous disiez que c'est de l'arbitraire : je l'exercerai, si bon me semble; et quelque rigoureux qu'il soit, je n'entends pas que vous y portiez remède : si j'ai été trompé, tant pis, ne vous chargez pas de m'éclairer; s'ils sont dans la misère, tant mieux; leur peine sera plus forte, restez en repos.—Mais ils sont innocens!...—Taisez-vous.

Non, Messieurs, tant de barbarie n'entre point dans nos mœurs : un tel langage vous révolte; vous êtes convaincus désormais qu'il n'y a pas ici matière à accusation.

Quelque tournure qu'on ait prise, c'est toujours le procès fait à la pitié. Je souhaite que ceux qui l'accusent n'aient jamais besoin de l'implorer!....

Pour vous, Messieurs, vous ne vous laisserez pas séduire par ce genre de concession qui permet d'être bienfaisant, mais pourvu que ce soit doucement, à petit bruit, et non par forme d'association.

Il est des gens qui permettent tout, mais avec des restrictions qui font qu'en effet rien n'est permis; des hommes qui conçoivent la bienfaisance envers les détenus, à peu près comme la liberté de la presse avait été expliquée au confident du comte Almaviva [1].

Mais vous n'admettrez point de semblables décep-

---

[1] Le sieur Figaro.

tions; vous sentirez qu'ici la réunion de plusieurs était nécessaire pour que les secours fussent efficaces.

Il ne s'agissait pas seulement de secourir un seul malheureux, mais tous ceux qui le seraient, quelle que fût d'ailleurs leur opinion.

Il fallait correspondre pour connaître les faits justificatifs, il était besoin d'appui pour les faire valoir, une réunion d'efforts était nécessaire pour multiplier les secours en proportion du nombre de ceux qui en auraient besoin : enfin il était bon d'intéresser à la souscription des hommes de toutes les classes, parce qu'il s'agissait de rendre des services de tous les genres.

Et comment pourrait-on s'étonner d'y voir figurer des avocats? ne devrait-on pas plutôt être surpris s'il ne s'en trouvait aucun parmi les souscripteurs ?

Ici, Messieurs, la cause de Mᵉ Mérilhou prend un caractère particulier qui la différencie des autres.

En effet, ce qui n'est qu'un acte de bienfaisance, un trait d'humanité pour le commun des hommes, est un devoir de rigueur pour quiconque embrasse la noble profession d'avocat.

En revêtant la toge, un avocat fait serment, à la face de la justice, de se vouer à la défense de ses concitoyens, à la protection de tous les droits, au redressement de tous les griefs; *il est l'organe de toutes les infortunes.*

Et qui donc défend les accusés ?

N'est-ce pas, vous le savez, Messieurs, au sein de notre Ordre que s'est formée cette généreuse résolu-

tion de nous partager, à tour de rôle, la défense
d'office et gratuite de tous les accusés [1] ?

Tous, quels que soient leur misère et leur dénûment, trouvent en nous secours, zèle, protection.

Nous descendons dans leurs prisons, nous les con-
solons, nous soutenons leur espoir, nous sommes
leurs confesseurs temporels; et, dans ce combat généreux qui s'engage au profit de l'infortune, il n'est
pas rare de voir d'anciens avocats et de jeunes sta-
giaires, après être ainsi venus, sur l'invitation de la
justice, défendre un malheureux, joindre la bienfaisance au désintéressement, et délier leur bourse au
profit d'un accusé pour lequel ils ont d'abord épuisé
les trésors de leur éloquence.

Voilà, Messieurs, l'honorable ministère que nous
remplissons près de vous : c'est notre état, notre devoir, notre serment, et je n'en tirerais pas vanité
pour notre ordre, si je ne voyais l'un de nous accusé
pour avoir manifesté des sentimens qui jusqu'à présent ont fait le plus beau titre d'honneur du barreau
français.

Me Mérilhou est accusé d'avoir fait partie d'une
association dont le but était de *défendre les suspects,*
de faire valoir leurs réclamations auprès de l'auto-
rité, et de leur procurer des secours; c'est-à-dire qu'il
est accusé d'avoir rempli le premier devoir de sa
profession.

Sans avoir signé l'acte du 31 mars, il n'est pas un

---

[1] Délibération des avocats, portant qu'ils se chargeront à
tour de rôle de la défense d'office et gratuite de tous les accusés.

de nous, non, Messieurs, il n'est pas un de nous qui n'ait formé les mêmes résolutions.

Les engagemens qu'il a pris sont gravés dans nos cœurs : ce qu'il a promis de faire, chacun de nous a fait vœu de l'exécuter.

Du moment où nous avons vu rejeter l'amendement proposé par notre respectable doyen, le vertueux de Lacroix-Frainville, chacun de nous s'est dit au fond de son âme : « N'importe; si les conseils leur « manquent, la défense ne leur manquera pas. » De ce moment nous avons répété avec transport : « Oui, « nous le jurons, par état, par amour de l'humanité, « par devoir, de nous vouer à la défense de nos con- « citoyens prévenus d'être suspects !

« Nous jurons d'éclairer l'autorité trompée; d'écar- « ter les préventions, de déjouer la calomnie, de « déconcerter la délation !

« Nous jurons de pénétrer dans les cachots toutes « les fois qu'on voudra nous y laisser descendre; d'y « porter des consolations, quand il ne nous sera pas « interdit de les y faire entrer avec nous; d'y joindre « des secours pécuniaires, quand il sera permis d'a- « jouter quelque chose aux six sous de la geôle !

« Nous jurons non-seulement d'aider le détenu, « mais encore de secourir sa femme et ses enfans; de « contribuer enfin de notre fortune et de toutes nos « forces morales à la défense et au soutien des mal- « heureux !

« Nous l'avons juré ! nous le jurons encore ! »

Et, en cela, qu'il me soit permis de le dire à la gloire de notre ordre, nous ne faisons qu'imiter l'exemple

de nos devanciers. Sous tous les régimes, en effet, il
y a eu des avocats courageux qui ont mis de côté tout
esprit de parti pour ne montrer que l'esprit de justice; que la crainte n'a pu intimider, que l'ambition
n'a pu séduire, et qui ont mieux aimé se mettre en
opposition avec la faveur, qu'en contradiction avec
leur devoir. Dans tous les temps, on les a vus, au
risque de ce qui pourrait en arriver pour eux-mêmes,
s'interposer au-devant des accusateurs, pour garantir
les accusés; défendant les malheureux de toutes les
époques, les victimes de tous les partis; se mettant
sur la voie de tous les principes, combattant toutes
les injustices, proclamant toutes les vérités utiles, et
se déclarant les protecteurs-nés de tous les intérêts,
de tous les droits, de toutes les libertés. Un de nos
rois lui-même, quand ses gardes l'avaient abandonné;
quand ses serviteurs, pourtant si fidèles! l'avaient
déjà délaissé; a trouvé parmi nous des défenseurs
aussi courageux qu'éloquens. Voilà, Messieurs, voilà
le barreau français tel qu'il fut dans tous les temps.

Là finirait mon discours, si j'avais à me défendre
moi-même : mais l'amitié toujours inquiète, alors
même que tout paraît devoir la rassurer, l'amitié
m'ordonne de vous adresser encore quelques mots.

(Ici Me Dupin se tourne vers la Cour.)

Ce n'est pas d'aujourd'hui, Messieurs, que nous
nous énorgueillissons des rapports qui existent entre
vous et un ordre auquel d'Aguesseau donne une origine aussi ancienne que la magistrature. Nous sommes
accoutumés à vos égards, j'ose même dire à vos bontés,

comme vous l'êtes à notre déférence et à nos respects. Que rien, en ce jour, ne vienne affliger le barreau, et troubler cette heureuse harmonie qui soutient nos pénibles travaux et adoucit la sévérité de vos éminentes fonctions.

Mᵉ Mérilhou se serait-il mépris, aurait-il mal jugé du fond sur l'apparence : le principe de cette illusion serait encore respectable; son erreur serait celle de la vertu; il auroit toujours cru faire le bien : *decipimur specie recti*. Il aurait fait comme ce noble pair [1], qui n'aurait pas été au-devant de la souscription, mais qui se la voyant proposer, n'a pas hésité à s'inscrire : « Je me serais cru déshonoré, dit-il, si j'avais refusé de signer. » Voilà ce que m'a chargé de vous déclarer en son nom, cet homme si rare, qui, pour rester toujours le même quand tout changeait autour de lui, n'a jamais eu d'autre politique, que de consulter sa conscience et d'obéir à ses seules impulsions.

Ainsi, pas de corps de délit;

Intention évidemment pure :

Tout le mal vient de l'accusation qui a érigé en crime, une action dont le principe n'avait rien que de louable en soi.

Je puis donc le dire avec une entière confiance : non, je ne redoute rien pour mon client, mon confrère, mon ami. L'accusation a pu se déchaîner contre lui; mais il est pleinement justifié. Les amis que le crime eût éloignés de sa personne, l'entourent en ce moment de plus près, attirés qu'ils sont par sa vertu.

[1] M. le comte Lanjuinais.

Les vœux de ses concitoyens l'accompagnent, ils voient en sa personne un de leurs plus ardens défenseurs; et c'est peut-être là le plus fort grief de ses ennemis...

Mais que dis-je, ses ennemis? s'il en a, doit-il donc les craindre? n'est-il pas en présence de la justice? ne savons-nous pas que les passions haineuses n'approchent pas de son sanctuaire? ignorons-nous que Mᵉ Mérilhou trouve dans cet imposant tribunal, et jusque dans la personne de son accusateur ¹, d'anciens collègues, qui n'ont conservé que des souvenirs honorables de la manière dont il sut remplir avec eux les augustes fonctions de juge? — Qu'à la tête de la Cour, il voit présider un magistrat ², qui, pendant vingt-cinq ans, a partagé les fatigues et les honneurs du barreau! — Et qu'enfin, la décision de sa cause est remise à des jurés qui, indépendamment de toute opinion politique, sont animés, avant tout, d'un esprit de justice, et qui ne voudraient pas, pour leur propre honneur comme pour celui de leurs familles, attacher leur nom à une condamnation qui flétrirait la vertu à l'égal du vice; frapperait des citoyens fidèles, comme de misérables séditieux, et feroit renaître parmi nous, l'odieuse législation des Licinius et des Joseph Lebon!

Que de motifs, en effet, messieurs les jurés, se réunissent pour rassurer votre conscience et affermir votre conviction!

Je ne parle pas seulement de ces décisions anté-

---

¹ Avant 1815, Mᵉ Mérilhou et M. de Broë étaient, l'un et l'autre, conseillers-auditeurs à la cour royale de Paris.

² M. Moreau.

cédentes, par lesquelles plusieurs Cours souveraines ont jugé que le fait, dont l'appréciation vous est soumise, ne constitue ni crime, ni délit; — De ces consultations revêtues des signatures d'un si grand nombre d'avocats et de jurisconsultes [1], et qui forment un si honorable préjugé pour la cause!

Mais j'insiste principalement sur cette autre consultation [2] signée d'un petit nombre de nos anciens, de ceux-là même qui, nommés membres du conseil de discipline de notre ordre, *par M. le procureur-général,* ont été préposés par lui pour nous donner l'exemple d'une exacte observation de toutes les bonnes règles, et pour ramener dans la route du devoir ceux qui seraient assez malheureux pour s'en écarter.

Eh bien! ces hommes qu'on ne peut trop louer et estimer, dont la science égale la sagesse, dont la vertu surpasse encore la réputation; ces hommes dont l'opinion politique bien connue, hautement professée, n'est pas la même que celle des signataires de la souscription, et lui est, on peut même dire, opposée; ces hommes qui, dans la sincérité qui les distingue, n'ont pu taire qu'ils désapprouvaient en soi et à certains égards, la publication de la souscription; ces mêmes hommes, dis-je, abordant la question de savoir si l'accusation est fondée, déclarent avec fermeté qu'elle ne l'est pas; et, joignant à leur opinion sur le fond, l'expression de leurs sentimens personnels pour l'estimable confrère que je défends, ils rendent le témoi-

[1] Au nombre de plus de trois cents!

[2] Rédigée par Me Bonnet, ancien bâtonnier, et signée par sept membres du conseil de discipline.

gnage le plus juste et le plus honorable à la droiture
des intentions dont ils savent bien, disent-ils, qu'il est
animé.

Admirable trait d'impartialité et de justice! je dirais presque de générosité, tant il est rare aujourd'hui
de voir les hommes d'une opinion, se montrer équi-
tables envers ceux qui professent l'opinion contraire!

Honorable exemple d'union, qu'il était digne de
nos anciens de donner à leurs jeunes confrères, comme
il est digne de tout le barreau, de le donner à la France
entière.

Ah! Messieurs, au lieu d'irriter les esprits, de re-
fouler la pitié au fond des âmes, et de l'empêcher
d'éclater au dehors, songez plutôt combien il importe
de l'encourager à se produire, à se multiplier en
proportion de nos malheurs.

Voyez ce qui se passe à côté de nous; le peuple anglais, ce peuple dont la France a maintes fois accusé
la barbarie, en lui reprochant la rigueur avec laquelle
il traitait nos braves marins prisonniers; ce peuple,
dis-je, est allé plus loin que nous dans la carrière de
la bienfaisance.

Ainsi, tandis qu'il nous est interdit de souscrire pour
le soulagement *de nos concitoyens* malheureux, une
société vient de se former à Londres pour le soulagement de toutes les personnes qui, *dans quelque
pays que ce soit*, seront poursuivies ou persécutées
pour leurs écrits politiques [1]. — Le gouvernement
anglais, qui sait punir, cependant, aussi bien que le

---

[1] *Woolers Britsh*, gazette, 21 mai 1820.

nôtre....., ce gouvernement a respecté la généreuse résolution sur laquelle le comité central de la souscription a appelé l'adhésion de tous les citoyens.

Il l'a respectée, parce que quelque ennemi qu'il puisse être de la liberté des autres peuples, le ministère anglais a senti qu'il ne pouvait entreprendre de criminaliser une telle association, sans révolter la nation anglaise. Ce ministère n'est pas novice dans le maniement des affaires, au point d'ignorer le droit qu'ont les citoyens de contracter de pareilles associations. Convaincu que *la liberté de la presse est la condition la plus indispensable de l'existence d'un gouvernement représentatif*, il n'a pu voir un crime dans l'appel à une souscription, dont le but était de protéger l'exercice de ce droit, non-seulement en Angleterre, mais encore chez les autres peuples : il n'a pu se croire intéressé ou autorisé à poursuivre comme attentatoires aux lois constitutionnelles de l'État, un acte de pure bienfaisance qui ne renferme que l'accomplissement du premier devoir de l'humanité : celui de secourir ses semblables et de les soulager dans leurs afflictions.

Et nous, Français, nous seuls, serions impitoyables ! Nous, si fiers jusqu'ici d'avoir marché à la tête de la civilisation européenne, nous nous laisserions vaincre en générosité par des rivaux que nous croyions avoir laissés bien loin en arrière ! Nous serions inexpérimentés dans la connaissance de notre gouvernement actuel, au point de regarder et de punir, comme contenant une attaque formelle contre l'autorité *constitutionnelle* du Roi et des Chambres, et une provocation à la désobéissance aux lois, une souscription du même genre, et seulement moins générale, que celle dont je viens de parler?...

Mais non, Messieurs, j'espère trop de la sagesse d'un jury français, pour redouter que sa déclaration puisse venir attester à ce point notre décadence, et accuser notre inhumanité.

Occupons-nous plutôt à calmer les haines; apaisons la trop vive ardeur des vengeances, que l'esprit de concorde succède enfin à l'esprit de réaction. Loin de la punir comme un crime, honorons, encourageons la pitié : qu'elle soit en ce moment surtout, la divinité tutélaire de la France : qu'elle ne cesse pas, du moins, en présence de la justice, d'être considérée comme la plus douce et la plus touchante des vertus!

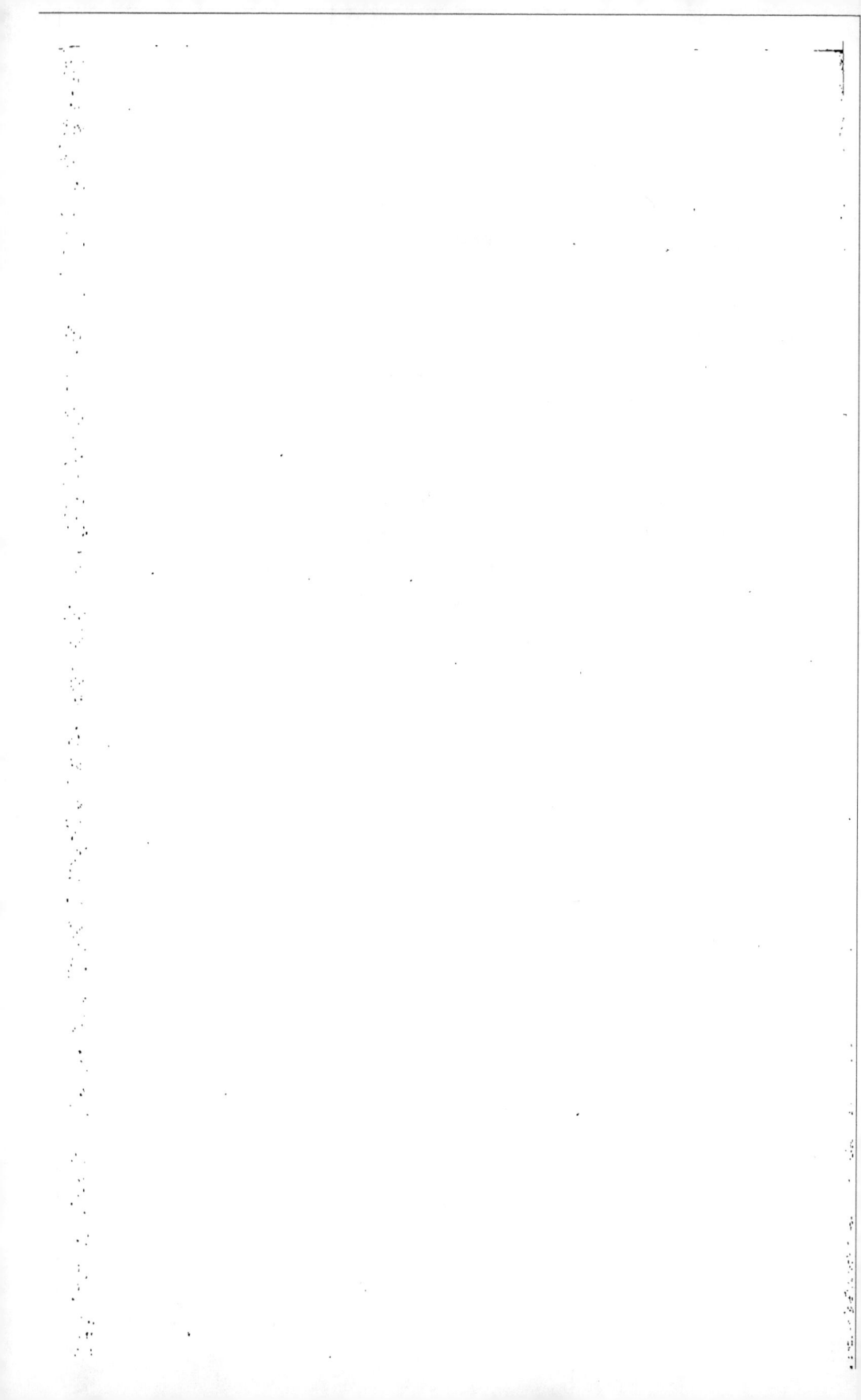

L'ERMITE EN PROVINCE.

M. JOUY (DE L'ACADÉMIE FRANÇAISE).

31 juillet 1820.

M. JOUY, membre de l'Académie française, l'un de nos littérateurs les plus distingués et comme poëte et comme prosateur, auteur de plusieurs tragédies du premier ordre, et du charmant ouvrage intitulé l'*Ermite de la Chaussée-d'Antin*, fut traduit le 31 juillet 1820, devant la cour d'assises alors investie, à l'exclusion du tribunal correctionnel, du droit de juger les délits de la presse.

Il était accusé de diffamation envers la municipalité et la ville de Toulon, pour avoir, dans un de ses ouvrages intitulé *l'Ermite en province*, contesté la justesse de cette inscription : FIDÉLITÉ DE 1793, qu'il avait remarquée sur la façade de la Maison Commune de Toulon. Le bon ermite avait, à ce sujet, fait la réflexion suivante : « Comme la ville « de Toulon, le port et tout ce qu'ils renfermaient furent li- « vrés en même temps aux Anglais et aux Espagnols, on ne « sait si c'est à l'Angleterre ou à l'Espagne, que ces messieurs « furent fidèles : *ce ne fut pas du moins à la France ;* aussi « cette inscription ne réjouit-elle que les étrangers..... »

L'accusation fut soutenue vivement par M. l'avocat-général de Vatisménil.

M. Jouy fut défendu par Me Dupin, et acquitté par la cour, sur la déclaration du jury.

La censure existait à cette époque dans toute sa fleur ; et

comme, en permettant à tous les journaux de reproduire l'accusation, elle n'avait laissé à aucun la liberté de faire connaître la défense de M. Jouy, celui-ci fit imprimer le récit de son procès et le plaidoyer de son avocat, sous ce titre : *la Municipalité de Toulon et l'Ermite en province*, PROCÈS; avec cette épigraphe qui exprimait la pensée fondamentale de la défense : « Non, jamais, dans aucun temps, dans aucune « circonstance, sous aucun prétexte, l'action de livrer une « ville française à l'ennemi, n'a pu être considérée comme un « acte de fidélité. »

Ce *Procès* est précédé d'une préface où M. de Jouy se plaint avec amertume de l'injuste et cruelle oppression de la censure. Il va même jusqu'à signaler les censeurs par leurs propres noms, afin, dit-il, que l'on sache que *ces choses se sont passées, l'an de grâce* 1820, *sous l'empire d'une loi suspensive de la liberté de la presse : les sieurs* (tels et tels) *étant censeurs ! !*

On trouve à la fin le discours que M. Jouy prononça lui-même en cette occasion.

PLAIDOYER

POUR M. JOUY,

DE L'ACADÉMIE FRANÇAISE,

PRONONCÉ

DEVANT LA COUR D'ASSISES DE PARIS, LE 31 JUILLET 1820.

MESSIEURS LES JURÉS,

VOICI encore un procès fâcheux, qui, sans utilité pour la chose publique, et sans avoir pour cause réelle la poursuite et la répression d'un délit véritable, n'est qu'un cadre destiné à faire ressortir la vanité des plaignans, en leur fournissant l'occasion, qu'ils ont avidement saisie, de faire parler d'eux, et d'exalter leur fidélité passée, en vue de l'avantage présent qu'ils espèrent sans doute en retirer.

Combien il est imprudent de soulever, en présence de la justice, ces sortes de questions, où l'on ne peut déclarer *fidèle* une partie de la France, sans accuser

l'autre de *rébellion !* où l'on ne peut satisfaire quelques amours-propres, qu'avec la certitude d'en blesser profondément un plus grand nombre! où l'on est
sûr enfin de réveiller les haines, les oppositions, les
animosités, les partis!....

Vous pensez bien, Messieurs, que je ne discuterai
pas la question dans les termes où l'ont posée messieurs
les municipaux de Toulon : le procès ne consiste pas,
comme ils l'ont complaisamment prétendu, à savoir
*si la ville de Toulon est digne ou indigne des armoi-
ries que le roi a daigné lui concéder.* Mais il s'agit de
savoir si une inscription, exposée aux regards des
nationaux et des étrangers, dans une ville que son
port met en relation avec les quatre parties du monde;
une inscription qui se rattache à une époque historique déjà loin de nous, et diversement appréciée
par les écrivains de différens partis; si cette inscription, dis-je, a pu devenir l'objet d'observations critiques qui avaient pour but de prémunir les contemporains et la postérité contre cette idée, que la fidélité
française ait pu jamais consister à livrer le sein de la
patrie aux regards et aux insultes de l'étranger, et à
confier le plus vaste de nos ports, la plus belle de nos
escadres, et nos établissemens maritimes les plus importans, à qui?.... à un amiral anglais!

La question de fidélité aux Bourbons est étrangère
à ce procès. A Dieu ne plaise que j'ôte rien à ce que
cette fidélité eut de louable en tout temps, et de généreux à l'époque désastreuse dont nous parlons. Si
l'inscription rappelait la réception d'un prince français dans les murs de Toulon, cette ville n'aurait eu

à déplorer ni de sanglantes réactions, ni la perte de sa marine, ni l'incendie de ses arsenaux...... Mais *la question est tout entière entre la France et l'étranger :* elle consiste à savoir si l'action de livrer une place quelconque, et surtout une place de guerre, aux ennemis de son pays, peut, dans aucun cas, dans aucun temps, et sous quelque prétexte ou couleur que ce soit, être revendiquée comme une preuve de fidélité?

Pour apprécier l'accusation portée contre M. de Jouy, il faut d'abord considérer que l'occupation de Toulon par les Anglais est un fait, un fait constant, un fait devenu historique. — Il convient aussi de voir comment ce fait a été transmis à notre connaissance, en quels termes et sous quelles couleurs il a été présenté par les divers écrivains des divers partis. — Il deviendra facile ensuite de décider si la manière dont M. Jouy a parlé, *après eux,* de ce même événement, est répréhensible, et constitue le délit de *diffamation* dont il est accusé.

Je ne rechercherai pas les causes qui, en 1793, déterminèrent à recevoir les Anglais et les Espagnols dans l'enceinte de Toulon. Que ce soit la haine de la Convention, ou l'amour de la légitimité, ou ces deux sentimens réunis; la crainte des réactions, ou l'envie d'en exercer à son tour; la famine qui désolait alors le pays, ou le résultat d'insinuations étrangères; peu importe, je ne m'attache qu'au fait.

.... A l'époque dont nous parlons, les flottes anglaise et espagnole étaient en vue du port de Toulon. Un parti se déclare dans la ville; on parle d'y introduire les étrangers, et de se placer sous leur protection.

Une vive opposition se manifeste d'abord; les avis sont partagés; une longue délibération s'engage, et son résultat est que la ville sera ouverte aux armées étrangères : les royalistes, au nom de Louis XVII; la très-grande majorité des habitans, avec la *condition* qu'on se replacera sous la constitution de 1791.

La preuve de ces premiers faits se trouve dans un ouvrage non suspect de jacobinisme. Il a été imprimé seulement depuis la restauration; mais l'auteur affirme avoir laissé son manuscrit à Londres, en 1802, et n'y avoir rien changé depuis. Ce livre a eu trois éditions, en 1814, 1816 et 1818; il renferme une double dédicace, au *Roi*, et à S. A. R. *Monsieur*. L'auteur a tout vu; il paraît avoir pris une grande part aux événemens; ce qu'il n'a pas fait, il l'a du moins conseillé; c'est lui qui a rédigé les adresses de félicitation à MM. les généraux anglais et étrangers, et qui a été chargé par les autorités d'alors, d'offrir à ces messieurs *une branche de laurier.* Il a ensuite écrit l'histoire de cette brillante époque, où rien de ce qui le touche n'est oublié. A l'appui de sa brochure, et comme *pièces justificatives*, se trouvent les certificats les plus honorables de l'*amiral Goodal, gouverneur anglais à Toulon*, de l'*amiral Parker* et du *chevalier Elliot* (« tous Anglais de distinction et d'un rare mérite »), et qui plus est, de M. le baron d'Imbert, dont les *inclinations chevaleresques* sont connues....., « mais dont les malheurs qu'il paraît avoir « éprouvés, dit l'auteur que je vais citer, ne dispen- « sent pas de rendre hommage à la vérité, en tout ce « qui peut lui être favorable. »

M. Gauthier de Bréchy donc, dans sa *Révolution royaliste de Toulon en* 1793, page 16 de la 3e édition, s'exprime en ces termes : « Cependant les députés avaient été reçus à bord de l'amiral anglais; ils apportaient pour réponse que l'amiral, touché de la situation critique des Toulonnais, saisirait *avec empressement* l'occasion de leur fournir tous les secours en son pouvoir, pourvu qu'il reconnût la possibilité de le faire sans compromettre les intérêts de son roi, et même ceux des habitans de Toulon, par une démarche dont l'issue paraissait encore incertaine; que néanmoins il désirait qu'il lui fût envoyé de nouveaux députés expressément chargés de *traiter* avec lui, et d'arrêter les plans et les projets convenables à la circonstance. La joie fut complète et générale, sitôt qu'on entrevit une lueur d'espérance d'échapper aux persécutions de Robespierre et à sa vengeance. On choisit aussitôt des députés, on leur donne les pouvoirs nécessaires en leur traçant une partie des principales *conditions;* et il fut *presque unanimement convenu* que la France se trouvant, dans l'état actuel des choses, sous un régime oppresseur, sans gouvernement, sans constitution, puisque la représentation nationale avait, par le fait, disparu, et n'existait plus, il était *convenable de revenir à une constitution* qui avait été JURÉE PAR LA NATION ENTIÈRE, adoptée par une représentation LÉGALE, et *sanctionnée* par le ROI; qu'à cet effet, il serait *offert* à l'amiral anglais de lui *remettre la ville et le port de Toulon* et ses dépendances, pour les occuper au nom du roi légitime de France, *avec le régime de la constitution arrêtée par l'assemblée nationale de France, aux années* 1789, 1790, 1791, etc. Ce plan, dicté par la sagesse, fut adopté à la *majorité* des voix, dans les sections, après de longs *débats* et de longues *oppositions :* » (et en note M. de Brécy ajoute : « Les avis furent long-temps *partagés* entre le *retour pur et simple à la monarchie ancienne*, et celui à la *constitution de* 1791 ; mais le dernier parti *prévalut ;* on crut que *la politique du moment* exigeait de se borner à reconnaître le roi. »

M. de Brécy nous dit que l'amiral Hood avait déclaré accepter avec *empressement* l'occasion d'occuper Toulon : je le crois. Aussi cet amiral, qui sentait le besoin de rassurer les esprits contre ce qu'avait d'extraordinaire et d'inquiétant l'introduction des forces britanniques dans une ville française ; cet amiral, dis-je, après avoir tenu un conseil de guerre, s'empressa de donner une *déclaration préliminaire* en ces termes : « Je déclare qu'il ne sera touché en aucune manière aux propriétés ; que *bien au contraire* elles seront toutes très-scrupuleusement protégées, n'ayant que le vœu de rétablir la paix chez une GRANDE NATION [1], sur un pied juste et honorable.

« Les conditions ci-dessus doivent être la base du traité.

« Et, lorsque la paix aura eu lieu, ce que j'espère bientôt, *le port de Toulon avec tous les vaisseaux qui s'y trouvent*, ainsi que les forteresses et toutes les

[1] Ces mots sont remarquables dans une proclamation *anglaise*.

forces qui y sont réunies, *seront rendus à la France*, d'après l'*inventaire* qui en aura été fait actuellement.

« Donné à bord du vaisseau de Sa Majesté Britannique, *La Victoire*, le 27 octobre 1793.

« *Signé* HOOD. »

L'amiral Hood ne s'en tint pas là : pour que ses intentions ne parussent pas douteuses, il adressa aux Toulonnais deux *proclamations*. Dans l'une, il s'exprime en ces termes : « Les sections de Toulon m'ayant fait une déclaration solennelle... qu'elles feront tout ce qui est en leur pouvoir pour rétablir *la monarchie, telle qu'elle fut acceptée par leur souverain défunt en l'année 1789...*, je ne veux, par cette présente, que répéter ce que j'ai déjà déclaré aux habitans du sud de la France, que je ne prends possession de Toulon que pour le *tenir* et LE PRÉSERVER pour Louis XVII. »

Dans l'autre proclamation, *le très-honorable amiral*[1] devient plus caressant et plus affectueux. « Braves Toulonnais, leur dit-il, *votre commerce est anéanti*; une horrible famine vous menace; voilà le tableau de vos maux. Il a dû *affliger les puissances coalisées...* Je viens vous *offrir* les forces qui me sont confiées pour *épargner l'effusion du sang*, pour *écraser les factieux, rétablir l'harmonie* et *la tranquillité...* Comptez sur la *fidélité d'une nation* FRANCHE : je viens de donner une preuve éclatante de SA LOYAUTÉ. Plusieurs vaisseaux chargés de blé venant de Gênes,

---

[1] Ces mots sont en tête de la proclamation qui se trouve rapportée en entier dans *le Moniteur* du 6 septembre 1793, p. 1057.

arrivent dans vos ports, escortés par des vaisseaux anglais ».

N'oubliez pas ces derniers mots, Messieurs : *Comptez sur la* FIDÉLITÉ *d'une nation* FRANCHE, *et qui veut vous donner une preuve éclatante de sa* LOYAUTÉ. — C'est le cas de dire, avec le Misanthrope, *Nous verrons bien...*

Au moment de l'entrée des flottes combinées, anglaise et espagnole, les royalistes proclament Louis XVII; les généraux étrangers les laissent faire : mais lorsque ces mêmes royalistes, au lieu du drapeau de 1791, dont la conservation avait été si solennellement stipulée, veulent arborer le drapeau *blanc*, l'amiral anglais déploie celui de Sa Majesté Britannique. C'est pour elle qu'il commande, et Toulon commence à sentir qu'il est au pouvoir de l'Anglais [1]...

Quelques jours après (dans la vue sans doute de se soustraire à ce joug déjà si pesant), une députation des sections de cette ville se présenta aux généraux anglais et espagnols, pour leur faire part d'une délibération par laquelle elles demandaient à reconnaître *Monsieur* comme *régent*, et à rappeler leur ancien évêque et leurs émigrés. [2]

---

[1] C'est ainsi qu'à la Guadeloupe, même en 1815, au lieu de prendre possession de cette île pour le roi de France, dont ils se disaient les alliés, les Anglais l'ont prise, tenue et gardée aussi long-temps qu'ils l'ont pu *sous le pavillon britannique.* (*Voyez* le procès du contre-amiral Linois et de l'adjudant-commandant Boyer.)

[2] Gauthier de Brécy, p. 25. *Moniteur* du 13 pluviose an 2, n° 133, p. 533.

Il semble qu'ils devaient accepter avec empressement : ils se disaient les *alliés* du Roi. Hood avait dit
dans sa première proclamation : *Je ne prends posses-*
sion de Toulon que pour le tenir et le préserver pour
Louis XVII ! il avait dit dans la seconde : *Comptez*
sur la fidélité d'une nation franche ! — Cependant,
Messieurs, quelle fut sa réponse ? la voici :

RÉPONSE *des commissaires anglais à la requête des*
Toulonnais ; à Toulon, 28 novembre 1793.

« Messieurs , nous avons reçu la communication, etc., etc., et nous y reconnaissons avec le plus
grand plaisir les sentimens dignes du *patriotisme* de
cette ville distinguée. Nous partageons avec elle le
désir de voir renaître un gouvernement fondé sur les
bons principes... Nous nous trouvons *néanmoins* dans
l'impossibilité de concourir immédiatement à l'accomplissement de vos souhaits...

« Le régime de la France intéresse l'Europe entière, et surtout les puissances coalisées, puisque,
dans les circonstances présentes, l'autorité du régent,
comme celle du trône même, ne peut être réalisée
que par leur secours.

(Donnez-le donc ce secours , si vous êtes de bonne
foi. — L'avocat continue :)

« D'ailleurs, une affaire aussi importante, et qui
embrasse des relations politiques aussi étendues et
aussi combinées, ne peut être terminée avec effet,
ni même avec avantage, par *une seule ville*, respectable à la vérité par toutes sortes de titres, mais qui
est, pour le moment, non-seulement *isolée du reste*

de la France, mais ayant contracté pour l'intérêt du royaume et pour son propre salut, des relations récentes et sacrées avec une autre puissance [1]...

« (Jusqu'à ce que les ministres de Sa Majesté Britannique aient consulté leur cour, et obtenu des pouvoirs directs) ne nous trouvant point autorisés à compromettre Sa Majesté sur la question de la régence, *nous pouvons encore moins consentir* à la proposition qui a été faite d'appeler *M. le comte de Provence* pour y exercer les fonctions de régent; parce que (le motif est remarquable; écoutez, Messieurs), parce que ce serait destituer Sa Majesté Britannique, *avant l'époque stipulée*, de l'autorité qui lui a été dernièrement *confiée* à Toulon.

« Ces raisons ne nous obligent cependant pas à nous opposer au désir que pourraient avoir les habitans de cette ville de porter leurs hommages aux pieds de ce prince, et de lui exprimer tous les vœux *que doivent* inspirer ses vertus personnelles, ou *que peuvent* réclamer les droits de sa naissance [2]. »

Ce refus parut inexplicable aux royalistes. « Je ne « chercherai point, dit M. Gauthier de Brécy (p. 30), « à pénétrer les motifs qui purent décider les *alliés* [3] « à abandonner une si belle cause. » — Ni moi non plus; mais enfin voilà le fait, et vous savez que je ne veux m'attacher qu'aux faits.

[1] L'Angleterre.

[2] Voyez *le Moniteur* du 13 pluviose an 2, p. 333.

[3] « Ces derniers, en effet, ne paraissaient plus prendre à « la cause des Bourbons le vif intérêt qu'on leur avait d'abord « *supposé*. » (*Victoires et Conquêtes,* t. II, p. 156.)

Pendant que les Anglais se montraient si soigneux d'empêcher un prince français d'aborder en France, ils affectaient, il faut en convenir, une bien grande indifférence sur le sort des Toulonnais. Au lieu de montrer des égards et des ménagemens pour ceux qui les avaient appelés [1]; au lieu surtout d'user de leur influence pour faire régner l'ordre et la paix, ils trouvèrent bon que la réaction s'organisât sous leurs yeux, et que le parti qui, par leur secours, se trouvait momentanément le plus fort, exerçât ses vengeances sur le parti que leur seule présence avait comprimé.

Dans les pièces jointes au dossier de la procédure contre M. Jouy, se trouve sous la cote troisième un imprimé envoyé par les plaignans, et qui est intitulé: *Recueil des pièces à charge des autorités et habitans contre-révolutionnaires de Toulon, en* 1793. Dans ce recueil, on voit que les réactionnaires avaient institué un *tribunal populaire-martial*, pour juger les gens du parti contraire. C'est de ce tribunal que parle M. de Brécy, en disant, comme si c'était la chose du monde la plus simple (p. 25 et 26): « Le tribunal « criminel continua les procès des révolutionnaires « qui étaient en prison; la guillotine fut supprimée, « et l'ancien supplice, la *potence, fut rétabli* [2]. »

[1] Dans un rapport inséré au *Moniteur* du 29 septembre 1793, pag. 1150, on lit ce qui suit : « Les Anglais et les Espagnols « ne sont pas d'accord entre eux, et témoignent *le mépris le* « *plus outrageant* pour les officiers de notre marine, qui ont « eu la lâcheté de prêter les mains à la conspiration. »

[2] *Le Moniteur* du 29 septembre 1793 dit également : « On « a aboli à Toulon la guillotine, pour la remplacer par la

En effet, Messieurs, dans le recueil des pièces dont je vous ai parlé, se trouve un jugement ainsi conçu :

« Louis, par la grâce de Dieu et *par la loi cons-*
« *titutionnelle de l'État*, roi des *Français*, à tous pré-
« sens et à venir, salut :

« Le tribunal populaire-martial de Toulon a
« rendu le jugement suivant...., contre J.-B. Gueit,
« accusé....

« Considérant qu'il est prouvé.... (suivent diffé-
« rens faits) qu'il n'a rien oublié pour ralentir la
« fermeté *des bons citoyens*, encourager et enhar-
« dir les *scélérats* et les *forcenés*, et parvenir, par
« cette voie, à faire *livrer* la ville de Toulon, son
« port et ses arsenaux, *à des armées de brigands* [1],
« ennemis jurés de la royauté et de tous les *habitans*
« *honnêtes* de cette ville, qui avaient voué au fond
« de leurs cœurs une fidélité à toute épreuve à la
« famille des Bourbons....

« Vu l'article 11 du titre II, 1re section du code
« pénal, et l'article 2, 2e section, titre Ier de la même
« loi.... (laquelle loi, notez bien, dit que « tout con-
« damné à mort aura la tête tranchée »), le tribunal
« condamne à l'*unanimité* ledit J.-B. Gueit à être

« roue et *la potence*. Plusieurs officiers *patriotes* viennent
« d'être *suppliciés*. »

[1] Ces brigands n'étaient pas des Anglais; c'étaient des Français commandés notamment par le général Victor, aujourd'hui maréchal de France, et major-général de la garde royale. On a dit aussi *les brigands de la Loire*.

« *transmarché* des prisons royales à la place Saint-
« Pierre, pour être *pendu* et *étranglé*, jusqu'à ce que
« mort s'ensuive, à une *potence* qui, pour cet effet,
« y sera élevée. »

Ainsi, vous le voyez, on n'était pas plus sage ni
plus modéré chez les Grecs que chez les Troyens ;
on vengeait des horreurs passées par des horreurs
présentes, et l'on préparait ainsi des horreurs à venir;
c'est le crime et la faute de tous les partis.

> *Seditione, dolis, scelere, atque libidine, et irá,*
> *Iliacos intra muros peccatur, et* ULTRA.

Cependant le gouvernement alors établi en France
regarda l'introduction des flottes ennemies dans une
ville française comme une *trahison*[1] ; l'armée républicaine vint mettre le siége devant Toulon, et après
trois mois de combats, la reddition de la place devint
imminente.

Déjà l'étranger songeait à la retraite.... Mais ici
encore quelle fut sa conduite envers les habitans et
la ville de Toulon ? Vous peindrai-je le rivage couvert, au point du jour, par une foule de citoyens désespérés de se voir lâchement abandonnés, tendant
des mains suppliantes vers ces perfides vaisseaux,
qui, en s'éloignant, ne répondaient à leurs signaux
de détresse que par des détonations qui se croisaient
avec les décharges des assiégeans? Vous peindrai-je

---

[1] Dans la *proclamation du gouvernement,* insérée au *Moniteur* du 9 septembre, pag. 1068, on lit : « Des Français se
« sont donnés aux Anglais! les lâches! ils n'appartiennent
« plus qu'à l'histoire des *traîtres* et des conspirateurs..... »

notre escadre détruite, nos vaisseaux emmenés, incendiés ou coulés bas; le *Thémistocle*, qui servait de prison aux patriotes, sautant avec les prisonniers; l'explosion des poudrières, l'incendie des magasins et des chantiers, et l'arsenal entier de la marine sur le point d'être consumé par les flammes, si les galériens, rompant leurs fers, ne fussent parvenus à couper le feu? Quel sujet de tableau pour nos artistes! Toulon préservé du feu des Anglais par le dévouement des forçats!!!

Enfin la ville est reprise; des vengeances atroces vont avoir lieu : je les déplore et j'en gémis, non pour justifier des réactions plus récentes, mais pour les détester, pour les condamner toutes également, de quelque part qu'elles soient excitées. Le *tribunal populaire-martial* sera remplacé par un *tribunal révolutionnaire;* des confiscations vont être prononcées; que sais-je où se portera l'ardeur des représailles [1] ? Au milieu de ce deuil, on ordonne des *fêtes;* des *hymnes* sont composés pour célébrer ce qu'on regarde comme une victoire; toute la haine de l'événement se porte sur l'étranger; et à côté du poëte républicain Chénier, on voit un versificateur royaliste, qui depuis a rédigé le *Conservateur,* composer un hymne

---

[1] Voyez les *décrets* rapportés dans le *Moniteur* des 6 et 11 septembre 1793. Voyez notamment, au *Bulletin des Lois,* le *décret* du 11 nivose an 2, portant que « les biens des indi- « vidus qui dans les départemens du Midi ont levé l'étendard « de la révolte contre l'autorité nationale, seront confisqués « et affectés spécialement aux *indemnités* dues aux patriotes « persécutés dans ces contrées. »

pour célébrer la retraite des Anglais, et détester la
perfidie d'Albion [1]! Tous ces faits, Messieurs, tous
sont prouvés par les pièces les plus authentiques : ce
sont des *décrets* insérés au bulletin, des *jugemens*,
des *proclamations*, des *rapports officiels* de généraux
commandant le siège ; et, pour tout dire enfin, les
rapports même de l'ennemi.

En effet, voici ce que dit Sidney Smith dans son
rapport à l'amiral anglais : « *J'ai mis le feu à tout ce*
« *qui s'est trouvé à notre portée;* c'est à regret que
« j'ai été *forcé d'épargner* quelques établissemens,
« quelques vaisseaux; mais j'espère que sa seigneu-
« rie sera *contente* de ce que nous avons fait [2]. »

Mais nous! devions-nous, pouvions-nous en être
contens? En présence de tels résultats, pouvions-nous
considérer la résolution qui avait mis *Toulon au pou-*
voir des Anglais, comme un acte de *fidélité envers*
la France?

A présent, éloignons-nous du lieu de la scène, et
du temps où elle s'est passée; à cette double distance,
nous jugerons avec plus de calme et d'impartialité.

---

[1] *Voyez* les deux *hymnes* dans le *Moniteur* des 9 et 10 nivose an 2. Il est à remarquer que la pièce de Chénier est
beaucoup plus *modérée* que l'autre. Chénier n'a pas fait lire
la sienne sur le théâtre; celle de son émule a été lue, le 5 nivose, sur le *théâtre de la République*. Voyez le *Moniteur* et
le *Conservateur*.

[2] Rendons cependant cette justice aux Espagnols, qu'ils se
montrèrent de meilleure foi que les Anglais. Ils refusèrent
notamment d'accomplir la part d'incendie dont l'exécution
leur avait été assignée à titre de contingent.

L'histoire s'est emparée de ces événemens, et il est bien important pour la défense de M. Jouy, de voir comment elle en a parlé.

Pour mieux éclairer votre conscience, Messieurs, je ne me bornerai pas à la citation d'un seul auteur; mais je vous en indiquerai un assez grand nombre, pour que vous puissiez juger de l'impression générale qu'a laissée dans les esprits l'occupation de Toulon par les Anglais.

Un auteur bien recommandable par son nom, son talent, son caractère; dont la vie fut constamment irréprochable, et dont je m'honore d'avoir été l'ami, malgré l'inégalité d'âge et de position; M. le vicomte de Toulongeon, ancien officier-général de dragons, membre de l'assemblée constituante et de l'Institut, à qui nous devons la seule *Histoire de la révolution française* vraiment digne de ce nom; histoire qu'il a tracée sous la domination de Bonaparte, et qu'il a terminée à l'époque de son consulat, parce qu'il ne lui était plus permis de parler des temps postérieurs avec sa sincérité accoutumée; M. de Toulongeon, qui, dans cette histoire commencée sous la république, parle du procès de Louis XVI en termes si convenables qu'on n'y trouverait rien à désirer ni à reprendre aujourd'hui, s'exprime ainsi, au sujet de l'occupation de Toulon : « Une *trahison* ourdie avec « plus d'art, et dont les suites devaient être plus fu- « nestes pour la république, *livra* le port de Toulon « aux Anglais. Depuis long-temps les départemens « méridionaux étaient agités par des troubles plus ci- « vils encore que religieux...... A Lyon, à Marseille,

« *la grande masse* des habitans voulait la république
« et la liberté; mais il était inévitable que la *politique*
« *étrangère* intervînt pour profiter de ces mouve-
« mens; et poussant d'un côté à la *résistance*, tandis
« qu'elle poussait le côté opposé à l'*oppression*, elle
« devait se tenir prête à se saisir des débris que le choc
« pourrait produire.

« Selon ce système, on laissa Marseille secouer le
« joug des jacobins; mais on maintint la lutte dans
« Toulon, afin que les royalistes, et ce qu'on appelait
« les *modérés*, insuffisans pour se maintenir par eux-
« mêmes, et trop faibles pour se passer d'appui, *se*
« *décidassent à accepter le secours étranger* qui leur
« serait offert. (t. II, p. 313.)

« Toulon *livré* vit flotter les pavillons anglais ar-
« borés sur ses flottes et sur ses arsenaux. (t. IV,
« p. 30.)

« Bientôt la mer se couvrit de légers bâtimens
« chargés de familles fugitives qui cherchaient, sur
« la flotte ennemie, un asile *contre le ressentiment*
« MÉRITÉ *de leur patrie*. Après un siége de quatre
« mois, l'armée républicaine rentra en possession du
« territoire que la *trahison* avait conquis, et que la
« valeur recouvra. » (t. IV, p. 88 et 89.)

L'ouvrage intitulé : *Victoires, Conquêtes, Désas-*
tres, Revers et Guerres civiles des Français, de 1792
à 1815, imprimé à Paris en 1817, renferme sur Toulon un article ainsi conçu : « *Toulon livré aux Anglais.*
« — Nous avons dit que Toulon avait pris part à la
« grande insurrection qui s'était formée dans le midi
« de la France contre la Convention. Nous allons dire

« maintenant quels en furent les *tristes résultats*......
« Fiers de leur triomphe, les *insurgés* toulonnais,
« partagés en sections, procédèrent aussitôt au re-
« nouvellement de toutes les autorités; mais trop
« emportés peut-être par l'ardeur de la vengeance,
« ils mirent à créer un *nouveau tribunal criminel* un
« empressement tel, qu'ils prouvèrent que *la réaction*
« est toujours l'arme favorite de ceux qui excitent les
« troubles civils.... Toulon avait été mis hors la loi
« par la Convention...... Une croisière formidable,
« composée de vaisseaux anglais, espagnols et napo-
« litains, se trouvait alors en vue de la rade de Tou-
« lon; les royalistes imaginèrent que le seul moyen
« de salut qui leur restât était d'appeler cette croisière
« à leur secours, et de *livrer la ville*, menacée par la
« Convention, *aux étrangers*. Ce projet, communiqué
« au *parti républicain insurgé contre la Convention*[1],
« inspira d'abord une vive répugnance.......; mais la
« nécessité, cette loi terrible qui ne connaît point
« d'obstacle, eut bientôt levé leurs scrupules...... La
« résolution de livrer Toulon aux Anglais fut donc
« prise à l'unanimité, par les uns avec joie, par les
« autres avec douleur... Nous verrons plus tard quelle
« fut *l'issue* de cette occupation. »

Ces passages se trouvent dans le tom. I, depuis
la pag. 241 jusqu'à la pag. 249.

Dans le second volume, pag. 155, se trouve la
relation du siége de Toulon; on y voit la description
de « la belle attaque dirigée contre la grande redoute

---

[1] Le mouvement n'était donc pas purement royaliste.

« par les généraux Labarre et Victor, *cette redoute*
« *conquise avec tant de gloire!* » (p. 162.)

(Pag. 164.) « Cependant la confusion et la ter-
« reur régnaient dans Toulon; des batteries avaient
« été dirigées sur la ville, et avaient mis le feu à plu-
« sieurs maisons; la mésintelligence commençait à
« éclater parmi les troupes alliées. Décidés à abandon-
« ner Toulon, les Anglais détruisent tout ce qu'ils
« ne peuvent emporter. Ils mettent le feu à l'arsenal
« et dans les magasins de la marine; ils incendient
« les vaisseaux français qu'ils ne peuvent emmener.
« A la vue des flammes qui éclairaient la ville, un cri
« s'élève dans l'armée républicaine; tous les soldats
« demandent qu'on les conduise à l'assaut, pour em-
« pêcher les Anglais de s'embarquer, et leur faire
« expier les désastres qu'ils causent; mais il était trop
« tard; et déjà les canonnières tiraient sur les der-
« nières barques qui transportaient les ennemis, ainsi
« que les déplorables victimes de *leurs promesses fal-*
« *lacieuses*, à bord des vaisseaux de la flotte alliée.

« Les forçats avaient rompu leurs chaînes, et s'é-
« taient jetés dans l'arsenal. Ces hommes dégradés,
« *moins féroces que les Anglais*, parviennent à étein-
« dre une partie des mèches enflammées que ces der-
« niers y avaient attachées. »

Mais il est curieux de savoir ce qu'ont dit les Anglais eux-mêmes de la prise et reprise de Toulon.
Nous verrons mieux par-là l'idée que nous devons en
concevoir, nous Français. John Bigland, dans son
Précis de l'Histoire politique et militaire de l'Eu-
rope, traduit en français par M. Macarthy, s'en ex-

plique en ces termes. (tom. I, pag. 319 et suiv.,
édition de 1819) :

« Les habitans de Toulon étant entrés en négocia-
« tions avec l'amiral Hood, *lui livrèrent leur ville*,
« ainsi que les vaisseaux qui se trouvaient dans le port.
« Hood en prit possession au nom de Louis XVII,
« *sous la condition expresse* qu'il ferait tous ses ef-
« forts pour contribuer à rétablir la constitution
« de 1791. »

Parlant ensuite des progrès du siége, et de la nécessité où se trouvèrent les Anglais de songer à la
retraite, Bigland continue... « Les alliés jugèrent *à*
« *propos* de mettre le feu aux magasins, et aux vais-
« seaux qu'ils ne pouvaient emmener, et d'évacuer
« la place... Les matières combustibles avaient été
« disposées de la manière *la plus avantageuse*, et
« des traînées de poudre *combinées*.... (Les Anglais
s'y entendent, ils ont étudié l'art des incendies et per-
fectionné le genre. — L'orateur reprend :) des traî-
« nées de poudre combinées de façon qu'à peine le
« signal fut-il donné, que les magasins de la marine
« furent en flammes et produisirent un horrible em-
« brasement... Les malheureux habitans se pres-
« saient en foule vers le rivage, et réclamaient des
« alliés la protection qui leur avait été promise...
« Beaucoup de ces malheureux se jetèrent à la mer,
« et firent d'inutiles efforts pour atteindre la flotte;
« d'autres se donnèrent la mort pour éviter de la re-
« cevoir..... D'après les rapports officiels, il y eut
« quinze vaisseaux de ligne, et un certain nombre de
« frégates et de bâtimens marchands, détruits dans

« cette occasion; les Anglais emmenèrent trois vais-
« seaux, et les autres alliés quelques frégates et na-
« vires d'une plus petite dimension. LA PRISE DE
« TOULON FUT UN COUP MORTEL POUR LA MARINE
« FRANÇAISE. »

A ce dernier trait, Messieurs, vous pouvez déjà
juger si la livraison de Toulon aux Anglais fut un
acte *de fidélité envers la France*.

William Guthrie, dans *sa nouvelle Géographie
universelle*, qui a été traduite et plusieurs fois réim-
primée en français, n'est pas moins naïf que son compatriote Bigland. «Toulon, dit-il (tom. II, p. 129),
« fut bombardée en 1707 par l'armée impériale;
« mais le duc de Savoie et le prince Eugène furent
« obligés d'en lever le siége. (Quand on le veut, on
« se défend.) Les Anglais eurent plus de succès
« en 1793, et s'emparèrent du port le 16 août, par
« *le moyen d'une intelligence qu'ils avaient dans la
« ville;* mais leur triomphe fut de peu de durée, et
« le 18 décembre suivant ils en furent chassés, ainsi
« que le ramas d'étrangers qu'ils y avaient introduits.
« *Le résultat le plus funeste* qu'eut cette *perfidie*
« pour la France, fut la perte d'un grand nombre
« de vaisseaux et de frégates, emmenés, brûlés ou
« perdus. »

Des grandes géographies, si nous passons aux pe-
tites, nous verrons, en ouvrant celle de Vosgien à
l'article *Toulon*, que cette ville fut *livrée aux Anglais* en 1793. Cette vérité était donc bien répandue : car ce livre est un ouvrage élémentaire, qui
est dans les mains de tous les jeunes gens, et qui leur

sera donné en prix encore cette année, à moins que cette remarque ne lui fasse tort, et que l'université ne le mette à l'*index*.

Enfin, Messieurs, cette idée que Toulon fut, non pas remis au roi légitime, mais *livré à l'étranger*, était tellement devenue triviale, qu'il n'est pas un simple dictionnaire imprimé depuis, qui ne consacre ce fait; témoin le *dictionnaire historique portatif* de Boiste, imprimé sous l'Empire, et qui pourtant ne flattait pas l'empereur, puisqu'il fut supprimé par le motif que, donnant tous les mots nouveaux avec l'indication de ceux qui les avaient introduits; à la suite du mot *spoliatrice*, l'auteur avait coté *Bonaparte*, donnant peut-être à entendre par-là, du moins à ce que supposait obligeamment la censure, que l'inventeur du mot pouvait fort bien n'être pas entièrement étranger à la chose...

Voilà, Messieurs, des faits connus, des faits constans, des faits historiques, passés et avérés depuis plus de vingt-sept ans, quand M. Jouy s'est cru permis d'en parler à son tour.

Chacun de vous, Messieurs, connaît M. Jouy; il est membre de l'Académie, et l'un des ornemens de la littérature française. Ses titres à l'estime publique sont les seuls faits sur lesquels la notoriété m'ayant suffisamment instruit, je n'ai rien eu à lui demander.

Lorsqu'un ouvrage vous est déféré, votre premier soin doit être d'en observer le caractère. Est-ce une diatribe de journal, un pamphlet, un libelle? ou au contraire, est-ce un ouvrage de longue haleine, entrepris avec réflexion, conduit avec sagesse, exécuté avec habileté, accueilli avec faveur, parce qu'il sait unir l'agréable à l'utile?

Ces derniers traits distinguent surtout les ouvrages de M. Jouy : qui ne connaît son *Ermite de la Chaussée-d'Antin?* quelles charmantes peintures de mœurs! Tous les vices, tous les ridicules de la capitale y sont décrits : que de gens ont pu s'y reconnaître, et ont eu la discrétion de ne pas se nommer! L'ouvrage a été traduit dans toutes les langues : et l'auteur n'a pas été traduit devant les tribunaux.

Après avoir à peu près épuisé les travers de la capitale, le moderne La Bruyère a entrepris de peindre ceux de la province : vaste champ!

Deux volumes de *l'Ermite en province* avaient déjà paru, et l'auteur n'avait reçu que des encouragemens, sans exciter aucune plainte : la raison en est simple; il ne parle que des faits sans nommer les personnes : si, pour le besoin du dialogue, il amène sur la scène des interlocuteurs, ce sont toujours des noms supposés, des personnages fantastiques. — Il semble avoir pris pour devise : *parcere personis, dicere de vitiis.*

L'ermite sortait de Marseille; il ne pouvait se dispenser d'entrer à Toulon. En lisant tout ce qu'il en raconte, Messieurs, vous reconnaîtrez que son récit est rédigé manifestement dans un esprit de bienveillance pour la ville de Toulon. Il se fait raconter l'événement par un personnage fictif qu'il nomme *Mérens,* pour faire allusion peut-être aux souvenirs affligeans de cette sanglante époque. Mérens est un ancien of-

ficier de la marine royale qui a été témoin oculaire[1];
il servait sur la flotte des alliés, et raconte les décep-
tions de l'étranger[2]. Ils déplorent de concert les malheurs de cette ville « où toutes les factions ont à plu-
« sieurs reprises exercé leurs fureurs. (p. 249.) »
Dans une de ses promenades, le bon ermite refuse
de suivre son guide sur la place dite le *champ de*
bataille, où tant de victimes furent égorgées, et
qu'il nomme le *champ d'exécration*. Mais il va voir
les *prisons*, il en signale l'horreur et la putridité; il
regrette cette vieille tour dite *des Phocéens*, qui portait une horloge encore plus regrettée des gens du
voisinage.....

Il s'arrête peu sur *le pavé d'amour*, il traverse la
place *au foin* ....., mais tout à coup son guide l'arrête, et lui dit :

« Regardez, je vous prie cette *maison*. Vous n'y
« apercevez rien de remarquable, mais le *personnage*
« qu'elle renferme l'est beaucoup. C'est un des ci-
« toyens de Toulon qui ont mérité à notre bonne
« ville l'inscription que vous verrez tout à l'heure,
« écrite en gros caractères sur la façade de la maison
« commune : *Fidélité de* 1793. Comme la ville, le
« port, et tout ce qu'ils renfermaient, furent *livrés*
« en même temps aux Anglais et aux Espagnols, on
« ne sait si c'est à l'Angleterre ou à l'Espagne que
« ces messieurs furent fidèles : *ce ne fut pas du moins*

---

[1] .... *Quæque ipse miserrima vidit,*
  Et quorum pars magna fuit.

[2] *Voyez* le chapitre intitulé : *Rencontre;* pag. 219-248.

« *à la France.* Aussi cette inscription ne réjouit-elle
« que les étrangers ; et l'on s'étonne que la *fidélité*
« *du propriétaire* de cette maison n'ait pas été ré-
« compensée par une place de shérif à Londres, ou
« de corrégidor à Madrid, au lieu de l'être par une
« *place dans la magistrature française.* Nous y voici ;
« lisez, monsieur l'ermite. Mon attention ne se porta
« pas sur cette étrange inscription, etc., etc. [1]. »
(*Ermite en province,* tom. 3, pag. 258.)

Il est à regretter, Messieurs, qu'au lieu d'être de
l'académie *française,* M. Jouy ne soit pas de l'aca-

---

[1] Là finit l'article qui fait l'objet de l'accusation ; mais il
faut compléter le sens. « Mon attention ne se porta pas sur
« cette étrange inscription, mais sur un des plus beaux ou-
« vrages du Phidias marseillais, indignement barbouillé,
« gratté et dégradé. Les deux cariatides sculptées par *le Puget,*
« et placées au-dessous du balcon de l'hôtel-de-ville, étaient
« le premier, ou plutôt *le seul chef-d'œuvre de l'art que pos-*
« *sédât Toulon.* » —A ce sujet, l'impartialité nous fait un devoir de dire qu'ici notre ermite était dans l'erreur ; il ignorait
que quelques années auparavant, un jeune officier du génie
maritime, M. Charles Dupin, alors ingénieur-constructeur
à Toulon, et depuis nommé membre de la première classe
de l'Institut, avait conçu et exécuté le projet de réunir dans
un même local, appelé aujourd'hui le *Musée maritime* de
Toulon, tout ce qui restait des anciennes sculptures navales
du Puget. (On trouve la description de quelques-unes de ces
sculptures dans *les Mémoires sur la marine et les ponts et
chaussées de France et d'Angleterre,* par Ch. Dupin ; Paris,
Bachelier, 1818, page 97 et suiv.) L'auteur se loue beaucoup,
dans cet ouvrage, des encouragemens qui furent donnés à
son entreprise par l'administration locale, et surtout par M. le
contre-amiral l'*Hermite,* alors préfet maritime à Toulon.

démie des *inscriptions* : sa compétence du moins ne serait pas contestée.

Mais enfin il est frappé de ces mots : *fidélité de* 1793 : l'explication en est demandée par tous les voyageurs; pour beaucoup de Français, elle est inintelligible; notre ermite se rappelle que dans son jeune âge, il servit son pays; il est couvert de nobles cicatrices; son vieux sang bout encore dans ses veines, et l'honneur militaire lui dit, ou plutôt lui rappelle, que l'action de livrer une place de guerre aux ennemis de sa nation ne peut, dans aucun cas, dans aucun temps, ou sous quelque couleur ou prétexte que ce soit, être alléguée comme une preuve de fidélité envers sa patrie.

Il se souvient que les Lyonnais aussi se sont révoltés contre le régime odieux de 1793; mais à leurs dépens, et non aux dépens de la France; non en livrant leur commerce, leurs manufactures et nos arts à l'ennemi de notre industrie nationale, mais en courant à leurs armes, en faisant un appel à leur propre valeur, sans prétendre ensuite braver le reste de la France, et triompher d'elle, pour ainsi dire, par une inscription qui leur transporterait, d'une manière insultante pour le reste de la nation, le privilége exclusif de la fidélité.

Tels sont, Messieurs, les mouvemens que M. Jouy a ressentis; telle est l'idée qu'il a exprimée.

L'ouvrage n'était pas de nature à rester long-temps ignoré.... Les membres mêmes du conseil municipal de Toulon en furent informés. Aussitôt grande rumeur chez quelques-uns d'entre eux.

On s'assemble; toute la mairie est en émoi.... A l'ouverture de la séance, un des membres présens prend la parole et dit :

« MESSIEURS,

« *Il m'est revenu*[1] que la page 258e du tome III de « l'ouvrage intitulé *l'Ermite en province*, contenait « un article que *l'on peut* regarder comme injurieux « à la ville de Toulon. Je me suis procuré cet ou- « vrage, et j'ai vérifié que la page indiquée renfer- « mait le passage suivant. » (L'honorable membre en donne lecture.)

« Sur qfioi le conseil municipal, considérant, etc., etc., « a délibéré et délibère que le passage dont il s'agit « sera *lu*, *discuté* et COMMENTÉ par une commission « composée de cinq membres du conseil municipal, « à l'effet de faire un rapport au conseil sur la *ques-* « *tion* de savoir si cet écrit est attentatoire à l'honneur « de la ville de Toulon; et, dans le cas de l'affirma- « tive, d'indiquer les moyens convenables pour par- « venir à la répression de l'injure faite à la ville. » — Et de même suite, un scrutin, etc., etc.

Ici, Messieurs, se présente une réflexion toute na- turelle. Quoi! l'assemblée est composée de *vingt membres*, l'article soumis à la discussion n'a pas plus de *vingt lignes* (une ligne par chaque membre), et ces vingt personnages, réunis en bureau consultatif, ne peuvent décider si cet article est, ou non, attenta- toire à l'honneur de leur ville! Et pourtant ce sont des fonctionnaires publics, des hommes d'esprit !.....

---

[1] *J'ai souvenance.....*

des municipaux enfin!..... N'importe; ils ne peuvent se rendre compte à eux-mêmes de l'impression qu'ils éprouvent; ils ne ressentent pas ce premier mouvement de l'honneur offensé, qui, chez les hommes, est aussi rapide que celui de la pudeur outragée dans une femme vertueuse. Il faut nommer une commission pour *lire*, et, qui plus est, pour *discuter,* et même enfin pour COMMENTER ce fameux passage. Si, tout vu, tout considéré, les cinq commissaires reviennent dire aux quinze autres membres : Non, il n'y a pas calomnie; ceux-ci répondront : Eh bien! à la bonne heure; restons-en là. — Mais si le commentaire donne un résultat calomnieux, alors, bien sûrs qu'en effet on a voulu les calomnier, ces mêmes hommes agiront avec vigueur......

Après quatorze jours de *commentaire*, les commissaires font enfin leur rapport. — On a dit des commentateurs, en parlant de l'un d'eux :

> Il commenta. commenta, commenta,
> Et rien du tout n'imagina.

Cela doit arriver souvent en littérature : mais, quand le génie de l'accusation inspire un commentateur, il arrive bien rarement que le commentaire soit stérile; on est même étonné de ce qu'il produit :

> *Miraturque novas frondes*, et non sua poma !

Que de choses un esprit subtil peut découvrir dans une seule phrase! C'est un panorama d'abord vague, où tout s'éclaircit ensuite; c'est le miracle du microscope qui grossit les objets, et fait voir distinctement ce qu'on ne découvrirait jamais à l'œil nu.

Vous allez juger du talent de MM. les commissaires en ce genre, par la série des griefs qu'ils ont fait ressortir de l'article de notre ermite, et qui sont consignés dans leur délibération du 15 mai. —

Je me garderai bien, Messieurs, de vous lire ce rapport en entier. Sa prolixité me le défend ; il est environ *douze fois plus long que le texte.*

Mais, en résultat, l'opinion de MM. les commentateurs est *qu'on ne peut s'empêcher* de voir dans l'article signalé une diffamation dirigée contre les corps constitués.

« *Ces messieurs,* dit l'auteur (l'ermite) d'une manière
« générale : or (voici le commentaire), *ces messieurs*
« sont *la généralité des habitans de Toulon* en 1793,
« et notamment les *autorités d'alors,* composées, en-
« tre autres*, des huit sections de la ville, représen-
« tées par leurs présidens et secrétaires, du conseil
« général des mêmes sections, de l'administration pro-
« visoire du département du Var, de l'administration
« provisoire du district de Toulon, et de la municipa-
« lité de la même ville. » (En voilà, j'espère, un assez
« bon nombre ; mais continuons :) « L'existence de ces
« corps constitués est constatée par une autre pièce con-
« tenue aux pages 30 et suivantes du recueil imprimé,
« mentionné ci-devant [1], consistant en une procura-
« tion faite par *les autorités contre-révolutionnaires* [2]
« de Toulon, relativement à un emprunt d'un million

---

[1] C'est celui qui se trouve également cité dans ce plaidoyer, et d'où l'on a extrait le jugement ci-devant rapporté (pag. 23), du tribunal *populaire-martial* de Toulon.

[2] Le mot est employé ici en bonne part.

« de piastres fortes à hypothéquer sur les domaines
« nationaux, royaux et publics, tant de terre que de
« mer; procuration que, *pour le dire en passant*, les
« républicains ont eu la mauvaise foi de travestir
« dans divers écrits en un *acte de vente* de la ville de
« Toulon [1], quoiqu'elle soit demeurée sans effet. »

[1] Les commissaires ont raison; les Toulonnais n'ont pas
vendu leur ville, ils l'ont seulement *hypothéquée*. L'acte dont
il s'agit a été passé devant Garnier, notaire à Toulon, le
24 septembre 1793. Cet acte porte procuration aux particuliers y dénommés, d'emprunter un million de piastres fortes
à Gênes, Rome, Livourne, et autres lieux, avec pouvoir de
donner « *pour* HYPOTHÈQUE *de cet emprunt, tous les domaines*
« *nationaux, royaux et publics, tant de terre que de mer, de*
« *la ville de Toulon et de ses dépendances ; ensemble l'arse-*
« *nal dudit Toulon, ainsi que les vaisseaux et tout ce qui en*
« *dépend, sous la garantie de leurs Excellences les amiraux*
« *espagnols et anglais.....* » A ce interviennent leursdites Excellences, qui promettent la susdite garantie, mais « sauf le
« recours de leurs souverains sur les hypothèques désignées,
« et sous la condition que les fonds empruntés *seront adressés*
« *et expédiés à leurs Excellences pour la plus grande sûreté,*
« attendu les circonstances; lesquels fonds, seront délivrés à
« *fur et à mesure des besoins*, sur les reconnaissances qui en
« seront données par la ville de Toulon, etc., etc. »

Quelle énorme stellionat! une ville qui se croit propriétaire
d'elle-même, et de tous les établissemens publics que la confiance nationale et l'intérêt public ont fait établir dans son
sein!..... Elle ne se vend pas, mais elle se donne en hypothèque!..... Et pour quel objet? pour une somme d'argent,
qu'elle n'aura même pas la licence de toucher directement!
l'argent sera versé dans les mains de l'étranger! Voilà le tu-
teur de cette ville, qui s'est placée volontairement elle-même
en état d'interdiction!!!

Tels sont les termes du rapport; et si l'on en croit MM. les commissaires, le nombre des personnes diffamées est assurément considérable.

Cependant le conseil, délibérant ensuite, sent le besoin de préciser l'accusation qu'il va porter. Il ne se constitue pas le défenseur de toutes les autorités passées, présentes ou futures; il ne se tient pas même pour insulté, il ne rend pas plainte en son nom, mais seulement *au nom de la ville*; et même il ne juge pas à propos que la ville se constitue *partie civile*; il se borne à décider que M. le procureur du Roi sera invité à poursuivre d'office l'*insulte faite à la ville de Toulon*.

Ce rapport fut aussitôt transmis à M. le procureur du Roi du département de la Seine. « Votre intégrité, « dit M. le maire, dans sa lettre d'envoi du 18 mai « 1820, m'est un sûr garant de votre empressement « à poursuivre d'office l'*impudent* auteur de ce *li- « belle*; et j'ose me flatter que la ville de Toulon « devra bientôt à votre *zèle* la réparation de l'insulte « qui a excité la juste indignation de ses habitans « contre cet écrivain. »

En effet, M. Jouy ne tarda pas à être renvoyé à la cour d'assises. Certes, ce n'est pas que la chambre d'accusation ait pu se dissimuler la faiblesse de la dénonciation; mais elle aura sûrement considéré que si cette dénonciation était écartée de prime abord, et sans même attendre aucune explication contradictoire, ce rejet aurait quelque chose de trop désobligeant pour la mairie de Toulon; elle vous a délégué le soin d'acquitter M. Jouy.

Commençons d'abord par assurer notre marche et par bien fixer l'accusation.

M. Jouy est accusé de diffamation : qui a-t-il diffamé ?

Si nous prenons l'arrêt de renvoi, M. de Jouy aura diffamé bien des gens. Il est renvoyé devant vous comme « suffisamment prévenu d'avoir commis « le délit de diffamation envers *le conseil municipal* « de la ville de Toulon *représentant* les habitans de « cette commune, en imputant aux autorités, *soit* « anciennes, *soit* actuelles, des faits qui portent at- « teinte à l'honneur et à la considération, *soit* de « ces autorités, *soit* de l'universalité des citoyens de « la ville de Toulon, par l'insertion du passage sui- « vant, etc. »

Ainsi l'arrêt même ne porte pas sur un fait bien précis, bien arrêté. Accuser quelqu'un d'avoir diffamé, *soit* un tel, *soit* un tel, ou encore tel autre, c'est dire qu'on ne sait pas qui : *soit* les autorités d'une ville, *soit* la ville tout entière, ce n'est pas la même chose ; les autorités, *soit* anciennes, *soit* nouvelles, c'est encore pis ; car si ce sont les anciennes qui ont cessé d'être depuis vingt-sept ans, ce ne sont plus des autorités.

On demandera peut-être pourquoi je fais ces difficultés. C'est qu'elles sont fondamentales : elles tiennent à l'essence même de l'accusation ; l'incertitude laissée par l'arrêt de renvoi fait qu'à proprement parler il n'y a pas d'accusation.

L'article 13 de la loi du 17 mars 1819 exige que le fait dénoncé ait porté atteinte à la considération d'une *personne* ou d'un *corps* déterminé, *à qui* ce fait soit nominativement imputé. Il faut que le plaignant et l'accusé puissent se connaître et s'aborder corps à corps, et qu'on sache avec certitude à qui l'on a réciproquement affaire. Dire qu'un écrivain a diffamé soit un tel, soit un tel, c'est comme si, en renversant la proposition, un homme se plaignait d'avoir été diffamé soit par un tel, soit par tel autre.

En matière criminelle, tout doit être fixé. « Celui qui agit en diffamation, dit le Préteur, doit parler net, et dire franchement de qui et de quoi il se plaint : il ne doit pas divaguer; mais tout doit être désigné avec certitude et soigneusement spécialisé dans sa plainte; il ne suffit donc pas que la prévention soit présentée sous une alternative, il faut préciser [1]. »

L'importance, et, si je puis m'exprimer ainsi, *l'indispensabilité* de ce principe va se faire bien mieux sentir en raisonnant successivement dans toutes les hypothèses de l'accusation.

J'examinerai plus tard s'il y a diffamation; mais quant à présent, je cherche d'abord qui on aurait diffamé?

Est-ce un seul individu, ou quelques individus, ou l'universalité des citoyens de Toulon, qui se prétendent diffamés?

---

[1] *Prætor edixit: Qui agit injuriarum, certum dicat quid injuriæ factum sit : quia qui famosam actionem intendit non debet vagari cum discrimine alienæ existimationis ; sed designare et certum specialiter dicere, quam se injuriam passum contendit* (l. 7, ff. de inj. et fam. libellis), *neque sub alternatione, puta* illud aut illud (d. l. 7, § 4.)

Sont-ce les autorités? lesquelles? sont-ce les anciennes, les intermédiaires, ou les nouvelles?

D'abord il est évident qu'aucun *individu* n'est diffamé : dans l'article argué on ne trouve aucun nom propre; et en effet vous ne voyez aucun habitant de Toulon se plaindre individuellement et nominativement d'avoir été diffamé. S'il en est un que l'article ait offensé personnellement, qu'il se nomme. On a joué l'Avare, qu'il se montre et dise hautement : C'est moi qui suis Orgon.

Sont-ce les *autorités?* je demande lesquelles? Je le demande, parce que l'arrêt de renvoi ne les désigne pas; il dit bien, les autorités soit anciennes, soit actuelles; mais il ne les indique pas; par une bonne raison, c'est que la chambre d'accusation n'a pu les connaître; il n'y a pas eu plainte de leur part.

Séparons d'abord ce qui regarderait les autorités anciennes, c'est-à-dire celles de 1793, de ce qui peut concerner les autorités nouvelles.

Les autorités anciennes, d'ailleurs, ne pourraient plus figurer dans la cause comme *autorités.* D'abord elles n'ont jamais été regardées en France comme *légalement constituées;* c'étaient des autorités sans caractère [1], et, dans tous les cas, elles l'auraient perdu depuis plus de vingt-sept ans, depuis la reprise de Toulon, en un mot.

Et puis, dans tous les cas, ce serait à ces fonctionnaires à se plaindre : personne n'aurait le droit de le

---

[1] Par ces mots, *autorités constituées*, la loi n'entend pas les autorités *de fait*, mais des autorités établies et reconnues par la *constitution* de l'État.

faire pour eux. Or, ceux qui ont pu survivre ont le
bon sens de ne pas se plaindre ; les descendans de
ceux qui sont décédés ne se plaignent pas non plus;
il n'y a donc pas accusation du chef de ces prétendus
fonctionnaires.

Quant aux autorités actuelles, c'est autre chose,
elles pourraient se plaindre, mais dans quel cas?
dans le cas seulement où on les aurait diffamées,
pour des faits qui leur fussent personnellement im-
putables.

Or, il est évident que les autorités de 1820 ne sont
pas responsables de ce qu'ont pu faire les autorités
de 1793 : celles-ci auraient mérité des éloges, que
les fonctionnaires de 1820 ne pourraient pas se les
approprier; ces mêmes autorités auraient commis une
action blâmable, que les fonctionnaires d'aujourd'hui,
eussent ils hérité des mêmes fonctions, ne répon-
draient pas des faits de leurs prédécesseurs. Par
exemple, les *tribunaux actuels* de Toulon ne se re-
gardent pas comme la continuation du *tribunal populaire-martial* de 1793, pas plus que la *cour d'assises*
devant laquelle j'ai l'honneur de parler, ne se regarde
comme la continuation du *tribunal criminel révolutionnaire* qui, en 1793, siégeait dans cette même
enceinte; nos magistrats se respectent trop pour se
regarder comme solidaires avec de tels prédécesseurs.
Les reproches qui seraient adressés à ceux-ci ne re-
gardent pas la magistrature actuelle : *nemo alieni
criminis successor constituitur ; l.* 26 , ff. *de Pœnis.*

Remarquons d'ailleurs une chose : c'est que la loi
du 26 mai 1819, d'après laquelle M. Jouy est pour-

suivi, porte, article 4 : « Dans le cas de diffamation
« ou d'injure contre les *cours*, *tribunaux* ou autres
« *corps constitués*, la poursuite n'aura lieu qu'après
« une délibération de ces corps, prise en assemblée
« générale et requérant les poursuites. »

Donc elle n'aura pas lieu, si ces corps n'ont pas
requis de poursuites.

Eh bien, ici, et en point de fait, y a-t-il eu délibération et réquisition de poursuite, pour cause de
diffamation, de la part des cours, tribunaux et autres
corps constitués de Toulon ?

Observons d'abord qu'ici chaque corps aurait dû
se plaindre pour son compte ; car de même qu'un citoyen ne peut pas agir en diffamation pour son voisin, un corps ne le peut pas pour un autre corps. La
municipalité ne le pourrait pas pour les tribunaux,
et réciproquement. Ce n'est pas comme en matière
de solidarité, *indivisément l'un pour l'autre, un seul
pour le tout.*.

Aussi la municipalité de Toulon, par son arrêté
du 15 mai, n'a pas requis de poursuites dans l'intérêt
vague et indéfini de toutes les autorités, soit anciennes, soit actuelles ; elle n'en a pas même requis
dans son intérêt propre, comme municipalité dont on
aurait diffamé les membres ou les actes ; elle n'en a
requis que dans l'intérêt limité et circonscrit de *la
ville de Toulon*, dont elle a prétendu que *l'universalité des habitans* avait été offensée par l'ermite.

Ainsi tenons pour constant qu'il n'y a de plainte
au nom d'aucun *particulier* qui prétende avoir été individuellement diffamé ; — qu'il n'y a pas de plainte

au nom de ce qu'on appelle les *autorités anciennes ;* — qu'il n'y en a pas davantage au nom des *autorités actuelles ;* — qu'il n'y en a pas même au nom de la mairie ou municipalité de Toulon, comme corps de mairie ou de municipalité ; — qu'il n'y en a enfin qu'au nom de la *ville de Toulon.* — Reste donc à examiner si l'on peut ainsi porter plainte au nom d'une ville entière.

L'article, dit-on, contient une diffamation contre *l'universalité des habitans.* Quoi ! tous les habitans, femmes, enfans, vieillards, vingt - cinq mille personnes, sans en excepter un seul individu ?

Mais qui vous a dit à vous, MM. les commissaires départis pour le commentaire, à vous, MM. les membres délibérant sur ce commentaire, que tous vos concitoyens se tenaient pour offensés de l'article de M. Jouy ? Avez-vous oublié que même en 1793 les opinions étaient divisées ; que la nécessité seule avait emporté la délibération ; que cette délibération même n'avait passé qu'à une simple *majorité,* et encore avec la *condition expresse* du régime constitutionnel de 1791 ; que la restauration, et surtout l'usage de la potence, avaient augmenté le nombre des dissidens ; et que ceux qui avaient adhéré de confiance, et dans l'espoir que l'étranger protégerait leur ville au lieu de la détruire, ont bien pu changer d'avis en voyant le ravage porté par les Anglais dans nos établissemens maritimes ; enfin, que les décès, les naissances, les voyages, les transmigrations, et aussi les établissemens nouveaux formés chez vous par des Français auparavant étrangers à votre ville, et cela depuis vingt-sept ans, en ont renouvelé en grande partie la population, changé les intérêts et modifié les opinions? Aujourd'hui, peut-être, les Toulonnais pensent tous, comme M. Jouy, qu'il vaut mieux tout souffrir des siens que de se livrer à la merci de l'étranger; et, quant au petit nombre de ceux qui conserveraient le préjugé contraire, qui sait s'ils ne sont pas assez sages, assez amis de leur pays, pour sentir que s'ils ont dû leurs premiers malheurs à des discordes civiles, il ne faut pas s'exposer à les voir renaître en réveillant les haines qu'il convient surtout d'assoupir? A-t-on consulté leur vœu, les a-t-on réunis en assemblée générale?....

Mais, dit l'arrêt, le maire d'une ville est le *représentant* naturel de tous ceux qui l'habitent. — Ah! Messieurs, rien n'est moins assuré que cette prétendue *représentation*. Beaucoup d'administrateurs ne voudraient pas qu'on les confondît avec leurs administrés; et beaucoup d'administrés surtout ne voudraient pas être confondus ainsi avec leurs administrateurs. Chacun de nous sait à quel point on a abusé de cette prétendue maxime, que les maires *représentent* leurs communes. C'est à cette fatale erreur qu'il faut attribuer, et certaines *adhésions* que tant de gens ont ensuite désavouées; et ces *pétitions* prétendues générales, encore bien qu'elles n'exprimassent que le vœu personnel de leurs auteurs; et cet élan de MM. les maires qui, sous l'Empire, offraient dans leurs *adresses* au chef de l'État, la vie, l'honneur, les biens et les enfans de leurs administrés; à tel point que chacun, en lisant le lendemain son journal, était tout surpris de voir que la veille on avait ainsi parlé pour lui, et disposé, à son insu, de sa personne, de sa fortune, et de ses plus chères affections. Les maires *représentent* leurs concitoyens! oui, lorsqu'il s'agit d'administrer les affaires publiques, de gérer les biens communaux, d'entretenir le bon ordre, la police et la propreté; mais non pour exercer, au nom des citoyens, une action en diffamation, qui est essentiellement une action personnelle et privée. Les maires chargés d'administrer notre honneur! quelle étrange prétention!

Elle est d'autant plus absurde que l'imagination se refuse à concevoir comment une ville entière peut être diffamée. S'il en était ainsi, il faudrait dire des nations entières ce que l'on soutient ici au nom de la ville de Toulon; et dans ce cas les géographes, et surtout les voyageurs, seraient bien malheureux, s'ils s'avisaient de dire encore, comme on le voit dans les géographies et dans les voyages, que le Français est léger, l'Italien perfide, l'Allemand lourd, l'Anglais brutal, etc., etc. : ils se verraient exposés à autant d'actions en calomnie; les rois seraient obligés de porter plainte pour leurs peuples, comme les maires pour leurs communes : on arriverait ainsi à l'absurde.

Non, une ville entière, une ville de vingt-cinq mille habitans ne peut pas être diffamée en masse. La diffamation, dans le sens de nos lois, consiste à imputer à une personne désignée ou à un corps déterminé, un vice ou un crime qui nuise à sa considération personnelle aux yeux des autres hommes; mais quand

27

le reproche est général, quand c'est tout le monde, ce n'est plus personne; l'erreur même, en pareil cas, fait droit. *Error communis facit jus.* C'est comme si, dans Constantinople, un chrétien reprochait la polygamie à un Turc.

On trouve cent exemples dans l'histoire, de villes assiégées, et dont les habitans sont accusés, par les historiens, ou de n'avoir pas voulu se défendre, ou d'avoir forcé le gouverneur à capituler, ou d'avoir ouvert eux-mêmes leurs portes : eh! vit-on jamais leurs échevins ou leurs bourgmestres demander réparation d'honneur aux écrivains qui avaient fait la relation du siége?

Combien de fois n'a-t-on pas dit que les journées de septembre avaient déshonoré Paris! cela voulait dire, qu'avec un peu d'énergie, les honnêtes gens auraient pu réprimer une poignée de sicaires : les douze maires en ont-ils conclu que les huit cent mille habitans de Paris étaient *diffamés?* J'en ai dit autant de la ville d'Avignon, en parlant de l'assassinat du maréchal Brune : quelqu'un est-il venu d'Avignon, dire que j'avais voulu diffamer *l'universalité des Avignonais?*

Ces généralités ne diffament personne.

Dire que la ville de Toulon s'est livrée aux Anglais, sans en accuser nommément qui que ce soit, c'est énoncer un fait général, qui, dans aucun cas, ne peut autoriser une action en diffamation. On l'a jugé dans une espèce où la déconsidération attachée au reproche, avait bien moins de latitude pour se fixer.

En 1819, une pétition pour le maintien de l'ex-

loi des élections, avait été déposée à *Auxerre*, chez
M. Chomereau, notaire, et là plusieurs personnes
avaient apposé leur signature sur cette pétition.

Un article de *la Quotidienne*, publié à cette époque, portait qu'une pétition avait été déposée chez
un notaire, et que là on se procurait des signatures
par toutes sortes de moyens ; qu'on allait même jusqu'à *surprendre la signature* des personnes qui allaient dans l'étude pour passer des actes.

Le notaire porta plainte.

Elle fut écartée, par le motif que la personne du
notaire *n'avait pas été désignée d'une manière assez
précise,* et que rien ne prouvait que l'article fût relatif à M. Chomereau.

Or, à Auxerre, il n'y a, je crois, que cinq notaires ;
et par cela seul, cependant, que l'accusation flotte
incertaine sur les cinq notaires, sans se fixer précisément sur aucun, la justice en conclut qu'il n'y a pas
diffamation contre celui d'entre eux qui sort des rangs
pour se plaindre : *à fortiori*, par conséquent, il en
doit être de même d'un reproche qui, dans le système
de l'accusation, s'adresserait en masse à l'universalité
des habitans de toute une ville.

Ainsi, Messieurs, *il n'y a vraiment pas de partie
en cause qu'on puisse légalement prétendre avoir été
diffamée ;* il n'y a pas d'action.

Supposons cependant qu'une action a été régulièrement introduite ; que les vingt-cinq mille habitans
ont nominativement porté plainte ; que les anciens fonctionnaires en ont fait autant ; que les autorités actuelles
ont agi de même : eh bien, voyons, de quoi s'agit-il ?

Qu'a prétendu M. Jouy ? Il a dit que ces mots *fidélité de* 1793, ne pouvaient pas signifier *fidélité envers la France;* qu'en effet Toulon ayant été *livré à l'étranger*, ce serait donc à l'étranger qu'on aurait été fidèle ; que s'il en était ainsi, l'étranger seul devrait s'en réjouir, et devrait récompense à ceux qui ont valu cet honneur à leur ville : M. Jouy, en un mot, trouve cette inscription *étrange!*

M. Jouy a parfaitement raison en ce sens.

Il ne reproche pas aux Toulonnais leur fidélité envers le roi. Si tel avait été son intention et son langage, il serait inexcusable, et mes sentimens ne seraient point ici d'accord avec les siens. Il nie seulement que livrer une place française à l'ennemi, soit un acte de fidélité envers la France. Voilà tout son crime. — Eh bien, je le répète ; il a raison, même dans le sens de la légitimité.

En effet, même en partant de cette idée, que toute la France (sauf quelques Toulonnais commandés par M. le baron d'Imbert) était *infidèle*, ou si l'on veut, *rebelle*, je dis que le roi ne pouvait pas désirer que les ports et les arsenaux de la marine française fussent livrés à l'Angleterre, à l'étranger, en un mot : et j'en ai pour garant ce qui s'est passé en 1815. Lorsqu'à cette époque les Bourbons se virent obligés de fléchir sous l'empire des événemens, et de se replier vers le nord de la France, un des plus nobles interprètes du roi, [1] publia, sans doute d'après les instructions de

[1] S. A. Monseigneur le duc d'Orléans, chargé d'inspecter les places fortes du nord.

Sa Majesté, deux ordres du jour remarquables. L'un, daté de Lille, du 20 mars, est adressé à tous les commandans de place, et leur rappelle « qu'ils ne doivent « pas permettre *qu'aucune troupe étrangère*, sous « quelque prétexte que ce soit, y soit admise. » Pourquoi? parce que les ennemis de Sa Majesté faisaient courir le bruit, très-défavorable pour elle, qu'elle voulait introduire les étrangers dans le royaume; tandis qu'au contraire Sa Majesté sentait parfaitement qu'il était de sa dignité comme de son intérêt, de n'être défendue que par des Français.

Le second ordre du jour, daté de Lille le 23 mars, porte : « Le roi vient de sortir de Lille; je vous dé- « gage [1] de l'observation des ordres que je vous ai « transmis en son nom : je m'en rapporte à votre « *patriotisme* pour faire ce que vous croirez le plus « convenable *aux intérêts de la France.* »

Or, il n'a jamais été, il ne sera jamais convenable aux intérêts de la France, de livrer son territoire à l'occupation de l'étranger, et surtout de mettre sa marine et ses ports à la merci de l'Angleterre. Aussi a-t-on vu toutes nos places fortes fermer leurs portes à l'étranger, et conserver intact l'honneur de leurs remparts. On a vu, dans Huningue, le brave commandant d'une garnison de cinquante hommes résister à une armée de quinze mille hommes : mais aucune ville, aucun fort, ne s'est ouvert ni livré à l'étranger; aucun commandant français ne s'est rendu à d'autres qu'au roi, et le roi ne demandait pas autre

---

[1] Je vous rends vos sermens, soyez grands par vous-mêmes !

chose. En effet, les bons rois sont comme la vraie mère : elle aimait mieux perdre son fils tout entier, que de le partager avec une femme étrangère. Un bon roi comme le nôtre, aimait encore mieux, j'en suis sûr, voir son royaume, ses ports, sa marine, ses arsenaux intacts et florissans dans les mains de ses sujets, *même infidèles*, que de les voir incendiés et détruits par l'étranger. Henri IV nourrissait Paris, au risque d'en prolonger le siége : « J'aimerais mieux, « disait-il, n'avoir point de Paris, que de l'avoir tout « ruiné et désolé par la mort de tant de personnes.» Louis XVIII aussi a admiré le courage de nos armées, et il a eu la grandeur d'âme de rendre hommage à leur valeur, dans le temps même où chaque victoire semblait l'éloigner à jamais du trône de France.

Le régime de la Convention était intolérable sans doute. Eh bien, imitez les Lyonnais; séparez-vous de la Convention : mais ne vous séparez pas de la France; mais ne vous livrez pas à l'étranger; mais n'engagez pas votre ville comme un bien qui soit dans le commerce; et ne l'hypothéquez pas, par acte devant notaire, au remboursement d'une somme d'argent qu'il s'agit d'emprunter !

Une femme malheureuse avec son mari, s'en sépare quand la vie commune lui est devenue insupportable, mais tout lien, tout devoir n'est pas rompu; toute pudeur n'est pas détruite; et ce n'est pas une raison pour qu'elle se prostitue au premier venu, et lui livre les meubles de la communauté, sauf à mettre ensuite sur la maison commune : *fidélité conjugale*.

Si l'on veut apprécier l'action dont il s'agit, il faut

la juger par les *faits*. Respectons les intentions, l'entraînement, l'erreur, la fausse confiance; mais enfin,
voyons et pesons les *résultats*.

Certes, personne n'est plus disposé que moi à rendre justice au caractère du peuple anglais. Il compte
dans son sein un grand nombre d'hommes généreux
qui honorent leur nation et leur siècle.

Mais, entre nous, pouvons-nous nous dissimuler
la politique machiavélique de son gouvernement envers la France; sa rivalité sans cesse aiguisée par les
souvenirs historiques; sa jalousie constamment en-
tretenue par notre prospérité toujours croissante; sa
haine vindicative allumée par le souvenir, si récent
alors, des secours que nous avions donnés à l'indépendance américaine?

Eh quoi donc! l'Anglais ne fut-il pas de tout temps
l'ennemi, l'implacable ennemi de notre commerce et
de notre industrie, de notre marine et de nos ports,
surtout dans la Méditerranée, où il ne possédait
encore, à l'époque dont nous parlons, ni Malte ni
Corfou?

Ces insulaires entrent dans Toulon : quelle est leur
conduite? Ils y arborent leur pavillon; ils refusent
d'y admettre un prince français. Ce serait, dit l'amiral anglais, *destituer* Sa Majesté Britannique : voilà
donc le roi que s'est donné Toulon!

A leur retraite, ils détruisent tout ce qu'ils ne peuvent emporter.

A l'exception d'un certain nombre de privilégiés,
ils laissent le reste de leurs amis sur le rivage, exposés au double feu de la flotte qui s'éloigne et des

assiégeans qui pénètrent. Funeste prélude de *Quibe-ron*, où les restes de notre marine royale devaient aussi périr entre deux feux !

Français ! voilà l'étranger tel qu'il fut constamment pour vous; toujours prêt à se mêler de vos querelles pour les envenimer; et, après vous avoir mis aux prises et rançonnés, toujours alerte à se retirer en foudroyant indistinctement et ceux qui le repoussaient et ceux qui l'avaient appelé.

Henri IV le connaissait bien, lorsqu'il criait aux siens : « AMIS, *main basse sur l'étranger* : » — que cela serve à jamais de leçon à ceux qu'une aveugle confiance porterait encore à se jeter dans ses bras ; « bras si tendres à s'ouvrir, dit notre ermite, mais « qui ne se resserrent que pour étouffer tout ce qu'ils « embrassent. »

Après cela, faut-il discuter encore l'article de M. de Jouy ? S'étonnera-t-on de ce qu'il s'étonne que la fidélité du propriétaire (de l'être fantastique dont il parle) n'ait pas été récompensée par une place de shérif à Londres ou de corrégidor à Madrid ?

Mais ce qu'il n'a dit qu'à titre d'ironie, se trouve être une réalité; car l'un de ceux qui se vantent d'avoir pris le plus de part à la tradition de Toulon aux Anglais, n'a pas seulement obtenu de leur désintéressement les certificats les plus satisfaisans de la bonne conduite qu'il a tenue à leur égard, mais il a encore obtenu une *pension* du gouvernement anglais[1]. Cette

[1] A la fin de l'ouvrage de M. Gauthier de Brécy on trouve, pag. 52 de l'édition de 1818, parmi les *pièces* JUSTIFICATIVES, un certificat du chevalier Elliot, ainsi conçu : « Nou

pension, qu'il la conserve; il en peut toucher les intérêts en sûreté de conscience : c'est un pécule assez chèrement acquis.

Quant au reproche d'avoir contesté à la ville de Toulon la validité ou la dignité de ses *armoiries*, c'est une pure rêverie de MM. les commentateurs. Nous ignorions que la ville eût obtenu des armoiries; l'article n'en dit pas le mot, l'accusation n'en dit rien non plus; la défense n'en dira pas davantage.

Jusqu'ici, Messieurs, j'ai démontré qu'il n'y avait pas de véritable plaignant; j'ai ensuite établi qu'en tout cas l'article n'était pas diffamatoire.

J'admets maintenant, et par pure hypothèse, que le reproche dont il s'agit fût réellement de nature à porter atteinte à la considération d'une personne connue ou d'un corps déterminé : mais dans ce cas-là même, M. Jouy ne pourrait être condamné qu'autant que les faits avancés par lui seraient faux; car s'ils sont vrais et prouvés, quelque désagréables qu'ils soient, ils ne peuvent pas être réputés diffamatoires.

Or, il se trouve précisément que tout ce qu'a dit M. de Jouy est vrai et prouvé. Je ne parle pas des témoins qu'il aurait pu appeler de Toulon même, en les prenant en grand nombre parmi les vingt-cinq mille habitans soi-disant plaignans par l'organe de leur

« certifions que M. Gauthier de Brécy, directeur des douanes
« royales à Toulon, et membre du conseil-général, lorsque
« les forces de S. M. B. s'y trouvaient, a obtenu pour ses ser-
« vices et sa conduite, *une pension annuelle* du gouvernement.
« A Bastia, le 2 septembre 1796. *Signé* GILBERT ELLIOT. »

maire, s'il en avait eu besoin, ou s'il eût aimé le scandale, et qu'il n'eût pas craint de réveiller les haines des partis; mais je parle de preuves écrites, de preuves qui, même sous l'empire du Code pénal, qui exigeait la *preuve légale*, auraient suffi, car elles ont éminemment ce caractère.

Qu'on ouvre *le Bulletin* des lois; que l'on consulte *le Moniteur*, on y trouvera des *Proclamations du gouvernement*, des *Rapports officiels*, des *Décrets* émanés d'une autorité en qui la charte a reconnu le pouvoir législatif, qui ont qualifié l'introduction des Anglais dans Toulon de la manière la plus rigoureuse, en prescrivant, à titre de représailles et d'indemnités, des confiscations et des actes de sévérité, qui, pour être déplorables, n'en sont pas moins des faits certains : or, il ne s'agit que des faits.

A côté de tant d'actes authentiques et législatifs, se trouve le témoignage et la puissance de l'histoire [1], d'une histoire écrite en France et chez l'étranger, où les événemens de Toulon sont présentés sous des couleurs bien plus rembrunies que celles dont s'est servi l'*Ermite en province*.

Ici, en effet, Messieurs, s'ouvre une thèse qui suffit seule à la décision de la question. Elle n'est pas seulement de raisonnement; elle est aujourd'hui de jurisprudence, ayant été accueillie dans une circonstance où tout cependant semblait devoir en écarter l'application.

Un journal avait accusé le maréchal Brune de

[1] *Suum cuique decus posteritas rependit.*

s'être engraissé du sang et de la ruine de l'Helvétie :
sa veuve porta plainte ; l'affaire fut renvoyée à la cour
d'assises. Là tout semblait présager le succès : et
d'abord, la faveur des faits ; car non-seulement la
preuve des inculpations n'était pas rapportée, mais
la veuve représentait *les pièces authentiques* qui attestaient que la comptabilité de l'Helvétie avait été tenue
avec la plus scrupuleuse régularité sous le commandement du général Brune.

La calomnie semblait d'autant plus odieuse, qu'elle
s'attachait à la mémoire d'un guerrier dont la rage
des partis avait pu trancher la vie, mais dont la mémoire au moins devait être respectée.

Enfin, qui se plaignait ? une veuve portant le deuil
de cette mort sanglante et toujours invengée !....

Cette cause, assurément, inspirait plus d'intérêt
que celle d'un corps de ville qui plaide pour l'universalité de ses habitans. Eh bien, que nous a dit le
ministère public, quand nous avons présenté la
plainte de la veuve ? J'ouvre *le Moniteur*, et j'y trouve,
à côté de ma plaidoierie, le réquisitoire de M. de Broë,
dont j'extrais les passages suivans : « Il faut, avant
« tout, bien fixer nos idées sur ce que l'on peut nom-
« mer *faits historiques*.

« Si nous parlons de faits qui remontent déjà à des
« temps *assez éloignés de nous*, on pourra nommer
« *historiques* tous les faits, de quelque nature qu'ils
« soient, qui nous ont été *transmis par les divers*
« *écrits publiés sur l'histoire de ces temps*.

« S'il s'agit au contraire de faits moins anciens,
« *l'autorité et le nombre des ouvrages déjà publiés*

« seront encore d'un grand poids, puisqu'ils com-
« menceront cette tradition historique que le temps
« seul peut affermir.

« Mais aussi, lorsque la date des événemens sera
« contemporaine, il semble que la qualification de
« *fait historique* dépendra moins de la publication
« qui en aura déjà été faite dans des écrits récens,
« que de la nature même des faits, et des impressions
« qu'a reçues à leur égard une opinion publique qu'il
« est facile d'interroger encore.

« Ainsi, des faits de la vie privée qui seront révé-
« lés par des libelles, ne deviendront pas, par cela
« seul, des *faits historiques.*

« Mais il est *d'autres faits* dont la connaissance
« appartient au public, par cela même qu'ils l'inté-
« ressent plus directement : ce sont ceux qui ont
« une telle *relation* avec *les intérêts généraux de
« l'État,* que leur *importance* doit leur assigner une
« *place dans l'histoire*, et surtout dans l'histoire
« contemporaine.

Dans ce nombre se placent naturellement *les*
« *actions militaires* des généraux, les *négociations*
« *diplomatiques* des ambassadeurs, les actes des mi-
« nistres, les propsositions des membres des deux
« chambres, et autres objets du même intérêt dans
« l'ordre politique de l'état.

« A l'instant où des actes de cette nature s'exé-
« cutent, l'attention générale s'en empare, et *l'opi-
« nion publique les juge.*

« C'est là, Messieurs, que commence le domaine
« de l'histoire contemporaine, chargée en même

« temps d'instruire le siècle présent, et de fournir
« aux temps à venir des matériaux pour l'histoire
« générale.

« Il est facile de sentir que beaucoup de détails
« sur les hommes et sur les choses sont utiles et
« même nécessaires dans l'histoire contemporaine,
« précisément à cause du double but qui lui appar-
« tient.

« Où l'historien recueillera-t-il ces détails? sera-ce
« uniquement dans les documens officiels? mais il
« sera le plus souvent impossible de se les procurer
« ou de les réunir.

« Et d'ailleurs, parmi les faits qui appartiennent
« à l'histoire, et que nous venons de signaler, n'en
« existe-t-il pas une foule qui, par leur nature même,
« ne comportent par l'existence de preuves écrites?

« Il faut donc reconnaître que, par la force ordi-
« naire des choses, les élémens ordinaires de l'histoire
« contemporaine seront *des relations du moment*,
« des *bruits publics*, en un mot, une *sorte de*
« *notoriété*, souvent conforme, mais quelquefois
« aussi contraire à la vérité, souvent, du moins,
« sujette à une grande exagération.

« Il faut reconnaître enfin, qu'exiger de l'historien
« qu'il ne travaillât que sur les pièces authentiques,
« et lui demander la preuve de tous les détails qu'il
« avance, ce serait le reduire à l'impossible, *et em-*
« *pêcher d'écrire l'histoire.*

. . . .

« Mais quand aura-t-il la liberté d'écrire sans crainte,
« s'il doit prévoir encore *des procès*, après la mort de

« ceux dont il est cependant nécessaire qu'il parle
« *avec franchise ?* »

. . . .

« Si la société confie au ministère public le soin de
« poursuivre en son nom la punition des délits qui
« l'offensent, l'organe de la loi ne peut point ou-
« blier que la société ne veut être vengée que selon
« la loi.

« La démarche honorable d'une veuve, si malheu-
« reuse par ce seul titre, peut toucher son cœur (le
« cœur du ministère public!); mais la pitié ne sau-
« rait transformer en droits légaux un intérêt pure-
« ment moral, et le cri touchant de la douleur. »

La Cour était présidée par le même magistrat [1];
ses souvenirs sont ici d'accord avec les miens : la
doctrine du ministère public prévalut, et l'accusé fut
renvoyé absous.

Verrait-on donc ici une décision en sens contraire?
Et quelle serait, je vous prie, la raison de différence?
à moins qu'on ne dise que l'auteur du *Drapeau Blanc*
était un *historien*, et M. Jouy un *libelliste;* que l'un
a été acquitté parce qu'il avait maltraité un *général
français* qui avait versé son sang pour son pays,
tandis que M. Jouy a osé médire de *l'étranger;* ou
bien encore, que l'occupation de Toulon, son siége
et sa reprise, sont des faits moins éclatans, moins
historiques que le décompte des sommes trouvées
dans les caisses de la ville de Berne !

[1] M. Parisot.

M. Jouy à trouvé l'*Histoire de Toulon* tout écrite;
il a pu en parler comme il l'a fait. Il a pu dire, et je
le répète avec lui, que les mots, *fidélité de* 1793,
n'exprimeraient jamais que la fidélité d'une ville de
France pût consister à ouvrir ses portes à l'étranger.

En fait d'histoire et de mœurs, il faut se reporter
aux temps dont on parle, et non se concentrer dans
les temps où l'on écrit. Autrement les historiens du
Bas-Empire condamneront tout ce qui s'est fait sous
le règne des Fabricius, des Camille, et des Scipions:
la liberté de ces premiers temps deviendrait une
offense trop directe pour les temps de bassesse et de
servilité.

Si l'on ne peut écrire l'histoire des trente années
qui viennent de s'écouler qu'avec les idées qui domi-
nent aujourd'hui, c'est-à-dire avec l'idée acquise ou
innée de la ligitimité; chaque victoire deviendra car-
nage, chaque trait d'héroïsme, un forfait éclatant;
chaque fonctionnaire, un traître; tout citoyen, un
rebelle. On ne changerait pas seulement les principes,
on dénaturerait tous les faits. Pour peu qu'un écrivain
s'écartât du point de vue sous lequel l'autorité voudrait voir certains faits présentés, la censure vous
dirait d'abord : « Racontez le fait d'une autre façon:
« tels et tels écrivains l'ont ainsi publié; *cette ver-*
« *sion paraît plus vraisemblable* [1]. » Et si l'auteur ne
se rendait pas à cette observation, on le traduirait à

_____

[1] La censure a effectivement mis cette note sur un des numéros de *la Renommée*, où l'on racontait les circonstances
de la mort du jeune Lallemand.

la cour d'assises. Ainsi le gouvernement n'aurait plus besoin d'historiographes ; on ferait de l'histoire avec le jury.

Relativement à la France, les Anglais et les Espagnols étaient nos ennemis ; ils nous faisaient la guerre en 1793. Or, lorsque dans une guerre où toute la France était engagée contre ces puissances, une seule ville s'est détachée de la cause commune pour se réunir à l'étranger, peut-on dire qu'elle soit restée *fidèle* à la France ?

Si dans une bataille livrée par des Français contre l'étranger, un général déserte le poste qu'il a d'abord accepté ; si, au lieu de s'y comporter en brave, il traverse la ligne et passe à l'ennemi au moment où l'action s'engage, emportant avec lui le secret des opérations ; s'il a livré ainsi ses camarades au fer et au feu de l'ennemi, pourra-t-il graver sur son épée le mot *fidélité ?*....

Il est des devoirs envers son prince ; il en est envers sa patrie. Ah! sans doute, ce mot sacré, si diversement défini par quelques-uns, veut être sainement entendu par tous. Mais, si je l'ai bien compris, à mon sens *la patrie est un dieu jaloux, qui ne veut pas qu'on sacrifie sur son autel à des dieux étrangers.*

Vous êtes Français, vous a dit M. l'avocat-général : vraiment oui, et je m'en félicite avec lui. Eh bien! jurés français, pesez cette seule considération ; songez à quel point les Anglais auraient sujet de se réjouir, s'ils voyaient des Français condamner un Français pour avoir osé dire que livrer Toulon aux

Anglais ne passerait jamais pour un acte de fidélité envers la France : surtout quand les rapports officiels adressés à leur gouvernement attestent, et quand leurs historiens proclament avec emphase, que cet événement a porté un coup mortel à la marine française !

Eh! qui condamnerait-on ? Quel homme immolerait-on, en cette circonstance, à l'orgueil britannique ? un de nos littérateurs les plus distingués ; un homme qu'on ne saurait accuser d'avoir été révolutionnaire ; un citoyen qui, à cette même époque où Toulon ouvrait ses portes à l'ennemi, échappait par la fuite à une sentence de mort portée contre lui au tribunal révolutionnaire, où il avait été traduit avec son brave et loyal ami le général Omoran, dont il était alors aide-de-camp, et qui périt sur l'échafaud [1].

Que ce procès est désolant pour tout bon Français! qu'il est surtout impolitique!.... Si les hommes qui ont livré Toulon aux Anglais ont le droit de s'appeler *fidèles* par opposition au reste de la nation, et comme *par privilége ;* de quel nom faudra-t-il donc nommer tous les autres Français, et surtout ces guerriers dont le bras a reconquis ses murs sur l'étranger ?

Oh! imprudente mairie de Toulon! que le roi, votre sire et le nôtre, a bien mieux jugé les hommes et les choses, en admettant également auprès de sa personne, et ceux qui crurent le servir en appelant imprudemment l'étranger, et ceux qui crurent servir la France en chassant glorieusement l'ennemi de son

[1] Ce fait est consigné dans l'*Ermite*, tome III, page 223.

territoire! Il a récompensé les bonnes intentions de
M. de Brécy, par exemple, en le nommant lecteur
de son cabinet; mais, dans son palais aussi, parmi
ceux qu'il affectionne le plus, et à la tête de sa garde,
dont il est major-général, se trouve un maréchal de
France, Victor, qui, digne de ce beau nom, reprit
sur les Anglais la grande redoute de Toulon, que
l'aspérité de ses abords avait fait surnommer le
Petit-Gibraltar, Victor qui mérita, par ce haut fait
d'armes, le grade de général de brigade, et tous les
honneurs auxquels il est depuis parvenu.

De tous temps, il a été permis aux citoyens d'énoncer leurs opinions sur les inscriptions qui décorent ou
qui chargent les édifices publics. On corrige leur
style, on en reprend le sens; et ce qui n'est qu'un
droit quand la critique est purement grammaticale ou
littéraire, devient un devoir de la part de celui qui
aperçoit dans une inscription privilégiée, quelque
chose d'injurieux à l'honneur de son pays et au caractère de ses compatriotes [1].

Une inscription est passible de toutes les critiques,
précisément parce qu'elle est exposée à tous les re-

---

[1] Par exemple, je conçois qu'après la mort du duc de
Bedfort, décédé en Normandie, ses lieutenans l'aient fait
inhumer dans la cathédrale de Rouen, avec le titre, insultant
pour la France, de vice-roi de Normandie, *prorex Norma-
niæ;* mais je conçois aussi que chaque vrai Français qui
foule aux pieds cette inscription, voudrait la voir effacée,
ne fût-ce que par respect pour les mânes de Jeanne d'Arc,
dont il ordonna le supplice : c'est du moins le sentiment que
cette inscription m'a inspiré.

gards. Un savant les commente, le voyageur les interroge ; chacun peut en dire son sentiment [1].

En disant le sien sur celle de Toulon, M. Jouy a
usé de son droit, comme Français et comme écrivain ;
il n'a diffamé personne : aucun individu nominativement ne peut se dire attaqué ; il n'a parlé que des
faits, et n'a jugé que les faits. Ces faits sont diversement appréciés ; les opinions, les témoignages sont
divisés ! Eh bien, que chacun reste provisoirement
dans son sentiment : les uns, prétendant qu'en appelant l'étranger chez eux ils ont fait un acte de patriotisme ; et M. Jouy, ainsi que beaucoup d'autres, soutenant que ce n'est pas un acte de fidélité envers la
France. La postérité jugera cette question.

Mais que dis-je ? les Toulonnais eux-mêmes l'ont
déjà jugée. A Toulon, comme dans toutes les cités
françaises, les bons citoyens sont en grand nombre,
en immense majorité. Aucun d'eux, j'en suis sûr,
ne se vante d'avoir contribué à livrer sa ville aux

---

[1] Sur un monument aussi cher à tous les bons Français,
que l'épitaphe de Bedfort doit leur être odieuse ; sur le pié-
destal de la statue du grand et bon Henri, se trouve une expression qui peut faire l'objet d'une critique fondée. Il y est
dit que ce monument a été restauré *ex omnibus Ordinibus
œre collato*. Si ces expressions signifient que chacun s'est
empressé d'y concourir, rien de mieux et de plus vrai ; mais
si cela exprime, comme je l'ai entendu dire par certaines
gens, que ce monument a été rétabli avec l'argent *des trois
Ordres de l'État*, dans le sens qu'on attachait autrefois à ces
expressions, l'inscription serait peu constitutionnelle, et il
ne serait pas défendu de désirer qu'elle le fût davantage.—On
pourrait citer mille exemples de critiques de ce genre.

Anglais : tous déplorent cet événement, comme le résultat d'une funeste et terrible nécessité. Mais cette nécessité même, qui les exsuse aux yeux de tous, ne les absout pas à leurs propres yeux. — M. l'avocat-général a parlé du respect des anciens pour leurs murailles, qu'ils avaient mises au rang des *choses saintes.* Précisément; mais Romulus, poussant la sévérité dans l'application du principe jusqu'à tuer son frère Remus, qui avait franchi la nouvelle enceinte de Rome, n'a pas voulu dire qu'on pourrait impunément en ouvrir les portes à l'étranger. Ce n'est pas le sens de cette leçon terrible qu'il grava sur ses murailles : *Sic deinceps qui transiliet mœnia mea.*

Qui ne connaît, en effet, l'orgueil d'une place de guerre pour ses remparts, sa défiance inquiète contre l'étranger, et l'antipathie naturelle qu'une ville maritime du premier ordre devait nourrir dans son sein contre l'implacable ennemi de la marine française ? Aussi ce n'est point, comme on le prétend, l'universalité des Toulonnais qui accuse le trop véridique ermite...; ils savent bien que cet historien de nos mœurs n'a point voulu diffamer leur cité. Il a déploré ses malheurs...; mais il n'a pas voulu qu'on s'en fît un prétexte pour accuser le reste de la France.

Il a dit de Toulon ce que tous ses habitans savent aujourd'hui par expérience, que, s'il y a parfois des risques à courir avec les siens, il n'y a jamais de salut à attendre de l'étranger.

Les Toulonnais en sont si fortement convaincus,

qu'en 1815, lorsque l'Anglais s'est présenté devant la ville, se disant encore allié, et s'offrant comme libérateur, on lui a répondu à coups de canon. Par-là les Toulonnais ont reconquis leur honneur. Qu'on ne vienne pas demander pour eux une autre réparation à la Cour d'assises.

Que leur noble cité s'honore constamment de son attachement pour son roi : rien de plus légitime. Mais qu'elle ne se prenne pas d'orgueil au point de prétendre, aux dépens du reste de la France, qu'elle seule connut la *fidélité*, même en 1793 ; car personne au monde ne détruira la vérité de cette proposition, que, pour pouvoir se dire fidèle à la France, une ville française ne doit jamais se livrer à l'ennemi,

M. DE PRADT,

ANCIEN ARCHEVÊQUE DE MALINES.

ARRÊT DU 28 AOUT 1820.

M. DE PRADT, ancien archevêque de Malines, et l'un des
écrivains politiques les plus féconds et les plus distingués,
remarquable surtout par la hauteur de ses vues et d'importantes prévisions justifiées par la conformité des résultats, se
vit traduit à la Cour d'assises, où il comparut le 28 août 1820,
comme accusé :

1° D'avoir provoqué à la désobéissance aux lois ; 2° commis le délit d'attaque formelle contre l'autorité constitutionnelle du Roi et des Chambres ; 3° provoqué et excité à la
guerre civile, en portant les citoyens à s'armer les uns contre
les autres, ladite provocation (néanmoins) non suivie d'effet.

On lit dans l'introduction d'un volume in-8°, publié chez
Béchet, et intitulé : *Procès complet de M. de Pradt*, que « des
« ordres directs du ministère avaient mis en action les magis-
« trats ; que des mesures sévères avaient dû être proposées
« contre l'auteur ; que l'effet en avait été prévenu par les
« représentations des chefs du clergé.... »

Quoi qu'il en soit, M. de Pradt ne fut pas constitué prisonnier ; il parut librement devant la Cour, en costume ecclésiastique, ayant au cou le grand cordon de la légion d'honneur,
et sur la poitrine la croix archiépiscopale.

On a remarqué, sinon comme un fait exprès, au moins
comme une rencontre fâcheuse, que la cause de M. de Pradt,
sérieuse par elle-même, et grave surtout par le caractère

dont l'accusé était revêtu, eût été précédée immédiatement par une affaire d'un genre bien différent, celle d'une fille publique appelée *la Coquette*, prévenue d'avoir proféré des *cris séditieux* dans *un corps-de-garde*.

M. l'archevêque de Malines dut se résigner, et se rappeler évangéliquement, que le divin Sauveur du monde avait souffert bien d'autres humiliations au jour de son jugement.

La censure existait alors. Et comme c'était une expérience faite à cette époque, que les journaux ouverts seulement à l'attaque, libres seulement pour l'accusation, étaient fermés à la défense; on eut soin de faire sténographier exactement les réquisitoires de M. l'avocat-général Vatisménil et la plaidoirie de Mᵉ Dupin; le tout parut peu de temps après, ainsi qu'on l'a vu plus haut, sous le titre de *Procès complet de M. de Pradt*.

On y trouve aussi le discours que M. de Pradt lut devant la Cour, immédiatement avant la plaidoirie de son avocat.

La déclaration du jury fut négative sur tous les points.

Cette cause présentait de grandes difficultés, accrues encore par le talent qu'a déployé dans l'accusation M. l'avocat-général Vatisménil. Chacun des deux antagonistes est revenu deux fois à la charge, et toujours avec verve et talent :

Et cantare pares et respondere parati.

PLAIDOYER

POUR

M. DE PRADT,

ANCIEN ARCHEVÊQUE DE MALINES.

Messieurs,

Si quelque chose était nécessaire pour attester le progrès de la philosophie moderne et des idées constitutionnelles, ce serait, assurément, la présence d'un archevêque en ces lieux.

Autrefois un pareil événement eût soulevé l'Église; Rome eût fait entendre ses foudres, et l'accusé lui-même eût invoqué l'utile théorie des cas privilégiés, pour se soustraire au vulgaire empire du droit commun.

C'est ainsi que naguères encore nous avons vu chez un gouvernement voisin, un évêque [1] décliner

[1] M. de Broglie, évêque de Gand.

la juridiction séculière, et quitter plutôt son siége et sa patrie, que de se soumettre à l'autorité de la justice et des lois.

Chez nous, au contraire, si, d'un côté, le bras séculier s'est étendu sans ménagement jusque sur la personne d'un archevêque, on a vu en même temps ce prélat, constitutionnel dans sa conduite comme dans ses écrits, malgré l'éloignement des lieux où il se trouvait, son grand âge, et un état de souffrance qui commandait le repos, se mettre en route pour se rapprocher de la justice, et venir rendre hommage aux lois de son pays.

Cette démarche tient aussi, sans doute, à la confiance qu'il a dans l'innocence de sa cause et dans la droiture de ses juges. Sa défense et votre jugement ne tarderont pas à convaincre la France entière qu'il ne s'est trompé ni sur lui ni sur vous.

Ma tâche est déjà rendue plus facile par cette exposition de foi, si pleine de précision, de force, d'éloquence et de dignité, par laquelle M. l'archevêque de Malines a voulu lui-même vous faire connaître le fond de ses opinions et toute la pensée de son livre.

Si les sentimens qu'il éprouvait au-dedans de lui-même devaient, suivant l'expression de M. l'avocat-général, l'avertir de ceux qu'il allait exciter chez les autres, il devait être bien tranquille; il n'a jamais écrit avec plus de conviction du bien qu'il pouvait faire.

Dès à présent, du moins, il éprouve une satisfaction; c'est de voir son libraire absous de l'accu-

sation par l'accusateur même [1]. Il a la consolation
de ne lui avoir causé aucun tort. On l'absout par la
présomption qu'il n'a peut-être pas lu le livre. Il aurait pu le lire sans danger; car il est d'une nature si
élevée, que quiconque serait assez habile pour y découvrir du mal, serait en même temps assez fort
pour s'en préserver.

On attaque ses doctrines, et l'on est forcé du moins
de respecter sa personne et son caractère.

Élevé dans le sein de cette Église qui dut sa plus
belle existence au soin qu'elle eut toujours de garder
ses franchises et ses libertés, la réputation constitutionnelle de M. de Pradt date de l'époque où il fut
élu membre de l'Assemblée constituante, de cette
assemblée dont il semble encore aujourd'hui qu'il
suffise d'avoir été membre, pour être, par cela seul,
un homme distingué.

Ami de son pays, mais inébranlable défenseur de
sa foi, il fut déporté, en 1792, pour avoir refusé de
souscrire à des réformes que sa conscience n'approu-
vait point.

Après dix ans d'exil et de dépouillement, dans un
état de dénûment rendu plus complet par son refus
constant d'accepter ni secours ni pension de l'étranger, M. de Pradt revint en France en 1801, aussitôt
après que le concordat eut fait rentrer l'Église dans
l'État, et raffermi la religion sur des bases également
avouées par le sacerdoce et l'empire.

---

[1] M. l'avocat-général a déclaré retirer son accusation contre
M. Béchet.

En 1805, il fut promu à l'évêché de Poitiers, et en 1808, à l'archevêché de Malines.

Mais, en 1814, ce siége ayant cessé de faire partie de l'empire, M. de Pradt n'hésita pas à rentrer lui-même dans les limites nouvellement assignées à la France, satisfait de conserver sa foi, sa patrie, ses opinions, et le caractère sacré dont il est inséparablement revêtu.

Au jour de la restauration, M. de Pradt fut admis à l'assemblée des souverains où cette grave *question* fut agitée; et il y aurait de l'ingratitude à méconnaître que la part qu'il prit à ce grand événement lui a acquis le droit d'en parler.

Depuis ce temps, resté constamment éloigné des affaires, M. de Pradt n'a pas regardé sa mission comme finie; il s'est signalé par des écrits où les traits de l'imagination la plus vive viennent animer les conseils de la raison la plus éclairée. Plein du passé, il ne s'en constitue pas le froid historien; il transporte tout dans l'âge actuel; il vit, il s'avance avec son siècle; le présent peut à peine le contenir. Non content de marcher avec les événemens contemporains, il les devance quelquefois plutôt qu'il ne les suit; et dans les deux mondes aujourd'hui, l'existence de plusieurs gouvernemens constitutionnels atteste de la manière la plus éclatante qu'il ne s'était point trompé, en prédisant, comme assurée, la chute prochaine des gouvernemens absolus, et le triomphe des nouveaux intérêts.

Tant d'ouvrages publiés, depuis quelques années, sur la politique de la France, sur celle de l'Europe, et je puis dire sur celle du monde entier, n'avaient excité que l'admiration des peuples, pour la sagacité de l'auteur et son étonnante fécondité ; les colonies, les congrès, les concordats, l'Espagne, tout avait été traité par lui, sans qu'aucune autorité parût en prendre ombrage.

Pourquoi son dernier ouvrage, également bien accueilli dans le monde, a-t-il donc excité, par prédilection, l'inquiète sollicitude du ministère public ?

L'auteur était-il au-dessous de son sujet ? Celui qui avait parlé des intérêts et de la constitution de tant de peuples divers, était-il hors d'état d'écrire sur une loi particulière, portée dans son propre pays après une discussion publique et solennelle, et longtemps prolongée ?

Qu'a donc de particulier cette loi des élections, qu'on ne puisse aujourd'hui raconter comment elle s'est faite, ni entreprendre d'en expliquer le mécanisme, sans aussitôt courir le risque d'être traduit devant la Cour d'assises ?

Ah ! j'en trouverai facilement la raison dans le *malaise* qui suit toujours le changement irréfléchi des lois ; et si, dans la cause d'un archevêque, il m'était permis, à l'exemple des orateurs sacrés, de prendre dans l'Écriture un texte convenable au sujet de ce discours, et à la situation où nous nous trouvons, je m'écrierais avec le prophète Isaïe : Toutes ces choses arrivent, parce qu'ils ont transgressé les lois, changé sans motif le droit existant, et qu'ils se sont joués du pacte d'alliance ! *Quia transgressi sunt*

*legem, mutaverunt jus, et dissipaverunt fœdus sem-
piternum !*

Pour apprécier cette accusation, Messieurs, il ne
faut pas considérer l'accusation seule, il faut voir
l'homme entier, le livre entier, ses principes et ses
doctrines. Ma tâche est de vous les faire connaître
à fond ; et quand vous en serez bien pénétrés, vous
verrez alors si l'accusation portée isolément contre
quelques phrases détachées, peut se soutenir un
instant ; vous jugerez aisément si c'est dans l'intérêt
de la société, dans l'intérêt des lois, dans l'intérêt
de la morale, et j'ose dire de la pudeur publique,
qu'on a cru prudent de traduire un archevêque sur
le banc des accusés.

L'ouvrage de M. de Pradt a été composé loin de
Paris, pendant que la loi actuelle des élections se
discutait, ou, si l'on veut, se disputait encore. Avant
qu'elle fût portée, le manuscrit était déjà chez l'imprimeur.

Accoutumé à pressentir les résultats, l'auteur n'a-
vait pas besoin d'attendre l'issue de cette lutte pour
écrire ; les causes étaient connues ; elles suffisaient
pour lui révéler les effets.

Bientôt, Messieurs, vous saurez si M. l'archevêque de Malines a bien ou mal apprécié notre situation politique, et vous conviendrez que s'il est accusé,
c'est moins pour s'être trompé que pour avoir déplu

Aussi bien il n'a point cherché à plaire ; il disait
la vérité, et il ne pouvait ignorer que la vérité surtout offense... ceux qui n'ont pas la force de l'entendre ni le bon esprit d'en profiter.....

L'ouvrage de M. de Pradt est précédé d'un *Avant-Propos*. Supérieur aux critiques comme aux accusations, il y peint à grands traits, en traits ineffaçables, parce qu'ils sont ressemblans, l'ARISTOCRATIE *de France et celle de l'Europe.*

Analysons en peu de mots cette première partie de son livre.

« Voilà le VRAI MOT, dit-il, de l'affaire des élections. La loi n'est qu'un *fait particulier* dans le *sujet général* qu'elle a ramené sur la scène ; ce sujet est l'état même de la société dans *l'Europe* et dans le reste du *monde.*

« Il ne faut pas s'y méprendre ; celui-ci change de face ; c'est ce changement qu'un parti repousse, parce qu'il n'y trouve pas son compte.

« Il n'y a qu'une question en Europe, celle du *contrat social*, qui s'agite aujourd'hui partout.

« Le contrat social et la disposition des pouvoirs de la société, distribués par sa délégation propre, dans son intérêt à elle.

« L'aristocratie résiste à cette distribution, refuse la délégation, et soutient que les pouvoirs de la communauté sont sa *propriété native ;*....... c'est là son dogme favori, sa croyance, sa *théologie sacrée.*

« La loi du 5 février 1817, consacrant le principe du pacte social, avait rappelé l'aristocratie au corps de la société, c'est ce qui l'a transportée de haine contre cette loi. Elle consacrait l'égalité, l'aristocratie la repousse ; comment supporterait-elle l'idée d'une réunion ? *Elle vit de séparation.*

« Par la nouvelle loi, aristocratie est retournée

à son poste, sa séparation du corps social et la re-création d'une *place à part* dans l'association géné-rale, c'est-à-dire d'un *privilége à son profit.*

« Cette recréation faisait l'objet de ses vœux, et fait aujourd'hui celui de ses joies et de ses triomphes. Elle commence à jouir de ce qu'elle n'a cessé de désirer.

« Tout est lié dans ses idées : à la restauration royale elle a toujours voulu joindre la sienne propre.

« L'absence de la royauté des Bourbons fut pour elle un temps d'éclipse ; la présence d'une autre royauté créait une aristocratie parallèle à la sienne. Le retour des Bourbons lui présentait la perspective du retour à ses anciens postes. C'était pour elle le retour de la captivité de Babylone. Mais elle n'en-tendait pas que cette restauration fût complète pour le trône et ne le fût point pour elle ; et lorsqu'elle a vu que les choses se passaient ainsi, on lui a en-tendu dire qu'elle aussi était légitime. »

Dans Napoléon, ce n'était pas l'usurpation que l'aristocratie détestait, mais le cortége de l'usurpa-tion, c'est-à-dire ces principes et ce peuple d'*égali-taires* au milieu desquels cette royauté nouvelle lui commandait de se mêler.

Napoléon abattu, l'aristocratie fit effort pour se re-placer ; « voyez comme tous se montrèrent, le même « jour, *aux postes qu'ils avaient occupés il y a* « *vingt-cinq ans !* » La Charte arrêta l'invasion et borna l'aristocratie à la Chambre des Pairs. Mais tous ceux des nobles qui n'y purent entrer, restaient sans place et *dans l'état où les avait mis la révo-*

lution. Ils ont donc dû ne rien négliger pour sortir de *l'annulation* dans laquelle le nouvel ordre les plongeait ; et, pour cela, ils ont dû chercher à *s'emparer de la Chambre des Députés*, comme moyen principal et direct de pouvoir, et comme moyen d'arriver par elle à toute l'administration de l'État, c'est-à-dire à y occuper la place que l'aristocratie recherche toujours, qui est la *première*.

Ce que l'aristocratie vient de faire, elle le fera toujours ; elle a dû le faire, parce qu'elle est l'aristocratie... C'est dans sa nature [1].

Arrêtée dans sa marche par l'ordonnance du 5 septembre et par la loi d'élections, après avoir passé trois ans à frémir autour de ces barrières, elle vient de les renverser, elle vient d'*enfoncer les deux portes par lesquelles on l'avait fait sortir*.

C'est là le *fond des choses*...

En parlant ainsi, M. de Pradt est loin de vouloir accuser l'*aristocratie*, il regrette même « d'avoir vu reparaître ce mot qui porte sur des classes qui ont toujours été et qui seront toujours pour lui un sujet de haute considération et de sincère affection : classes d'ailleurs auxquelles il appartient lui-même à double titre. »

Mais, dit-il, c'est un *chapitre de droit public* que je fais.

Ici M. l'archevêque de Malines déroule aux yeux du lecteur un tableau animé des efforts de l'aristo-

---

[1] Ceux qui haïssent les aristocrates, à leur place feraient tout comme eux. (P. xviij.)

cratie dans les deux mondes, pour conserver ou
pour ressaisir le pouvoir.

Il montre cette question qui agita Rome pendant
cinq cents ans, devenue aujourd'hui la question universelle. Ce que Spartacus tenta pour Rome, le monde
entier le tente aujourd'hui. « La société tout entière
a pris la place des anciens esclaves; elle réclame son
affranchissement. »

Tous les faubourgs Saint-Germain de l'Europe
sont en présence avec le reste de ses habitans.

C'est ce combat qui fait le tumulte de l'Europe.

Mais la résistance de l'aristocratie est vaine. « l'Europe savante a déclaré qu'elle laissait à la stupide
Égypte d'adorer des animaux. »

L'aristocratie n'a plus ses anciens moyens de domination, et cependant elle veut dominer encore.
Dépourvue de ces moyens, elle prétend reconquérir
une prépondérance qu'elle n'a pas su conserver lorsqu'elle en jouissait dans toute leur plénitude.

L'auteur se demande comment elle espère y
parvenir?

A-t-elle un but? — Oui, c'est le pouvoir.

A-t-elle un plan? — Oui, le retour à 1815. « Don-
« nez-nous les hommes après les lois, a dit un des
« chefs du parti. M. de Châteaubriand, qui est *son*
« *premier évangéliste*, a tracé le reste du plan, avoué
« publiquement par le parti, dans le sein même de
« l'assemblée, qui s'unissait hautement d'intention à
« tout ce qu'en lisait M. le général Foi. »

Quant aux moyens d'exécution, « l'aristocratie a
pris son point de départ de la *Cour* qui lui appar-

tient, et de la Chambre des pairs où elle domine. »
Assurée de ces deux appuis, pour compléter sa su-
prématie, que lui restait-il à faire? prévaloir dans la
chambre populaire. Ainsi, maîtresse dans les trois
branches de la législature, elle le serait encore du
ministère, et par celui-ci de *toute l'administration*;
par-là, elle se trouverait avoir *reconquis la France!*

L'aristocratie n'attaque plus ouvertement la Charte :
ses premiers essais lui ont trop mal réussi. Loin de
là, elle affectera pour elle, au besoin, une sorte de
respect, sauf à la traiter comme « ces souverains
dont on baise les pieds et dont on lie les mains. »

Tous feraient comme l'a dit l'un d'entre eux : « Je
« suis toujours à cheval sur la Charte, mais c'est pour
« la crever. »

Madame de Staël ne l'a pas dissimulé : « l'aristocratie est entrée dans la Charte, comme les Grecs
dans le cheval de bois, pour surprendre Troie. »

M. de Pradt distingue cependant entre la haute
noblesse résidant à Paris, et par-là même plus éclairée ; et la petite noblesse, la noblesse campagnarde,
vivant obscurément au fond de la province, toujours
obsédée par les mêmes préjugés.

Le moyen en effet pour celle-ci d'avoir appris
l'œuvre de la Charte à l'armée de Condé, ou dans les
ruines de ses châteaux!.... La résignation n'est pas
une vertu aristocratique.

Tout dépendait donc du nombre dans lequel en-
treraient dans la chambre populaire ces hommes
tout d'une pièce, qui n'entendent à aucune composition.

Le pouvoir absolu est la seule charte de cette classe : elle demande qu'un seul commande et que le reste obéisse, se proposant elle-même pour l'exécution, et vérifiant ainsi, sans peut-être s'en douter, ce mot profond de Tacite, *et omnia serviliter pro dominatione*. Obéir au chef pour tyranniser en sous ordre.

Mais cette aristocratie ne voit les choses que d'un seul côté. Dans son ardeur innée pour le pouvoir, elle ne calcule que lui, et ne songe pas aux résistances.

L'aristocratie est un état de station (ne rien apprendre et ne rien oublier), et l'état du monde actuel est un état d'avancement et de progression continuels.

L'aristocratie aurait contre elle toute la civilisation moderne, toute la richesse moderne, toutes les lumières modernes et toute la population moderne, qui a un mode d'existence différent de celui de l'aristocratie. Or, en France, la proportion est de 1 sur 60.

Que l'aristocratie voie si elle est en état de soulever ce fardeau....

Vainement elle promet un gouvernement doux, un usage modéré du pouvoir.... Cela pourrait être, *si elle en jouissait sans contestation ;* mais comme elle éprouvera des résistances, elle voudra les vaincre, et, au jour du combat, elle se trouvera *seule contre tous.*

« C'est sous ce rapport général, dit M. de Pradt, et dans cette liaison avec l'ordre général du monde, que m'a apparu *la loi des élections ;* elle tenait tout entière à une question antérieure, celle que je viens de développer. »

C'est aussi, Messieurs, sous ce *rapport général* que vous devez envisager l'accusation, et non, comme le voudrait le ministère public, sur quelques phrases tronquées, et sur des passages isolés qu'on a violemment séparés des faits qui les expliquent et des raisons qui les justifient.

Cette règle que je vous propose ici, je l'emprunte à Montesquieu : « Quand on voit dans un auteur, « dit-il, une *bonne intention générale*, on se trom- « pera plus rarement, si sur certains endroits qu'on « croit équivoques, on juge suivant l'intention géné- « rale, que si on lui prête une *mauvaise intention* « *particulière.* »

C'est sous ce point de vue, Messieurs, et à la clarté des vives lumières qui jaillissent de l'ouvrage tout entier, que je vais me livrer à l'examen des passages argués.

M. l'archevêque de Malines est accusé de trois délits, ou si l'on veut de trois crimes :

1° De provocation à la désobéissance aux lois ;

2° D'attaque formelle contre l'autorité constitu-tionnelle du Roi et des Chambres ;

3° D'excitation à la guerre civile.

Délits prévus par une foule d'articles cités dans l'arrêt de renvoi.

Le ministère public a commencé par rappeler quelques principes ; je dois imiter son exemple d'au-tant mieux qu'ici ma doctrine n'est pas tout-à-fait d'accord avec la sienne.

J'ai toujours eu dans l'idée que le ministère public n'avait pas cessé de regretter la doctrine des *provocations indirectes* qui, comme on sait, avait son siége dans la fameuse loi du 9 novembre. Et ce qui me le donne à penser, c'est que, tout en paraissant accorder que la loi nouvelle n'admet plus ces provocations indirectes, qui ouvraient un si vaste champ aux accusations, il y revient toujours par des équivalens.

Ainsi, vous a-t-on dit, il n'y a plus lieu à distinguer entre les provocations directes et les provocations indirectes, mais le jury doit uniquement se demander s'il se sent *ébranlé*, s'il éprouve un *ébranlement?* — Et qu'est-ce donc, je vous prie, que ce nouveau mot introduit dans la législation? Quel sera cet *ébranlement?* Le sage, celui que la chute du monde n'ébranlerait pas, demeurera impassible; un juré faible, au contraire, sera ébranlé du plus léger choc, comme le roseau que le moindre vent agite. On propose donc ici une règle tout-à-fait arbitraire.

Il en faut une plus fixe pour décider la conscience des gens de bien. Et comme cette conscience est la même pour tous, pour tous aussi il faut reconnaître et proclamer que, d'après la loi actuelle, il ne peut y avoir *provocation* qu'autant qu'elle est *directe*, c'est-à-dire *formelle*.

C'est ce que je vais établir en peu de mots.

La simple critique d'une loi existante ne peut pas constituer ce que la loi entend par *provocation*. Le garde-des-sceaux lui-même l'a dit : « On peut cri-« tiquer la justice ou la convenance des lois, on peut « en solliciter le changement. »

A plus forte raison, le simple récit des discussions plus ou moins agitées qui ont précédé l'émission d'une loi, ne constitue ni crime ni délit, quand le récit est exact et qu'on ne peut y reprendre aucune infidélité. L'article 22 de la loi du 17 mai est formel sur ce point. « Ne donnera lieu (dit-il) à aucune « action, le compte fidèle des séances publiques de la « chambre des députés, rendu de bonne foi dans les « journaux. » A plus forte raison en doit-il être de même, si ce compte se trouve dans des ouvrages historiques ou politiques, dont la publicité est moins grande, la divulgation moins rapide, et la composition bien autrement recommandable que celle des simples journaux.

Ainsi, pour qu'il y ait provocation dans le sens de l'article 6 de la loi, il faut que la provocation soit *directe*, expresse, formelle en un mot.

On en doit dire autant de l'attaque contre l'autorité constitutionnelle du roi et des chambres.

1° Il faut une attaque; et il ne suffit même pas d'une attaque quelconque, il faut une attaque *formelle; c'est le texte même de la loi.

Ensuite il faut que l'attaque, bien que *formelle*, soit dirigée contre l'autorité *constitutionnelle....; car si, au contraire, on a attaqué l'extension ou l'abus de l'autorité du roi et des chambres, en soutenant que cette extension ou cet abus allaient contre le texte de la loi constitutionnelle de l'État, on n'aura pas attaqué l'autorité dans ses limites constitutionnelles, on aura seulement voulu l'y faire rentrer.

Cette doctrine, au surplus, est parfaitement développée dans le passage suivant du discours de M. le garde-des-sceaux. Lors de la discussion de l'article 4, M. Mestadier avait proposé de supprimer le mot *formelle*, qui, dans cet article, forme l'adjectif du mot attaque. M. le garde-des-sceaux lui a répondu : «Cette « expression, *attaque formelle*, a pour but d'empê- « cher des interprétations dangereuses. L'article *doit* « *être entendu dans ce sens,* que l'autorité elle-même « sera franchement attaquée; il ne doit pas empêcher « les discussions légales sur les limites plus ou moins « vagues qui peuvent exister entre les trois branches du « pouvoir législatif, ou sur les formes dans lesquelles « peuvent le plus utilement s'exercer ces trois pou- « voirs, formes et limites qui sont souvent l'objet de « vos débats; aussi importe-t-il beaucoup d'avertir « *les magistrats et les jurés* qu'ici l'attaque contre « l'autorité du roi et des chambres doit être *formelle,* « et équivaloir à une *provocation.* »

A plus forte raison, ces mots : *exciter à la guerre civile,* excluent tout emploi de l'indirect et de l'in- terprétation; car *exciter* est encore plus que *provo- quer;* ce dernier mot appelle, invite; l'autre exprime quelque chose de plus vif, de plus ardent; il pousse, il presse, il précipite.

Voyons donc si, dans les passages argués, nous retrouverons ces caractères de provocation *directe*, d'attaque *formelle*, d'*excitation*, qu'on a cru y dé- couvrir à l'aide du microscope de l'accusation.

M. de Pradt est accusé d'avoir *provoqué à la dé- sobéissance aux lois;* et personne n'a parlé avec plus de force et d'élévation que lui, *de la dignité de la législation !* il en a fait un chapitre[1] tout exprès dans son livre.

Veuillez prêter votre attention aux passages suivans :

Avant-Propos, page xliij. « La tâche du législateur « se compose de grandeur, c'est-à-dire de générosité « et de bonne foi. »

Page 7. « La législation, qui est un temple où la « vérité doit toujours trouver un asile, ne devrait « point admettre de pareilles fictions; et faite pour « diriger les hommes, c'est à front découvert et avec « des paroles de loyauté, qu'elle doit toujours se pré- « senter devant eux. »

Page 15. « C'est un bien redoutable sacerdoce que « celui du législateur, et dont il ne devrait jamais « être permis d'approcher qu'avec un cœur bien droit « et une main bien habile. Quand on considère les « conséquences des lois, on ne conçoit pas comment « il se trouve des hommes qui en font l'objet de vues « intéressées ou privées, comme si l'humanité était « une matière à expérience; c'est ce respect sacré de « l'humanité qui doit toujours être présent à l'esprit « et aux yeux du législateur, etc. »

Page 17. « Ce haut respect dû à tant de titres à « l'établissement des lois, l'est de même à leur main- « tien. Si le changement doit être tenté, que ce soit « avec une circonspection infinie, etc. »

..... « Et comme en médecine il faut épargner les « remèdes et les commotions aux corps physiques; de

[1] Chap. XII. *De la dignité de la législation.*

« même en législation, il faut aussi épargner la sur-
« charge et le remuement des lois aux corps poli-
« tiques. »

Mais pourquoi vais-je chercher dans le corps de
l'ouvrage des preuves du respect que l'auteur professe pour les lois, lorsque dans la page même où se
trouve le premier passage attaqué, je rencontre les
pensées les plus nobles et les plus élevées sur la dignité, que dis-je, la sainteté des lois, et le respect
religieux qui leur est dû.

« Après Dieu, dit M. l'archevêque de Malines, ce
« qui est *le plus sacré à mes yeux*, c'est la législation;
« elle est une *émanation de la divinité même*. En elle
« réside la conscience publique de l'humanité; c'est
« à elle à former toutes les consciences privées, à les
« diriger et à les commander. Sous quels augustes
« rapports ne doit-on pas la présenter aux hommes !
« Partout où l'on fait des lois, il devrait être écrit en
« lettres d'or : *Avant tout, respect à la loi.* »

Immédiatement après ces mots, commence le passage dont l'accusation a cru pouvoir s'emparer.

Mais outre que ce passage dont elle s'est emparée,
n'a rien de blâmable, comme je vais le montrer tout
à l'heure, je demande d'abord pourquoi tronquer ainsi
la pensée d'un auteur? Pourquoi séparer ce qu'il a
réuni?

Ici, l'idée est évidemment *une*. Les phrases délais-
sées et les phrases attaquées sont *dans le même alinéa*. La pensée de l'auteur a donc été qu'elles fussent
inséparables. C'est ainsi qu'il lui a convenu de les
offrir au lecteur. L'accusation ne pouvait donc pas

les diviser sans dénaturer la pensée, sans lui faire violence [1].

Or, de ce passage ainsi restitué en son entier, résulte-t-il que l'auteur ait voulu provoquer à la désobéissance aux lois? N'est-il pas évident, au contraire, qu'il a dit, *avant tout, respect à la loi*; et que c'est tellement là ce qu'il a voulu inculquer dans l'idée du lecteur, que ne pouvant écrire ces mots en lettres d'or dans son livre, comme il voudrait qu'ils le fussent partout où l'on fait des lois, il les a du moins signalés à l'attention du lecteur, en leur imprimant un caractère particulier qui les distingue du texte : *avant tout, respect à la loi* [2].

Si maintenant nous entrons dans l'examen du passage même, tel qu'il est transcrit dans l'arrêt de renvoi, qu'y lisons-nous? « Les rois ne sortent point « de leur palais sans un cortége propre à imposer et « à faire ouvrir les rangs : de même que la loi ne « doit sortir du palais de la législation qu'environnée « de tous les attributs qui attirent la vénération et « l'obéissance. »

N'est-ce donc point là une belle et grande image qui honore également et la personne des rois, et l'œuvre de la législation, par l'heureux rapprochement qu'elle établit dans le respect qui leur est également dû? J'ai vu souvent dans nos livres qu'il fallait obéir aux lois; mais jamais, je l'avoue, ce principe si juste et si nécessaire ne s'est offert à moi avec

---

[1] *Quod reus conjunxit, accusator non separet.*
[2] Ces mots sont en *italique*, dans le livre de M. Pradt.

tant de grandiose et d'élévation ; ce n'est pas seulement du respect de la part de l'auteur, c'est de l'enthousiasme, et, pour ainsi parler, de l'idolâtrie pour les lois.

Il est vrai qu'il se demande ensuite : « Si c'est « ainsi que la loi nouvelle, que cette importante loi, « qui, plus que toute autre, avait besoin de cet appui « révéré, est entrée dans le code des Français ? » —Mais qui pourrait croire qu'après avoir parlé avec tant de grandeur du respect pour les lois, l'auteur eût voulu donner immédiatement l'exemple de son mépris pour elles ?

Quel fruit pourrait se promettre l'auteur, d'une aussi scandaleuse contradiction ?

Aussi M. de Pradt s'est bien gardé d'y tomber. « Est-ce ainsi, dit-il, que cette loi est entrée dans « code des Français, et leur demande l'*adhésion de* « *leur esprit*, les *affections du cœur* avec la *sou-* « *mission extérieure et apparente ?* »

Entendez donc sa pensée tout entière.

Ici, et dans plusieurs autres endroits de son ouvrage, l'auteur distingue, entre une loi qui ne renfermerait qu'un commandement sèchement despotique,

Sic volo, sic jubeo, sit pro ratione voluntas;

et une loi qui porterait dans les esprits la conviction de son utilité pour le bien général.

La première loi, dit-il, ne serait qu'une *force physique*, à laquelle, sans doute, il faudrait toujours obéir (cette règle n'admet pas d'exception);

mais enfin ce serait une force purement matérielle, et par-là même peu ou point agissante sur les esprits; la seconde serait une *force morale* qui commanderait les affections du cœur; elle n'inviterait pas seulement à lui obéir, mais, par sa moralité même, elle augmenterait la moralité du peuple, et remplirait ainsi sa véritable destination.

C'est ce que l'auteur explique très-bien dans divers passages, sur lesquels je dois appeler ici votre attention.

Page 154. — « C'est par suite de la haute impor- « tance que j'attache à la force morale de la légis- « lation, et que je regarde comme sa seule force « réelle, que je voudrais voir les dépositaires de « l'autorité faire porter leur confiance sur des appuis « plus relevés que la seule majorité numérique. »

Page 141. « La législation ne doit pas être réduite « à n'être qu'un simple jeu de forces physiques; elle « doit dépendre surtout de la force morale, résul- « tant de l'évidence de la raison, que l'orateur romain « (et après lui Bossuet) appelle si bien la maîtresse « de l'univers. Quand, au contraire, celle-ci peut « succomber sous le poids du nombre réuni contre « elle, quand sa défaite n'est plus que le résultat « d'une opération algébrique, le principe de la légis- « lation est détruit par la racine; *il y a encore des* « *lois, mais plus de législation.* L'obéissance n'est « plus qu'un *acte de sûreté personnelle*, mais non « plus de cet *assentiment qui provient de la satis-* « *faction de la raison* [1]. Dans ce cas, *la révolte des*

[1] Ordinairement le législateur se contente de l'obéissance

« *bras serait illégale, et deviendrait fatale*, mais
« celle *du cœur est infaillible ;* celle-ci n'est qu'une
« protestation en faveur des droits de la justice, et
« un appel à la seule sauve-garde de l'humanité, la
« loi d'après la raison, et non pas seulement d'après
« le nombre des votes. »

Page 53. « Quelle est la destination de la législa-
« tion ? régler et épurer l'homme, c'est-à-dire *le*
« *rendre moral*, en traçant devant son esprit les
« règles d'équité et de conduite qu'il doit suivre.

« Et comment atteindre ce but, en lui présen-
« tant, comme sa règle, des lois qu'il a vu naître
« des combinaisons d'intérêts privés, de manœuvres,
« d'intrigues, ou d'autres sources aussi peu recom-
« mandables ? — *L'obéissance, il est vrai, est un*
« *acte de sûreté personnelle*, durable autant que la
« terreur et la contrainte, mais finissant avec eux.
« Dans tout cela, qu'y a-t-il pour la moralité du
« peuple ; et, sans cette moralité, à quoi servent
« les lois ? »

Je ne commente pas ici, Messieurs, mais, je vous
le demande, est-ce là de la faction ou de la raison ?
Est-ce là parler le langage d'un séditieux ou celui
d'un archevêque ? Et, pour rentrer dans le texte de
l'accusation, est-ce là provoquer à la désobéissance
aux lois ?

Vous ne voulez pas seulement qu'on obéisse à vos

extérieure ; il n'a ni le droit, ni le pouvoir d'en exiger une
autre. *Le peuple chante, il paiera*, disait Mazarin. Donc,
pourvu qu'il paie, il peut chanter ; donc, pourvu qu'il obéisse
à la loi, il peut en dire son sentiment.

lois; vous voulez, de plus, qu'on les aime ; mais la
justice elle-même a proclamé l'impossibilité d'exiger
un pareil culte. L'amour ne peut se commander.....

On a vu certains journaux traduits à la Cour d'assises pour quelques articles relatifs à l'inviolabilité
des domaines nationaux. Quelle a été leur défense ?
Elle a roulé sur cette proposition : Vous pouvez bien
exiger des anciens propriétaires qu'ils se soumettent
à la loi qui consacre la vente de leurs biens ; mais
vous ne pouvez pas les forcer à la chérir ; vous ne
pouvez pas leur faire violence au point de leur
fermer la plainte et d'étouffer leurs regrets, quand,
du reste, ils obéissent extérieurement à ce que la
loi exige d'eux. Cette défense a triomphé. — Les
prévenus ont été acquittés. — L'un d'eux (chose
inouïe jusque-là) a même été acquitté par contumace ! C'était la *Quotidienne !*

Le chancelier d'Aguesseau dit en plus d'un endroit
de ses OEuvres : *dura lex, sed lex;* c'est une loi dure,
mais enfin c'est une loi. On peut renverser les termes
et dire aussi : C'est une loi, sans doute, mais une
loi bien dure : *lex, sed dura lex.* C'est une loi, sans
doute, mais cette loi est aristocratique ; ce n'est pas
une loi d'égalité, ce n'est pas une loi comme la
nation la voudrait, et comme son intérêt exigerait
qu'elle fût.

Non, Messieurs, la pensée de M. l'archevêque
n'est pas seulement exempte de blâme, elle est digne
d'éloges ; elle est grande, noble et profonde.

L'expérience prouve que les hommes changent
plus aisément de domination que de lois. La plupart

des conquérans ont échoué, quelque puissans qu'ils fussent, lorsqu'ils ont voulu forcer les vaincus à changer de législation [1].

Le plus petit peuple devient invincible quand il combat pour de tels intérêts. Mais, pour obtenir de lui cet héroïsme de résistance, il faut que les lois qu'il s'agit de défendre soient des lois qu'il affectionne, des lois identifiées avec ses besoins, ses mœurs, son bonheur, son existence sociale. Autrement, proposez-lui de se battre pour des *lois d'exception*, ou pour toute autre manière d'être qui choque ses idées, ses intérêts, ses souvenirs ou sa gloire; dites-lui: Allons, enfans de la monarchie, un ennemi féroce a pénétré sur notre territoire; il vient nous arracher aux douceurs du *secret*, à l'impartialité de la *censure*, etc., etc. — Un peuple se rirait d'un tel langage; à l'instant même vous lui verriez commettre le *crime d'inertie*. Et voilà pourquoi Napoléon a succombé; ce n'est point qu'on l'ait renversé, mais on n'a plus voulu le soutenir; on l'a laissé tomber de lui-même! Il nous avait ravi nos libertés; il avait tout renfermé dans le fourreau de son épée.

L'intérêt est la mesure des actions [2]. Les hommes libres se battent pour conserver leur liberté, les esclaves, pour la conquérir. Faites donc qu'on aime

---

[1] Ainsi les Romains, qui s'entendaient non-seulement à vaincre, mais à conquérir, n'allaient pas imposer inconsidérément aux vaincus leurs lois civiles et de procédure. Contens de la souveraineté, ils négligeaient le reste. *Apud Romanos, jus valet gladii, cætera transmittuntur.*

[2] Voyez l'âne de la fable.

vos lois ; leur force morale est tout. *Quid leges sine moribus ?*

Le passage que je discute est terminé par cette réflexion, qui s'applique à la loi *proposée :* « En « fut-il jamais une dont l'entrée dans le monde fût « marquée de signes plus funestes ? »

La réponse à cette question se trouverait dans l'acte même d'accusation, si, au lieu de s'arrêter à la question, on eût jugé à propos de transcrire la réponse suivante :

Page xlvij. « Avant sa naissance, météore déjà me-« naçant, un parti la montrait à la France dans un « lointain effrayant ; enfant réprouvé de ses parens « avant que de naître, elle avait été *étouffée en* 1819, « *des propres mains de ceux qui la présentent au-*« *jourd'hui.* » (M. Decazes lui-même, alors premier ministre, n'a-t-il pas dit, en parlant de la proposi-tion de M. Barthélemy, que c'était la proposition *la plus funeste* qu'on eût pu faire ?) « Conçue et en-« fantée dans les douleurs des misères publiques, « elle a reçu le jour à côté de celui qui restera à « jamais obscurci par un crime horrible..... » N'a-t-elle pas, en effet, été présentée le 14 février ?.... Cette circonstance n'a-t-elle pas fourni à l'un de nos premiers orateurs l'occasion de s'écrier à la tribune nationale : « Et qu'on ne dise pas que la liberté a « été immolée aux funérailles d'un Bourbon, comme « pour lui servir d'hécatombe. »

Il est inouï qu'on fasse le procès à un écrivain qui n'a dit que la vérité, quand cette vérité surtout re-pose sur des faits aussi éclatans.

Pour terminer sur ce premier chef, je ne ferai plus qu'une réflexion ; elle est décisive.

M. de Pradt est accusé d'avoir provoqué à la désobéissance aux lois, c'est-à-dire à la loi des élections, car il ne parle que de celle-là.

Quoi ! un homme ami de la Charte donner ce conseil ! Un homme *qui craint que l'aristocratie n'envahisse la chambre populaire*, conseiller de déserter les élections ! car remarquez bien qu'il n'y a pas d'autre moyen de désobéir à la loi des élections, que de ne pas aller voter ; pas d'autre moyen de provoquer à y désobéir, qu'en détournant les citoyens de voter ? Or, de bonne foi, M. de Pradt a-t-il eu, a-t-il pu avoir cette pensée ? lui et tous les hommes constitutionnels ne tiennent-ils pas absolument le langage contraire ? ne disent-ils pas à qui veut l'entendre : allez, faites-vous inscrire, *qui quitte la partie, la perd* ; tout dépend d'une seule voix, ou si l'on veut, de cinq ; nous en avons été témoins.... Allez vite, ne perdez pas de temps ; on vous fera mille difficultés sur vos pièces, sur vos impositions, sur vos qualités ; attendez-vous à toutes ces chicanes, prenez-vous y d'avance, ne perdez pas courage. Envoyez-nous des amis du *Roi et de la Charte* : si la majorité est constitutionnelle, tout sera sauvé ; dans le cas contraire, tout est perdu ; allez, faites-vous inscrire, et votez : votez surtout en votre âme et conscience, *et dans le sens de vos intérêts*. Quand un ministre est malade, il a grand soin de faire appeler au plus vite les plus habiles médecins ; prenez pour défendre vos droits, les hommes les plus habiles, les plus courageux, les plus incorruptibles : faites comme lorsque vous plaidez; *donnez-vous alors votre procuration à votre partie adverse?* choisissez - donc, vous dis-je, non ceux que le ministère vous commandera ou vous recommandera de nommer, mais, comme l'a dit l'*alter ego* de Naples, dans sa proclamation constitutionnélle du 21 juillet, choisissez *les meilleurs parmi les bons.*

Ainsi se trouve bien démontré, j'espère, que M. de Pradt n'a point provoqué à la désobéissance à la loi des élections.

Maintenant, a-t-il commis le délit d'attaque formelle contre l'autorité du Roi et des Chambres ?

On prétend faire résulter ce délit de ce que dit M. de Pradt, « qu'une loi aussi capitale n'a passé qu'à la majorité de cinq voix, et cela une heure après avoir été repoussée par une majorité contraire d'une voix ; qu'on a tort d'appeler cela de la législation....; qu'une telle majorité n'a aucun poids dans l'ordre rationnel...., surtout quand ces cinq voix sont celles des cinq ministres promoteurs du projet.....; que la majorité législative n'est qu'une fiction convenue, celle de la représentation de l'opinion générale...; qu'il y a toujours un retour émis par la majorité législative, au tribunal de la majorité nationale.... ; que dans ce cas, la loi matérielle existe , mais que la loi morale n'existe pas. »

Nous examinerons toutes ces propositions avec soin.

Mais auparavant, et pour ne rien laisser sans réponse, il faut discuter sommairement le second passage signalé à votre animadversion par l'arrêt de renvoi.

Dès la première ligne, je suis arrêté par ces mots : « le *parti* qui a juré la perte de la loi d'élection. » (*Avant-propos*, pag. 1).

Quoi ! me dis-je, cet article signale un *parti*, il n'attaque qu'un *parti*, il ne s'adresse qu'à lui, et ce passage a paru criminel au ministère public ! Est-il donc ordonné de respecter un *parti*, est-il défendu de lui désobéir ? Je concevrais l'accusation si ce *parti* était en cause ; si, par exemple, l'*aristocratie* en corps [1] avait rendu plainte, et qu'elle assistât à cette audience comme *partie civile;* mais comme je ne la vois point ici, et que ce n'est *probablement* point dans son intérêt que le procès a été suscité à M. de Pradt, j'en conclus que réellement le passage où il est question de ce parti, ne peut pas faire sérieusement la matière d'une accusation.

Voyons toutefois.

« *Le parti qui a juré la perte de la loi d'élection* » *dès le jour de sa naissance.* » — L'analyse de l'a-vant-propos a dû, je pense, ne vous laisser à ce sujet aucun doute.

« *Depuis ce jour il n'a pas cessé de rugir autour* » *d'elle comme autour de sa proie.* » — Depuis ce jour, en effet, c'est-à-dire depuis plus de trois ans, la loi d'élection n'a pas cessé d'être l'objet de ses attaques. Rappelez-vous les articles du *Conservateur*,

---

[1] Voyez dans l'*Esprit des Lois*, livre XII, ch. 13, pourquoi les procès de la presse ne sont jamais plus fréquens que lorsque l'aristocratie domine.

les écrits de MM. De Bonald et Châteaubriand, et la proposition de M. le comte Barthélemy!....

« Ce parti (car c'est toujours lui qui gouverne la « phrase, et il gouverne bien autre chose vraiment!) « ce parti *a saisi le joint que la subtilité lui a offert.* »

Il y a *subtilité* quand on joue sur les mots [1]. Or, le premier projet, celui que discute M. de Pradt, roulait précisément sur ce qu'on appelait l'interprétation du mot *concourir;* interprétation qui n'était conforme ni à la grammaire, ni à l'usage, ni à la Charte, et qui, bref, a fini par être retirée avec le projet lui-même.

« *En s'appuyant sur une majorité législative ob-* « *sédée de terreurs chimériques.* »—Que ces terreurs existassent, on ne peut le révoquer en doute. On avait alarmé la majorité sur l'existence même de la monarchie; ÊTRE OU N'ÊTRE PAS, *si la quatrième* « *série arrive;* c'est à ce point extrême, à ce dilemme inquiétant, que le ministère avait réduit la question.

Maintenant, que ces terreurs fussent *chimériques,* c'est ce que M. de Pradt a fait voir de la manière la plus forte et la plus rassurante, dans son chapitre sur *la Dynastie.*

Écoutez, Messieurs; la chose mérite de votre part la plus sérieuse attention.

Analyse du chapitre de la Dynastie.

Page 204. — « *Épineuse* question.
« Comment ne pas être affligé et ne pas élever la

---

[1] *Subtilitas verborum,* dit la loi 20, *in fine,* au Digeste, *de rebus dubiis.*

« voix de la plainte, lorsque de tous côtés on n'en-
« tend parler que des dangers de la dynastie et du
« trône, chose sans exemple dans les annales du
« monde, et chez aucun peuple de l'Europe? »

Pag. 205. — « Ce qu'il faudrait confier aux en-
« trailles de la terre, si le malheur faisait qu'il exis-
« tât, ils trouvent salutaire et beau de l'exposer sur la
« place publique ; en cela dignes rivaux de jugement
« et de zèle avec ces prêtres qui vont proclamant
« partout qu'il n'y a plus de foi, plus de religion,
« et plus que de la haine ou de l'indifférence pour
« elle : étrange manière de servir la religion et le
« trône, que d'affirmer que l'on n'en veut plus, et
« que le monde appartient à l'incrédulité et au répu-
« blicanisme ! »

Pag. 206. — « *Être* ou *n'être pas*. La dynastie est
« perdue si la quatrième série arrive ; changez la loi
« d'élection ; voilà le mal et le remède ! »

Pag. 207. — « Ici vont redoubler mes plaintes,
« dit M. de Pradt.

« Ces plaintes, je les fonde :

« 1° Sur la nature de la royauté ;

« 2° Sur l'état de la France ;

« 3° Sur l'impuissance de toutes espèces de conspi-
« rateurs légaux ou illégaux. »

Pag. 208. — « Le premier besoin de la royauté
« est d'avoir foi à elle-même ; pour que les autres
« en aient, il faut commencer par en montrer soi-
« même ; et l'annonce de dangers possibles est la
« création de dangers réels.

« Or, la royauté et la dynastie ont *beaucoup de*

« *motifs* pour se *rassurer* et se croire *affermies.*

« *Le premier besoin de la France constitution-*
« *nelle, c'est la royauté ;* et le premier sentiment de
« la France est celui de ce besoin. *Il en est de même*
« *de la dynastie.* La nécessité la rappela ; laissons
« dire : C'est par cette porte qu'elle est entrée ; *j'y*
« *étais, et je l'ai vue.* Elle a beaucoup parlé de *ses*
« *titres,* c'est de *nos besoins* qu'elle devait nous en-
« tretenir. Si elle ne se fût pas trouvée à nos portes,
« on eût été la chercher loin. Ce sont de pauvres
« appréciateurs des choses humaines, que ceux qui
« croient qu'on pouvait leur donner des suppléans.
« Napoléon était plus clairvoyant qu'eux, et dès
« long-temps avant sa chute, qu'il regardait comme
« certaine, il reconnaissait que *le rappel de la dy-*
« *nastie était la seule voie assurée à la tranquillité*
« *commune de la France et de l'Europe.* »

Pag. 209. — « Le maintien de la dynastie est
« dans celui du repos public, *comme le repos public*
« *est dans le maintien de la dynastie.* »

Pag. 210. — « Un Français raisonnable n'aime
« pas la royauté de toutes les affections de son cœur
« sujet au changement ; mais *de toute la puissance*
« *de sa raison, siége de la solidité.* »

Pag. 211. — « Une institution telle que la royauté,
« ne se forme ni ne s'ébranle dans un jour ; il y a
« là *quelque chose des colonnes d'Hercule* ; il en est
« de même de la dynastie. »

(L'auteur en rapporte plusieurs preuves.)

Pag. 213. — « Où donc est le danger ? »

Pag. 214. — « Dans les conspirations ?... (M. de

« Pradt les regarde comme impossibles.) En effet,
« dit-il,

« Ou les conspirateurs sont des hommes obscurs,
« des Pleignier, des Tolleron. De tels hommes ne
« peuvent appartenir qu'à la police; elle peut les
« opprimer aisément. »

Pag. 215. — « Les conspirateurs sont-ils puissans
« et illustres ? (Écoutez la réponse :)

« Et qui est puissant en France, sinon la loi! mais
« pour les hommes, il n'en est pas un seul. Puissant,
« lorsqu'il n'est personne qui puisse disposer de trois
« hommes ; puissant, lorsqu'il n'est personne qui ne
« reste tout seul, au moment où il est séparé du
« pouvoir! L'homme le plus puissant de France serait
« arrêté par le premier garde champêtre [1].

« Je dis hardiment aux uns : Rassurez-vous, le
« danger est loin; aux autres, mettez bas toute cons-
« piration ; vous êtes en France, de plus puissans
« que vous y ont péri, et, pour votre propre intérêt,
« mettez fin à un méchant métier. »

Pag. 219. — Ainsi point de danger : pour que la
dynastie soit hors du danger, je ne lui demande
qu'une chose; c'est qu'elle ait beaucoup de foi en
elle-même, et très-peu dans *ses bruyans amis.* »

Pag. 219. — « Craindra-t-elle la quatrième série?...
— Pour cela il faudrait que les électeurs (c'est-à-
dire la masse), fussent ennemis des Bourbons..., sous

---

[1] La révolution, dit M. de Pradt, a détruit les indivi-
dualités; il n'est resté que les masses; elles seules seraient à
craindre; et il le prouve par une belle déduction d'exemples.
p. 126 et suiv.

ce point de vue, l'objection est bien maladroite. »
(pag. 220.)

Pag. 221.—« Mais voici ce qu'on craint : le transport de la majorité au parti libéral ; et pourquoi ? C'est
que l'on sent bien qu'avec une majorité libérale, il faudrait dans le gouvernement une marche *plus nationale*, c'est-à-dire extrêmement conforme à l'ordre
constitutionnel : voilà l'épouvantail véritable! »

Pag. 222.—(En résultat veut-on savoir au juste ce
que produira cette quatrième série ? — le voici) :

1° « Elle rendra de la conformité à la Chambre qui,
depuis 1816, est non conformiste avec elle-même.

2° « La majorité de la quatrième série donnera à
la Chambre de la conformité avec la nation.

3° « Cette majorité forcera le gouvernement d'entrer tout-à-fait dans les voies constitutionnelles.
(pag. 223.)

« Mais dans tout cela où se trouve le *danger* pour
la dynastie et pour le trône?... »

L'auteur dès lors n'a-t-il pas eu raison de dire,
comme il l'a fait, que les terreurs dont on avait ob-
sédé la majorité de la Chambre étaient des *terreurs
chimériques?*

Si, après avoir écrit de pareilles pages en faveur
de la royauté, M. de Pradt était condamné; il pourrait hardiment se retirer par devers les cours de l'Europe, son arrêt d'une main et son livre de l'autre, et
dire aux souverains : ouvrez et lisez : voilà ce que
j'ai dit des Bourbons, de leur dynastie, de leur restauration, de votre ouvrage enfin; et j'ai été condamné, sous leur règne, en leur nom, pour avoir

osé dire que *les terreurs élevées sur la stabilité de leur dynastie* étaient des terreurs *chimériques?* — *O! cæcas hominum mentes!*

J'ai ajouté, sans doute, que *ces terreurs étaient l'ouvrage d'un parti;* de ce parti qui *tire perpétuellement sur l'avenir des lettres de change endossées par la peur;* de ce parti qui au dehors est en *requête permanente* devant l'étranger; qui, au dedans, s'est fait *accapareur de royalisme, de vertu, de probité;* qui s'est dit exclusivement *les honnêtes gens;* qui appelle tout le reste de la nation, *démocrate, démagogue* ou *jacobin;* tantôt menaçant de la *république,* et tantôt des *doctrines dont il fait les suppléans des faits qui lui manquent.* — Mais des gens qui font tout cela, sont évidemment un parti.

C'est encore ces gens-là qu'a eu en vue M. de Pradt; lorsqu'il parle des *décrépitudes* qui obstruent toutes les avenues de la cour et tiennent, pour ainsi dire, le trône en charte privée: c'est à eux qu'il s'adresse, lorsqu'il dit : *Laissez-nous donc enfin voir le trône* [1]; *nous ne l'avons pas encore vu.*

Et il en donne les raisons : « *Plus nous connaîtrons* « *le trône,* dit-il, *et plus nous l'aimerons;* plus il « nous aimera; leur *interposition* entre lui et nous, « nous a empêché de nous connaître et de nous aimer « mutuellement. » (pag. xxvij.)

Pourquoi faut-il que la discussion ne puisse finir ici, et que je sois réduit à continuer des explications aussi pénibles? Elles auront du moins pour effet,

---

[1] *Longè fugabuntur qui absorbebant te.* (Isaïe.)

de prouver de plus en plus que toutes les allégations de M. de Pradt sont basées sur les faits les mieux avérés.

« *Il a remis entre les mains de son nouvel allié,* « *le ministère, cette arme vile et faible.* » Cette arme vile et faible, c'est-à-dire l'*équivoque* sur le mot *concourir*. Arme *faible* parce qu'elle est vile; arme *vile* parce qu'elle est de mauvaise foi, « tandis que la « Charte, qu'on prétend interpréter, est et ne peut « être qu'un acte de haute bonne foi, de la sincérité la « plus épurée, de la droiture la plus sévère. » (p. 160.)

« *Le ministère, son nouvel allié.* » Le ministère s'est-il *allié*, oui ou non, avec l'aristocratie? A-t-il voté, oui ou non, avec le côté droit? Est-ce *nouvellement?* — Oui, car ce qu'il a soutenu en 1820, il l'avait combattu en 1819; il disait alors que la proposition de M. Barthélemy était la plus *funeste* des propositions. L'annexe de soixante-huit pairs n'a eu lieu que pour faire rejeter cette proposition; et en 1820, on en eût adjoint un cent de plus, s'il l'eût fallu, pour faire admettre cette proposition. Voilà du *nouveau* sans doute!

Et quel est le résultat de cette manœuvre? Elle *a suffi pour faire dépouiller le peuple français de ses droits et le livrer à l'aristocratie.* — Dépouillé, sans doute, puisque les électeurs payant 300 fr., qui jusqu'à présent avaient *concouru* à toutes les élections, sont *exclus* des colléges de départemens.—Dépouillé, puisque le contrat formé avec eux par la Charte et par la première loi, a été détruit par la loi nouvelle. Et ce qu'ils ont ainsi perdu a évidemment été *livré à l'aristocratie* sous le titre de *grande propriété*, puisqu'elle a aujourd'hui ce qu'elle n'avait pas avant la loi, le droit exclusif de voter dans deux colléges au lieu d'un seul; *Charte ravie*, en ce que nous voyons à présent un *privilége*, au lieu de *l'égalité* qu'elle avait consacrée!

L'Histoire, dit ensuite M. de Pradt, *n'offre pas un exemple d'une semblable déception appliquée à la décision du sort d'un grand peuple.* — Osez le démentir. S'il en existe un second, citez-le; cela fera deux; mais l'un ne justifiera pas l'autre.

M. de Pradt appelle cela une *déception*, plus loin, il l'appelle *supercherie*. M. Royer-Collard, que sa qualité de fonctionnaire n'empêchait pas de dire toute sa pensée, au risque d'être nommé conseiller d'état honoraire, M. Royer-Collard l'a appelée *mensonge* dans un discours prononcé à la tribune, et que tous les journaux ont reproduit. L'histoire n'a-t-elle pas le même droit [1] ?

Nous voici arrivés à la majorité de cinq voix, au crime d'avoir dit (avec bien de l'*indiscrétion* assurément), « qu'une loi aussi capitale avait reçu l'im- « posante sanction *de cinq voix*, et cela, une heure « après avoir été repoussée par une majorité con- « traire *d'une voix*. »

Ici, Messieurs, M. de Pradt n'est qu'un historien;

---

[1] C'est un *mensonge*, dans le sens de M. Royer-Collard, et une *déception*, dans le sens de M. de Pradt, parce qu'au sens droit et ouvert de la Charte, on s'est efforcé de substituer une interprétation fausse et dont la mauvaise foi contraste avec la bonne foi de la Charte. (Voyez l'ouvrage, p. 160 à 175.)

il raconte ce qui s'est passé sous ses yeux et sous les nôtres.

Dans les gouvernemens où la loi se prépare obscurément et se consomme à *huis clos*, comme on ne connaît de la loi que le texte de la loi même, il est impossible, et d'ailleurs il ne serait pas décent d'aller aux écoutes de ce qui se passe dans le cabinet du législateur, pour en faire ensuite la matière d'une chronique scandaleuse ; mais dans un gouvernement représentatif, où tout est public, où la loi se propose, se discute, et se vote en présence de la nation et sous ses yeux, les livres ne sont que l'écho de la tribune, et tout se réduit à savoir si les faits racontés sont vrais ou faux.

La loi elle-même a pris soin de le dire. Celle du 17 mai, en vertu de laquelle M. de Pradt est poursuivi, dit en propres termes, article 22 : « Ne donnera lieu à aucune action, le *compte fidèle* des « séances publiques de la chambre des députés, rendu « de *bonne foi* dans les journaux [1]. »

Or, si les journaux peuvent le répéter sans danger

---

[1] Voyez l'Angleterre ; avec quelle liberté n'y parle-t-on pas en ce moment, du procès entre le roi et la reine ? Défend-on aux journaux d'en entretenir le public, sous prétexte que cela déconsidérerait la royauté ? Ce reproche serait fondé si, de leur chef, ils attaquaient les augustes personnages qui sont en présence ; mais s'ils ne racontent que ce qui se passe au parlement, ce qui s'y dit, ce qui s'y fait, quand même il en résulterait une déconsidération des personnes et de leur qualité, on ne pourra pas dire que ce soit la faute des écrivains ; ce serait alors la faute des faits. *Factum lex, non sententiam notat.* L. 43 , § *de rit. nupt.*

pour eux-mêmes, comme sans offense contre la société, qui douterait que le même droit n'appartienne, à plus forte raison, à des compositions d'un ordre plus relevé, à des ouvrages de droit public, d'histoire et de législation ?

Un écrivain auquel personne ne conteste le mérite d'une grande habileté (M. Fiévée), donne chaque année l'*Histoire de la session des chambres*; pensez-vous que, pour cette fois, il sera moins libre que les années précédentes, et qu'il ne lui sera pas permis de raconter les choses comme il les aura vues ?

M. de Pradt a usé du même droit : journaliste, il eût rendu compte des séances; historien, il fixe les faits; publiciste, il en raisonne.

Disputer les résultats, critiquer *la forme* sous laquelle une loi a paru, ce n'est pas contester, ni, à plus forte raison, attaquer l'*autorité constitutionnelle* du roi et des chambres.

Cette autorité constitutionnelle est le *droit*, qu'on ne méconnaît pas, qu'on respecte.

Mais les circonstances de la discussion sont des *faits* qu'on raconte et qu'on discute.

Les procès-verbaux de l'assemblée, les journaux, l'imperturbable *Moniteur* sont là.

Eh bien! maintenant, reprenons notre passage :

La loi a reçu l'imposante sanction d'une majorité de cinq voix. —Je vous le demande, en a-t-elle obtenu davantage ?

« *La veille, elle avait été repoussée par une majorité « contraire d'une voix.* » —N'est-ce pas encore vrai ? Tout le monde même n'était-il pas dans l'opinion ,

que, sans je ne sais quelle ardeur de discourir, qui a
fait remettre la délibération au lendemain, si l'on eût
voté de suite, séance tenante, au lieu de deux discours de plus, nous aurions une loi de moins? Chacun n'a-t-il pas dit : Vous savez vaincre *Camille*.....;
mais il fallait qu'on vous laissât profiter de la victoire !

« Cinq voix ! et quelles voix encore ? cinq voix
« de ministres ! [1]. »

Que n'ont pas dit les journaux sur les cinq ministres, les beau-pères des ministres, les demi-ministres,
autrement dit, les directeurs-généraux, etc., etc.! et
pourtant on ne leur a pas fait de procès, parce que
tout cela était de fait et d'évidence.

Mais M. de Pradt entre plus avant dans la question; il ne déclame pas; il raisonne ; il demande si
le ministre qui propose une loi peut encore en voter
l'adoption ; s'il ne se constitue pas ainsi juge et
partie; si son suffrage est bien libre, si le ministre
n'absorbe pas le député, surtout quand on se rappelle qu'un ministre de 1815 a eu la naïveté de déclarer à la tribune, « qu'il pensait comme ministre
« autrement que comme individu. » (Pag. lvj.)

Il oppose l'exemple de l'Angleterre, où les ministres votent, parce qu'au lieu de proposer exclusivement la loi, et de la défendre avec l'amour-
propre qu'on met à soutenir son propre ouvrage, ils
la laissent présenter par d'autres membres du parlement; de sorte qu'en apparence du moins, ils con-

---

[1] Adde cinq voix de députés que les ministres avaient fait
nommer pairs *in petto ;* et dont la nomination n'a été déclarée que quelque temps après.

servent leur indépendance de vote et de discussion.

A propos de cette majorité de *cinq voix* dans la Chambre des Députés, M. l'avocat-général a objecté que la majorité avait été bien plus considérable dans la Chambre des Pairs. Je ne m'en étonne pas. Cela rentre dans le système de M. de Pradt. La loi était *impopulaire*; il a fallu le suffrage de cinq ministres pour forcer le passage dans la Chambre des Députés. Cette même loi était *aristocratique*; elle a dû passer d'emblée dans la chambre de l'aristocratie.

Après avoir rendu compte des contradictions, des variations, des hésitations qui ont accompagné toute cette discussion, M. de Pradt s'écrie, je l'avoue, avec un peu d'humeur, et comme entraîné par le sentiment douloureux qui l'oppresse : « *et l'on ap-* « *pelle cela de la législation! et l'on exige du respect* « *pour cela!* »

« *Cela!* » c'est-à-dire, cette manière de faire en général, si différente de l'idée que M. de Pradt a conçue de la dignité des lois, qui, à l'exemple des rois, ne devraient, dit-il, sortir du palais de la législation qu'environnées de tous les attributs qui attirent la vénération et l'obéissance.

« *Et l'on exige du respect pour cela!* » pour ces oscillations, pour ce passage subit de la minorité à la majorité, de l'infériorité d'une voix à la supériorité de cinq voix. C'est ce qu'il développe immédiatement après, par cette réflexion (pag. lij) : « Quels « motifs, dit-il, de pareilles variations ne donnent- « elles pas au vulgaire, toujours méfiant, de prêter à « ceux qu'il voit s'y laisser aller ; et que ne dit-il pas?»

Pag. 140. — « La loi a-t-elle passé? la loi passera-
« t-elle ? Combien d'un côté ? combien de l'autre ?
« Ces indignes mots ont trop souvent frappé mon
« oreille ; lorsque je les entends, je ne me sens plus
« dans le sanctuaire auguste où se balance le destin
« des mortels, sous les yeux et par la main de la jus-
« tice ; mais vis-à-vis les amphithéâtres sur lesquels
« une roue mobile distribue au hasard les faveurs
« d'une aveugle déesse, entre le peuple d'aveugles
« qui a déposé sa fortune sur ses capricieux autels. »

Pag. lx. — M. de Pradt dit encore : « Sûrs d'une
« majorité dévouée, comptant sur une alliance dont
« ils devraient s'étonner, les ministres avaient l'air
« de dire : « *Nous voulons la loi ; nous sommes en*
« *force pour la faire, nous l'aurons ; la Charte*
« *dira ce qu'elle voudra, vous aussi, nous avons la*
« *majorité, la loi passera ; car avec nous, pourvu*
« *qu'une loi passe, c'est tout ce qu'il faut.....* Je
« n'invente pas, M. Bourdeau l'a dit. *A quoi bon*
« *tant délibérer? La chose est décidée. Aux voix !*
« On appelle cela faire des lois ! [1] »

Ainsi ce n'est pas sur la *loi*, mais sur la *manière*
dont on s'y est pris pour la faire passer, sur la manière dont les ministres ont obtenu et gouverné la
majorité, que porte de tout son poids la réflexion de
M. de Pradt.

Du reste, il ne conteste ni le *droit* qu'avaient le

---

[1] Si un juge disait à un avocat : « Tu as beau dire ; les opinions sont faites, ton client est condamné d'avance ; » *on appellerait* CELA *faire des jugemens !*

31

Roi et les Chambres de faire la loi, ni l'obéissance qui lui est due; seulement il soutient qu'une loi votée à la majorité de cinq ministres, et surtout de cinq ministres promoteurs de cette même loi, n'emporte pas autant d'autorité dans *l'ordre rationel*, que si la loi avait reçu la sanction d'une majorité plus indépendante, plus nombreuse, et par conséquent plus imposante...... « Dans ce cas, dit-il, la *loi matérielle* « existe, mais la *loi morale* n'existe pas. » C'est la même théorie que j'ai déjà expliquée, et qui roule sur la distinction entre l'*obéissance extérieure* due à toute loi, même mauvaise; et l'adhésion d'esprit, de cœur et d'affection, qui ne se commande pas, et ne peut être que le résultat de la conviction intime de l'utilité et de la convenance de la loi.

Mais, a dit M. l'avocat-général, il faut bien s'en tenir à la majorité; la majorité d'une voix est aussi bien la majorité que celle d'un plus grand nombre.

Sans doute. Aussi votre loi est-elle loi; aussi faut-il lui obéir; aussi nous comptons bien aller aux élections.

Mais, cela convenu, il est permis de dire qu'une loi d'élection est une *loi de souveraineté*, puisqu'elle assigne le partage des pouvoirs publics entre les mains des membres de l'association; que, par conséquent, il serait à désirer que, pour les lois de ce genre, la majorité fût plus forte et plus généralement prononcée, que lorsqu'il s'agit de l'échange d'un terrain communal, ou de voter le paiement de quelques millions à la régence d'Alger. C'est ainsi que, dans les états de Darmstadt, on a érigé en règle fixe « que toutes les lois constitutionnelles ne peu- « vent être soumises à aucun changement qu'avec « le consentement des deux chambres et l'adhésion « des *deux tiers* des membres présens de chaque « chambre. »

M. de Pradt, en discutant ici la loi sous le rapport *moral*, et eu égard aux *circonstances* de sa confection, ne fait que ce qu'on a fait de tout temps, ce que nous voyons faire, ce que nous faisons tous les jours.

M. l'avocat-général m'a mis sur la voie des exemples, en me citant celui du jury. Lorsque huit jurés, dit-il, sont d'avis du *oui* ou du *non*, leur volonté est censée être la volonté du jury tout entier.

Sans doute, dans la cause sur laquelle ils ont prononcé ; mais, hors de là, si l'on veut alléguer leur décision comme un précédent, et s'en autoriser dans d'autres affaires, alors cette décision pourra être examinée sous le *rapport moral*, et son autorité pourra être combattue sous ce point de vue, car il n'arrive pas toujours que le public ratifie les décisions du jury. Les jurés, en rentrant chez eux et dans le monde, ne reçoivent pas toujours des complimens sur les décisions qu'ils ont portées. Tantôt on leur dira : Vous avez été trop sévères ; une autre fois : Vous avez été entraînés, influencés, choisis, etc.

C'est encore ce qui arrive toutes les fois que nous citons des arrêts.

Leur autorité est sans doute respectable. A défaut

de loi précise, ils deviennent le supplément de la législation [1].

Sur quoi cependant repose cette autorité? sur une fiction : *res judicata pro veritate habetur.* Cette fiction produit un effet irrésistible dans l'affaire même pour laquelle l'arrêt a été rendu. Mais lorsqu'il s'agit de faire servir l'autorité de ces arrêts à la décision d'espèces analogues, on peut examiner si la fiction est ou non conforme à la vérité. Comme il ne s'agit plus que de la *force morale* de cet arrêt, on peut soumettre à la discussion toutes les circonstances au milieu desquelles il a été rendu; les temps, les lieux, les personnes des parties et des juges; alléguer qu'il y a eu partage, que le ministère public avait donné des conclusions contraires; en un mot, tout ce qu'on allègue en pareil cas pour atténuer l'autorité qui s'attache à la facture des arrêts [2].

De même, quand on cite des lois, si ce sont des lois peu favorables, on cherche à les restreindre. Cite-t-on une loi de la révolution; on a bien soin (et le ministère public n'y manque guère) de rappeler qu'elle a été portée au milieu de la *tourmente révolutionnaire*, dans ce temps où l'on faisait des lois *par douzaine ;* qu'elle se ressent de *l'esprit du*

---

[1] *In ambiguitatibus quæ ex lege proficiscuntur, rerum judicatarum autoritas,* VIM LEGIS OBTINET. Loi 38, ff. *de legibus.*

[2] C'est ce que faisait toujours Dumoulin. *Quandò mihi opponas arrestum,* dit-il, *dic etiam mihi, pro quo, contrà quem, à quo judice datum sit, et quo tuente advocato.* — Adde Bacon, *in aphorism. De exemplis et eorum usu.*

temps; que le rapporteur de cette loi est *un tel*, et mille autres choses enfin.

Mais, pour nous placer dans une position encore plus forte vis-à-vis de l'accusation, rappelons ce qui se passait autrefois dans le sens des hommes *monarchiques*. Le roi était autrefois seul législateur en France; il gouvernait à *son bon plaisir;* il faisait toutes les lois de *sa certaine science, pleine puissance et autorité royale : si veut le Roi, si veut la loi.* C'est ainsi qu'ils entendent cette règle. Suivant eux, l'enregistrement au parlement n'était pas rigoureusement nécessaire, et le pouvoir de ce corps n'était à leurs yeux qu'une usurpation, soutenue, il est vrai, par des exemples, mais aussi des exemples souvent contestés. Ils prétendent du moins que le parlement n'avait qu'un droit de *remontrances;* et que ce droit une fois exercé, si le roi persistait à vouloir, et faisait entendre des *ordres absolus*, il ne restait au parlement que la *gloire d'obéir.*

Eh bien ! Messieurs, même autrefois, dans tous nos livres, nous trouvons la preuve de lois critiquées et entravées dans leur application, soit pour défaut absolu d'enregistrement, soit pour n'avoir été soumises à cette formalité qu'après des *lettres de jussion*, maintes fois réitérées; soit, enfin, parce que les parlemens n'avaient cédé que comme forcés et contraints dans ces *lits de justice*, ainsi nommés, dit-on, parce que la justice y dormait.

En faut-il des exemples ?

Je n'en citerai que deux, mais notables : l'un dans l'ordre politique, l'autre dans l'ordre civil.

Le *concordat* (cet exemple n'est point déplacé dans la cause d'un archevêque) n'a jamais été reconnu par le parlement [1]. Il n'avait pas oublié l'opposition du procureur-général de Saint-Romain, celle de l'Université, de la Sorbonne et de presque tout le clergé de France.

On disait hautement, on imprimait librement que le roi et le pape s'étaient donné réciproquement ce qui ne leur appartenait pas, la présentation et la nomination. Le clergé n'a cessé, depuis ce temps, et toutes les fois qu'il l'a pu, de réclamer l'ancienne *loi des élections*, cette loi démocratique qui supposait que le choix du peuple était le plus agréable à Dieu, *vox populi*, *vox Dei*.

A-t-on traduit les opposans ou les réclamans à la *la tournelle criminelle?*

L'autre exemple est celui de l'ordonnance de 1629, appelée aussi le code Marillac; loi qui ne manquait pas de sagesse, et qui obligeait notamment les nobles à signer leur nom de famille, au lieu de se désigner perpétuellement sous des noms de terres et de châteaux. Pothier l'appelle *la belle ordonnance;*

---

[1] « Le Concordat fut paisiblement imprimé, publié et affiché; mais le parlement, fidèle à ses sermens, continua de juger toutes les affaires qui se présentaient, conformément aux décrets de la Pragmatique, et affecta long-temps de méconnaître le Concordat. On ne parvint à se délivrer de cette contradiction embarrassante, qu'en lui ôtant la connaissance de ces sortes d'affaires, pour les attribuer au grand-conseil, comme nous le rapporterons dans la suite. » (VELY, *Histoire de France*, édit. in-4°, t. XII, p. 99 à 105).

et cependant il convient, et tous les auteurs avec lui, qu'elle n'a jamais reçu d'exécution, parce que l'enregistrement de cette ordonnance, refusé ou négligé dans quelques parlemens, forcé dans d'autres, ou accompagné de restrictions, n'avait jamais été fait avec cette liberté de suffrages et cette maturité de vérification qui fait le principal caractère des lois.

Alors, notez même, on ne critiquait pas seulement les formes de la législation et la conduite du ministère ; mais on *s'attaquait à la loi elle-même* ; on *contestait au roi le droit de faire seul les lois* ; on *résistait à l'exécution de la loi* ; on s'efforçait d'en détourner l'application, et souvent même on y réussissait.

Ici, au contraire, M. de Pradt reconnaît la toute-puissance *de la loi comme loi*, comme loi matérielle, commandant l'obéissance et devant l'obtenir ; mais comme force morale, objet de nos affections, agissant sur les cœurs, dans l'*ordre rationnel*, il vous dit : « que la puissance du législateur ne va pas jusqu'à « commander l'adhésion de l'esprit et du cœur, et « qu'il y a toujours un retour du vote émis par la « majorité législative, au tribunal de la majorité na- « tionale, qui le confirme ou qui l'infirme [1]. »

---

[1] Cette proposition, dont le passage attaqué ne renferme que le simple énoncé, se trouve développée dans le chap. 13.
— A la séance du 22 janvier 1822, M. Royer-Colard a dit : « Les peuples barbares font tout avec les armes ; les gouver- « nemens corrompus des peuples civilisés s'imaginent qu'ils « peuvent tout faire avec les lois ; ils se trompent : les lois qui « s'adressent à une nation éclairée et attentive, *ont besoin de* « *l'acceptation tacite de la raison publique* ; si elles ne l'ob- « tiennent pas, elles n'ont pas le principe de vie, *elles meurent.*»

En tout cela, Messieurs, nous ne trouvons rien
de ce que l'accusation a cru découvrir dans l'ouvrage
de M. de Pradt :

1° *Point de provocation à la désobéissance aux
lois ;*

2° *Point d'attaque formelle contre l'autorité constitutionnelle du Roi et des Chambres.*

Ainsi s'évanouissent les deux premiers chefs d'accusation ; voyons ce qui regarde le troisième.

Monseigneur l'archevêque de Malines est accusé
d'avoir *excité à la guerre civile.* Ah ! Messieurs, quel
deuil pour l'Église, si l'un de ses prélats les plus distingués avait à ce point méconnu les préceptes de l'Évangile et les devoirs de son état ! C'est déjà un grand scandale qu'on ait osé l'en accuser ! ce serait un plus grand
malheur encore qu'on pût réussir à l'en convaincre !
Mais non, Messieurs, que la religion se console, que
la morale se rassure, l'archevêque de Malines n'a
point excité ses concitoyens à la guerre ; il a horreur
du sang (*abhorret à sanguine*) ; et c'est parce qu'il
en a horreur, qu'il a parlé avec tant de sensibilité,
de chaleur et d'entraînement, d'un événement qui,
grossi encore par les distances, n'a pu lui être raconté
sans navrer son âme de la plus profonde douleur.

« *Le sang français a coulé.* — Hélas ! oui, dans
Paris même...

« *La représentation nationale a été violée.* » —
Elle l'a été dans la personne de ses députés, outra-
gés, menacés, insultés. Plusieurs jours de suite la
tribune a retenti de leurs plaintes... Quelle satisfaction légale ont-ils obtenue ?

Et cependant « *l'enceinte de la Chambre des dé-putés est aussi sacrée que le palais du Roi;* » — puisqu'ils participent avec lui à l'exercice de la souveraineté; puisqu'ils sont, comme lui et avec lui, dans l'ordre de leurs pouvoirs respectifs, les représentans de la nation.

On a vu des « *citoyens assaillis par la garde du* « *prince; le palais où réside la majesté royale changé* « *en château fort!...* » — M. le général Foy s'en est étonné lui-même; il a blâmé comme *impolitique* l'emploi de la garde du prince dans cette fatale occasion. Préposée à sa défense, a-t-il dit, la faire marcher, c'était faire croire que le prince lui-même était attaqué, tandis que de fait il ne l'était pas.

Il parle d'individus *que décore un habit qu'ils déshonorent.*—Eh bien! que ces individus se montrent, qu'ils se nomment, qu'ils viennent revendiquer l'injure; on leur répondra. Ce sera la matière d'une action particulière de leur part; mais ce ne peut être le sujet de l'accusation actuelle.

« *Paris a revu les dragonnades.* » —Les a-t-on revues en effet? N'y a-t-il pas *dragonnade*, toutes les fois que le sabre des dragons brille là où l'on aimerait à ne voir que le paisible bâton du constable? n'y a-t-il pas dragonnade, quand la voix pacifique du magistrat civil est couverte par les *houra* d'une cavalerie lancée à travers un peuple sans armes?

« *Paris a revu les irruptions du prince Lambesc dans les Tuileries.* »—Il a vu du moins les irruptions de la cavalerie sur les *trottoirs* assignés pour retraite aux modestes piétons; il a vu l'invasion du *passage de Lorme;* il a vu les fuyards éperdus et poursuivis avec obstination jusque dans les allées des maisons particulières. Les journaux du temps sont pleins du récit de ces scènes déplorables.

« *On a vu des citoyens assassinés par des soldats qu'ils paient pour les défendre.* » — N'est-il pas vrai qu'ils les paient? n'est-il pas vrai que c'est pour les défendre et non pour les charger? n'est-il pas vrai enfin qu'il y a eu des citoyens tués et blessés? Dubief a-t-il été frappé justement ou injustement? Le jeune Lallemant méritait-il la mort?...—On annonce une procédure commencée; l'instruction s'est déjà faite à la tribune. — Il y aurait eu un homicide, il ne faut pas pour cela le transformer en assassinat. Eh! n'est-ce donc rien qu'un *homicide?* Un seul ne suffit-il donc pas pour excuser cent pages de doléances et de regrets? Et qui douterait du grand nombre des victimes, puisqu'on y allait avec si peu de discernement, qu'au milieu du pêle-mêle, un maréchal de France a été méconnu, battu et foulé comme un simple séditieux ?

Le langage de M. de Pradt est celui de l'étonnement, de la plainte, de l'indignation, des regrets! Il déplore le sang versé, mais il n'excite pas à le répandre; il n'appelle pas la vengeance, il ne crie point aux armes, il ne dit point comme le poëte :

Ferte citi flammas, date tela, scandite muros.

Voilà le langage de la haine, de la vengeance, de l'excitation à la guerre; mais ne confondons pas avec un délire sanguinaire l'objurgation dirigée contre ceux qui ont versé le sang innocent.

Lucain, en racontant les guerres civiles et celles qu'il appelle plus que civiles, *bella plus quam civilia*, excitait-il les Romains à recommencer, et ne voulait-il pas plutôt leur en inspirer l'horreur ?

Rousseau excitait-il les Suisses à la guerre civile, lorsqu'il leur disait, en 1712 :

> Où courez-vous, cruels ? quel démon parricide
> Arme vos sacriléges bras ?

L'archevêque de Malines a exprimé le même sentiment, en retraçant des scènes d'horreur et en s'écriant, dans l'excès de sa douleur : *quel spectacle offre tout ceci ! Grand Dieu ! où sommes-nous, où nous a-t-on conduits ?*

Mais voyons ; que propose-t-il dans sa fureur, cet homme de sang qui veut armer ses concitoyens les uns contre les autres ? — Il demande « *le renvoi de « ceux qui nous ont menés au bord de cet abîme.* » Ainsi, voilà sa vengeance, et c'est là ce qu'on appelle *exciter à la guerre civile !*

Répondrai-je maintenant au reste de l'article, à ce vœu qu'il exprime pour voir *s'éloigner de nous* ceux qui ne veulent pas absolument vivre avec nous ? Certes, ce n'est pas là proposer d'en venir aux mains et de s'entr'égorger.

« *Sans eux*, dit-il, *la France a commandé à l'Eu-« rope ; avec eux, elle a été commandée par elle.* » Faut-il insister sur la vérité de cette proposition ?

Il parle de *l'entourage du trône* ; il voudrait le

voir dégagé. C'est la même idée que celle qu'il a déjà si vivement exprimée en disant : « qu'ils nous laissent « enfin voir le trône; nous ne l'avons pas encore vu ; « *plus nous connaîtrons le trône, et plus nous l'ai-* « *merons.* »

Sentimens vraiment dignes d'un homme sincèrement attaché à la royauté, d'un homme enfin qui a pris trop de part à la restauration, « pour que son « résultat ne l'affecte pas plus qu'un autre. »

Ceci me conduit à parler en dernier lieu de la note qui renferme cette phrase et qui se trouve au bas de la page lxxiv de l'Avant-Propos.

Le sens de cette note a été singulièrement travesti par le ministère public. Il a supposé que l'auteur avait voulu calomnier la restauration, en disant qu'elle avait *mal réussi;* mais il n'a pas remarqué que M. de Pradt ajoute « mal réussi, *contre sa nature.* » Donc, sa nature en soi n'a rien de malfaisant ; donc il pouvait espérer qu'elle ne produirait que de bons résultats.

Mais trente ministres successivement employés , pris, quittés et repris depuis 1814, ont pu suivre de faux systèmes, même avec de bonnes intentions; le Roi lui-même, dans sa proclamation de Cambrai, a dit : « Mon gouvernement devait faire des fautes; *il* « *en a fait.* »

Et si du reste M. de Pradt en relève quelques-unes dans le cours de son ouvrage, qu'on ne croie pas que ce soit par antipathie contre le ministère, ou par haine contre tel ou tel ministre, ou par aversion pour le gouvernement : la lecture de deux ou trois passages de son livre va vous en convaincre aisément.

Pag. 58. — « On pourra voir dans le cours de
« cet ouvrage que la haute idée que j'ai conçue de
« la royauté, m'a conduit à porter aussi très-haut la
« dignité du ministère. »

Pag. 146. — « A la hauteur à laquelle j'aperçois et
« je montre le ministère, on sent combien est loin de
« moi l'inutile prétention de faire monter une atteinte
« quelconque jusqu'à ceux que la pesanteur de leurs
« fonctions recommande au respect autant que leur
« élévation; dès qu'un homme est ministre, j'oublie
« son nom, et je désire que tout le monde en fasse
« autant; à mes yeux l'acteur et le théâtre restent
« seuls. Je respecte le prince dans son ministère, et
« je ne suis pas assez ennemi de moi-même, non
« plus que des avantages dont me fait jouir la société
« à laquelle il préside, pour travailler à énerver une
« force dont nous avons tous un égal besoin. »

Pag. 108. — « Je parle sans critique; chez moi,
« le sentiment des convenances marche toujours de
« front avec celui de la vérité.

« Parmi nous, tout le monde, je n'excepte per-
« sonne, est entré novice dans le gouvernement re-
« présentatif; nous y sommes tous arrivés sans le
« connaître, et nous l'apprenons en le faisant. C'est ce
« qui explique et ce qui absout beaucoup de faux
« pas, et qui doit faire trouver de l'indulgence à ceux
« qui jettent des cris d'étonnement ou d'effroi, à cha-
« que degré d'agrandissement que prend ou que dé-
« couvre à leurs yeux cet horizon nouveau. »

Pag. 267. — « Nous ne demandons qu'à hono-
« rer; ne nous ravissez pas les raisons de le faire.

« Soyez toujours honorables, vous serez toujours
« honorés. »

« Lorsque je parle ainsi, qu'on se garde bien de
« me ranger au nombre de ceux auxquels on peut
« trop légitimement reprocher d'avoir présenté le
« ministère comme un ennemi public en *permanence*
« *et par état*. Depuis quatre ans, je combats cette
« doctrine absurde, insultante et inconstitutionnelle.
« Je sais tout le respect dû aux honorables et péni-
« bles fonctions de ceux qui sont les bras du gou-
« vernement, dont l'action nous est si nécessaire.
« Je les honore toujours pour moi et pour leurs
« fonctions, et très-souvent pour eux-mêmes ; aussi
« ne parlé-je que d'une circonstance particulière,
« dans laquelle le ministère, par des motifs que je
« ne puis juger, s'est mis dans la position la plus
« bizarre, la plus contradictoire avec lui-même, et
« s'est exposé aux reproches les plus cuisans, même
« de la part des hommes recommandables qui sont
« accoutumés à le défendre [1]. Ceci est inconcevable,
« et indique *derrière la toile* quelque main cachée
« dont ils se rendent les *agens*. »

Et toutefois n'allez pas croire que M. de Pradt
a voulu parler ici de ce qu'on appelle, depuis quelque temps, le *gouvernement occulte*. Il en a fait un
chapitre exprès (le 17e), et cela pour nier la possibilité qu'un tel gouvernement existât.

Quant au gouvernement royal, prenant soin lui-
même d'exposer ses véritables sentimens, il termine

---

[1] MM. Royer-Colard, Camille-Jordan, Courvoisier.

son ouvrage (pag. 252) par cette phrase, qui doit en être regardée comme la *moralité :* « AIMONS, « SOUTENONS le gouvernement *patent ;* c'est là *notre* « *devoir* et *notre ressource.* »

L'écrit est JUGÉ, a dit M. l'avocat-général en terminant son réquisitoire. Non, Messieurs, il n'était pas encore jugé, il n'était qu'accusé; mais il est jugé à présent, parce que vous avez entendu la défense et que tout vous est connu.

Vous pouvez maintenant demander à vos consciences si M. de Pradt est un ennemi des lois, un ennemi de la Charte, un ennemi de la dynastie, un ennemi du gouvernement.

Inébranlable défenseur des principes, fidèle observateur de toutes les convenances, la religion, la loi, la royauté, le ministère lui-même, n'ont aucun reproche à lui faire.

Il a dit sa pensée; il l'a dite à découvert; il l'a dite tout entière : la vérité attachée à ses paroles triomphe de l'accusation.

Cet habile publiciste s'est placé au sein d'une belle et vaste idée; elle anime et féconde tous ses écrits. Il s'est dit :

Un grand destin s'achève, un grand destin commence [1].

« Le monde intelligent a déclaré qu'il laissait à la

---

[1] Des leçons du passé le présent se féconde;
   Un monde rajeuni sort des flancs du vieux monde.
   . . . .
   La liberté du peuple est un décret des cieux.
                    (MOÏSE, *poëme de Lemonier*).

« stupide Égypte d'adorer des animaux. Il est las
« d'obéir aux caprices et au bon plaisir du pouvoir
« absolu, et il n'y aura désormais de paix pour les
« peuples, ni de sûreté pour les trônes, que dans l'ad-
« mission et l'affermissement des principes constitu-
« tionnels. »

Fût-elle exagérée, cette idée, par elle-même, a
de la grandeur; et ne fût-elle qu'une *utopie*, son
élévation seule inspirerait encore la méditation et le
respect.

L'histoire du monde embrasse déjà bien des siècles, et cependant il est facile à l'observateur de la
réduire à de grandes masses qui servent à distinguer
les révolutions de l'esprit humain, comme les zones
servent à marquer la division du globe.

Dès la plus haute antiquité, nous voyons les peuples soumis au gouvernement absolu; prêtre ou roi,
c'est toujours un despote qui commande; la verge
de Moïse et le sceptre de Pharaon pèsent également
sur les Juifs et sur les Égyptiens.

Les *Grecs* offrent le type de gouvernemens plus
parfaits; avec la liberté, fleurissent chez eux les
lettres et les arts; leur politesse devient le modèle
des âges suivans.

L'empire des *Romains* embrasse l'univers connu :
Rome est partout, bientôt elle n'est plus que là où
se trouve un empereur.

Alors les *Barbares* s'avancent; ils démembrent
l'empire; ils répandent la dévastation et la mort.

A la faveur de cette force brutale qui abat et détruit tout, la *féodalité* tend ses sombres voiles;

l'ignorance la plus profonde règne ; la nuit la plus obscure plane sur le genre humain : *nox incubat atra*.

Enfin, l'aurore de la liberté commence à luire aux yeux des peuples asservis.

Les républiques d'Italie,

Les villes libres d'Allemagne,

Les affranchissemens de Louis le Gros, améliorent le sort de l'humanité féodalisée.

De ce moment l'esprit humain prend l'essor, il s'élève vers un ordre de choses plus conforme à sa dignité et à son bonheur.

Les croisades introduisent la chevalerie dans les mœurs ; et successivement les progrès de la navigation, la découverte du Nouveau-Monde, et surtout celle de l'imprimerie, préparent et assurent la restauration de l'espèce humaine.

Citez-moi, depuis ce temps, un seul pas rétrograde ; une bonne idée, une découverte utile qui se soient perdues ; une science, un art qui n'aient été perfectionnés.

L'impulsion une fois donnée ne s'est pas ralentie ; le mouvement s'est continué jusqu'à nous, et la révolution de 1789 ne fut pas l'ouvrage d'un jour ; elle était poussée par le poids, l'irrésistible poids des siècles précédens.

Ainsi l'Europe a été tour à tour :

Grecque, romaine, barbare, féodale ;

L'Europe entière sera *constitutionnelle !*

C'est aux ministres de la religion qu'il appartient de proclamer ces hautes vérités, d'en avertir les rois, de les prédire aux nations.

C'est à eux qu'il convient de signaler les vices des lois, les excès des gouvernemens, les misères des peuples.

Si l'on voit dans le Code théodosien une loi qui suspend pendant trente jours l'exécution des sentences que le prince aurait rendues dans la fureur de sa vengeance, on le doit aux courageuses remontrances de l'archevêque de Milan, qui soumit à la pénitence publique l'empereur qui s'était souillé du sang de ses sujets en ordonnant le massacre de Thessalonique.

Au neuvième siècle, l'archevêque de Lyon sollicite l'abolition du combat judiciaire.

Le clergé d'Espagne et celui d'Italie favorisent et secondent l'élan des peuples vers une liberté légale et constitutionnelle : un archevêque préside les cortès.

Le clergé de France, si jaloux des libertés de son église, ne doit pas l'être moins des libertés de l'état. Sa religion lui en fait un devoir, et son propre intérêt l'y convie ; car, pour reprendre ici en terminant, les belles paroles que mon illustre client a fait entendre devant vous : « Les remparts des temples « ne sont jamais plus solides que lorsqu'ils s'appuient « sur ceux de l'édifice social. »

RÉPLIQUE

POUR M. DE PRADT.

M. l'avocat-général Vatisménil ayant repris de nouveau la parole, et soutenu l'accusation avec plus de vigueur encore que la première fois, Me Dupin lui répliqua vivement à son tour. Ce qu'on va lire n'est pas toutefois la réplique entière; une note que nous trouvons dans le *Procès de M. Pradt*, en donne le motif.

« La réplique de Me Dupin, y est-il dit, a été si rapide et si « animée, que le sténographe, déjà fatigué d'ailleurs par une « séance qui avait duré près de six heures, n'a pu recueillir « que les traits les plus saillans; nous allons en offrir l'analise.

MESSIEURS,

La défense, si favorable d'ailleurs, n'a jamais plus de désavantage que lorsqu'elle vient se reproduire à la suite d'une discussion trop long-temps prolongée, et quand l'attention, déjà fatiguée, semble réclamer du repos. Mais l'accusation vient d'être ranimée par le ministère public avec tant d'insistance et de chaleur, qu'il est de mon devoir de rentrer en lice, et de solliciter encore de votre indulgence la même attention que vous m'avez si libéralement accordée jusqu'ici.

Il est plusieurs des objections du ministère public que je pourrais prendre dans le sens de personnalités offensantes pour mon client, si l'on pouvait supposer que l'accusation a voulu pour un instant emprunter le caractère de l'injure. — De ce genre serait le reproche d'avoir *élevé* trop haut l'ouvrage de M. de Pradt. Permis, a dit le ministère public, permis d'exalter cet ouvrage et de s'étendre sur le mérite de cette composition; permis à l'auteur de le croire, et de se comparer à Montesquieu; permis à son défenseur de le louer : *La postérité jugera.*

En cette occasion, le ministère public a feint de ne pas saisir sous quel point de vue j'avais dit que l'ouvrage de M. de Pradt était un *ouvrage élevé.* Ce n'était point à titre d'*éloge;* mais comme moyen de *défense*, et pour prouver qu'un tel ouvrage, ne s'adressant qu'aux hommes instruits et aux classes supérieures de la société, n'avait aucune action sur la masse populaire, et ne pouvait par conséquent offrir aucun caractère de danger. Sans doute, et même sous le rapport de cette élévation du caractère de l'ouvrage, c'est à la *postérité* qu'il appartient de le juger; mais en ce cas, ne le déférez donc point à la Cour d'assises.

Du même genre encore se trouve le reproche fait à M. de Pradt, d'avoir consigné comme un fait, que depuis la restauration, il était resté *éloigné des affaires...* Voilà probablement, a dit M. l'avocat-général, *le secret de l'auteur;* c'est le *dépit* d'être éloigné des affaires qui lui a mis la plume à la main.

Non, Messieurs; mais c'est cet éloignement des affaires qui l'a mis à portée d'en mieux juger. Ministre, il eût eu ses flatteurs, il eût pu être trompé et se tromper comme d'autres; simple observateur, rien n'a obscurci sa raison. On juge mieux de l'effet d'un grand spectacle au parterre que sur la scène.

J'avais avancé, comme un fait, que le corps de l'ouvrage avait été composé avant que la loi des élections ne fût rendue, et qu'il avait été envoyé à l'impression pendant que la discussion se soutenait encore. On m'a répondu par des dates, en disant que la loi était du 29 juin, et la publication de l'ouvrage du 14 juillet.

Cette réponse serait concluante, s'il était possible de concevoir que, dans cet intervalle de quinze jours, l'ouvrage eût pu être *composé* en Auvergne, *envoyé* à Paris, *imprimé*, *broché*, *publié*. Mais quelle que soit la facilité de l'auteur, cette supposition n'est pas admissible.

L'ouvrage n'a été publié qu'après la loi rendue ; peu importe. Il n'en pouvait guère être autrement, car l'histoire est toujours postérieure aux faits dont elle rend compte : la discussion de la loi des élections, bien que terminée par le vote de la loi, n'en demeurait pas moins, comme fait historique, assujettie à tous les récits qu'on en pourrait publier plus tard, sous la seule condition de ne pas s'écarter de la vérité.

On a comparé cela à une offense imprimée contre un prince, et dont les exemplaires seraient publiés au moment où il deviendrait roi. Ah! Messieurs, il y a là-dessus un mot rassurant dans notre histoire, un mot aujourd'hui plus vrai que jamais, c'est celui de Louis XII : *Le Roi de France ne venge pas les injures du duc d'Orléans.*

Après ces premières objections, et avant de rentrer dans l'examen du fond, M. l'avocat-général est revenu sur ce qu'il appelle toujours *les principes de la matière.* Sans doute, dit-il, il n'y a plus dé provocations directes ni indirectes; la loi a senti que les nuances qui les séparent sont trop délicates et trop difficiles à saisir. Elle a effacé toute distinction; elle ne demande plus aux jurés qu'une seule chose : Vous sentez-vous *ébranlés?* avez-vous éprouvé un *ébranlement* à la lecture de l'écrit? On s'est moqué de cette expression, a continué M. l'avocat-général, je voudrais qu'elle fût de moi; j'aurais eu la gloire avec le ridicule du mot; mais il est d'un illustre pair, auquel on ne refusera pas le titre de défenseur de la liberté; il est du duc de Broglie!

(Me Dupin répond que la loi ne s'est point contentée d'effacer toute distinction entre les provocations directes et les provocations indirectes, ce qui ferait supposer qu'elle les a fait rentrer les unes dans les autres.) Non, dit-il, mais le nouveau legislateur, qui connaissait l'abus, l'immense abus qu'on avait fait de la doctrine des provocations indirectes, les a tout-à-fait exclues. Ainsi, la loi ne s'est pas contentée d'effacer la ligne qui les séparait, ce qui permettrait la réunion; mais elle a effacé complétement un des membres de la distinction; elle a exclu formellement les provocations indirectes, et n'a réservé de peines que pour les *provocations* DIRECTES et les *attaques* FORMELLES.

Maintenant, que signifie ce mot *ébranlement*, que l'on se félicite d'avoir rencontré comme un de ces mots heureux qu'on a cherchés long-temps, et qui apparaissent dans la langue tels qu'un trait de lumière pour rendre de la manière la plus nette une idée qui, sans cela, fût restée quelque peu obscure, et n'eût été qu'imparfaitement exprimée?

Que l'inventeur de ce mot ait été l'un des défenseurs de la liberté; je me plais à le reconnaître; mais ce n'est pas là la question. — Un orateur que je ne prétends point imiter, mais dont je veux m'autoriser pour l'exemple, ayant à combattre l'autorité toujours imposante d'un grand nom, et ne voulant pas s'attaquer directement à la personne, fit une excursion sur la secte à laquelle ce personnage appartenait, et montra que la trop grande austérité de Caton tenait à ce que les principes du portique avaient d'exagéré. Ne me serait-il pas permis de faire remarquer à mon tour que le noble duc tenait quelque peu à une secte connue par de bonnes intentions sans doute, recommandable par de grands talens, mais à une secte enfin un peu trop adonnée à la métaphysique; et que les *doctrinaires* (puisqu'il faut les appeler par leur nom) ont eu le défaut qu'on leur a maintes fois reproché, d'inventer trop communément des mots qu'ils entendaient à peine eux-mêmes, et que le public n'entendait pas du tout.

De ce nombre est assurément le mot *ébranlement*,

que je n'admets point, que je rejette absolument, parce que ce n'est point le mot de la loi, et qu'il ne remplace que par un sens vague et louche, le sens clair, précis et dégagé de toute équivoque, qu'offrent à toute conscience droite, ces expressions, provocation *directe*, attaque *formelle*, dont le législateur s'est servi.......

Arrivant au fond de la discussion, M. l'avocat-général a d'abord fait observer que si le premier passage inculpé avait été tronqué, ce n'était pas la faute du ministère public, mais la faute de la Chambre d'accusation, qui n'en avait transcrit qu'une partie dans son arrêt de renvoi. — Je réponds que le reproche, en ce cas, porterait d'abord sur l'arrêt, et ensuite sur le réquisitoire qui n'avait pas restitué, comme il l'aurait dû, le passage dans son entier.

Je suis d'autant plus étonné qu'il ne l'ait pas fait, que M. l'avocat-général ne s'est pas cru circonscrit par l'arrêt de renvoi, puisqu'à l'instant même il vient de citer, à l'appui de l'accusation, un grand nombre de passages dont l'arrêt de renvoi n'a pas fait mention, et qui sont innocens par cela seul qu'ils ne sont pas accusés.

M. l'avocat-général a prétendu qu'il lui était loisible d'agir ainsi, parce que la défense avait usé de cette faculté. Je crois qu'en cela il s'est trompé.

En effet, les passages signalés par l'arrêt de renvoi sont les seuls accusés, les seuls qui soient censés renfermer le délit. Ce délit doit être là, ou il n'est nulle part. Tout ce qui n'est pas accusé textuellement est, par-là même, à l'abri de l'accusation, et ne peut pas être opposé à l'auteur. Il y en a, d'ailleurs, une raison fort équitable. Pourquoi la loi exige-t-elle que les passages inculpés soient signalés d'avance ? Pour circonscrire l'accusation, pour qu'elle ne puisse pas divaguer, pour que le défenseur ait le moyen d'interroger le prévenu sur ce qui lui est déterminément imputé, sur les intentions qu'il a eues en écrivant tel passage, sur la valeur et le sens des mots que cet auteur a employés. Or, ce travail devient impossible à l'audience. Le ministère public n'a donc pas le droit, en réplique surtout, et quelques instans seulement avant la déclaration du jury, d'amener dans la cause de nouvelles pages, comme élémens de nouvelle discussion, et comme moyen de produire l'*ébranlement* du jury.

Le défenseur, au contraire, a le livre entier à sa disposition, parce que la pensée entière de l'auteur lui appartient avec tous les moyens de l'expliquer. Il peut donc très-licitement faire servir les passages reconnus innocens, à l'explication des passages signalés comme coupables, sans que le contraire soit permis au ministère public. On voit la raison de cette différence. Au surplus, je ne fais cette observation que pour l'honneur des principes ; car je ne redoute rien de ces sortes d'excursions. Le livre entier est aussi aisé à défendre que les passages attaqués.

Sur le premier chef, M. l'avocat-général a prétendu que j'avais mis la réponse à côté de la question, en disant que l'on conseillait si peu la désobéissance à la loi des élections, que, loin de là, on recommandait aux électeurs d'y aller. Ce n'est pas en ce sens, a-t-il dit, que l'on a provoqué à la désobéissance à la loi des élections ; cette loi est purement *facultative* ; elle ne commande pas, elle ne punit point ; on a même repoussé l'idée d'assujettir à des amendes les électeurs qui n'iraient pas aux élections. Mais on provoque à la désobéissance à la loi des élections, en ce sens qu'on se propose d'attaquer les nominations des hauts colléges, de critiquer la validité de leurs nominations, de jeter la *zizanie* dans les esprits, et de décimer la représentation nationale ; mais la nation ne veut plus de 31 mai.......

Messieurs, je vous ferai d'abord remarquer, ce que vous aurez sans doute observé vous-mêmes, que l'accusation a pris ici, dans la bouche du ministère public, un caractère de virulence que j'absous de toute mauvaise intention, mais qui n'en contraste pas moins d'une manière affligeante avec l'impartialité et le sang-froid qu'exige la fonction d'accusateur.

Je ne veux point encourir le même reproche ; mais je répondrai que c'est d'abord une grave erreur, que de supposer que la loi des élections n'est que *facultative*, parce que l'absence des élections serait exempte de punition. Toutes les fois que la loi accorde une qualité, elle impose tous les devoirs attachés à cette qualité. L'électeur, homme de bien, sentira qu'il est de son devoir, et d'un devoir rigoureux, d'aller aux élections, puisque de cette exactitude à s'y rendre dépend la bonté des choix, et que de la bonté des choix dépend le sort de la France et de ses institutions. Détourner les électeurs de cette fonction, serait donc les inviter à désobéir au vœu de la loi, les exciter à trahir les plus chères espérances de la patrie.

Quant au projet supposé de contester le pouvoir des hauts colléges et la validité de leurs nominations, ici j'ose m'adresser à vos souvenirs, Messieurs; daignez les interroger; vous rappellent-ils rien qui, dans l'ouvrage de M. de Pradt, ait autorisé à lui prêter cette pensée? J'ai lu plusieurs fois son livre; une pareille assertion ne m'eût point échappé; et pourtant je ne l'y ai pas vue. D'ailleurs, pour ne laisser aucun doute sur ce point, j'ose ici adjurer l'accusateur de m'indiquer à l'instant même le passage, l'endroit quelconque du livre sur lequel il a improvisé cette accusation; je suis prêt à lui répondre....

(Après un instant d'intervalle, sans que M. l'avocat-général ait fait droit à l'interpellation, l'avocat reprend :)

Il est étonnant, Messieurs, qu'en l'absence de toute criminalité réelle, on introduise ici de pareilles suppositions! Et quels sont ceux, par exemple, qu'on accuserait de vouloir décimer la représentation nationale, et renouveler le 31 mai? Les constitutionnels! Lanjuinais peut-être! ce vertueux défenseur de nos institutions, qui, ce même jour 31 mai, mit sa tête sur la tribune pour l'opposer aux factions, et qui la mettrait encore, s'il le fallait, sur la tribune de la Chambre des Pairs, pour maintenir nos libertés et nous sauver de nouvelles réactions!

M. l'avocat-général a voulu m'opposer à moi

même, en rappelant que, dans l'affaire de la souscription, j'avais cité le passage suivant de Prost de
Royer.... « qu'un souverain donne une loi évidem-
« ment opposée à la loi naturelle, à la constitution
« de son empire, aux mœurs essentielles de son
« peuple, la force en assure l'exécution un instant,
« dans quelques lieux, près du prince ; mais dans
« l'éloignement, mais bientôt, la justice, l'opinion
« publique reprennent le dessus ; le temps fait le
« reste. »

Je m'étonne que M. l'avocat-général ait gardé cette
citation pour la réplique, puisque ayant apporté le
volume où se trouve ce passage, il était dès le principe, entré dans ses intentions de me l'opposer. Mais
enfin, il faut y répondre, et rien n'est plus aisé.

Prost de Royer a été plus loin que M. de Pradt [1] ;
il a supposé que la force seule pourrait assurer l'exécution d'une loi telle qu'il la suppose. M. de Pradt
n'a rien admis de pareil ; il a dit, au contraire, que
la *résistance à la loi serait illégale, et deviendrait
fatale.* Cependant Prost de Royer, quoiqu'il écrivît
sous un gouvernement absolu, n'a pas été poursuivi ;
son livre a même été imprimé avec *privilége du Roi.*
En effet, Prost de Royer a raison de dire que bientôt
la justice et l'opinion publique reprennent le dessus ;
parce que, comme l'a dit Bossuet, *le bon sens est le
maître de la vie humaine,* et qu'il finit par l'empor-

---

[1] Prost de Royer a été plus loin que M. de Pradt, et moins
loin que M. l'avocat-général ; car ce dernier a dit positivement,
que si une loi *contraire à la Charte* était portée, on devrait
refuser d'obéir à cette loi.

ter. *Le temps fait le reste*, dit Prost de Royer, et
nous le savons bien, puisque le temps finit par abroger les lois injustes, immorales ou inutiles [1]. Ici
M. de Pradt se trouve parfaitement d'accord avec
Prost de Royer; il a seulement relevé l'expression
en disant : « Le temps, comme les chanceliers de
« nos rois, *nous dira le reste.* »

Ce n'est point là provoquer à la désobéissance aux
lois, et c'est tout ce que j'avais à prouver sur ce premier chef.

Quant au chef d'*excitation à la guerre civile*,
M. l'avocat-général, qui n'a pas pu trouver ce caractère précis d'excitation que la loi exige pour constituer un pareil crime, a voulu remonter plus haut.
On n'est jamais, a-t-il dit, assez audacieux ou assez
maladroit pour exciter ouvertement à la guerre civile.
Mais comme ce sont les passions qui conduisent à
cette guerre, ce sont les passions qu'on excite. Vous
n'avez donc qu'une chose à vous demander : M. de
Pradt a-t-il excité la haine contre les soldats qu'il
accuse d'assassinat, et contre les émigrés qu'il voudrait voir éloignés de nous ?

Je n'admets point cette manière d'argumenter ;
M. l'avocat-général change ici le texte du livre et le
texte de la loi. La loi ne punit pas pour avoir vague-

---

[1] *Rectissimè etiam illud receptum est, ut leges non solo
suffragio legislatoris, sed etiam* TACITO CONSENSU OMNIUM
per desuetudinem abrogentur. Loi 32, § 1 ff. *de legibus.*
C'est ce que Aulugelle appelle *leges tacito illiteratoque consensu (id est, sine ullâ lege scriptâ), obliteratæ.* NOCT. AT-
TIC. XI, 18.

ment *excité des passions*; il n'y a pas dans notre
législation criminelle de délit qui porte ce nom; elle
punit *l'excitation à la guerre civile*; ne changeons
pas son texte; ne mettons rien à sa place; or, le livre
n'excite pas à la guerre civile; il respire l'horreur
du sang! Ah, sans doute, si vous le voulez, c'est là
exciter les passions, mais des passions nobles, des
passions généreuses, l'horreur du crime, le respect
pour la vie de ses semblables! Eh! vous ne vous apercevez pas que vous enlevez un des plus puissans ressorts de la morale! Comment peut-on exciter à la
vertu, si ce n'est en inspirant l'horreur du vice! Quel
moyen plus efficace pour inspirer l'horreur des massacres à venir, que de manifester la juste horreur
qu'on éprouve pour le sang précédemment versé?

On a excité à la guerre civile par le récit trop
animé des scènes du mois de juin! Il excitait donc
aussi à la guerre civile, car il excitait la pitié au plus
haut degré, ce père infortuné qui redemandait son
fils aux soldats; à la censure, le droit de déplorer sa
perte et de justifier sa mémoire; à la police, le droit
de le faire enterrer au grand jour : ils excitaient à la
guerre civile, ces condisciples qui l'accompagnèrent
en si grand nombre et en si grand ordre, avec tant
de larmes et de douleur! Quoi de plus propre, en
effet, à émouvoir les passions du peuple? Mais jamais
l'accomplissement de tels devoirs, quelque émotion
qui s'y rapporte, a-t-elle été considérée comme une
excitation de *passions qui conduisent à la guerre
civile!*

M. de Pradt a dit que certains individus, s'ils ne

peuvent et s'ils ne veulent vivre avec nous, n'avaient qu'à s'en éloigner. Il n'a fait que répéter l'idée de Platon, qui, pour expliquer comment les lois étaient obligatoires pour tous, disait que cela n'avait rien d'injuste, parce que les portes d'Athènes étaient ouvertes pour ceux qui ne voudraient pas s'y soumettre.

Quant au troisième chef, M. l'avocat-général revient sur ce qu'a dit M. de Pradt, que la majorité législative n'était qu'une *fiction*, et qu'il y avait toujours un retour à la majorité nationale, qui pouvait la confirmer ou l'infirmer. C'est, dit-il, nier l'essence du pouvoir des chambres. — Non répondrai-je, puisque cette proposition de M de Pradt repose sur la distinction suffisamment expliquée entre la loi matérielle, à laquelle il faut toujours obéir, et la loi morale qui, dans l'ordre rationnel, est toujours soumise à la ratification de l'opinion publique.

M. l'avocat-général a paru surpris que M. de Pradt eût allégué sa qualité d'archevêque, comme si notre religion ne nous apprenait pas que cette qualité est indélébile en sa personne! Eh! quoi, il se serait méconnu lui-même à ce point! Au moment du danger, il se serait séparé de cette croix divine que je vois briller sur sa poitrine, de cette croix qui fit le salut du genre humain, et qui devient en ce moment le symbole de sa propre délivrance!

On oppose l'exemple de Fénélon, qui avait composé un ouvrage dangereux; on le lui prouva, dit M. l'avocat-général, et Fénélon se rétracta publiquement.

On le lui prouva; à la bonne heure. Mais a-t-on

de même prouvé à M. de Pradt que son livre était dangereux ?

On le prouva à Fénélon, et qui le lui prouva ? Rome, qui, dit-on, est *infaillible ;* mais ici, qu'il nous soit permis de dire que le ministère public ne l'est pas.

Comme archevêque, ajoute-t-on, M. de Pradt devait du moins connaître le précepte qui prescrit *d'obéir aux puissances établies.* Oui certes, il le connaît ce précepte. Il le connaît, il sait l'observer.

C'est parce qu'il est soumis aux puissances établies, qu'il ne sépare point l'amour du Roi de l'amour de la Charte. C'est parce qu'il est soumis au gouvernement établi, qu'il a pris soin d'avertir ce gouvernement que son existence était liée à l'exécution du pacte fondamental.

En effet, Messieurs, reportons nos regards sur le sort de tous les gouvernemens dont l'histoire nous raconte la chute, ou qui sont tombés sous nos yeux. Aucun d'eux n'a pu survivre à la corruption du principe sur lequel il avait été établi. Les constitutions sont les colonnes sur lesquelles s'appuient les gouvernemens; on ne peut les ébranler sans qu'aussitôt l'édifice entier ne menace ruine.

C'est pour eux le tison de Méléagre, ils se consument et s'éteignent avec lui.....

PROCÈS DU MIROIR.

MM. JOUY, ARNAULT, DUPATY, GOSSE, etc.

Jugement du 18 mai 1821.

Au milieu d'un grand nombre de poursuites pour *délits de la presse,* le procès *du Miroir* a une physionomie toute particulière.

Ses rédacteurs n'étaient pas accusés d'avoir commis un délit, soit d'offenses, soit d'attaques, etc., etc. : ils étaient seulement prévenus de *contraventions aux lois de la censure.*

Comme journal *des spectacles, des mœurs et des arts,* les rédacteurs avaient pensé qu'ils étaient exempts de la censure à laquelle les lois d'exception n'assujétissaient que les écrits périodiques *consacrés en tout ou en partie à la politique.*

Mais le ministère public soutenait qu'ils n'en étaient pas moins sujets à l'empire de ces lois, parce que si leur journal n'était pas entièrement ni ouvertement consacré à la politique, ils se servaient habituellement d'allusions, d'apologues et de tournures sous lesquelles ils parvenaient à communiquer à leurs lecteurs des nouvelles ou des idées *politiques.*

Le ministère public, pour mieux caractériser leur genre de malice, leur reprochait le fréquent emploi qu'ils faisaient du *sarcasme politique.*

Ainsi toute la cause consistait en interprétations, à l'aide desquelles l'accusation s'efforçait de transformer en articles

33

politiques, des rédactions que les prévenus soutenaient n'avoir point ce caractère.

La cause fut des plus gaies. Les prévenus furent acquittés *cum plausu*, en première instance et sur l'appel.

Nous n'offrons ici qu'une *analyse* du plaidoyer de Mᵉ Dupin, en exprimant à cette occasion les regrets de l'éditeur du *Procès du Miroir*, brochure in-8° publiée aussitôt après le jugement. :

« Tels sont en abrégé les moyens de défense présentés par Mᵉ Dupin aux juges de MM. Jouy, Arnault, Dupaty, Gosse et Cauchois-Lemaire ; nous aurions voulu rapporter à nos lecteurs dans son entier, cette improvisation que la rapidité du débit de l'orateur nous a empêché d'écrire littéralement sous sa dictée ; nous n'avons pu en saisir que la physionomie, encore en avons-nous involontairement altéré quelques-uns des traits principaux, en leur ôtant le caractère original qu'ils empruntaient de l'expression piquante que leur prêtait le célèbre avocat. Notre analyse donnera cependant une idée de cette plaidoirie remarquable, où Mᵉ Dupin s'est montré tour à tour argumentateur habile, dissertateur profond, orateur éloquent, et Français dans toutes les acceptions de ce mot, c'est-à-dire généreux envers sa partie adverse, grave et spirituel à la fois, et toujours animé des plus nobles sentimens. »

PLAIDOYER

POUR

LES RÉDACTEURS DU MIROIR.

M<small>ESSIEURS</small>,

Le réquisitoire du ministère public vient de nous révéler l'intention et le but de l'accusation : la censure veut étendre son empire; non satisfaite de la domination que les lois d'exception lui ont accordée sur tous les journaux consacrés à la politique, elle voit, avec un œil d'envie, la liberté laissée aux journaux plus spécialement réservés à la littérature et aux arts.

Si les rédacteurs du *Miroir des Spectacles* avaient voulu se soumettre humblement et sans combat au visa censorial, ils eussent aisément échappé aux poursuites dont ils sont devenus l'objet : mais ils s'y sont hautement refusés; ils ont le noble orgueil de croire encore à la *république des lettres*; et ils préféreraient, sans balancer, la mort...... de leur journal, au despotisme d'un censeur.

(La suspension de sens, comprise dans cette phrase, provoque dans l'assemblée un rire général. Mᵉ Dupin fait remarquer que l'accusation est tellement ridicule, qu'il n'est pas surpris de voir qu'elle excite le rire. —M. le président observe que cette conduite des auditeurs n'en est pas moins inconvenante.—Aussi, dit Mᵉ Dupin, je proteste hautement contre toute marque d'approbation qui serait donnée à mes discours; et je crois d'autant plus nécessaire de m'en expliquer, que la malveillance de certains journaux ne manque jamais d'imputer les accidens d'audience à une prétendue conformité d'opinion entre le public et les prévenus.)

L'orateur reprend :

Avant tout, Messieurs, il faut bien se fixer sur le caractère de l'accusation. Les articles qui vous sont dénoncés, n'ont rien de coupable en soi : sans cela, et si, par exemple, ils renfermaient une provocation à la révolte, une attaque contre l'autorité constitutionnelle du Roi et des Chambres, ou enfin quelque chose de tant soit peu séditieux, ils seraient l'objet d'un autre genre de procès. Pourquoi ces articles, bien que reconnus *innocens*, sont-ils donc attaqués? C'est, dit-on, parce qu'ils ont *trait à la politique;* or, il n'est pas permis de parler de politique sans la permission de la censure... Nous voyons donc ici,

Ce qui fut blanc au fond, rendu noir par la forme.

Il ne s'agit ni d'un crime, ni d'un délit; mais simplement d'une contravention aux lois de la censure.

Ces lois, en effet, soumettent à la censure tout journal *consacré en tout ou en partie aux nouvelles et matières politiques.*

Ces expressions, sans doute, ont besoin d'explication. Car le ministère public vous a dit que votre jugement était nécessaire pour *apprendre aux auteurs* quels sont les sujets sur lesquels il leur serait permis ou défendu d'écrire en liberté.

Ainsi l'explication n'aura pas précédé la contravention; l'avertissement ne sera donné que sous forme de peine; ce qui, assurément, est bien opposé au caractère de toute loi pénale, qui, suivant l'expression de Bâcon, doit clairement définir le crime, et avertir avant que de frapper, *moneat priùsquàm feriat.*

La loi dit, tout journal *consacré;* c'est-à-dire tout journal *habituellement employé* à traiter de matières politiques.

Le *Miroir* est-il un journal de ce genre?

Tout résiste à cette supposition; le titre du journal, le genre de talent de ses rédacteurs, et le fond même des articles.

Il a pour titre : *le Miroir des Spectacles, des Lettres, des Mœurs et des Arts;* ce qui, assurément, ne promet guère de politique.

Parmi ses rédacteurs, nous voyons un poëte dramatique qui a enrichi la scène française de plusieurs pièces qu'on a cessé de voir, quoiqu'on n'eût pas cessé de les applaudir; l'auteur d'ingénieux apologues, et de plusieurs bonnes comédies; un écrivain qui a peint les mœurs françaises avec autant de finesse et

de vérité qu'Addisson en a mis à décrire celles de
sa nation; enfin un poëte qui n'a fait de politique
qu'à la manière de Juvénal, en frappant les délateurs
modernes du fouet sanglant de l'ancienne satire.

Au fond, la première page du journal ne renferme
que l'annonce des spectacles; les seconde et troisième
contiennent l'analyse des pièces, et rendent compte
des représentations. Dans la dernière, sous le titre
de *Variétés*, se trouvent des bons mots, des saillies,
des anecdotes : nulle place n'est réservée à la politique.

Comment peut-on donc prétendre que le *Miroir*
est un journal consacré en partie aux nouvelles et
matières *politiques?* — C'est ici qu'il est bien important de s'entendre sur le sens des mots.

Le ministère public fait deux parts de ce qu'on
peut dire sans le soumettre à la censure, et de ce
qu'il n'est pas permis de publier sans son aveu.

Ainsi, dit-il, vous pouvez parler spectacles,
lettres, mœurs... mais... mais... mais... Ici vient la
série des exceptions, qui, à vrai dire, absorbent la
règle.

Je me rappelle une définition de ce genre, assez
bizarre, à la vérité, où l'un des interlocuteurs dit à
l'autre : Pourvu que vous ne parliez ni de religion,
ni de politique, ni de gouvernement, ni des gens en
place, etc., etc., etc., oh! mon Dieu, vous pouvez
écrire sur tout ce que vous voudrez.

Il est fâcheux, sans doute, que le législateur n'ait
pas lui-même tracé plus clairement les limites dans
lesquelles il voulait enchaîner la liberté d'écrire... Le

plus grand vice d'une loi pénale est le vague et l'indécision. De là à l'arbitraire, il n'y a qu'un pas.

Mais enfin essayons de définir les termes de la loi ; car, après tout, la langue appartient à tout le monde.

Je me demande donc ce que l'on doit entendre , dans le sens légal, par ces mots *nouvelles et matières politiques ?*

Si je consulte l'étymologie du mot *politique*, je vois qu'il vient du grec *polis*, ville, et qu'il signifie l'art de gouverner les cités.

Si j'ouvre le dictionnaire de l'Académie (c'est le code de mes cliens), j'y vois « POLITIQUE, *adjectif de* « *tout genre* (et, en effet, on l'emploie à tout); *qui* « *concerne le gouvernement d'un État, d'une répu-* « *blique.* »

Cela posé, il devient, ce semble, facile de comprendre ce qu'on doit entendre par *nouvelles et matières politiques.*

On appellera *nouvelles politiques*, les faits vrais , ou présentés comme tels, relatifs aux changemens survenus dans le gouvernement des villes et des états. Par exemple, qu'un journal ait annoncé les révolutions d'Espagne, de Portugal, du Brésil, de Saint-Domingue , de Naples, du Piémont, de Moldavie et de Valachie , de Fernambouc et de Bahia, voilà , certes, *des nouvelles politiques.*

Ce même journal aura traité de *matières politiques*, s'il renferme, soit des utopies ou dissertations abstraites sur tel ou tel système de gouvernement ; soit des réflexions particulières sur les institutions du peuple, ou si l'on y discute des projets de loi, des actes ou des mesures de gouvernement.

Mais, de bonne foi, rien de pareil se rencontre-t-il dans le *Miroir des Spectacles*, *des Lettres et des Arts?*

Que, sur près de cent numéros, il y en ait neuf où l'on ait trouvé quelques anecdotes ou allusions (souvent en trois lignes) que l'on s'efforce par interprétation de rattacher à la politique; cela ne fait pas perdre au *Miroir* son caractère essentiel de *Journal des Spectacles, des Lettres, des Mœurs et des Arts.*

Sans doute, tous les sujets se tiennent; et les matières sur lesquelles peut s'exercer la pensée, ne sont pas tellement définies et limitées, qu'elles ne rentrent quelquefois les unes dans les autres. Ainsi, il n'est pas impossible qu'à l'occasion de politique, on parle de spectacles, de mœurs et d'arts. Les spectacles intéressent l'ordre public; les mœurs sont étroitement liées avec les lois; les arts se trouvent partout; nous vivons avec eux et par eux. En discutant les lois, il arrivera donc souvent qu'on parle des mœurs, des spectacles et de l'industrie. Il n'est guère de séance de la chambre des Députés, où l'on ne parle de l'instruction publique et de l'enseignement mutuel; du commerce, de ses progrès ou de sa décadence; de la nécessité alléguée par les uns, combattue par les autres, d'embrigader les arts et d'enlacer l'industrie dans les liens des corporations. En discutant dernièrement la loi sur les grains, chacun, comme à l'envi, s'efforçait de parler *agriculture.* Tout cela cessait-il d'être de la législation?

Je puis alléguer d'autres exemples. Je les prends dans cette enceinte même.

On occupe quelquefois, trop souvent peut-être, les tribunaux d'affaires politiques; leurs jugemens, pour cela, sont-ils autre chose que des jugemens? N'apportez-vous pas à la décision de ces sortes d'affaires, la même attention, le même scrupule, la même conscience, *la même indépendance surtout*, que dans les affaires ordinaires? En prononçant, pensez-vous *faire de la politique?* croyez-vous faire autre chose que *rendre la justice?*

Moi-même, en plaidant devant vous, quoique je parle de politique, parce que l'accusation m'y oblige, fais-je autre chose qu'accomplir mon ministère d'avocat?

Et si quelque arrêtiste est dans cette enceinte; qu'il inscrive les noms des prévenus, de leur accusateur et de leurs juges; qu'il prenne note des débats, qu'il recueille et publie le réquisitoire du ministère public et la défense que j'improvise; dira-t-on qu'il fait de la politique? son recueil cessera-t-il d'être un *recueil judiciaire?* son journal cessera-t-il d'être tout uniment *le journal du Palais?*

De même, le *Miroir* peut renfermer occasionellement quelques articles qui paraissent tenir à la politique, sans qu'il cesse pour cela de conserver son caractère propre.

Il a pu, par exemple, rendre compte des pièces de théâtre composées à l'occasion du baptême du duc de Bordeaux, sans cesser d'être le *journal des Spectacles?* Ces pièces cependant se rattachaient à un événement politique.

Le même journal a pu décrire les préparatifs des fêtes, sans cesser d'être le *journal des arts*, puisque tous les arts étaient appelés à y concourir.

Tant il est vrai que rien n'est plus fréquent que de voir un sujet rentrer dans un autre, sans que pour cela celui-ci cesse de conserver son caractère dominant et distinctif.

Autrement, j'ose le dire, il n'est pas d'ouvrage dont on ne pût dire qu'il est en partie consacré à la politique. L'almanach de Liége lui-même n'échapperait pas à la censure; car il renferme des *prédictions politiques*. Un grand roi mourra; il naîtra un grand prince; le nord dévorera le midi, etc., etc., etc. Et que dirons-nous de la partie anecdotique, des contes qui se trouvent à la fin?.... Toutefois, ce n'est toujours qu'un *almanach*.

Quant aux allusions, allégories, bons mots, anecdotes, qui se trouvent dans le *Miroir*, leur enlèvera-t-on le cachet de légèreté qui les distingue, pour leur imprimer le sombre et pesant caractère de *nouvelles et matières politiques*?

S'il en était ainsi, il faudrait se récrier, et dire avec Boileau :

Bientôt ils défendront de peindre la Prudence,
De donner à Thémis ni bandeau, ni balance,
De figurer aux yeux la Guerre au front d'airain,
Et le Temps qui s'enfuit une horloge à la main.

Les allusions sont à l'infini. On en faisait sous Louis XIV, dans *Britannicus*. Louis XIV ne s'en offensa point; il en profita, et sut se corriger.

Sous Napoléon, dans les pièces faites cent ans auparavant, on découvrait fréquemment des allusions ; aujourd'hui, de même ; et toute la littérature des gentilshommes de la Chambre ne saurait les prévenir : car ces allusions ne sont pas l'ouvrage du poëte ; elles sont l'ouvrage du public qui les crée inopinément, à la manière des accusations, par l'interprétation subite, et souvent peu réfléchie, qu'il leur donne.

Si les allusions pouvaient motiver des accusasions, je plaindrais les fabulistes. Toutes les fois qu'ils mettraient un lion en scène, on dirait qu'ils ont voulu représenter un roi. Ils ne pourraient pas parler d'un renard sans offenser un courtisan ; et, comme il n'est pas d'animal dont le naturel n'ait son correspondant dans le moral de l'espèce humaine, il n'est pas une fable qui ne pût donner matière à accusation.

Cependant, sous Louis XIV, aux plus beaux jours du pouvoir absolu, Lafontaine a pu dire :

> Notre ennemi, c'est notre maître.

Et, comme si cette phrase n'était pas assez claire, il ajoutait :

> Je vous le dis en bon français.

Quel champ pour l'accusation ! Et ces autres vers :

> Selon que vous serez puissant ou misérable,
> Les jugemens de Cour vous rendront blanc ou noir.

Quelle satire de la justice du temps !

Eh ! pourtant Lafontaine ne fut pas poursuivi ; il n'en fut pas moins appelé *le bon Lafontaine.* Tant il est vrai que le despotisme même, quand il est uni à quelque grandeur et qu'il entend ses véritables intérêts, évite de s'offenser des bagatelles, de peur de leur donner de l'importance !

N'est-ce pas, d'ailleurs, une grande erreur, de penser que la littérature ne puisse admettre d'allusions politiques ? On nous a cité les *lois de la presse* dans une cause qu'on s'efforce de rendre politique ; mais, comme il m'importe de lui conserver son caractère purement littéraire, qu'il me soit permis de faire intervenir ici le *législateur du Parnasse*.

Lisez Homère, nous dit Horace, vous y trouverez plus de politique et de philosophie que dans les ouvrages de Chrysippe et de Crantor.

Le poëme où il raconte cette guerre si longue, que l'amour de Pâris alluma entre la Grèce et Troye, contient les agitations insensées des peuples et des rois :

Stultorum regum, et populorum continet æstus.

Anténor veut qu'on coupe le mal dans sa racine, et que l'on rende Hélène ; mais Pâris, qui ne songe qu'à ses plaisirs personnels, et au bonheur dont il jouit sous son règne, n'y veut point consentir :

Quod Paris, ut salvus regnet, vivatque beatus,
Cogi posse negat.

Du côté des Grecs, Nestor tâche de terminer les querelles d'Agamemnon avec le fils de Pelée. Tous deux sont enflammés de colère...... Les résolutions des rois en délire retombent sur leurs peuples.....

Quidquid delirant reges, plectuntur Achivi.

Enfin, qu'on parcoure ce poëme, on y voit partout la sédition, la duplicité, le crime, la licence, l'emportement, les fautes et la fureur des deux partis.

Seditione, dolis, scelere, atque libidine, et irâ,
Iliacos intrà muros peccatur et ultrà.

Tel est le caractère qu'Horace assigne aux poésies d'Homère.

Dira - t - on qu'alors l'Iliade n'est plus un poëme? que c'est un ouvrage consacré en partie aux *nouvelles et matières politiques ?* faudra - t - il traduire Homère à la police correctionnelle ?.....

Admettre ces interprétations, ces traductions de la pensée, ce serait ressusciter la *doctrine de l'indirect.* Je sais bien que le ministère public n'a pas cessé d'y tenir. Mais il est certain que la législation actuelle a voulu l'interdire. Elle l'a rejetée pour des délits plus graves ; par exemple, celui d'attaque *contre l'autorité du Roi et des Chambres ;* elle a voulu que l'attaque fût *formelle,* afin d'exclure par-là toute interprétation. A plus forte raison donc cette méthode d'interpréter les mots pour en extraire un sens que les auteurs désavouent, ne peut être admise lorsqu'il s'agit d'une simple *contravention,* surtout d'une contravention à une loi d'exception qui, comme toutes les mesures odieuses, doit être restreinte, bien loin d'être étendue : *Odia restringenda.*

Voyons, au surplus, quelles sont ces interprétations.

(Ici Me Dupin reprend successivement tous les articles du *Miroir* signalés par le ministère public, et donne, sur chacun d'eux, des explications dont voici les principaux traits.)

Le premier article qui a excité le courroux du ministère public est une *romance piémontaise.* Mais, Messieurs, cette pièce n'appartient-elle pas évidemment à la littérature? Lors même qu'elle exprimerait des idées patriotiques, ne serait-ce pas toujours de la poésie? Le *cùm recordaremur Sion* des Juifs, les Messéniennes, les Odes de Pindare, les vers sur Parga, ne renferment-ils pas des sentimens patriotiques? et, dans tous les temps, le plus noble emploi de la poésie ne fut-il pas d'enflammer les cœurs du saint amour de la patrie?

Si nous examinons de plus près la romance qu'on accuse de politique, nous verrons que tout le mal qu'on prétend y trouver est l'œuvre de l'interprétation. Cette romance était écrite en langue piémontaise; on l'a traduite dans la langue de l'accusation. Là,

Tout prend un corps, une âme, un esprit, un visage.

Térésina ne signifie plus une jeune fille, ce sera le Piémont; l'*odieux Tédesco* désignera l'ancien gouvernement; son *bien-aimé*, ce sera la constitution des Cortès; et c'est ainsi qu'on travestit en poëme séditieux un chant plein de douceur et de délicatesse, qui n'exprime que les sentimens d'un jeune amant qui réclame la préférence sur un insupportable Géronte.

Le deuxième article est relatif aux arts. On s'y plaint de la *baraque* qui, réunie aux fiacres et aux cabriolets, obstrue tellement la place des Victoires, *qu'à vrai dire, nous n'avons plus de place des Victoires.* Eh bien ! l'existence de cette baraque est un fait public ; l'encombrement de la place est de notoriété. C'est, dit-on, un *sarcasme politique !* Mais le mot est créé pour l'accusation ; ce n'est pas là l'expression légale. La loi n'a pas mis les *sarcasmes* au rang des délits ; elle ne parle que des *nouvelles* et *matières politiques.* A cette occasion, on impute aux prévenus de regretter la guerre, et de ne pas se montrer assez sensibles aux douceurs de la profonde paix dont nous jouissons. Oublie-t-on donc que ce titre de *place des Victoires* date du siècle de Louis XIV, qui y avait fait représenter les *nations enchaînées ?* Peut-être est-ce ce monument qu'on reconstruit !...

Parapluie militaire. Tel est le titre du troisième article. Les auteurs du *Miroir* supposent que l'on a mis à l'*ordre du jour* d'un régiment que chaque officier eût à se munir d'un *parapluie uniforme.* Si ce fait était vrai, ce serait un *article de mœurs* qui servirait à caractériser les habitudes militaires de cette époque ; mais si ce n'est qu'une plaisanterie, ce n'est pas une nouvelle politique. Il en sera de ce conte comme de l'assertion que les soldats du pape montent la garde avec un parasol. C'est un conte pour rire, dont il faut se contenter de rire en effet.

Mais voici un article plus sérieux ; c'est l'article *Brioche.* En soi, ce n'est qu'un article de pâtisserie. Dans le sens de l'article, c'est l'explication d'une façon de parler : cela rentre ainsi dans l'objet du journal. Qu'est-ce que *faire une brioche ?* Telle est la question que se fait le rédacteur de l'article, et qu'il faut résoudre pour savoir si l'accusation est fondée. On en donne plusieurs exemples. « L'improvisation, dans « une mauvaise cause, est fertile en brioches. » Rien de plus vrai ; et si ma cause était moins bonne, j'en pourrais faire tout comme un autre. Mais, dans tout cela, qu'y a-t-il de relatif à la politique? — Oh! l'on termine par rappeler que : « lorsque, il y a quelques « années, à propos du pain bénit, un ancien seigneur « s'écria au milieu de l'église : *Sacristain! apporte;* « c'était une vraie brioche. » Ce n'est pas là une *nouvelle*, car il y a long-temps qu'on a raconté cette anecdote, et que la caricature même s'en est emparée. Ce n'est pas non plus une *matière politique;* c'est un ridicule dont on se moque à propos du mot *brioche*, comme rentrant un peu dans ce sujet.

On prétend que cet article est une attaque *contre les anciens seigneurs*, comme si la vraie noblesse (aujourd'hui réduite à ses titres) pouvait se croire solidaire avec l'impertinence féodale dont l'un de ses membres aurait donné l'exemple, et le ridicule suranné dont il aurait fourni le modèle !

Que ne dit-on pas des marquis au théâtre, dans des pièces faites pourtant sous l'ancien régime! Tout cela rentre dans la partie du journal qui traite des *mœurs*.

—*La Quotidienne !* On répond à un article de la *Quotidienne*, relatif au joujou appelé *Émigrant*, et l'on prétend que la réponse du *Miroir* est une réponse politique, parce que, dit-on, l'article de la *Quotidienne* était un article politique. — Mal raisonné : car

c'est supposer qu'on répond toujours à la question,
ce qui n'est pas vrai; ou qu'on ne peut pas être dans
la question en ne répondant pas à la *Quotidienne*, ce
qui n'est pas plus exact. Le fait est que le *Miroir* ne
parle que d'un *joujou*.

Petites-Maisons. Peuples pendus.—Pures plaisanteries, sur lesquelles tout commentaire serait superflu.
Il suffit de les lire, et d'en rire. (L'avocat les lit,
et l'on rit en effet.)

Madame Catalani. — Cet article est important. Il
faut le citer en entier. « On assure que Madame Ca-
« talani est attendue ces jours-ci à Paris. On sait
« qu'elle chante partout au profit des pauvres. Si elle
« veut chanter au profit d'une pauvre administration,
« nous nous chargeons de lui en indiquer une. »
Quoi! madame Catalani et ses concerts, voilà de la
politique! Mais n'est-il pas évident que, dans cet article, il n'y a pas un mot qui ne se rapporte aux arts
et aux représentations théâtrales? Les mots *pauvre
administration* désignent évidemment l'Opéra, mis
instantanément sur le pavé, resserré ensuite dans un
local trop étroit, où les recettes étaient loin d'égaler
les dépenses, ce qui constitue éminemment la pau-
vreté des comédiens. Au lieu de ce sens si naturel,
le ministère public veut absolument que, par ces
mots : *pauvre administration*, on entende l'administration des affaires publiques? C'est une injure
grave que mes cliens ne se sont point permise, une
intention qu'on leur prête, et qu'ils n'ont pas eue;
le ministère public seul fait ici au gouvernement,
qu'il croit défendre, une application injurieuse d'une

34

épigramme que l'interprétation a trouvée dans une phrase tout innocente. Quant à moi, si l'on faisait mon portrait en l'accompagnant de signes qui ne m'appartinssent pas, je n'aurais garde m'y reconnaître, et je romprais avec l'imprudent ami qui se serait permis de voir mes traits dans une ignoble caricature.

Il n'y a pas de politique dans l'article, mais il y a de l'impolitique dans l'accusation.

Théâtres de l'autre monde. — Les rédacteurs du *Miroir* supposent que l'on donne des représentations théâtrales dans l'empire des morts. Ils ont le droit de parler des spectacles qu'offre ce monde-ci; pourquoi leur serait-il défendu de parler de l'autre? Le Dante a mis ce qu'il a voulu dans son enfer; il n'en a exclu que l'espérance. Lucien établit des dialogues entre les morts; Fontenelle et Fénélon ont aussi employé ce genre de fiction. Le sixième livre de l'Énéïde nous transporte dans le royaume de Pluton [1]. Croyez-moi, Messieurs, votre juridiction n'est pas de l'autre monde. Vous avez assez à faire dans celui-ci.

Le n° 65 du *Miroir* renferme plusieurs définitions de mots, sous le titre d'*Extrait d'un vocabulaire inédit des gens du monde.* N'est-il pas dans les *mœurs* de coter les abus qu'on fait de la signification des mots? N'est-ce pas un sujet d'ailleurs éminemment *littéraire?* Pour vous en convaincre, je me contenterai de vous lire l'explication donnée sur le mot *politique.* « POLITIQUE. *Parler politique.* Cette locution

---

[1] On y retrouve aussi l'homme *en us*, dont parle *le Miroir*:

Tu Marcellus eris !

« n'eût pas été comprise à Athènes; car, au lycée, on
« parlait *sur la politique*, et non pas *politique*. Nous
« serions trop heureux si nos maîtres en fait *de po-*
« *litique* ne faisaient que des fautes de langue. »
Pour justifier cet article, il suffit de lire le titre du
journal : *Miroir des spectacles, des lettres, des mœurs
et des arts.*

Le ministère public a déclaré qu'il abandonnait
l'article où il est question d'un monsieur dont le nom
finit en *us*. Il a bien fait, sans doute; car il n'y a rien
là qui appartienne *aux nouvelles et matières poli-*
tiques. Mais cet abandon, avant même qu'aucune
contradiction se soit élevée, prouve avec quelle légèreté l'accusation a été conçue. Il n'y avait qu'un
moyen d'en sortir, c'était d'abandonner le tout.

Pavillons étrangers. — On n'a relevé que cette
expression; mais on ne vous a pas lu l'article. C'était
par prudence; car, vous allez voir que cet article
est uniquement relatif aux arts. On rend compte de
divers tableaux dont se compose le *théâtre de la ga-*
lerie du Panorama cosmo-mécanicos, et l'on dit : «Le
« second tableau représentant le port de *Cette*, d'après
« Vernet, laisse beaucoup à désirer pour l'exécution
« des effets de marine : les vaisseaux sont trop près
« du spectateur; les saluts de trois coups de canon
« ne retentissent pas assez long-temps; M. Henri au-
« rait dû nous montrer un vaisseau *pavoisé*; il y a
« beaucoup de gens à Paris qui aimeraient à voir des
« pavillons étrangers. »

Je ne vois là, Messieurs, que des réflexions naturelles, et que le journal des arts ne pouvait pas s'em-

pêcher de faire. Ici, ce sont des conseils sur la mé-
canique; là, des avis sur la perspective; et, dans la
partie incriminée, des réflexions sur un agrément à
ajouter au spectacle que M. Henri offre au public.
On l'engage à représenter un bâtiment pavoisé, cette
espèce de décoration de fête étant presque inconnue
aux Parisiens : mais les bâtimens se pavoisent avec
des pavillons de toute espèce; les *pavillons étrangers*
y figurent aussi, et fixent bien plus les regards que
les pavillons de signaux; car ils sont d'une dimension
au moins quadruple; ils sont placés dans les endroits
les plus apparens; et sont le principal ornement de la
décoration du pavois. Les Parisiens ne connaissent
guère ces pavillons; ils peuvent vouloir les connaître;
on engage le mécanicien à les leur montrer, et voilà
le fait simple sur lequel repose tout l'échafaudage de
l'accusation! Une discussion plus longue sur cette
matière serait superflue.

Dans le n° 68, on lit : « L'*Écho du Nord*, du 20
« de ce mois, contient un article de vingt-une lignes
« de points : ce n'est pas le moins piquant de cette
« feuille. » —Comment a-t-on pu voir là de la politique? N'est-ce pas évidemment un trait ironique
lancé contre l'*Écho du Nord?*

Le n° 70 renferme une lettre prétendue écrite par
un abonné qui, après avoir cité la chanson si connue :

> Tous les bourgeois de Châtres
> Et ceux de Montlhéry,

raconte une anecdote un peu moins répandue. Il
explique comment le pays autrefois appelé *Châtres*,

a fini par s'appeler *Arpajon*. Le nom de *Châtres*
déplaisait à la femme du seigneur, et elle désirait y
substituer celui d'*Arpajon*. « Le duc, son mari, avait
« imaginé, pour y parvenir, un moyen assez plai-
« sant. Il demandait à chaque vilain qu'il rencontrait:
« Où vas-tu? et donnait un écu à ceux qui répon-
« daient : A *Arpajon*, et un coup de pied dans le der-
« rière à ceux qui disaient *Châtres*. Je ne cite, au
« surplus, cette anecdote, etc., etc. »

Ainsi, vous le voyez, le moyen était en effet *assez*
plaisant. Mais il est évident que l'anecdote n'a *rien*
de politique. On veut voir là une attaque contre la
noblesse ; j'ai déjà répondu à une accusation du même
genre à l'occasion du mot *brioche*. Il est inutile d'y
revenir.

Autre grief.

« Un journal contenait hier un *article nécrolo-*
« *gique* sur un chef d'escadron qui, pendant une durée
« de soixante ans de service, n'a tiré qu'un seul coup
« de fusil, et trouvé qu'une occasion de se signaler ;
« encore était-ce contre la bête du Gévaudan. »

Pour le coup, c'est là de la politique ; on se moque
de l'armée, ou tout du moins des officiers. — Non,
Messieurs, c'est tout uniment une satire de mœurs.
On critique ces *articles nécrologiques* dont certains
journaux abondent depuis quelque temps ; ces articles,
où les sujets les plus obscurs sont transformés en personnages historiques ; où l'on remarque comme une
chose surprenante, qu'avant la révolution, le défunt
a servi dans tel régiment, qu'il a passé six mois dans
telle garnison ; où l'on s'efforce, en un mot, de don-

ner de l'importance aux plus minces détails, et où l'on entreprend de faire une vie avec ce qui n'est réellement qu'une mort. Sous un autre point de vue, cette critique est encore littéraire. Boileau lui-même a dit :

> Faites choix d'un héros propre à m'intéresser.
> On s'ennuie aux exploits d'un conquérant vulgaire.

Enfin, Messieurs, reste un dernier article que le ministère public a gardé pour la fin, comme étant le plus important de tous; c'est l'article des *petits pâtés*. (Rire général.) Voici le texte du journal : « Vingt-« cinq mille petits pâtés viennent d'être confectionnés « à Saint-Lazare; ils sont destinés aux indigens qui « manquent de pain. »

A ce sujet, vous vous rappelez avec quelle chaleur M. l'avocat du Roi s'est élevé contre les prévenus, auxquels il a reproché de voir avec un œil d'envie *les malheureux se nourrir d'un mets plus succulent; la joie momentanée de l'indigent ulcère leur cœur*, etc., etc.

Messieurs, cette attaque contre les intentions supposées de mes cliens a dû m'étonner. Le ministère public a totalement oublié que son action n'est pas dirigée contre le fond des articles. Il faut bien qu'ils aient paru irréprochables, puisqu'on n'a pas cru devoir les attaquer. Il s'agit uniquement de savoir si cet article est un article de politique.

Or, il est évident, Messieurs, que ce n'est qu'une pure plaisanterie. Je ne prétends pas qu'elle soit bonne; j'affirme même qu'elle n'est pas neuve; car personne n'ignore ce mot de Louis XV enfant. En se promenant avec son précepteur, il rencontra un pauvre qui demandait l'aumône, disant : *Je n'ai pas de pain.* « Comment, s'écria le jeune prince, ce pau-« vre homme n'a pas de pain! eh! que ne lui donne-« t-on de la croûte de pâté ? »

Quant à l'intention coupable qu'on suppose aux prévenus, elle est hautement démentie par cet autre article de leur journal qui se trouve dans le numéro qui suit immédiatement : « Tous les théâtres de Paris, « disent-ils, donneront des pièces de circonstance, à « l'occasion du baptême du duc de Bordeaux. De leur « côté, les douze arrondissemens doivent distribuer, « en secours extraordinaires, une somme considé-« rable *aux indigens.* Quel que soit l'éclat des autres « divertissemens, *la bienfaisance est le plus bel or-« nement des fêtes publiques.* »

Tel est le langage de ces hommes dont le cœur s'irrite en voyant la joie momentanée du pauvre !

Et, du reste, qu'on ne dise pas qu'ils sont sortis des bornes de leur journal, en parlant des *fêtes publiques;* elles constituent éminemment ce qu'on entend par *spectacles :* c'est le plus magnifique de tous, quand la joie qui brille sur les visages est unanime. Les *moralistes* y trouvent le sujet de sérieuses observations, et les poëtes eux-mêmes ont le droit d'en dire leur sentiment. Juvénal nous peint ce peuple romain qui autrefois distribuait les couronnes et les empires, les honneurs des faisceaux et le commandement des légions, concentré désormais en lui-même, et n'ambitionnant plus que deux choses, du pain et

les jeux du cirque, *panem et circenses*. Juvénal ne
fut pas poursuivi pour ces vers; et il n'eût probablement jamais été exilé, s'il n'eût médit que des Romains, et qu'il n'eût pas irrité l'un des musiciens de
Néron.

Le commentaire de cette éloquente critique a été
fait sous Napoléon, à une époque où l'on venait de
voir les fêtes du mariage, et où les soldats, au nombre
de plusieurs milliers, avaient été fêtés aux Champs-
Élysées. L'auteur n'a pas été traduit en police correctionnelle.

On devait bien moins encore faire un procès de ce
genre aux auteurs du Miroir, puisque à l'exception
de la plaisanterie qu'ils se sont permise sur les *petits
pâtés*, plaisanterie qui, en soi, n'avait rien d'offen-
sif, leur journal entier a été consacré pendant plusieurs jours à faire valoir, ainsi qu'ils le devaient,
les vers et les couplets de circonstance chantés sur
les théâtres de la capitale.

(Après avoir ainsi répondu à tous les articles du
réquisitoire, dans une plaidoirie qui a duré près de
deux heures, Me Dupin termine par les réflexions
suivantes :)

Si la loi actuelle n'est pas assez générale, dit-il,
que le ministère en propose une dont les dispositions
soient plus étendues. Qu'on y comprenne ce qu'on a
appelé le *sarcasme politique*, les contes, les anecdotes; que les bons mots eux-mêmes soient soumis à
la censure. Mais, jusque-là, repoussons la funeste
doctrine des extensions et des interprétations. Continuons de penser que la plaisanterie est restée dans le

domaine des Français, et qu'il leur est encore permis
de rire.

Il est évident sans doute que le Miroir n'est point
un journal consacré, en tout ou en partie, *aux nouvelles et matières politiques.* Pourquoi donc ce procès ? C'est la guerre déclarée aux lettres et à ceux
qui les cultivent : on ne veut laisser aucune issue à
la pensée. Chez les Grecs et les Romains, les esclaves
même et les affranchis pouvaient s'envelopper du
voile de l'apologue : Ésope et Phèdre n'ont point été
mis en jugement! Et, de nos jours, sous le roi le plus
lettré qui jamais ait régné sur la France, voilà, en
moins d'un an, cinq académiciens traduits, soit à la
Cour d'assises, soit à la police correctionnelle !

Cependant, dans le dessein même qu'on a de déta-
cher les Français des matières politiques, on devrait
encourager un journal entièrement voué à la littérature et aux arts. On devrait affecter plus de confiance
en soi-même, et ne pas se montrer timide, au point
de redouter l'effet de quelques plaisanteries, qui,
comme les épigrammes de Martial, ne sont ni toutes
bonnes, ni toutes mauvaises; mais qui toutes certainement sont étrangères à ce qu'on peut raisonnablement appeler *politique*, et indifférentes à la sûreté de
l'État, autant qu'à la gloire du prince, et même au
repos de ses ministres.

JUGEMENT DU TRIBUNAL.

Du 18 mai 1821.

« ATTENDU que le journal intitulé le *Miroir,* ne présente

pas dans son ensemble les caractères qui, d'après la loi du 31 mars 1820, pourraient le faire soumettre à la censure ;

« Que si quelques-uns de ses articles offrent des allusions et des critiques qui peuvent paraître étrangères aux sujets que les auteurs avaient annoncé devoir traiter, *ces allusions et ces critiques, dont le sens est détourné, et ne peut s'induire que par interprétation, ne suffisent pas pour faire considérer ce journal comme consacré, en tout ou en partie, aux nouvelles et aux matières politiques :*

« Le tribunal renvoie les éditeurs des poursuites dirigées contre eux. »

Ce jugement a été confirmé sur l'appel.

PROCÈS DE BÉRANGER.

Arrêt du 8 décembre 1821.

Nous devons rendre grâce aux lois de la censure. Lorsqu'elles n'existaient pas, on s'en rapportait aux journaux du soin de rendre compte des débats judiciaires, et de saisir au hasard quelques morceaux détachés des plaidoiries.

Ces *analyses*, faites du moins avec une entière liberté, contentaient le public; il y voyait la défense à côté de l'attaque, et comme il avait, sinon une idée complète, au moins une idée juste et impartiale du procès, il n'en demandait pas davantage.

Mais du moment que la censure, usant d'une prédilection exclusive pour les *réquisitoires*, eut pris soin d'effacer dans tous les journaux ce qui avait trait à la *défense* des parties, le public, qui ne lisait plus, même par extraits, les plaidoyers des avocats, se montra curieux de les lire en entier; et ce fut en même temps une nécessité pour les accusés d'en favoriser la publication, afin qu'on sût au moins quels avaient été leurs moyens de justification.

Tel est le double motif auquel une élégante préface nous apprend que nous sommes redevables du *procès fait aux chansons de Béranger*, joli volume imprimé chez les frères Baudouin, du même format que les *Chansons*, et avec cette épigraphe[1], extraite des chansons même de Béranger :

> Si l'on ne prend garde aux chansons,
> L'anarchie est certaine.

Ce procès, rendu si piquant par le nom de l'auteur, par le sujet de l'accusation, la réputation littéraire du magistrat

---

[1] Celle qui se trouve en tête du plaidoyer de M⁀ Dupin est encore

qui devait la soutenir, et le talent tant de fois éprouvé de l'avocat chargé de la combattre, avait attiré une foule immense qui s'était encore accrue par l'imprudence qu'on avait eue de ne pas faire garder les avenues de la salle. Elles se trouvèrent obstruées au point que, pour ne pas exposer à des violences les hommes et les femmes qui avaient résisté à toutes les sommations de se retirer, M. le président de la Cour d'assises et l'un des conseillers furent obligés d'entrer *par la fenêtre*, dans la salle d'audience.

M. de Marchangy, dans un plaidoyer parfaitement écrit, développa le système de l'accusation, qui roulait : 1° sur le délit d'outrage aux bonnes mœurs; 2° d'offense envers la personne du Roi; 3° de provocation au port public d'un si ;ne extérieur de ralliement non autorisé par le Roi.

Mᵉ Dupin lui répondit sur-le-champ : il ne faut pas chercher dans son plaidoyer le même poli d'expression; une improvisation n'admet guère le précieux du style, surtout

plus heureusement trouvée, et mérite d'être conservée ici, tant elle vient bien au sujet :

.... Ab hoc viro etiam profecta dicitur decantata illa cantilena.... ad Belgas, tyrannide Albani oppressos, edita. Quæ quidem cantilena, ita scitè facta, ita concynnis rhythmis modulisque suis est attemperata, ut plebis animos mirè ad libertatis patriæ amorem excitaverit. In hoc igitur Sanctus Aldegondius se alterum quasi Tyrtæum, toties à Platone laudatum, ostendit. Nam cùm principis fortissimi (nempè Guillielmi Nassavii Belgarum liberatoris) laudes, hortamenta virtutis, damnorum solatia, salutariaque consilia contineat, magnum ardorem defendendi patriam libertatem populi injecit : adeò ut nihil illis temporibus convenientiùs prodiisse judicare liceat.

(Verheiden, Elog. Sancti Aldegondii, *in elog. aliquot theologorum*, p. 145.)

Verheiden (dans l'Éloge de Philippe de Marnix, plus connu sous le nom de St.-Aldegonde) cite particulièrement sa chanson *aux Belges opprimés* par la tyrannie du duc d'Albe : Chanson si bien faite, dit-il, et dont les paroles allaient si bien avec l'air, qu'elle excita puissamment, dans l'esprit du peuple, l'amour de la liberté. En cela, le chansonnier moderne se montra le digne émule de Tyrthée que Platon célèbre en plusieurs endroits de ses ouvrages. En effet, l'éloge que le poëte fait du libérateur de la nation, les exhortations au courage, les consolations du passé, et les salutaires conseils qu'il y donne pour l'avenir, jetèrent dans l'âme des citoyens une grande ardeur de défendre le nouveau gouvernement et la liberté. C'est au point qu'on ne trouve rien de plus remarquable et de plus à propos parmi toutes les pièces du temps.

de la part d'un orateur dont le caractère se distingue principalement par la vigueur des pensées et la fougue des mots.

Cependant on fut agréablement surpris de voir un jurisconsulte ordinairement si grave, accoutumé à discuter sur des clauses d'actes et des textes de la loi, prendre successivement tous les tons qui convenaient au sujet : et se montrer également habile, également supérieur, soit qu'il cherchât à se concilier l'auditoire par un exorde gracieux ; soit qu'il appelât l'intérêt sur son client par un exposé de faits où l'éloge du poëte était adroitement glissé ; soit que parcourant les différentes phases de l'accusation, il en fît ressortir tantôt la futilité, et tantôt les contradictions ; soit qu'enfin arrivant à la discussion, il montrât que les questions les plus élevées, les réflexions les plus fortes pouvaient s'allier dans cette cause, à tout ce que la littérature a de plus léger, l'ironie de finesse, l'expression de piquant, quelquefois même de satirique, sans jamais blesser aucune convenance et en gardant sévèrement toutes les règles du goût.

Un morceau qui produisit beaucoup d'effet est celui où l'orateur, feignant de citer Milton, trace le tableau de la situation des différens peuples. Chacun y fut trompé ; on fut seulement frappé du rapprochement que cette peinture offrait avec les événemens les plus récens ; tels que les attroupemens des radicaux ; le licenciement de notre armée ; les restrictions apportées à l'enseignement dans divers pays de l'Europe ; l'invasion de Naples et de la Sicile par les Autrichiens ; l'insurrection des Grecs ; la guerre des Perses contre les Turcs ; les Russes sur le Pruth. Mais il est de fait que cette revue des différens peuples n'est pas dans l'auteur du Paradis Perdu : et ce n'est pas une petite gloire pour un orateur que d'avoir pu faire douter s'il ne traduisait pas en ce moment un des plus grands poëtes !

Si M. Béranger ne fut pas entièrement acquitté, il ne fut du moins condamné qu'au minimum de la peine, trois mois d'emprisonnement, et à une amende de 500 fr. dont il fut amplement dédommagé par la vente de son *Procès*, dont trois mille exemplaires furent promptement débités.

Mais de cet incident même naquit un *second procès*. En effet Béranger, pour faire ressortir davantage l'injustice de la censure à son égard, avait déclaré dans sa préface qu'il imprimerait tout, non-seulement ce qui était pour, mais aussi ce qui était contre ; non-seulement le plaidoyer de son avocat, mais même *l'arrêt de renvoi*. Et de fait cet arrêt se trouvait *imprimé textuellement*, à la fin du volume, parmi les *pièces justi-*

ficatives, titre assez plaisant si l'on fait attention que ces pièces dites *justificatives* ne comprennent que le *réquisitoire* du ministère public, l'*ordonnance* de la chambre du conseil, et l'*arrêt* de renvoi.

Or, dans cet arrêt, se trouvaient tous les couplets *incriminés*, qui avaient fait la matière du premier procès. On vit là un fait de *réimpression de l'écrit condamné;* et Béranger se vit une seconde fois traduit à la Cour d'assises, et menacé sans rémission du maximum de la peine, comme coupable de *récidive*.

Il fut encore dans cette circonstance défendu par Me Dupin, qui soutint pour lui en point de droit, que Béranger devait être réputé n'avoir *imprimé que l'arrêt de la Cour* sans examiner si cet arrêt était en prose ou en vers, et s'il contenait ou non des chansons.

Béranger cette fois fut entièrement acquitté de l'accusation. (Arrêt du 15 mars 1822.)

Ce *second procès* a été imprimé de même que le premier, en 1 vol. in-36.

Nous ne reproduisons pas ici le plaidoyer de Me Dupin, parce qu'il ne s'agissait dans cette nouvelle affaire que d'un point de droit que ce jurisconsulte a rattaché depuis à l'ouvrage qu'il a publié sous le titre de *jurisprudence des arrêts*, dans une section additionnelle, intitulée *de la publication et de l'impression des arrêts*.

PLAIDOYER

POUR J.-P. DE BÉRANGER.

MESSIEURS LES JURÉS,

UN homme d'esprit a dit de l'ancien gouverne-
nement de la France, que c'était *une monarchie
absolue tempérée par des chansons.*.

Liberté entière était du moins laissée sur ce point.

Cette liberté était tellement inhérente au caractère
national, que les historiens l'ont remarquée. — « Les
Français, dit Claude de Seyssel, ont toujours eu
licence et liberté de parler à leur volonté de toute
sorte de gens, *et même de leurs princes,* non pas
après leur mort tant seulement, mais encore de leur
vivant et en leur présence [1]. »

---

[1] Claude de Seyssel, archevêque de Turin, auteur d'une
bonne *Histoire de Louis XII* et du livre de la *Monarchie
française.* Il est très-remarquable que dans ce livre, imprimé
en 1519, l'auteur met *le Parlement au-dessus du Roi.*

Chaque peuple a sa manière d'exprimer ses vœux, sa pensée, ses mécontentemens.

L'opposition du taureau anglais éclate par des mugissemens.

Le peuple de Constantinople présente ses pétitions, la torche à la main.

Les plaintes du Français s'exhalent en couplets terminés par de joyeux refrains.

Cet esprit national n'a pas échappé à nos meilleurs ministres ; pas même à ceux qui, d'origine étrangère, ne s'étaient pas crus dispensés d'étudier le naturel français.

Mazarin demandait : Eh bien ! que dit le peuple des nouveaux édits? — Monseigneur, le peuple chante. — *Le peuple cante*, reprenait l'Italien, *il payera :* et satisfait d'obtenir son budget, le Mazarin laissait chanter.

Cette habitude de faire des chansons sur tous les événemens, même les plus sérieux, était si forte et s'était tellement soutenue, qu'elle a fait passer en proverbe qu'en France, *tout finit par des chansons.*

La Ligue n'a pas fini autrement : ce que n'eût pu faire la force seule, la satire Ménippée l'exécuta [1].

Que de couplets vit éclore la Fronde ! les baïonnettes n'y pouvaient rien.

> Au qui vive d'ordonnance
> Alors prompte à s'avancer,
> La chanson répondait, *France !*
> Les gardes laissaient passer.

Aujourd'hui qu'il n'y a plus de *monarchie absolue,*

---

[1] .... *Ridiculum acri*
Fortiùs ac meliùs magnas plerumque secat res.

mais un de ces gouvernemens nommés *constitution-nels*, les ministres ne peuvent pas supporter la plus légère opposition; ils ne veulent pas que leur pouvoir soit tempéré, *même par des chansons !*

Leur susceptibilité est sans égale... Ils n'entendent pas la plaisanterie... et sous leur domination, il n'est plus vrai de dire : *tout finit par des chansons*, mais tout finit par des procès.

Nous allons donc plaider.

Les chansons de M. Béranger sont déférées aux tribunaux...

M. l'avocat-général a fait de ces chansons le plus grand éloge auquel leur auteur pût aspirer : il a prétendu que ce n'étaient point de véritables *chansons*, mais des *odes*.

Il est vrai qu'il n'a vu là qu'une altération du genre : à l'en croire, on ne devrait regarder comme chansons proprement dites, que les Pont-Neuf et les couplets de pure gaieté : nous, au contraire, nous trouvons ici un perfectionnement qui tient, pour les chansons comme pour tout le reste, à l'élan général de tous les esprits.

Oui, j'en conviendrai, les chansons de Béranger ne sont pas des *vers à Chloris ;* plusieurs d'entre elles s'élèvent jusqu'à l'ode : excepté quelques rondes consacrées au vin et à l'amour, notre poëte célèbre plus volontiers la bravoure, la gloire, les services rendus à la patrie, l'amour de la liberté !...

Un auteur, dit-on, se peint dans ce qu'il écrit.

Nous trouvons le caractère de Béranger dans ses

35

ouvrages : indépendant par caractère; pauvre par état; content à force de philosophie; n'attaquant que le pouvoir et ses abus; et, du reste, pouvant dire de lui ce que bien peu de gens aujourd'hui pourraient dire d'eux-mêmes : *Je n'ai flatté que l'infortune.*

Sa première chanson politique fut le *roi d'Yvetot...* Cette chanson, dirigée contre Napoléon au plus haut point de sa puissance, eut une grande vogue à Paris, surtout au faubourg Saint-Germain, où l'on avait du moins conservé le courage de rire à huis-clos.

Napoléon qui savait bien, a-t-on dit, que *du sublime au ridicule, il n'y a qu'un pas;* Napoléon eut le bon sens de ne pas se reconnaître dans cette chanson. L'auteur ne fut pas poursuivi par les procureurs, alors impériaux, *aujourd'hui royaux;* il ne fut pas même destitué par l'université, tout impériale qu'elle était.

Les chansons de Béranger s'étaient accrues au point de former un volume. En novembre 1815, le sieur Poulet, imprimeur, fit à la direction de la librairie la déclaration qu'il allait les imprimer sous le titre de *Chansons morales et autres.*

Elles parurent et n'excitèrent aucune poursuite en 1815; la fureur même de 1816 ne produisit aucun réquisitoire; et l'auteur continua de garder sa place.

De nouvelles chansons sont venues depuis augmenter les premières, et fournir la matière d'un second volume. Le premier était épuisé : les pièces composées récemment étaient dans toutes les mémoires et dans toutes les bouches; on pressa l'auteur de donner une édition complète.

On a cru faire un grand reproche à Béranger, en appelant cela une *spéculation;* et en prétendant d'ailleurs que la souscription n'avait été remplie que par *des amis.*

Je répondrai d'abord, avec Boileau, qu'un auteur, et surtout un auteur destitué de place et de pension,

> Peut sans honte et sans crime,
> Tirer de son travail un profit légitime;

et j'ajouterai, pour repousser la dernière partie de l'objection, qu'au lieu de blâmer, il faudrait féliciter de son rare bonheur l'homme accusé qui compterait ses amis au nombre de dix mille!

Dans cette nouvelle édition (dont le premier volume n'est qu'une exacte réimpression de celui de 1815), on remarque un assez grand nombre de chansons politiques. On peut citer principalement celles-ci :

La Requête présentée par les chiens de qualité, pour qu'on leur rende l'entrée libre au jardin des Tuileries :

> Puisque le tyran est à bas,
> Laissez-nous prendre nos ébats.

La *Censure,* qui intervient si puissamment dans le récit des accusations pour délits de la presse, et qui ne permet pas même d'imprimer textuellement les arrêts de la Cour, quand ces arrêts lui déplaisent :

> Que sous le joug des libraires,
> On livre encor nos auteurs,
> Aux censeurs, aux inspecteurs,
> Rats de cave littéraires ;
>   Riez-en avec moi.

> Ah ! pour rire
> Et pour tout dire,
> Il n'est pas besoin, ma foi,
> D'un privilége du roi.

Le ventru, ou *Compte rendu de la session de* 1818 *aux électeurs du département de* ***, *par M.****, chanson devenue européenne :

> Quels dînés,
> Quels dînés
> Les ministres m'ont donnés !
> Oh ! que j'ai fait de bons dînés !

Le Dieu des bonnes gens ; morceau sublime où l'auteur a véritablement atteint à ce que l'ode a de plus élevé :

> Un conquérant, dans sa fortune altière,
> Se fit un jeu des sceptres et des lois ;
> Et de ses pieds on peut voir la poussière
> Empreinte encor sur le bandeau des rois.
> Vous rampiez tous . . . .

Le Vilain, le Marquis de Carabas, l'Alliance des peuples, le vieux Drapeau ; et, plus que tout cela, *les Missionnaires, les Capucins* et jusqu'*aux Chantres de paroisse.*

Enfin, et de même que le lion malade, avouant toutes ses peccadilles, disait, à la dernière extrémité...

> Même il m'est arrivé quelquefois de manger
> Le berger ;

Béranger doit le confesser aussi ; il a chansonné les ministres...; et même, il faut bien l'avouer encore, il n'a pas épargné quelques-uns des gens de robe qui se sont le plus signalés contre les écrivains par la *doctrine subtile des interprétations...*

On éprouve parfois des pressentimens involontaires. L'auteur ne se dissimulait pas le danger auquel il s'exposait; il en parlait, mais en riant, selon sa coutume.

Tel est le sujet de sa chanson intitulée : la *Faridondaine*, ou *la Conspiration des chansons.*

Il y met en scène un homme de police, auquel il recommande de tout explorer, dénoncer, interpréter. Surtout, lui dit-il,

> Surtout transforme avec éclat,
>   La faridondaine
>   En crime d'État.
> Donnons des juges sans juri,
>   Biribi,
> A la façon de barbari,
>   Mon ami.
>
> Si l'on ne prend garde aux chansons,
>   L'anarchie est certaine.

Enfin, il se disait à lui-même :

> J'ai trop bravé nos tribunaux [1].

En effet, il ne devait pas tarder à y être traduit.

Le 27 octobre 1821, Béranger est dénoncé par le *Drapeau blanc.* Son redoutable rédacteur gourmande les magistrats : « S'il n'y pas eu *connivence,* dit-il, « on ne peut du moins s'empêcher de remarquer « l'étrange irréflexion de l'autorité *répressive.* »

Dès le surlendemain (29 octobre) réquisitoire au

---

[1] . . . . Dans leurs dédales infernaux,
J'entends Cerbère et ne vois point Minos.

parquet. La saisie des exemplaires est ordonnée; mais heureusement pour l'auteur, les *dix mille* avaient fait *retraite;* la police n'en put arrêter que quatre.

Il n'y avait encore qu'un simple réquisitoire; mais comme, d'après la jurisprudence introduite sous le ministère actuel, tout homme dénoncé est nécessairement coupable, on débuta par priver M. Béranger de son emploi.

Je pourrais ici m'élever contre cet injuste système du ministère actuel, d'exiger de tous les fonctionnaires un dévouement absolu à ses volontés, et même à ses caprices; de ne laisser à personne ce qu'on a toujours appelé la liberté de conscience; de dire aux électeurs, par exemple, vous nommerez *nos candidats*, ou vous serez incontinent destitués; aux députés, vous voterez pour nous et avec nous, ou bien vous perdrez vos places; de vouloir ainsi associer à son action ce qu'on appelle aujourd'hui des *hommes sûrs*, pour tous les emplois, pour toutes les fonctions!... et de pousser la tyrannie jusqu'à dire même à ceux qui ne font que des chansons, vous chanterez pour nous, ou vous serez destitués!

Mais, nous dit-on, était-il possible de tolérer dans l'instruction publique un employé qui professait de pareilles maximes! — Je réponds d'abord pour le sieur Béranger, qu'il n'était pas dans le conseil royal d'instruction publique. Il était dans un coin du tableau, placé dans un endroit où il ne pouvait faire de sottises,..... il était simple expéditionnaire; il observait.... et quand il se présentait un sujet de chanson, il chansonnait.

D'ailleurs on ne l'a pas destitué pour avoir fait *des chansons immorales*; celles que l'accusation a qualifiées ainsi appartiennent toutes au volume publié en 1815; c'était donc en 1815 qu'il eût fallu le destituer; car alors, apparemment comme aujourd'hui, il était défendu d'offenser la morale.... Mais l'auteur n'avait pas encore fait cette foule de *chansons politiques*, *antiministérielles* et *antijudiciaires*, qui seules ont irrité contre lui; il n'avait pas encore célébré, dans ses vers, les missionnaires, les capucins, et tous ceux qui disent à l'envi l'un de l'autre,

> Éteignons les lumières
> Et rallumons le feu.

C'est là surtout ce qu'il ne faut pas perdre de vue.

Quant aux formes de la destitution, elles ont, il faut en convenir, été très-gracieuses; il est impossible de renvoyer quelqu'un d'une manière plus polie; les termes du congé valent presque un certificat pour se présenter ailleurs. Laissons parler l'organe de l'université : « Le conseil juge, Monsieur, que d'après « les avis qui vous avaient été donnés précédemment, « vous avez *de vous-même renoncé* à l'emploi que « vous occupez dans l'administration, lorsque vous « vous êtes déterminé à la publication de votre *second* « recueil.—Recevez l'assurance de ma *parfaite considération* [1]. » (Éclats de rire universels.)

M. le Président : J'ai déjà prévenu l'auditoire qu'au moindre rire, au moindre manque de respect,

---

[1] Et jusqu'à *je vous hais*, tout se dit tendrement.

je ferais évacuer la salle; je répète que je ferai le devoir que la loi m'impose.

Mr Dupin : Cela peut me troubler moi-même, et l'on me rendra service en ne riant pas.

Mais oublions la destitution, pour revenir au réquisitoire. Béranger voit sa muse traduite au Palais de Justice :

> Suivez-moi,
> C'est la loi,
> Suivez-moi, de par le Roi [1].

Il comparaît, il n'est pas peu surpris de s'entendre proposer des questions si graves sur un fonds si léger; et, comme il l'a raconté depuis,

> (de) Voir prendre à ses ennemis,
> Pour peser une marotte,
> La balance de Thémis.

Quoi qu'il en soit, il répond de bonne grâce et de son mieux. Sur les premières chansons, il oppose la prescription. Quant aux autres, il déclare ne pas savoir ce qu'elles ont de contraire à la loi.

Ces réponses sont loin de satisfaire le parquet; et, le 5 novembre, paraît un réquisitoire *ampliatif.* Cinq chansons seulement avaient paru coupables à une première lecture; mais en y regardant de plus près, en y réfléchissant bien, le second réquisitoire en signale *quatorze* [2] !

---

[1] Refrain d'une chanson de M. Béranger, intitulée : *Ma première visite au Palais de Justice.*

[2] Cela rappelle le trait de ce chirurgien de village, qui, après avoir décrit minutieusement jusqu'aux moindres contu-

Nouvel interrogatoire subi par la muse : mêmes réponses que précédemment.

Enfin, le 8 novembre 1821, ordonnance de la chambre du conseil qui admet l'exception de prescription pour toutes les pièces comprises au premier volume, et déclare qu'il y a lieu à suivre pour le surplus ; et, le 27 du même mois, sur l'opposition à cette ordonnance, formée à la requête du ministère public, et par suite d'un troisième réquisitoire, arrêt de la chambre d'accusation qui, sans s'arrêter à la prescription objectée, renvoie sur le tout à la Cour d'assises.

Cet arrêt établit quatre chefs d'accusation :

1° Outrage aux bonnes mœurs ;

2° Outrage à la morale publique et religieuse;

3° Offense envers la personne du Roi ;

4° Provocation au port public d'un signe extérieur de ralliement.

Vous venez d'entendre le réquisitoire qui contient le développement donné pour la première fois à cette vaste incrimination.

J'y dois répondre à l'instant : mais avant d'entrer dans la discussion de chacun des chefs d'accusation, qu'il me soit permis, à l'exemple du ministère public, de présenter aussi quelques considérations générales.

sions qu'il avait remarquées sur un cadavre qu'il était chargé de visiter, ajoutait après la clôture de son procès verbal : *Plus un bras cassé dont nous ne nous étions pas d'abord aperçus.*

Le premier sentiment qu'a fait naître ce procès, a été l'étonnement. Un procès pour des chansons!... en France!... et cela vous explique, Messieurs, l'immense affluence que nous voyons au Palais. Dans tous les cercles on s'est dit : Allons voir ce singulier procès, on n'en a jamais vu de semblable; jamais on n'en verra de pareil; profitons de l'occasion.

Des gens moins frivoles l'ont considéré sous d'autres rapports : ils l'ont regardé comme imprudent, et surtout comme impolitique. Les uns, dont la *Gazette de France* [1] s'est rendue l'organe, ont fait les réflexions suivantes :

« Les véritables conspirateurs ne rient jamais : ai-
« mable et douce opposition qui s'évapore en flons
« flons, en brochures, en plaisanteries plus ou moins
« ingénieuses; les gouvernemens n'en ont rien à re-
« douter, c'est avec d'autres armes qu'on les ébranle. »

Les autres, et il faut le dire, presque tous, se sont écriés : Quelle maladresse ! que c'est mal connaître le cœur humain! On veut arrêter le cours d'un recueil de chansons, et l'on excite au plus haut point la curiosité publique! On voudrait effacer des traits qu'on regarde comme injurieux, et, de passagers qu'ils étaient par leur nature, on les rend éternels comme l'histoire à laquelle on les associe! Au lieu de les détourner de soi, on vient avouer qu'ils ont frappé droit au but, on se dit percé de part en part! Rappelez-vous donc ce qu'on lit dans Tacite : Les injures qu'on méprise s'effacent; celles qu'on relève, on est

[1] N° du 12 novembre 1821. Il faut lui en savoir gré.

censé les avouer : *Spreta exolescunt; si irascaris*,
agnita videntur.

Si l'on pouvait en douter, il serait facile d'interroger l'expérience : elle attesterait que toutes les
poursuites de ce genre ont produit un résultat contraire à celui qu'on s'en était promis.

M. de Lauraguais écrivait au parlement de Paris :
Honneur aux livres brûlés!

Il aurait dû ajouter, *profit aux auteurs et aux li-
braires!* Un seul trait suffira pour le prouver. En
1775, on avait publié contre le chancelier Mau-
peou des couplets satiriques, au nombre desquels se
trouvait celui-ci :

> Sur la route de Chatou
> Le peuple s'achemine,
> Sur la route de Chatou,
> Pour voir la f.... mine
> Du chancelier Maupou,
> Sur la rou....
> Sur la rou....
> Sur la route de Chatou.

Faire une chanson contre un chancelier, ou même
contre un garde-des-sceaux, c'est un fait grave. Mau-
peou, piqué au vif, fulminait contre l'auteur, et le menaçait de tout son courroux s'il était découvert. Pour
se mettre à l'abri de la colère ministérielle, le rimeur
se retira en Angleterre, et de là il écrivit à M. de Mau-
peou, en lui envoyant une nouvelle pièce de vers:
« Monseigneur, je n'ai jamais désiré que 3,000 fr.
« de revenu : ma première chanson, qui vous a tant
« déplu, m'a procuré, uniquement parce qu'elle vous
« avait déplu, un capital de 30,000 fr. qui, placé à

« cinq pour cent, fait la moitié de ma somme. De
« grâce, montrez le même courroux contre la nou-
« velle satire que je vous envoie; cela complétera le
« revenu auquel j'aspire, et je vous promets que je
« n'écrirai plus. »

En continuant mes observations générales sur le
procès de M. Béranger, je vous prierai de ne pas vous
arrêter au prétexte, mais d'approfondir la véritable
cause; c'est une pure vengeance ministérielle, exercée par des hommes dont l'amour-propre trop sensible
a été vivement blessé, et qui ne veulent pas plus d'une
opposition en vers que d'une opposition en prose.

L'embarras de l'accusation se décèle par ses propres
incertitudes. Trois réquisitoires peu d'accord entre
eux....

(Ici M. l'avocat-général interrompt le défenseur,
et lui dit que le dernier n'a pas été rédigé par lui.
— Le défenseur répond qu'il importe peu par qui il
ait rédigé; que tous les officiers du parquet sont également capables de rédiger des réquisitoires : qu'en
fait, il les tient tous trois à la main, et que leur analyse va justifier son assertion. Il reprend en ces termes :)

Trois réquisitoires peu d'accord entre eux, et mo-
difiés soit par l'ordonnance de la chambre du conseil,
soit par l'arrêt de la chambre d'accusation.

Le premier, du 20 octobre, qui ne signale comme
coupables que *cinq chansons*; celui du 5 novembre,
qui en dénonce *quatorze*; l'ordonnance de la chambre
du conseil, qui admet la prescription contre le plus

grand nombre; un troisième réquisitoire, du 20 novembre, qui reproduit l'accusation contre *douze* pièces, parmi lesquelles on voit figurer *les Myrmidons*,
qui avaient échappé aux deux premiers réquisitoires;
enfin, l'arrêt de renvoi qui fixe définitivement le
nombre des pièces arguées, et dont il résulte que *les
Myrmidons* sont mis hors de cause.

Telle est l'accusation; et j'ose dire que toutes les
difficultés dont elle est environnée n'ont pas diminué
par le choix de l'accusateur, quel que soit d'ailleurs
son talent.... [1]

A ces considérations sur la forme et la singularité
de l'action, s'en joignent d'autres sur le fond; et
celles-ci ne se recommandent pas moins à votre
attention.

La justice distributive ne s'exerce qu'à l'aide d'une
foule de distinctions. Dans les accusations de la presse,
il faut surtout éviter de confondre les divers genres.
S'agit-il d'un livre d'éducation; soyez sévères: *maxima
debetur puero reverentia*. Punissez le moindre écart.
Non-seulement toute fausse maxime, toute idée trop
libre est pernicieuse dans ces sortes d'ouvrages; mais
l'équivoque même en doit être bannie; la jeunesse ne
doit lire que dans le livre de la vertu.

Avez-vous à juger un sermonaire; si, aux maximes
de la charité chrétienne, l'imprudent orateur a subs-
titué le langage de la haine et des partis; si, sous
prétexte d'attaquer les vices, il en a tracé le tableau
avec les pinceaux de l'obscénité; punissez avec sévé-

---

[1] Voyez la Notice, pag. 540.

rité le prédicateur qui a perdu de vue le véritable esprit de son ministère, et qui s'en est permis un coupable abus.

Que dans un ouvrage sur la politique, on excuse, on justifie, ou même que l'on conseille le régicide, comme l'ont fait les jésuites; condamnez l'ouvrage et l'auteur, tout ainsi que le parlement condamna jadis les jésuites et leurs doctrines.

Mais si dans une tragédie on poignarde Agamemnon, direz-vous également qu'on met le régicide en action? Non, Messieurs, vous n'y verrez qu'un sujet habilement traité, où l'auteur, suivant les règles de son art, nous conduit au dénoûment par la terreur et la pitié.

Lorsque, dans un poëme moins sérieux, vous voyez *Henri V* en bonne fortune, déguisé en matelot, à la taverne du Grand-Amiral, sous l'escorte du plus mauvais sujet des trois royaumes; lorsque, dans *la Partie de chasse de Henri IV*, on nous représente sur la scène le bon roi mettant le couvert avec la fille de Michau, et la poursuivant autour de la table pour lui dérober un baiser, en concluerez-vous que par ces jeux scéniques on veut avilir les rois, et diminuer le respect dû à la royauté? — Non, Messieurs; vous ne verrez encore là que l'effet d'un art permis :

Et toujours aux grands cœurs donnez quelques faiblesses.

Or, si la tragédie et la comédie jouissent de ce privilége de n'être pas traitées avec la même rigueur que les livres de politique et de pure morale, parce qu'ils ne doivent pas être considérés sous le même point de vue; de quelle liberté plus grande encore ne doit pas jouir le plus léger de tous les poëmes, la chanson?

Faisons attention d'ailleurs au goût que notre nation a manifesté de tout temps pour ce genre de composition. Vainement on nous dit d'un air sombre que *le Français n'a plus son ancienne gaieté.* J'en demande pardon au ministère public : la gaieté de nos pères est encore celle de leurs enfans : aucune loi, aucun procès ne pourra nous empêcher de rire ; et la gaieté franche, ainsi que la bravoure, seront toujours les traits les plus marqués du caractère français.

Boileau nous l'a dit :

Le Français né malin créa le vaudeville.
. . . .
La liberté française en ses vers se déploie.

Voilà les règles de la matière, et je puis bien, ce me semble, invoquer devant vous le législateur du Parnasse, dans la cause d'un de ses plus fidèles sujets.

Enfin, Messieurs, j'aurais bien encore le droit de faire une observation préliminaire :

Les vers sont enfans de la lyre ;
Il faut les chanter, non les lire.

Aussi dit-on communément que *c'est le ton qui fait la musique.* Il ne faut donc pas juger d'une chanson par ce qu'elle peut être dans la bouche d'un greffier; (encore bien que celui-ci ait lu avec une grâce à laquelle ses prédécesseurs ne nous avaient pas accoutumés) : (murmure d'approbation.) il ne faut même pas en juger par ce qu'elle peut être dans la bouche du ministère public; sa voix est habituée à de trop sévères accens. Les chansons qui vous sont déférées n'ont pas été composées sur *l'air de l'accusation*, ni faites pour être débitées gravement par gens en robe et en bonnets carrés.

Chez ce peuple, ami des arts, et doué d'une sensibilité si vive, où la justice n'était pas seulement une manière de voir et de raisonner, mais aussi une manière de sentir et d'être touché; devant ce tribunal où Sophocle, pour repousser une demande en interdiction, n'eut besoin que de réciter les beaux vers de son Œdipe, on n'eût pas manqué d'ordonner *d'office* que les couplets, ou, si l'on veut, les *odes*, seraient chantées à l'audience par les voix les plus mélodieuses, et sous la protection des plus délicieux instrumens. On chantait en présence de toutes les divinités; on eût chanté dans le temple de la Justice. Lorsqu'on fit le procès à la lyre de Therpandre, on ne manqua pas de la faire résonner pour la convaincre d'harmonie.

Si ce secours nous est ravi, j'espère au moins, Messieurs, que vous nous en tiendrez compte.

PREMIER CHEF D'ACCUSATION.

Outrage aux bonnes mœurs.

On est sûr de vous intéresser, Messieurs, lorsqu'on prend devant vous la défense des bonnes mœurs. Elles sont les gardiennes de la foi conjugale, du respect des enfans pour leurs pères; elles prêtent leur force aux bonnes lois, corrigent les mauvaises, et sont la sauve-garde de la société.

Que mon client serait malheureux de les avoir outragées !

Mais prendrez-vous pour outrage ce qui n'a rien de sérieux ? Lorsque Collé (dont nous devons une nouvelle édition aux soins d'*un censeur*) nous dit dans l'élan de sa gaieté :

> Chansonniers, mes confrères ,
> Le cœur, les mœurs, ce sont des chimères :
> Dans vos chansons légères ,
> Traitez de vieux abus ,
> De phébus ,
> De rebus ,
> Ces vertus
> Qu'on n'a plus ,

peut-on prendre à la lettre et traiter à la rigueur ce qui n'est évidemment qu'un badinage ? Ici viennent se placer mes observations préliminaires sur les divers degrés de sévérité qu'on doit apporter en jugeant des ouvrages de différens genres.

Ce n'est pas que je prétende justifier, sous le rapport des simples *bienséances*, ce qui ne serait même que tant soit peu équivoque ; mais, au moins, je l'absous du reproche de *criminalité*. Il ne s'agit pas de décerner l'éloge, mais de repousser la culpabilité. Or, je soutiens qu'on ne doit regarder comme un *outrage aux bonnes mœurs*, dans le sens *légal*, que les obscénités, et non les idées voluptueuses gazées avec art.

Il vaut mieux éviter toute licence. Mais, lorsqu'il s'agit uniquement de savoir si un auteur a franchi les bornes permises, à défaut de règles précises et de

36

limites clairement posées, on peut invoquer des exemples, surtout s'ils sont empruntés à des auteurs qu'on n'oserait pas taxer d'immoralité.

Ouvrez donc les Œuvres de Bernis; lisez ses pièces intitulées : *le Soir*, *le Matin*, *la Nuit* (pièces pour lesquelles je n'affirme pas qu'il ait été nommé cardinal, mais, enfin, qui ne l'ont pas empêché de l'être, presqu'aussitôt après leur première édition), et voyez si, dans les chansons de Béranger, il y a rien d'approchant, rien de comparable aux *gaietés* qui se font remarquer dans les chansons de l'un des princes de l'Église romaine !

Le duc de Nivernais, homme d'esprit, homme de cour, l'un des plus grands seigneurs de l'ancien régime, a-t-il eu à rougir de sa *Gentille Boulangère* et de *ses petits pains au lait?* Et pourtant cette chanson fut faite pour une tête couronnée !

Et cette autre chanson si connue de la ville et de la cour : *J'ai vu Lise hier au soir.*

Enfin, je pourrais aller chercher des exemples encore plus haut, et citer le spirituel auteur du couplet qui commence par ce vers......., resté dans toutes les vieilles mémoires. Si je ne nomme point cet auteur, ce n'est pas que je craigne de le compromettre : il ne court aucun risque; la prescription est acquise depuis long-temps, et certes les gens du Roi ne *le* poursuivraient pas !

Qui donc a inspiré ces chansons à leurs illustres auteurs, si ce n'est la gaieté, la grande liberté attachée à ce genre léger de composition ?

La chanson de Henri IV peut être encore alléguée

pour exemple. *Vive Henri IV ! vive ce roi vaillant !*
est sans doute et sera toujours un cri national; mais
ce qui suit : *Ce diable à quatre a le triple talent de
boire, de battre, et d'être un vert galant,* qu'est-ce
autre chose, je vous le demande, si ce n'est le triple
éloge de l'ivrognerie, de la violence et du liberti-
nage, autrement dit, de l'adultère, puisque le bon
roi était marié ?

Voilà cependant ce qu'on chante avec passion,
avec plaisir : on n'y trouve aucun mal, parce que
l'on n'y voit que de la saillie et de la gaieté.

En un mot, ce qui fait passer ces chansons, c'est
que ce sont des chansons. Telle pensée, telle phrase,
tel mot seraient répréhensibles ailleurs, qui doivent
trouver grâce dans un couplet, dans un refrain, ou
même dans une églogue : témoin celle que l'on fait
traduire aux écoliers de troisième dans tous les colléges, et même dans ceux des Jésuites :

> *Formosum pastor Corydon ardebat Alexin*
> *Delicias domini !*

Je ne m'étendrai pas davantage sur ce point, Messieurs; je n'examinerai pas si M. Béranger n'eût pas
mieux fait, pour sa propre gloire, et pour rendre
encore plus générale la vogue de son Recueil, d'en
retrancher quelques pièces un peu libres. Il suffit,
pour la cause, qu'elles n'aient rien d'obscène; et je
réduis pour vous la question à ce seul point : Quel
est celui d'entre vous qui, s'il n'a point fait de chansons, n'en ait pas du moins entendu de pareilles,
sans y croire sa pudeur intéressée?

Je m'estime heureux, au surplus, de ce que le ministère public, ayant cru lui-même devoir déserter cette partie de l'accusation, je suis dispensé d'y insister plus long-temps.

Je terminerai seulement par une réflexion. La Cour a rejeté le moyen de prescription; mais, si le point de droit m'a été enlevé par l'arrêt, le fait me reste; et dans une accusation où vous êtes, avant tout, appelés à apprécier l'*intention* ; dans un procès où vous avez à juger une édition nouvelle, vous n'oublierez pas que le silence du ministère public, si vigilant de son naturel, surtout dans ce qui a rapport à la presse, a dû être pris pour une approbation; et vous vous demanderez si cet acquiescement de l'autorité n'était pas de nature à persuader à l'auteur que ce qui n'était pas punissable en 1815 ne devait pas, à plus forte raison, l'être en 1821, quand des mesures rigoureuses ont déjà disparu de notre législation.

J'aborde le second chef d'accusation : il est plus grave encore que le premier. Si l'on en croit l'accusation, M. Béranger aurait outragé Dieu lui-même !

C'est une étrange manie, que celle des hommes qui prétendent se constituer les vengeurs de la Divinité !

Les anciens, qui n'avaient pas le bonheur de connaître le vrai Dieu, avaient, dans leur philosophie mondaine, une maxime plus sage à mon avis. Ils pensaient qu'il faut laisser aux Dieux le soin de se

venger eux-mêmes : *Deorum injurias Diis curæ esse;*
maxime que les lois romaines ont adoptée, en déci-
dant que le parjure a assez de Dieu pour vengeur.
Jurisjurandi contempta religio satis Deum habet ul-
torem. L. 2, C. de Jurejurando.

En effet, ces sortes d'actions ne servent ordinairement que de masque aux passions haineuses : les
hommes se laissent aller trop aisément à l'idée que
leur Dieu ressent toutes les passions dont ils sont animés; qu'il peut être, comme eux, vindicatif, envieux,
colère, et surtout exterminateur.

Telle était la théologie du paganisme. C'est là que
l'on voit des dieux menteurs, ivrognes, incestueux,
adultères; mais dans le christianisme, mais dans la
religion d'un Dieu qui, loin de venger ses offenses,
est mort pour racheter les nôtres : Ah ! Messieurs,
quel renversement d'idées, que de supposer qu'on
peut lui être agréable par des procès intentés en son
nom !

Notre divine religion est pleine de douceur, de
miséricorde et de bonté; ses plus illustres apôtres
ont été en même temps les plus humains, les plus
charitables, les plus indulgens envers leurs semblables.

Mais en rendant un éclatant hommage de respect,
de déférence et d'amour aux vénérables pasteurs qui
se montrent animés du véritable esprit de la tolérance évangélique, reconnaissons aussi qu'on a vu
trop souvent de mauvais prêtres affecter avec audace
de s'identifier avec la Divinité. Quiconque les heur-
tait, ils le représentaient aussitôt comme s'attaquant

à Dieu même ; et ce n'est pas d'aujourd'hui qu'on les a signalés en disant de l'un d'eux :

> Qui n'estime Cotin, ne peut aimer le roi ;
> Et n'a, selon Cotin, ni Dieu, ni foi, ni loi.

Ah ! que l'immortel Molière les a bien dépeints, lorsqu'il a dit des faux dévots, qu'ils sont :

> .... Prompts, vindicatifs, sans foi, pleins d'artifices ;
> *Et pour perdre quelqu'un couvrent insolemment*
> *Des intérêts du Ciel leur fier ressentiment ;*

tandis qu'au contraire, les vrais dévots, ceux-là qu'il faut suivre à la trace, sont toujours disposés à l'indulgence,

> Et ne veulent point prendre avec un zèle extrême,
> Les intérêts du Ciel plus qu'il ne veut lui-même.

Toutes ces réflexions ont été présentes à la pensée de ceux qui nous ont donné la législation actuelle sur la presse.

La loi du 17 mai n'a pas voulu venger les hommes, mais les choses.

Assurément il faut avoir une religion. J'ai la mienne, c'est celle de mes pères ; j'en connais les devoirs et les principes ; j'y demeurerai fidèle jusqu'au tombeau. Mais quelque bon catholique que l'on soit, cela ne dispense pas de juger les autres avec cette indulgence que l'on doit à ses frères... C'est ce qu'a voulu la loi du 17 mai, faite par des hommes qui tous avaient des mœurs et de la religion, mais qui n'ont pas voulu qu'on trouvât dans leur loi un moyen de persécution contre leurs semblables.

Aussi cette loi ne punit pas ceux qui attaquent ou révoquent en doute une croyance particulière, des pratiques qu'il est d'ailleurs bon de respecter; mais ceux qui offensent *la morale publique et la morale religieuse*, deux généralités qui couvrent la terre et qui la régissent.

La morale publique n'est pas la morale particulière de certains hommes, de certaines classes, de certains intérêts; c'est cette raison supérieure qui nous éclaire sur le juste et sur l'injuste; c'est cette voix qui n'est que le cri de la bonne conscience; ces vérités éternelles, immuables, indélébiles, que Dieu a gravées dans le cœur de tous les hommes; qui, dans tous les temps, comme dans tous les pays, servent à régler leur conduite, et à la diriger vers le bien; qui prescrivent la fidélité dans les engagemens, le respect de tous les devoirs, et constituent, à proprement parler, le droit naturel.

Mettez, même dans une chanson, qu'on peut voler le bien d'autrui, qu'on peut être fourbe dans les affaires publiques ou particulières; ce sera un outrage à la morale publique, parce que professer de telles maximes, c'est attaquer la société dans son essence, comme un coup de poignard attaque la vie dans sa source.

La morale religieuse n'est pas non plus la morale de telle ou telle secte. Ce n'est pas plus celle de l'Alcoran, que celle des rabbins; celle des catholiques, que celle des luthériens, des calvinistes ou des anglicans. C'est cette idée si vaste, si consolante, si bien comprise de tous les peuples de la terre, qu'il est un Dieu souverain, créateur de toutes choses ; cette confiance qui n'a pu nous être inspirée que de Dieu même, que notre âme est immortelle, et qu'il est une autre vie où chacun recevra la récompense ou la punition de ses bonnes ou mauvaises actions.

Telle est, Messieurs, la morale religieuse qu'on ne peut pas outrager sans encourir les peines établies par la loi dont je développe en ce moment l'esprit.

Voilà notre loi actuelle telle qu'elle a été conçue et portée. Vous vous rappelez qu'on voulait y introduire les mots *religion chrétienne*, afin de faire un délit spécial des offenses dirigées contre cette religion. Mais cet amendement, présenté par des hommes d'ailleurs très-respectables, fut combattu avec force principalement par M. le garde-des-sceaux, et rejeté comme pouvant rallumer des querelles de religion entre les diverses sectes ; tandis que toutes sont d'accord sur ce qui regarde la *morale publique et religieuse* en général ; toutes sont unanimes pour condamner *l'athéisme et l'immoralité*.

La preuve la plus évidente que, dans l'état actuel de la législation sur la presse, les offenses à *la religion chrétienne* ou *à la personne de ses ministres*, ne sont pas au rang des délits qu'elle a entendu réprimer, se trouve dans le projet de loi qui vient d'être présenté aux Chambres comme un acte *additionnel*[1] aux lois existantes.

Il y est dit, art. 1er : « Quiconque aura *outragé* ou « *tourné en dérision* la *religion de l'État*, sera « puni, etc., etc. »

[1] Expression de M. le garde-des-sceaux.

Art. 6. « L'outrage fait publiquement, d'une ma-
« nière quelconque, *à un ministre* de la religion de
« l'État... etc., etc. »

Ainsi trois innovations notables sont proposées :

1° On ne punira plus seulement l'outrage à la
morale religieuse en général, mais encore l'outrage
envers la *religion de l'État* en particulier.

2° On punira non-seulement ceux qui auront *outragé* la religion de l'État, mais encore ceux qui
l'auront *tournée en dérision*.

3° Enfin, on punira aussi ceux qui, sans avoir
outragé ni la morale religieuse, ni la religion de
l'État, auront cependant outragé quelqu'un de *ses
ministres*.

Voilà le projet !...

Que ce projet passe, qu'il soit converti en loi, et
peut-être verrons-nous encore quelque nouvelle Ca-
dière, condamnée aux dépens, sous couleur de religion, pour sauver l'honneur des jésuites! Mais chacun
du moins se tiendra pour averti. On saura qu'il ne faut
pas seulement craindre d'offenser Dieu, mais encore
tel ou tel culte; que la dérision est punie aussi bien
que l'outrage, et qu'enfin il ne suffit pas de respecter la morale, et qu'il faut encore garder son sérieux
à l'aspect d'un capucin !...

Et encore ce projet passerait en loi, que je ne
puis croire que jamais il eût la puissance de nous
empêcher de rire.

Retournons, si l'on veut, au règne de Louis XIV
et de madame de Maintenon. Même à cette époque,
on a pu railler les gens d'Église, sans encourir le

reproche d'impiété; témoins le *Tartufe* et le *Lutrin*.

Dans le Lutrin, composé à la demande du premier
président de Lamoignon, auquel il fut dédié, combien de vers satiriques, bien autrement mordans
que ceux de Béranger!

> Tant de fiel entre-t-il dans l'âme des dévôts?

On y parle des chanoines qui

> S'engraissaient d'une longue et sainte oisiveté.

On les appelle de *pieux fainéans* qui

> Veillaient à bien dîner, et laissaient en leur lieu
> A des chantres gagés le soin de louer Dieu.

Et ces chantres eux-mêmes dont *les cabarets sont
pleins!* et l'alcove du prélat! et ces deux vers:

> La déesse, en entrant, qui voit la nappe mise,
> Admire un si bel ordre, et reconnaît l'Église!

Quoi! tous les chanoines sont des fainéans: les
chantres des ivrognes; on insulte des *classes* [1]! Tous
les gens d'Église sont des gourmands, c'est à la table
que l'on reconnaît l'Église! Mais ce n'est rien encore,
Messieurs, en comparaison de ce que dit le vieux
Sydrac au chantre, dans le conseil tenu pour aviser
aux moyens de replacer le lutrin:

> Pour soutenir tes droits que le Ciel autorise,
> Abîme tout plutôt, *c'est l'esprit de l'Église.*

Quoi! l'esprit de l'Église est d'abîmer tout, si peu

---

[1] Voy. le projet de loi sur ceux qui insulteront *les classes!*
à moins qu'on n'ait voulu dire *les castes....*

qu'on lui résiste, lors même qu'il ne s'agit que d'un
lutrin! Et que serait-ce donc, mon Dieu, s'il s'agissait d'un grand pouvoir temporel, de riches dotations,
d'une prépondérance politique!

Voilà pourtant, Messieurs, des vers qu'on impri-
moit librement sous Louis XIV; des vers qui furent
dédiés au premier président de Lamoignon! Et l'on
sait quelle fut la vengeance qu'on tira de l'auteur; il
fut enterré dans la Sainte-Chapelle, sous le lutrin qu'il
avait chanté!

Espérons donc que, même avec la *loi projetée*, il
serait encore permis de signaler les ridicules d'une
classe digne, par elle-même, de nos respects et de
nos égards; mais dont les individus ne sont pas re-
tranchés de la société, ni dispensés de lui payer le
tribut que tout homme doit à ses semblables, quand
il se montre injuste ou ridicule.

Prouvons, en tous cas, que sous *la loi actuellement en vigueur* (celle du 17 mai 1819), aucune des
chansons arguées ne constitue ce que cette loi a qualifié délit d'outrage à *la morale publique et religieuse.*

Il est quelques chansons dont M. l'avocat-général
n'a parlé que transitoirement, et par manière d'énonciation. Mais j'ai déjà dit que je n'aimais point ces
demi-concessions : la discussion sur la prescription
m'a prouvé leur danger : et puisqu'on n'a pas dit
nettement qu'on abandonnait l'accusation sur ce
point, je ne dois pas négliger de m'y arrêter.

« Nous ne parlerons pas, a dit M. l'avocat-géné-
« ral, nous ne parlerons pas de la chanson *des deux*
« *sœurs de charité*, dans laquelle l'auteur anéantis-

« sant tout principe de morale, soutient qu'une fille
« de joie ne mérite pas moins le ciel par les excès de
« sa débauche qu'une sœur de charité par ses bonnes
« œuvres et son dévouement sublime ! »

L'auteur ne soutient rien de pareil : laissez-le lui-
même exprimer sa pensée :

> Entrez, entrez, ô tendres femmes !
> Répond le portier des élus ;
> La charité remplit vos âmes ;
> Mon Dieu n'exige rien de plus.
> *On est admis dans son empire,*
> *Pourvu qu'on ait séché des pleurs ;*
> Sous la couronne du martyre,
> Ou sous des couronnes de fleurs.

Oui, *pourvu qu'on ait séché des pleurs,* pourvu
qu'on ait fait du bien à ses semblables, qu'on ait eu
pitié du malheur, un pécheur peut espérer miséricorde. Dieu n'a pas dit qu'il n'y aura que les prudes
qui entreront dans le paradis. Une femme, même de
mauvaise vie, peut trouver grâce devant lui, si elle
a fait quelque bonne œuvre. Témoin la Magdelaine
qui n'était pas une fille *très-sage,* et à qui cependant
Jésus-Christ remit toutes ses fautes, en vue d'une
seule bonne action. Eh bien ! Béranger n'a pas dit
autre chose ; il n'a pas dit ce qu'on lui fait dire contre
l'évidence du fait ; il n'a pas dit qu'une *fille de joie* pouvait mériter le ciel *par les excès de la débauche ;* il a
seulement dit et très-délicatement exprimé, que le
mal pouvait être racheté par le bien. Pensée tout-à-
fait évangélique [1].

[1] On n'avait pas le texte même de l'écriture pour le citer à
l'audience ; le voici :

« Nous ne parlerons pas, a dit encore M. l'avocat-
« général, de la chanson intitulée : les *Chantres de*
« *paroisse*, où selon le prévenu, le *Séminaire n'est*
« *qu'un hôpital érigé aux enfans trouvés du clergé.* »

Vous n'en parlerez pas; et toutefois vous en par-
lez, en signalant le trait que vous croyez le plus
propre à soulever l'opinion du jury contre l'auteur;
je dois donc entrer dans quelques explications.

Cette chanson est intitulée : *les Chantres de pa-*
roisse, ou *le Concordat de* 1817, ce qui est déjà utile
à savoir :

> *Gloria tibi, Domine !*
> Que tout chantre
> Boive à plein ventre.
> *Gloria tibi, Domine !*
> Le concordat nous est donné.

Ce qu'on dit des chantres est justifié d'avance par
ce qu'en a dit Boileau : *Et de chantres buvans les ca-*
barets sont pleins.

« Et en même temps une femme de la ville, *qui était de*
mauvaise vie, ayant su que Jésus était à table chez Simon
le Pharisien, y vint avec un vase d'albâtre plein d'huile et de
parfum ; et, se tenant derrière lui à ses pieds, elle commença
à les arroser de ses larmes et les essuyait avec ses cheveux ;
elle les baisait et y répandait ce parfum. Ce que le Pharisien
qui l'avait invité, considérant, il dit en lui-même : Si cet
homme était prophète, il saurait que celle qui le touche est
une femme de mauvaise vie. Alors Jésus, prenant la parole,
(fait ressortir tout ce qu'a de touchant l'humble dévouement
de la Magdelaine, et il ajoute) : C'est pourquoi je vous déclare que beaucoup de péchés lui sont remis, parce qu'elle a
beaucoup aimé. (*Évangile selon saint Luc.* Chap. VII, v. 37
et suiv. Traduct. de Sacy.)

Quant au concordat, il faut considérer qu'il n'a existé qu'en projet; et que ce projet, présenté aux Chambres, a seulement été utile pour prouver que le ministère reconnaissait lui-même qu'il fallait une loi nouvelle pour déroger à la loi organique de 1801. Or, cette loi nouvelle n'a pas encore paru dans le Bulletin.

Ensuite, un concordat, par sa nature, est un acte temporel, un acte de législation et de gouvernement, qu'on peut critiquer ou blâmer, sans commettre le délit d'*outrage à la morale religieuse;* (car il faut toujours en revenir à la qualification du délit.)

Si un concordat était un acte de foi, il n'y en aurait eu qu'un; et une fois fait, on n'aurait pas pu y porter atteinte; mais on en a vu plusieurs, qui tous ont varié suivant l'opportunité ou le malheur des temps.

Que n'a-t-on pas dit sur ou plutôt contre le concordat de François Ier, en prose et en vers; et, plus que tout cela, en oppositions, en résistances, en protestations! Ouvrez l'histoire, elle vous dira que, par ce concordat, *le Roi et le Pape s'étaient donné réciproquement ce qui ne leur appartenait ni à l'un ni à l'autre....*

On a donc pu parler du concordat de 1817 avec une entière liberté : M. de Pradt l'a critiqué en quatre volumes qui renferment les faits les plus curieux ; Béranger l'a fait à sa manière, qui, pour être moins instructive, n'en est pas moins piquante.

Les séminaires doivent sans doute être envisagés d'une manière plus sérieuse que ne l'a fait notre auteur ; mais un trait satirique contre les personnes; n'est pas un outrage à la morale religieuse. N'oublions jamais le texte et l'esprit de la loi.

Quant à ce qu'il dit du concordat, sous le rapport *financier;* rappelez-vous, Messieurs, ce qu'on a dit de tout temps sur les annates, le denier de Saint-Pierre, et en général sur ce qu'on a appelé les *exactions de la cour de Rome.* C'est une expression consacrée dans tous les canonistes, et souvent célébrée dans les appels comme d'abus.

« Nous ne parlerons pas davantage (vous disait « toujours le ministère public) de plusieurs chan-« sons, dirigées contre les missionnaires, chansons « tellement virulentes, qu'il ne faut pas s'étonner si, « après les avoir lues, ceux qui ne se sentent pas « l'esprit d'en faire autant, *veulent* au moins lancer « *des petards* aux orateurs d'une religion que la Charte « déclare religion de l'État. »

On ne s'attendait guère à voir des *petards* dans cette affaire; et surtout des petards alimentés par le *salpêtre électrique des chansons,* suivant une autre expression de M. l'avocat-général.

Les missionnaires! *Indè iræ!* les missionnaires dont on ne parle qu'en passant; mais qui, personne n'en doute, ont été l'une des principales causes du procès suscité au sieur Béranger.

Ici revient principalement la *question légale.* Offenser *les missionnaires* est-ce outrager la *morale publique et religieuse?*

Ils sont, dit-on, les orateurs d'une religion que la Charte déclare religion de l'état. Sans doute; mais la Charte n'a pas dit *religion dominante;* nous n'en sommes pas encore là. Si cela était, se serait autre chose ; car le verbe *dominer* est un verbe très-actif, qui veut un régime [1]; c'est un maître auquel il faut des esclaves. Sous l'empire d'une religion qui serait dominante, ses ministres ne tarderaient pas à l'être eux-mêmes; les attaquer serait aussi dangereux que d'attaquer la religion même; mais je le répète, nous n'en sommes pas encore là....

On voudrait armer le bras séculier en faveur des missionnaires; mais qu'on daigne y réfléchir.

Ce n'est pas d'aujourd'hui qu'il y a des *missions, des jésuites et des missionnaires!* Du temps de la bulle *Unigenitus,* la France en fut couverte; ils poursuivaient les pénitens, le formulaire à la main; ils voulaient forcer les uns à se rétracter, les autres à se confesser; ils ont persécuté tout le monde....

Mais n'ont-ils pas éprouvé alors de contradictions? Combien de relations burlesques de leurs courses, de leurs prédications, de leurs représentations publiques!

Que d'écrits de tout genre dirigés contre eux, contre leurs principes, leurs vues cachées, leur insatiable avarice, leur imperturbable ambition.

N'ont-ils pas fourni à Pascal le sujet d'un livre immortel où le sel des plaisanteries ajoute à la force des démonstrations?

N'ont-ils pas excité le zèle du parlement par leurs scandaleux refus des sacremens aux fidèles, par l'au-

---

[1] À l'accusatif.....

dace avec laquelle ils entreprenaient sur le pouvoir des évêques et des pasteurs légitimes?

Car ce que voulaient surtout ces prêtres nomades, ces prédicateurs ambulans, c'était d'introduire chez nous l'esprit d'ultramontanisme dont ils étaient possédés : cet esprit destructeur des libertés de l'Église gallicane.

Ce qu'ils voulaient alors, ils le tentent encore aujourd'hui; et le temps n'est pas éloigné, peut-être, où les cours du royaume se verront obligées de reprendre à leur égard l'ancienne jurisprudence des parlemens, et de réprimer leurs entreprises avec la même sévérité.

Béranger n'a-t-il pas bien saisi leur caractère? ne les a-t-il pas fait parler suivant leur génie, lorsqu'il leur fait dire :

> Par Ravaillac et Jean Châtel
> Plaçons dans chaque prône,
> Non point le trône sur l'autel,
> Mais l'autel sur le trône.

Oui, voilà leur antique esprit, *l'autel sur le trône!* Et par l'autel ils entendent eux-mêmes; ils s'identifient avec Dieu, comme les courtisans se retranchent derrière le despotisme, pour être des tyrans subalternes : *et omnia serviliter pro dominatione.* Ces faux prêtres n'argumentent de Dieu que pour lancer la foudre en son nom, de même que les ministres excipent sans cesse de la personne sacrée du Roi pour participer de l'inviolabilité qui n'appartient qu'à lui seul.

37

Béranger est donc justifié d'avoir parlé contre les entreprises des missionnaires. Il l'est, en droit, par le texte de la loi, qui, en défendant d'outrager la morale religieuse, n'a pas défendu d'attaquer l'intolérance. Il va l'être encore en fait par l'opinion qu'a émise sur la conduite des missionnaires, un homme dont on doit également respecter le talent et le caractère, un homme qu'on ne rangera point parmi les novateurs, et dont les doctrines politiques sont loin d'être révolutionnaires; car c'est peut-être la tête la plus noblement féodale qui soit dans le monde entier. M. de Montlozier, dans son livre *De la Monarchie française en* 1821, s'exprime en ces termes (page 136 et suivantes):

« Je pourrais citer en confirmation les mouvemens
« fâcheux qu'ont causés les missions dans quelques
« parties de la France. . . . .
. . . .

« Je ne veux pas mettre sûrement la justice sur
« la même ligne que la religion. Cependant on doit
« convenir qu'elle est chère aussi aux citoyens, et
« qu'elle a une grande part à leur vénération. J'en
« dirai presque autant de la médecine; elle a sans
« doute, comme la religion, ses incrédules; pendant
« long-temps elle a eu comme elle ses moqueries :
« toutefois elle est également un objet de respect,
« souvent de superstition.

« Qu'on suppose actuellement que, par un mou-
« vement ardent d'humanité, les juges, à l'effet de
« prévenir les différends; les médecins, à l'effet de
« prévenir les maladies, frappent, de je ne sais quelle

« manière, les citoyens de terreur, pour les amener
« à venir, bon gré malgré, recevoir leurs ordon-
« nances ou leurs arrêts ; ce sera certainement un
« singulier spectacle que celui de cette foule de mé-
« decins et de magistrats *se trémoussant de toute
« leur force* à l'effet de tout purger et de tout juger.
« Dans quelques cas, il me paraît probable que la
« peur de sa ruine, celle de la fièvre ou de la mort
« subite, parviendront à obtenir une soumission en-
« tière ; dans d'autres, il pourra arriver que des ci-
« toyens aient de l'humeur ; c'est tout simple. Quand
« je vois une multitude de prêtres se mettre de même
« en campagne, à l'effet, *bon gré malgré, de con-
« fesser tout un pays*, je m'attends aux mêmes im-
« pressions et aux mêmes effets. On répond alors :
« Que faire ? Il me semble que la règle est tracée.
« Dans la situation actuelle des choses, le médecin
« veut bien attendre qu'on l'appelle ; le magistrat
« nous attend de même à son tribunal ; que le prêtre
« veuille bien nous attendre de même, soit dans ses
« temples, soit au tribunal de la pénitence. Si nous
« voulons demeurer libres dans la disposition de nos
« affaires, ainsi que dans celle de notre santé, nous
« le voulons encore plus dans la disposition de notre
« conscience.

« Le gouvernement ne paraît pas partager tout-
« à-fait ces vues ; il paraît croire que la morale, dans
« un état, est une chose qui se fait, et qui se fait
« par le prêtre, et que la révolution, ayant tout-à-
« fait détruit la morale dans l'État, il faut augmenter
« l'action du prêtre. J'ai peur qu'il ne se trompe, et

« que le gouvernement et le prêtre ne se détournent
« ainsi de leur voie. »

Des *Missionnaires* passons aux *Capucins*.

On a mal parlé des capucins ! C'est une *impiété* !
un *sacrilége inouï* ! vous a dit M. l'avocat-général.
— Eh ! mon Dieu , si l'on avait profané le lieu saint,
si l'on avait outragé le dogme même, quelles autres
qualifications eût-on employées ? — Que, dans l'élan
d'un beau zèle, et avec le talent qui le distingue, le
ministère public ait cru devoir faire l'éloge de ces ex-
religieux, soit : je ne prétends pas en faire la satire.
Mais qu'est-ce aujourd'hui que des capucins ?.... Sup-
primés par une loi, ont-ils été rétablis par une autre ?
— Non pas, que je sache. Ils auront reparu de fait,
je le veux ; de fait quelques individus en auront repris
l'ancien costume ; de fait on aura pu le trouver extraordinaire , en rire et les plaisanter ; c'est fort mal
sans doute ; je le répète , je n'approuve point ces
attaques ; mais railler des hommes habillés en capucins, est-ce *outrager la morale religieuse, dans le sens
de la loi du* 17 *mai* 1819 ? — Encore une fois, non.

Mais il y a dans la chanson un couplet qui peut
avoir pour effet de diminuer la *ferveur* des soldats
français, et les détourner d'aller à la messe.....

La ferveur des soldats français est connue..... ; et
certes l'auteur est bien loin d'avoir voulu les détourner d'aller à l'office ; il dit, au contraire, dans l'une
de ses chansons :

> A son gré, que chacun professe
> Le culte de sa déité.

Qu'on puisse aller *même à la messe*,
Ainsi le veut la liberté.

Ce n'est pas Béranger qu'on accusera d'intolérance [1]; il ne s'est point fait *convertisseur*; et s'il
fallait le juger en cette qualité, il ne serait pas plus
coupable aux yeux de la loi que ne le paraissent les
prêtres catholiques qui, par leurs efforts, parviennent quelquefois à convertir un juif ou à ramener
un protestant.

Au surplus, ce qu'il y a de très-piquant, c'est que
cette chanson *des Capucins* a été chantée, pour la
première fois, en présence de M. le ministre actuel
de la police, qui en a ri de meilleur cœur que ne
rient ordinairement les ministres, et qui n'y a rien
vu que de très-innocent.

J'arrive à une dernière chanson, à laquelle M. l'avocat-général a attaché plus de gravité qu'à toutes les
autres; c'est celle qui a pour titre : *Le Bon Dieu*,
et dont le refrain dit :

Si c'est par moi qu'ils règnent de la sorte,
Je veux que le D..... m'emporte.

Ici, Messieurs les jurés, on a cru devoir faire
intervenir un pompeux éloge de la religion, et vanter
son heureuse influence sur le sort des états.... J'avoue
que si telle était la question à résoudre, je ne serais
pas l'adversaire du ministère public. La religion est
le besoin de tous; les malheureux en sentent, mieux

---

[1]   L'intolérance est fille des faux dieux.
(*Chanson de Béranger.*)

encore que d'autres, la nécessité ; et ceux qui n'ont
plus de place prient Dieu avec autant de ferveur que
ceux qui en sont pourvus. Si la religion était outragée, je dirais aussi : Malheur à ceux qui l'outragent !
mais je dis en même temps : Malheur à ceux qui la
dénaturent ! Malheur à ceux qui veulent n'en faire
qu'un objet de lucre, et n'en parlent que par spéculation ; qui mettent la vengeance personnelle à la
place de la charité, et traitent avec une rigueur inexorable ce que Dieu lui-même excuserait avec bonté.

Certes, je l'avouerai, le refrain est un peu léger ;
mais peut-on dire qu'il ait été composé dans l'intention d'*apostropher Dieu lui-même*, et de l'outrager ?
Cette idée, *Si c'est par moi*, etc. (en un mot, le
refrain de la chanson) serait déplacée partout ailleurs. Je dirai même hautement que l'on n'aurait pas
dû céder à ce que l'expression paraissait avoir d'original. Mais je crois aussi que l'auteur n'y a vu qu'une
opposition piquante, un contraste singulier, et qu'il
n'a jamais eu la coupable pensée d'attaquer la Divinité et de s'en jouer [1].

Il ne faut pas méconnaître le privilége de la poésie,
ni lui contester le parti qu'elle a pu tirer d'un fait que
nous trouvons consigné dans les livres saints.

Tout peut arriver quand Dieu le veut ou le
permet.

Iterùm assumpsit Jesum diabolus in montem

---

[1] On trouve ce même refrain dans une des pièces qui se
jouaient à Paris du temps de Louis XII, sous le titre de *Mystères*, sur le théâtre des Confrères de la Passion.

*excelsum valdè, et ostendit ei omnia regna mundi,
et gloriam eorum, et dixit ei: Hæc omnia tibi dabo
si cadens adoraveris me* [1].

Voilà l'Histoire sainte : qu'en a fait la poésie ?
Milton, ce génie sombre et sublime, a consacré les
chants de son *Paradis perdu* à décrire la guerre impie
de Satan contre la Divinité. Il nous rend présens aux
conseils de l'ange des ténèbres. On entend les ha-
rangues des démons ; la lutte se prolonge ; il balance
long-temps les forces et la résistance !... A-t-on jamais
pensé à taxer Milton d'impiété, parce qu'il avait mis
l'esprit infernal aux prises avec la Divinité ?

Le même poëte, dans son *Paradis reconquis*, nous
représente *le démon emportant Jésus-Christ*, tantôt
sur le faîte du temple, et tantôt sur une haute montagne, d'où ils découvrent tous les peuples de la
terre.

Satan lui montre les Bretons à demi-subjugués,
et ne conservant plus qu'une ombre de leur antique
liberté ; la Gaule désarmée ; la Germanie dans les ténèbres ; l'Italie encore fumante du sang de ses citoyens,
répandu par les empereurs à la faveur des discordes
civiles ; la Grèce se débattant avec ses chaînes, et
souffrant impatiemment le joug de la conquête ; les
Parthes faisant effort du côté de l'Asie ; les Scythes,
qui déjà rassemblent leurs nombreux bataillons, et

---

[1] « Le diable prit Jésus une seconde fois et le transporta sur
une montagne très-élevée, d'où il lui montra tous les royaumes
de la terre, et la gloire qui les environne ; et il lui dit : Je vous
donnerai tout cela, si, tombant à mes pieds, vous consentez
à m'adorer. » (Évang. selon saint Mathieu. Ch. iv. ɏ. 8 et 9.)

menacent d'envahir les rives du Bosphore !... et dans son propre pays, les proconsuls de Rome ! Hérode, qui, pour atteindre un seul enfant,..... les a tous voués à la mort; et Pilate, fonctionnaire pusillanime, qui bientôt laissera répandre le sang innocent, et qui s'en lavera les mains !....

Certes, en voyant le monde ainsi gouverné; Jésus aurait bien pu s'écrier que ce n'était point par lui ni par son père que les peuples étaient gouvernés *de la sorte.*

Le tort de Béranger est de l'avoir dit sur un ton qui n'était pas sérieux; mais c'était dans une *chanson...* Vous l'excuserez donc; vous ne verrez pas dans l'expression dont il s'est servi, une interprétation contre laquelle il proteste, une offense qui n'a jamais été dans sa pensée.

Connaissez mieux son cœur, et vous rendrez plus de justice à ses principes. Quand on attaque un auteur sur ce qu'il a écrit, il ne faut pas prendre un passage isolé de ses œuvres; il faut chercher sa doctrine dans tout son livre. Or, voici comment s'exprime Béranger, cet homme qui veut insulter directement à Dieu ! cet athée, apparemment : car quel homme, croyant en Dieu, voudrait cependant l'outrager ?

Dans *le Dieu des bonnes gens* il célèbre l'existence de Dieu :

> Il est un Dieu : devant lui je m'incline,
> Pauvre et content, sans lui demander rien....

(Me Dupin lit cette pièce en entier : la grandeur des idées, la richesse de la poésie, et l'espèce d'enthousiasme qui soutient cette lecture, ravissent les auditeurs. Le respect seul peut empêcher les applaudissemens d'éclater).

Dieu est miséricordieux :

> Mais quelle erreur ! non, Dieu n'est point colère :
> S'il créa tout, à tout il sert d'appui.

Il est juste :

> Dieu qui punit le tyran et l'esclave,
> Veut te voir libre, et libre pour toujours.

Béranger croit à l'immortalité de l'âme :

> Ah ! sans regret, mon âme, partez vite,
> En souriant, remontez vers les cieux.
> . . . .
> N'attendez plus, partez mon âme,
> Doux rayon de l'astre éternel.
> . . . . Passez. . . . .
> Au sein d'un Dieu tout paternel.

Ce Dieu pardonne les offenses; il pardonne à la gaieté :

> Dire au Ciel : Je me fie
> Mon père, à ta bonté ;
> De ma philosophie
> Pardonne la gaîté ;
> Que ma saison dernière
> Soit encore un printemps.
> Eh ! gai ! c'est la prière
> Du gros Roger Bontemps.

Enfin il est une vie éternelle :

> Levez les yeux vers ce monde invisible,
> Où pour toujours nous nous réunissons !

Voilà, Messieurs, l'*impie* que je défends ! voilà ce

mandataire de l'incrédulilé ! On trouve dans ses vers le symbole de notre croyance tout entier. Et si dans d'autres couplets il dit avec cette gaieté de nos pères, qui reste encore permise à leurs enfans :

> Tant qu'on le pourra, larirette,
> On se damnera , larira ,

il ne faut pas prendre cela au sérieux ; c'est le propre de la chanson : elle admet,

> Qu'au doux bruit des verres ,
> D'un dessert friand,
> On chante et l'on dise
> Quelque gaillardise,
> Qui nous scandalise
> En nous égayant.

Mais il est temps d'arriver au troisième chef d'accusation : *Le délit d'offense à la personne du Roi.*

En abordant cette nouvelle question, remarquons d'abord, Messieurs, que ce qui est dit des rois en général, ne peut pas donner matière à procès. Il faut que l'écrit attaque *la personne* même du monarque ; que le trait qui lui est lancé soit direct ; et qu'il soit de nature à constituer une *offense.*

Une offense ! que dis-je ! dans la haute région où ils sont placés, les rois devraient-ils se tenir offensés par des chansons ? Et ne conviendrait-il pas mieux à leur auguste caractère, d'imiter ces triomphateurs romains qui, contens de monter au Capitole, souffraient, sans se plaindre, les refrains, souvent trop véridiques, des soldats qui marchaient à côté de leur char ?

Les ministres rendent-ils véritablement service au prince, en faisant intenter sous son nom de pareils procès?

Un roi d'Angleterre, voyant pendre quelques garnemens, demanda ce qu'ils avaient fait? — Ce qu'ils ont fait, Sire; ils ont fait des vers contre vos ministres! — Les maladroits, dit le monarque, que n'en faisaient-ils contre moi, on ne leur eût rien dit.

Nos ministres paraissent agir autrement. Chansonnés qu'ils ont été, ils ont l'air de faire le sacrifice de leur propre injure, mais ils veulent venger le Roi (de la même manière que les missionnaires et les capucins veulent venger Dieu). En conséquence, procès pour offense à la personne du Roi!

Quel étrange système que celui de ces ministres, vouloir à chaque instant que le Roi ait été insulté! on ne peut leur adresser un seul reproche, qu'aussitôt ils ne vous accusent de manquer à la majesté royale! La nation elle-même est obligée d'entrer en explication avec eux! et, lorsque ses représentans ont élevé vers le trône une voix noble et courageuse [1], ces généreux organes des sentimens nationaux se voient réduits à l'étrange nécessité d'avoir à repousser de fâcheuses interprétations!

En Russie, en Angleterre, en Prusse, se plaint-on ainsi qu'à chaque instant le souverain ait été offensé? Dans les cent jours, qui ont paru si longs qu'on les a appelés le siècle des cent jours, avons-nous vu un

[1] L'avocat fait allusion ici à l'adresse vigoureuse présentée au Roi par la Chambre des députés, en décembre 1821.

seul procès de ce genre? Et pourtant c'était *un usur-*
pateur qui, sur la foi de son armée, était venu se
jeter au milieu d'un peuple resté fidèle ! Pendant
tout ce temps, nous n'avons pas vu un seul royaliste
mis en jugement pour cris séditieux, ou pour offense
à la personne du maître! Et depuis que le roi, objet
de nos respects, *est rendu à l'amour de ses peuples,*
on ne voit, au civil comme au criminel, que des
procès où le nom du Roi est prononcé! C'est l'ouvrage
imprudent des ministres. Non, ce n'est pas le Roi qui
veut tous ces procès. S'il en était instruit, *s'il savait*
qu'on plaide aujourd'hui pour lui en réparation d'offense, il dirait, avec la même grandeur d'âme que cet
empereur romain, dont on avait brisé la statue (empereur que je ne nomme pas dans la crainte de prendre
encore Titus pour Néron[1]) : *Je ne me sens point blessé.*

Mais n'allons pas chercher des leçons ailleurs que
dans notre propre histoire. Elle nous offre des exemples de tous les genres d'héroïsme : interrogeons la
vie de Louis XII. — « Les courtisans déprimaient
Louis XII; s'efforçant de faire passer sa vigilance et
son économie pour une petitesse d'esprit et une avarice sordide, ils ne se donnèrent pas même la peine
de cacher leurs sentimens. — Ne pouvant le faire
changer par leurs plaintes, ils firent usage du ridicule, arme toujours puissante sur l'esprit de la nation.
Après cette dangereuse maladie qui avait menacé les

---

[1] Allusion au plaidoyer pour M. Bavoux, dans lequel
Me Dupin, improvisant sa réplique, avait attribué à Titus
le *vellem nescire litteras* de Néron.

jours de Louis, et qui avait causé des alarmes si vives, une tristesse si profonde à tous les vrais Français, des comédiens osèrent le produire sur la scène, pâle et défiguré, la tête enveloppée de serviettes, et entouré de médecins qui consultaient entre eux sur la nature de son mal. S'étant accordés à lui faire avaler de *l'or potable*, le malade se redressait sur ses pieds, et paraissait ne plus sentir d'autre infirmité, qu'une soif ardente. Informé du succès de cette farce, Louis dit froidement : *J'aime beaucoup mieux faire rire les courtisans de mon avarice, que de faire pleurer mon peuple de mes profusions.* — On l'exhortait à punir des comédiens insolens : *Non*, dit-il, LAISSONS-LES SE DIVERTIR, *pourvu qu'ils respectent l'honneur des dames* [1]. »

Quand il s'agit de venger un roi, il faudrait avant tout examiner ce qui est convenable; *quid deceat, quid non*. Si l'on avait poursuivi les comédiens de Louis XII, il y aurait eu aussi un grand procès; et, à la place de ce que je viens de vous lire, nous trouverions dans nos archives un arrêt qui aurait condamné les plaisans à la prison, ou même à la roue (car alors les peines étaient arbitraires). Ce serait un acte de sévérité, mérité peut-être; mais ce ne serait pas un acte de cette ineffable bonté qui a mérité à Louis XII le nom de *père du peuple*.

Pour nous, examinons, puisque nous y sommes réduits, ces fameux couplets où l'on prétend trouver *une offense à la personne du Roi*.

[1] Continuat. de Vély, édit. de 1771. In-4°. Tom. XI, p. 534.

Dans la chanson *du bon Dieu* se trouve le couplet suivant :

> Que font ces nains si bien parés,
> Sur des trônes à clous dorés ?
> Le front huilé, l'humeur altière,
> Ces chefs de votre fourmilière
> Disent que j'ai béni leurs droits,
> Et que, *par ma grâce*, ils sont rois.
> Si c'est par moi qu'ils règnent de la sorte,
> Je veux, mes enfans, etc.

L'auteur parle ici des rois en général : ainsi rien de personnel.

Ces nains ; par rapport à Dieu, rien n'est grand.

Trônes à clous dorés ! Un homme qui ne méprisait point la majesté royale, disait : « Qu'est-ce qu'un trône ? *Quatre planches de sapin recouvertes de velours et garnies de clous dorés.* »

Le front huilé serait une allusion au sacre, et ne pourrait s'appliquer au Roi, qui n'a point encore été sacré.

Disent que j'ai béni leurs droits. — Allégation de la question politique dite *du droit divin ;* question long-temps débattue, et que nous n'avons point à résoudre ici.

Par ma grâce : c'est-là, dit-on, une satire de la formule qui précède tous les actes de nos rois. — La réponse est simple. Critiquer la formule des *actes du gouvernement*, n'est point *offenser la personne du Roi.* Et même autrefois, où le Roi n'était pas aussi nettement qu'aujourd'hui distingué de son gouvernement, voici un couplet qui prouve qu'on pouvait, sans crime, transporter cette formule dans une parodie :

> Louis, *par la grâce de Dieu*,
> A tous les Français en tout lieu,
> Savoir faisons, par ces présentes,
> Que nous nommons lettres patentes,
> Que notre amé, le sieur Turgot,
> Va raisonner tout comme un sot.

M. Turgot ne s'en est pas ému ; et le couplet, loin de nuire à la réputation du ministre, est resté pour attester sa tolérance et sa générosité.

La seconde chanson où l'on veut voir une offense à la personne du Roi est celle qui a pour titre *l'Enrhumé*. Le sixième couplet est ainsi conçu :

> Mais la Charte encor nous défend ;
> Du Roi c'est l'immortel enfant ;
>   Il l'aime, *on le présume*.
> . . . .
> . . . .
>   Amis, c'est là,
>   Oui, c'est cela,
> C'est cela qui m'enrhume.

On le présume ! *doute injurieux*, porte le réquisitoire, doute fortifié par les deux lignes de points qui suivent, et qui n'ont évidemment pour but que de fixer l'attention sur ces mots *on le présume !*

Répondons : ce couplet est le sixième ; il faut donc voir ce que portent les cinq premiers. Or, ils sont consacrés à signaler toutes les atteintes que les *ministres* [1], secondés par les *ventrus*, ont portées à nos libertés publiques.

---

[1] L'auteur a même poussé la franchise jusqu'à désigner plusieurs d'entre eux par les initiales de leurs noms. Sur six ministres, il n'est pas difficile de deviner.

Ce n'est qu'après cet exposé de notre situation, qu'il ajoute : *mais la Charte encore nous défend.* Oui, certes, elle nous défend : *du Roi c'est l'immortel enfant;* elle nous défendra donc long-temps, puisqu'elle est immortelle.

Mais c'est ici que nous arrivons au doute : il l'aime : on *le présume* : pourquoi dire seulement, on *le présume?*

Eh ! Messieurs, n'accorderez-vous rien à la difficulté de la rime. Tous les couplets finissent par ces mots : *c'est là ce qui m'enrhume.* Si l'auteur, au lieu de dire, *il l'aime*, *on le présume*, eût dit : *il l'aime, j'en suis sûr;* cela n'aurait rimé à rien.

On veut incriminer le texte par les points...... Cela me rappelle le procès de M. Bavoux, où l'on incriminait les *ratures illisibles* de son manuscrit.

Tant que vous ne m'expliquerez pas pourquoi ces deux lignes de points, a dit M. l'avocat-général, jamais je ne croirai que l'intention de l'auteur ait été innocente.

Eh bien! croyez-le tant que vous voudrez; mais il n'en est pas moins vrai que vous croirez sans savoir: or, sans savoir, peut-on accuser?

Je veux bien essayer cependant d'expliquer ces deux lignes de points. Je vais interpréter à mon tour; je vais faire le poëte : mes vers seront mauvais, je le pense; mais on m'excusera si je les montre aux gens. Je suppose donc qu'après ces mots :

> *Il l'aime, on le présume,*

l'auteur ait ainsi rempli la lacune :

> Que dis-je ? moi, j'en suis certain ;
> Mais les *ultras* n'en croiront rien.

On lui aura ensuite fait observer que cette dénomination d'*ultras* est une qualification de parti; il aura supprimé les deux vers, et les aura remplacés par des points.... Voilà une explication! Cent autres interprétations sont possibles dans le sens de l'accusation; mais aucune ne peut être admise, parce que toutes seraient divinatoires, et qu'on n'accuse pas par induction ni par supposition.

Enfin, Messieurs, concevez-vous qu'on ait vu une offense à la personne du Roi dans le dernier couplet de la chanson intitulée : *la Cocarde blanche*.

M. Marchangy : Je n'en ai pas parlé.

Me Dupin. Raison de plus pour que j'en parle, moi; elle est dans l'accusation, et je veux prouver tout le tort qu'on a eu de l'y comprendre.

> Enfin, pour sa clémence extrême,
> Buvons au plus grand des Henris,
> A ce roi qui sut, par lui-même,
> Conquérir son trône et Paris.

Il y a ici offense au Roi; mais c'est de la part de l'accusation, qui, dans l'éloge de Henri IV, a eu l'inconvenance de voir une offense à la personne de Louis XVIII.

Le Prince de Navarre, dans la chanson qui porte ce nom, est un prince imaginaire; on lui dit : *Faites-nous des sabots* plutôt que de monter sur le trône et de gouverner de travers. Cette chanson n'offre rien d'offensant, puisqu'elle n'a rien de personnel. Elle consacre un fait historique, ce fait que Mathurin

38

Bruneau n'était qu'un sot, qui, dans sa démence, voulait se faire passer pour un descendant de la maison de Bourbon.

J'arrive au dernier chef d'accusation.

On le fonde sur une seule chanson, *le vieux Drapeau* : « Cette chanson, dit l'auteur en tête du pre-« mier couplet, cette chanson n'exprime que le vœu « d'un soldat qui désire voir la Charte constitution-« nelle placée sous la sauvegarde du drapeau de « Fleurus, de Marengo et d'Austerlitz. Le même « vœu a été exprimé à la tribune par plusieurs dépu-« tés, et entre autres par M. le général Foy, dans une « improvisation aussi noble qu'énergique. »

En effet; on se rappelle qu'à la séance du 7 février 1821, cet orateur guerrier, qu'animaient, alors comme toujours, le patriotisme et la gloire, s'est écrié... « Mais si jamais, dans sa profonde sagesse, « le Roi revenait sur sa détermination première; si « l'auguste auteur de la Charte rétablissait le signe « que nous avons porté pendant un quart de siècle, « assurément, Messieurs, ce ne seraient pas les om-« bres de Philippe - Auguste et de Henri IV qui « s'indigneraient dans leurs tombeaux, de voir les « fleurs de lys de Bouvines et d'Ivry sur le drapeau « d'Austerlitz. »

Voilà certainement une idée grande, noblement exprimée, et qu'il appartenait à un général français d'émettre avec cette chaleur d'âme qui caractérise la véritable éloquence. C'est cette même idée que le poëte a ressaisie, et qu'il a reproduite dans les strophes consacrées au *vieux Drapeau*.

Il a voulu, comme le général Foy, proposer l'alliance du passé avec le présent. La preuve, c'est qu'il dit :

> Rendons-lui *le coq des Gaulois.*

Certes, ce n'est point là l'aigle de l'empire ; d'autant mieux qu'il dit un peu plus haut que,

> Cet aigle est resté dans la poudre.

Mais, dit M. l'avocat-général, ce coq est celui *de la république.* — La république a pu le prendre en effet : mais M. Marchangy est trop versé dans *les antiquités gauloises,* pour ignorer que, long-temps avant qu'il fût question de république, le coq figurait dans les emblêmes de la nation française. Le *coq des Gaulois* ne signifie donc pas le *coq des républicains*[1].

Qu'a voulu l'auteur ? Marier deux époques, confondre les souvenirs, unir les Francs et les Gaulois, et non pas armer la république contre la monarchie.

J'en trouve la preuve dans ce qu'il dit avec tant de verve dans une autre chanson, ayant précisément pour titre : *les Francs et les Gaulois.*

> Gai, gai, serrons nos rangs,
> Espérance
> De la France;
> Gai, gai, *serrons nos rangs,*
> En avant, *Gaulois et Francs !*

Serrons nos rangs ne signifie pas faisons la guerre civile. — Mais il dit, en parlant de ce drapeau, *déployons-le* ; donc il excite à le déployer actuelle-

---

[1] C'est de là que Dupaty a pris occasion de dire :

Pris pour un aigle, un coq vous fait mettre en prison.

ment........ — Remarquez donc aussi qu'il dit : *déployons-le sur la frontière* ; ce n'est donc pas le drapeau de la guerre civile, mais celui de la guerre étrangère.

M. l'avocat-général a prétendu qu'il s'agissait des frontières d'Italie et d'Espagne, et que ce funeste drapeau était destiné à *rapporter dans ses plis la guerre, la peste et l'anarchie*. Ce serait bien le cas, j'espère, de faire intervenir ici les couplets qui ont pour titre : *Halte-là !* ou *le Danger des interprétations*. Cette phrase est de pure imagination. C'est une déclamation qui n'exige aucune réponse.

Mettez de côté les commentaires, Messieurs les jurés, lisez le *vieux Drapeau*, et vous reconnaîtrez sans peine que ce n'est point une provocation au crime. Sans doute le poëte y exprime des regrets...., des désirs....; mais il ne fait point un appel à la sédition ; et il faut que les ministres soient bien vindicatifs et bien irrités de ce qu'on a mis leurs initiales dans quelques couplets ; il faut que leur haine contre Béranger soit bien violente, pour qu'ils aient ainsi voulu transformer l'expression d'un sentiment permis en une provocation à la révolte. Aman, le farouche Aman a-t-il donc fait traduire au banc d'Assuérus le patriotique auteur du *cùm recordaremur Sion ?*

(L'avocat résume en peu de mots sa discussion, et termine en ces termes :)

Après avoir réfuté successivement les divers chefs d'accusation, il ne me reste, Messieurs, qu'à ramener votre attention sur le caractère du livre et la personne de l'auteur.

Peu de gens peuvent dire avec autant d'assurance que lui : « C'est parce que *je ne crains point qu'on* « *examine mes mœurs*, que je me suis permis de « peindre celles du temps avec une exactitude qui « participe de leur licence. »

Il aime la liberté ; il l'aime avec passion.

> Lisette seule a le droit de sourire,
> Quand il lui dit : *Je suis indépendant.*

« D'ailleurs (dit-il encore lui-même), en frondant « quelques abus qui n'en seront pas moins éternels, « en ridiculisant quelques peronnages à qui l'on « pourrait souhaiter de n'être que ridicules, *ai-je* « *insulté jamais à ce qui a droit au respect de tous ?* « *Le respect pour le souverain paraît-il me coûter ?* »

Ses chansons ont déplu aux dépositaires du pouvoir.... C'est tout simple : La chanson est essentiellement du parti de l'opposition; et ces Messieurs n'en veulent supporter aucune.

Chacun pourtant résiste à sa manière à ce qui peut dégénérer en oppression : les uns, par des livres ; d'autres, par des discours ; celui-là, par une pétition ; celui-ci, avec un couplet ; tel est Béranger.

> Oui, je suis un pauvre sauvage
> Errant dans la société,
> Et pour repousser l'esclavage,
> Je n'ai qu'un arc et ma gaîté.

De telles armes n'ont jamais paru séditieuses, jusqu'ici du moins !

Du reste, peut-on dire qu'il ait, dans ses couplets, fait preuve de noirceur ou de méchanceté ? Non; il n'a jamais attaqué les particuliers; il a respecté leurs personnes, leurs mœurs; il n'a attaqué que les actes du pouvoir, quand il a cru voir que les fonctionnaires qui en étaient revêtus en abusaient contre la liberté publique. Un seul mot suffirait pour peindre son caractère. On lui proposait de composer une chanson contre un grand personnage alors en disgrâce; on lui indiquait la matière des couplets. — *A la bonne heure*, dit-il, *quand il sera ministre.*

Cette conduite répond assez aux calomnies dont il s'est vu l'objet. On a profité de son procès pour faire courir, sous son nom, des chansons atroces que son cœur repousse plus encore que son talent ne les désavoue.

On lui a prêté des idées de vengeance..., qui n'entrèrent jamais dans sa pensée.

Il s'est peint lui-même dans ses vers :

> Je ne sais qu'aimer ma patrie.
>
> . . . .
>
> Je n'ai flatté que l'infortune.
>
> . . . .
>
> J'aime à fronder les préjugés gothiques
> Et les cordons de toutes les couleurs;
> Mais, *étrangère aux excès politiques*,
> Ma liberté n'a qu'un chapeau de fleurs.
>   Diogène,
>   Sous ton manteau,
> Libre et content, je ris et bois sans gêne :
>   Diogène,
>   Sous ton manteau,
> Libre et content, je roule mon tonneau.

Briserez-vous, Messieurs, ce modeste asile que sut respecter un conquérant? Troublerez-vous une existence paisible qui s'écoule tranquillement au sein de la plus douce et de la plus pure amitié? Partagerez-vous l'indignation qu'on a voulu vous inspirer contre un pauvre chansonnier? Ajouterez-vous à la rigueur anticipée d'une destitution dont rien ne justifie, du moins, la précipitation? Allez-vous sérieusement encourir, aux yeux d'un public malin, le reproche (j'ai presque dit le ridicule) d'avoir transformé *des chansons en crime d'état?* Confondrez-vous ainsi les idées et les principes, en ne mettant aucune distinction entre le vaudeville et les autres genres de compositions littéraires ou scientifiques? — Ah! Messieurs, si l'on eût déféré une pareille cause au jugement de *nos bons aïeux,* ils auraient secoué la tête, en murmurant entre leurs dents: *Chansons que tout cela;* et ils eussent ainsi fait preuve d'esprit autant que de justice.

PLAIDOYER

POUR MM. JAY ET JOUY.

AUDIENCE DU 29 JANVIER 1823.

Sɪ l'on me demandait mon sentiment particulier sur les *Biographies des hommes vivans*, je n'hésiterais pas à désapprouver ce genre d'ouvrages; ils devraient être interdits; et j'estime bien plus sage, la méthode de Plutarque invoquée par M. l'avocat du Roi, ou même celle des Égyptiens, qui ne jugeaient les hommes qu'après qu'ils étaient ensevelis dans la tombe, mais qui, à cet instant solennel, jugeaient même les actions de leurs rois.

Cependant, Messieurs, du moment qu'un ouvrage de ce genre a paru, s'il a pris la couleur exclusive d'une opinion, il appelle la contradiction de l'opinion contraire. En cela, comme en toute controverse, qui n'entend qu'une partie n'entend rien. Les faits ont été travestis, on voudra les rétablir; certains actes mal qualifiés, il faudra leur restituer leur véritable caractère; des réputations injustement ternies, il s'agira de les réhabiliter. Telle est l'intention qu'ont annoncée les auteurs de la *Biographie nouvelle des contemporains*. Ont-ils tenu parole? oui, si l'on en juge par la manière dont ils ont traité les articles Beauchamp, Catelineau, Charrette; rendant un juste hommage à la valeur et au dévouement de ces chefs vendéens, et relevant avec éloge les actes de courage et d'humanité qui les ont honorés sur le champ de bataille; oui, si l'on en juge par l'article du duc de Choiseul, dont le nom, comme la vie, rappelle tout l'héroïsme d'un dévouement chevaleresque et d'un patriotisme éprouvé.

Enfin, ce qui parle en faveur de cet ouvrage plus haut que notre discours, neuf volumes ont déjà paru, contenant chacun plus de huit cents articles; un seul volume est dénoncé, et, dans ce volume, deux articles seulement sont signalés par le ministère public; et dans ces articles enfin, l'un n'offre qu'une phrase, et l'autre ne contient qu'une ligne que l'accusation ait cru pouvoir vous déférer.

M. Jay est accusé comme auteur de l'article *Boyer-Fonfrède;* on lui reproche d'avoir voulu, en le justifiant, faire l'apologie du régicide.

Ici, Messieurs, le caractère de l'écrivain devient un premier garant de l'injustice d'une pareille accusation. Le caractère personnel de M. Jay est une grande douceur de mœurs, une grande modération dans ses opinions et dans la manière de les énoncer. Comme avocat, inscrit sur notre tableau, il connaît les lois, il fait profession de les respecter; il est parmi nous, irréprochable et irréproché. Il est incapable d'avoir eu l'intention qu'on lui suppose.

Aussi l'a-t-il hautement désavouée dans son interrogatoire, et il n'y a qu'un instant encore en parlant devant vous. Et qu'on ne dise pas que c'est là une vaine protestation employée pour se soustraire aux effets de la poursuite dont il est l'objet; j'ai trouvé une garantie plus sûre de sa manière de penser au sujet de la mort de Louis XVI, et dans l'article déjà publié de M. Angran d'Alleray, et dans celui de Madame Élisabeth, dont il est également auteur, où il rend le plus touchant hommage aux vertus de cette princesse, et où il n'hésite pas à dire qu'elle comparut devant le tribunal *de sang* qui avait condamné Marie Antoinette; l'appelant *martyre*, et donnant le nom de *victimes* à tant d'illustres condamnés.

Voilà mes garans de l'opinion personnelle de M. Jay sur la condamnation de Louis XVI, et j'y crois; car M. Jay n'a point étudié à l'école de ces hommes qui admettent le régicide comme doctrine, et les restrictions mentales comme principe de conduite et de direction.

Sans cela, je dois le dire, je ne l'eusse point voulu défendre; car, moi aussi, Messieurs, je n'ai jamais hésité à donner à Louis XVI le titre de roi martyr[1]. Je le dis avec sentiment et avec conviction, ses juges n'avaient pas le droit de le juger; de plus, il était innocent. Ce fut un crime en morale, et une faute en politique; car Louis XVI avait voulu la liberté de son peuple; et c'est peut-être parce qu'il l'avait voulue

---

[1] Voyez Observations de Me Dupin sur la législation criminelle, p. 12 et 13.

franchement, qu'au jour où il fut attaqué avec tant
de fureur, il se vit si lâchement abandonné. Dans mon
opinion, approuver, louer, justifier un crime, c'est
s'y associer, c'est en quelque sorte le commettre une
seconde fois : *aliud parricidium est accusare inno-*
centem occisum.

(Après cette exposition faite avec chaleur et avec
accent, Me Dupin discute mot à mot l'article incriminé ; il montre que M. Jay, loin d'approuver le
vote de Boyer-Fonfrède, l'a au contraire qualifié *de*
funeste et déplorable erreur, qui fut *la cause de*
grands maux.)

Sans doute M. Jay attribue des vertus à Boyer-
Fonfrède ; mais, en condamnant la conduite d'un
homme sur un point qui doit être condamné, l'équité
de l'histoire ne veut-elle pas qu'on rende également
justice aux qualités qui l'ont distingué. Ainsi, quels
que soient les reproches que tels ou tels auront mérité sous certains rapports, on ne pourra, si l'on veut
être juste, s'empêcher de dire de l'un, qu'il fut un
grand mathématicien, un grand artiste ; de l'autre ,
qu'il fut savant, pieux, charitable ; de celui-ci, qu'il
fut bon père et bon ami ; de celui-là enfin, que s'il
eut des vices, il ne manqua pas totalement de vertus.
On dira d'eux ce qu'Horace a dit du fou d'Argos,
dont la monomanie n'empêchait pas qu'il ne fût assez
exact d'ailleurs à remplir les devoirs de la vie civile :

Cætera qui vitæ munia servabat recto more.

M. Jay peut s'autoriser surtout de l'exemple de
l'historien Hume, qu'on accuse d'avoir été partial

seulement en faveur des Stuarts, et qui cependant, après avoir fait parler les douleurs de Charles Ier et de Strafford, n'en a pas moins fait, sous d'autres rapports, l'éloge du régicide Harisson, dont il loue *l'élévation de sentimens, la force et la présence d'esprit,* disant que sa conduite a été digne de *compassion et d'indulgence.*

Le même historien, parlant du républicain Vane, le met au rang *des plus grands génies.*

M. Jay est loin d'avoir exalté à ce point l'homme dont il écrivait la vie : il explique le vote de Fonfrède, mais il le blâme.

Il l'explique, parce qu'en effet tous ceux qui ont voté la mort de Louis XVI ne l'ont pas votée avec la conscience du crime; mais plusieurs par erreur, faiblesse, peur ou entraînement. Songez-y bien, Messieurs; cette idée est même morale; elle est plus conforme à la charité chrétienne; elle est consolante pour l'humanité.

Si, du reste, M. Jay, en improuvant le vote de Fonfrède, ne l'appelle pas crime ou attentat, s'il ne le qualifie pas aussi sévèrement qu'on le ferait dans un réquisitoire, l'accusation n'en est pas mieux fondée. Un blâme quelconque sera toujours l'opposé d'une approbation; or, l'approbation seule, donnée au régicide, serait immorale, et pourrait motiver l'accusation.

(Après avoir ainsi justifié M. Jay, et sous le rapport de l'intention et sur le fait en lui-même, Me Dupin passe à la défense de M. Jouy.)

M. Jouy est depuis long-temps l'objet d'une solli-

citude particulière ; il a déjà essuyé presqu'autant de
procès que *Sylla* [1] sut obtenir de consulats.

On l'accuse, cette fois, d'avoir voulu provoquer
à la haine et au mépris du gouvernement du Roi ; et
cette accusation est grave ; car, suivant un écrivain [2]
dont l'opinion peut servir de commentaire à la loi
qui a motivé l'accusation, il n'y a rien de plus dangereux pour un gouvernement que d'encourir la haine
et le mépris.

(Me Dupin lit ensuite l'article des frères Faucher,
dont M. Jouy a déclaré avoir approuvé la rédaction.
Il n'y trouve point le caractère de criminalité que lui
prête l'accusation.)

M. Jouy a expliqué ses motifs d'intérêt personnel
pour les frères Faucher. Il s'est appitoyé sur une condamnation qui appartient à des temps déjà loin de
nous. Il a parlé de deux condamnations ; toutes deux
sont historiques. Il a remarqué une différence saillante, et l'on peut dire sanglante entre les deux ; mais
il n'a point pour cela provoqué à la haine contre le
Roi ni contre son gouvernement.

Ce serait tout au plus sur le ministère de 1815 que
tomberait le reproche ; ministère qui a cessé, ministère contre lequel on a épuisé toutes les formules d'injures, d'attaques et de diffamation ; ministère dont
celui-ci n'a pas jusqu'à présent entendu se rendre
l'apologiste ni se constituer le vengeur.

[1] On ne pouvait rappeler avec plus d'art que M. Jouy était
auteur de la tragédie de *Sylla*, qui était alors à sa 51e représentation.

[2] MACHIAVEL, dans son livre *du Prince*, chap. IX, intitulé :
Il faut éviter de se rendre méprisable et odieux.

Ou bien ce sera, si l'on veut, une attaque contre le parti qui, en 1815, activait les condamnations et pressait les exécutions. Que n'a-t-on pas dit en effet, avec toute liberté, sur les réactions de 1815 à Bordeaux, à Lyon, à Nîmes et ailleurs? Mais tout cela n'est pas le gouvernement du Roi, car ce gouvernement n'est pas celui d'un parti.

Enfin, ce sera, je le suppose, un trait lancé contre la juridiction expéditive qui a prononcé sur le sort des frères Faucher. Juridiction heureusement abolie, et qui, parmi les souvenirs qui s'y rattachent, n'a pas du moins laissé le sentiment du regret.

Le célestin de Marcoussi osa dire à François Ier, qui visitait le tombeau de Montaigu, et qui plaignait ce ministre d'avoir été condamné à mort *par justice* : « Vous vous trompez, sire, *ce fut par des commissaires.* » On a pu dire de même, en parlant des frères Faucher : *Ce fut par des prévôts* qu'ils furent condamnés; ce fut par des juges soi-disant militaires, des juges d'exception enfin, qui ne laissèrent pas à la grâce le temps d'arriver! Le célestin ne fut pas accusé d'avoir voulu exciter à la haine et au mépris du gouvernement du Roi (il est vrai que c'est au Roi lui-même qu'il avait parlé). M. Jouy n'est pas plus coupable, bien qu'il ne soit pas célestin.

Mais il a dit que les temps étaient *changés!* il l'a dit en parlant de 1815, et par opposition à 1793, voulant exprimer par-là que le gouvernement de 1815 était plus impitoyable que celui de 1793!

Aimeriez-vous donc mieux que M. Jouy eût dit que les temps étaient *les mêmes ?*.....

Oui, les temps étaient changés : en 1793, une fureur populaire pouvait vous perdre; un mouvement contraire pouvait vous sauver. *Vulgus mutabile subitis.*

En 1815, formes différentes. Alors on était sous l'empire des tribunaux d'exception. La législation de 1815 n'admettait pas ces délais, ces recours, ces sursis, qui jadis avaient sauvé les frères Faucher. Il n'était pas même permis de se pourvoir en cassation; et l'exécution fut si prompte, que l'ordre de la suspendre n'eut pas le temps d'arriver. La clémence royale était à Paris, et les juges siégeaient à Bordeaux !

Mais enfin, qu'a dit M. Jouy, même en parlant de ces juges d'exception, de leur sentence de mort et de sa trop rapide exécution ? Il ne leur a pas même dit : Vous fûtes sans justice; il leur a dit seulement : Vous fûtes sans pitié !

Pitié, larmes, regrets, de tous temps vous fûtes permis sur une condamnation! On a pu plaindre Calas et Labarre sous l'ancien régime; pleurer les victimes de la révolution en présence de la révolution même. Sous l'usurpateur, on a plaint le roi légitime; et c'est alors que furent offerts les premiers sacrifices d'expiation. Moi-même, j'ai pu, sous ce gouvernement, déplorer l'assassinat du duc d'Enghien [1]; on a supprimé mon livre, mais on ne m'a pas fait de procès; on a

---

[1] Voyez mon *Précis Historique du Droit Romain*, pag. 49, et l'écrit intitulé : *Discussion des actes de la Commission instituée en l'an XII par le gouvernement consulaire, pour juger le duc d'Enghien.*

étouffé ma plainte, on l'a empêchée de se répandre, mais du moins on a eu la pudeur, ou, si l'on veut, la politique de ne la point transformer en délit.

Que les temps sont *changés!* Combien de faits s'expliquent par ce peu de mots! Tel a péri, jugé à telle époque, qui eût été sauvé, jugé un peu plus tard. Un vol est toujours un vol; un meurtre est toujours un meurtre; mais, en matière politique, tout est instantané, tout dépend du moment; et tant de réhabilitations devenues célèbres, comment les expliquer, si ce n'est par la différence des temps?....

Abordons maintenant l'objection tirée contre M. Jouy de ce qu'il a consigné dans son article, que les frères Faucher n'avaient pas été défendus.

Il serait sans doute à regretter qu'un barreau qui a fourni tant de fonctionnaires pour les places les plus éminentes, n'eût pas offert d'avocat au malheur, ni de défenseur à des accusés! Mais le bruit en a couru; les journaux l'ont répété; la tribune en a retenti; qui de vous, enfin, a lu ce plaidoyer?.....

C'était une rumeur devenue populaire; M. Jouy l'a accueillie; fût-elle inexacte (et je le désire pour l'honneur du barreau de Bordeaux), que pourrait-on en inférer?—Ce serait une attaque contre les hommes pusillanimes qui n'auraient pas osé faire le devoir de leur état, mais ce ne serait pas une provocation à la haine contre le gouvernement du Roi.

(Me Dupin termine par des considérations générales communes aux deux accusés. Il déplore ces accusations multipliées, la plupart suggérées par des instigations ministérielles. La justice doit s'en défendre; et conserver son véritable caractère qui est l'indépendance. Au moment, surtout où la nation va s'engager dans une lutte qui peut devenir terrible, au lieu d'aigrir et de diviser les esprits, ne vaudrait-il pas mieux déposer tous les ressentimens, et rallier les opinions en un même point, pour diriger plus sûrement les efforts vers un même but. Les magistrats rempliront cette mission : ils ne seront jamais les instrumens d'un parti; et la modération, dont a fait preuve M. l'avocat du Roi, est un sûr présage de l'impartialité du jugement.

JUGEMENT DU 29 JANVIER 1823.

« En ce qui touche l'article Fonfrède dont Jay s'est reconnu l'auteur, attendu que dans cet article la condamnation de Louis XVI n'est pas approuvée; qu'elle est même blâmée; que si le blâme n'est pas exprimé en termes assez énergiques, ce fait ne saurait constituer ni crime ni délit.

« En ce qui touche l'article des frères Faucher dont Jouy s'est reconnu l'auteur :

« Attendu que dans cet article l'action des frères Faucher de s'être barricadés dans leur maison et de s'être défendus pied à pied, contre les autorités du gouvernement du Roi, au mois de septembre 1815, est qualifiée d'*héroïque*, bien que le même article énonce que l'un d'eux (César Faucher) député des cent jours, n'avait quitté Paris qu'après la clôture de la session de la chambre des représentans d'alors;

« Que dans ledit article il est également dit que Rome leur eût élevé des statues dans le temple de Castor et Pollux; qu'après avoir énoncé que les frères Faucher, après leur condamnation marchèrent au supplice le 27 novembre 1815, avec la même fermeté qu'en 1793; ce même article ajoute : Mais les temps étaient changés; l'ordre de suspendre l'exécution ne vint pas. » — Que ces dernières expressions, sans qu'il soit besoin d'avoir recours à aucune interprétation, *emportent une comparaison* entre la terreur de 1793, et le gouvernement du Roi, même au désavantage de ce dernier. — Qu'ainsi ledit article, dans les passages ci-dessus relevés, et particulièrement dans le dernier, excite à la haine et au mépris du gouvernement du Roi :

« Renvoie Jay des fins de la prévention ;

« Condamne Jouy à un mois d'emprisonnement, à 5o fr. d'amende et aux frais du procès.

M. le procureur-général ayant appelé du jugement, l'affaire a été portée devant la Cour royale, audience solennelle.

M. Jay, acquitté en première instance, se croyait si sûr d'être également acquitté sur l'appel, qu'il voulut se borner à de simples observations qu'il se chargea de présenter lui-même. Son attente fut trompée, et il se vit condamner à un mois de prison et 16 fr. d'amende.

Me Dupin prononça pour M. Jouy le plaidoyer qu'on va lire. Mais tous ses efforts ne purent empêcher que le premier jugement ne fût confirmé.

Dans sa péroraison, l'orateur paraît avoir voulu faire allusion à certain passage du discours prononcé, quelques jours auparavant par M. le garde-des-sceaux, à la séance de la chambre des députés. (Voyez le *Journal des Débats*, du 5 avril 1823; et le *Constitutionnel* du 6, article *Paris*.)

PLAIDOYER

POUR M. JOUY,

A L'AUDIENCE DE LA COUR ROYALE, DU 10 AVRIL 1823.

Messieurs,

Si M. Jouy n'eût été frappé que dans sa fortune, quelque dommage qu'il en fût résulté pour son patrimoine (assez modique d'ailleurs, comme celui de tous les gens de lettres), il n'eût peut-être pas appelé; il eût craint d'ajouter sa cause à celles du même genre dont vos audiences sont déjà surchargées, et qui menacent d'encombrer votre juridiction.

Mais voyant sa personne même atteinte, sa liberté menacée, lui, vétéran de la littérature et de l'armée, membre du premier corps littéraire de France, pouvait-il, quels que fussent d'ailleurs sa docilité et son amour pour la paix, garder le silence, et pousser la résignation au point d'acquiescer à une sentence qui le condamne à la prison?

Non, Messieurs, il a dû, dans cette circonstance, élever ses regards vers vous, et demander à la Cour souveraine le redressement des torts que lui fait éprouver la décision des juges inférieurs.

Accusé plusieurs fois, M. Jouy a toujours été honorablement acquitté. Ainsi la récidive est, non dans le délit, mais dans l'accusation.

Du reste, ce n'est point aux magistrats que M. Jouy impute la funeste prévention qui s'est attachée à sa personne. On ne lui dira pas : *Tremble, un Dieu te poursuit.* C'est moins que cela, c'est la police; et il m'appartient dans l'intérêt même de la justice, de vous dévoiler la marche ténébreuse de l'inquisition ministérielle dans ces sortes d'affaires, et de montrer comment les magistrats ont pu être involontairement subjugués par une délation adroitement ourdie.

Il n'y a plus de censure, Messieurs, plus de censure ostensible, mais une censure occulte qui s'est réfugiée dans les bureaux de la police. Là, à l'exemple des commissions de l'*index*, instituées dans les pays d'inquisition, il existe un conclave d'*examinateurs*, auxquels ont distribué les produits de la presse.

De cet obscur laboratoire sortent des rapports *anonymes*, où chaque ouvrage qui déplaît est déchiqueté, interprété, commenté, incriminé; où l'auteur est signalé, qualifié, noirci; ce sont des espèces de modèles destinés à servir de type aux réquisitoires.

On conçoit l'importance que se donnent messieurs les examinateurs; ils se vantent d'avoir sauvé la société, quand ils croient avoir trouvé le moyen de perdre un auteur que souvent on n'eût pas lu sans le procès qu'ils lui ont suscité; mais que deviendraient leurs places et leurs émolumens, s'il n'y avait pas de procès de la presse? Il en faut à tout prix.

Ces rapports *sine die et consule* sont envoyés au parquet sous le nom de Son Excellence le ministre de l'intérieur, qui se reconnaît seulement à la vignette et au timbre du papier.

Ces envois sont eux-mêmes accompagnés des plus tendres recommandations de poursuivre l'infâme et de procurer sa condamnation.

Telle est, Messieurs, la marche qu'on a suivie dans l'affaire actuelle [1]. Dans un premier rapport d'un de messieurs les examinateurs, on lit ce qui suit : « J'ai signalé le 7ᵉ volume de cette *Biographie* « comme renfermant nombre de passages ouverte- « ment *séditieux*. Il y a déjà près de quatre mois « qu'il circule *impunément*, ayant été déposé le « 24 avril dernier. On est donc *pressé* par le temps, « si on veut le saisir. Eh! pourquoi ne le saisirait-on « pas? Pourquoi laisserait-on courir, quand on peut

---

[1] M. l'avocat-général s'étant plaint de ce qu'on avait divulgué le secret de ce qu'il a appelé la correspondance administrative du parquet, Mᵉ Dupin lui a répliqué :

« Ces pièces faisaient partie du dossier; elles étaient annexées « à l'accusation; elles étaient importantes à consulter pour « la défense. Mon devoir était de tout examiner. J'ai pensé « ensuite que ce qui m'avait paru bon à lire, était également « bon à dire. D'ailleurs, tous les actes de la justice sont com- « municables; s'il en est autrement de la police, qu'elle se « taise, ou qu'elle se cache; mais qu'on ne la plaigne pas lors- « que ses turpitudes sont dévoilées au grand jour. »

« l'arrêter, une œuvre de *mensonge*, de *perfidie* et
« d'*iniquité*, dirigée par les écrivains *les plus pervers*
« *de notre siècle?* »

Vous voyez, Messieurs, que les termes ne sont
pas ménagés, et que dès l'abord, la police cherche
à peindre aux yeux de la justice les auteurs de la
Biographie comme des hommes assurément bien
dignes de son animadversion, les *écrivains les plus
pervers de notre siècle!*

Mais ce n'est pas tout. Un autre rapport du même
examinateur contient encore les passages que voici :
« J'ai plusieurs fois signalé cette Biographie *sédi-
« tieuse*, dont le plan, invariablement suivi par les
« éditeurs, est d'outrager sans cesse la fidélité, et
« d'honorer partout la rébellion. On pouvait l'arrêter
« dès la première livraison qui parut au commence-
« ment de novembre 1820; on en fut détourné, *je
« pense* (une conjecture ne coûte rien), par la crainte
« d'une *absolution scandaleuse* (quelle dureté! ab-
« soudre est un scandale, condamner est seul légiti-
« me); ces sortes de causes, poursuit monsieur
« l'examinateur, étant *alors* soumises à un mode de
« procédure *toujours incertain et souvent erroné*
« (c'est ainsi qu'on traite le jury : mais voici pour
« vous, Messieurs :) ce mode n'existe plus aujour-
« d'hui, la loi est plus forte, et les tribunaux ont
« plus d'indépendance. Pourquoi n'en *profiterait-on*
« pas pour réprimer des *écrivains*, etc. »

Le pouvoir *profiter de l'indépendance* des tribunaux! l'expression est nouvelle; vous l'entendez,
Messieurs, voilà désormais ce qu'on attend de vous.

Ces rapports ainsi conçus ont été envoyés à M. le procureur du Roi par M. le chef de la police, qui termine par ces mots : « Vous jugerez sans doute convenable de diriger des poursuites contre les auteurs, « qui me paraissent être passibles des peines portées « par l'art. 2 de la loi du 25 mars dernier. *Il serait* « *d'autant plus important de réprimer ces libellistes,* « qu'ils ont déjà donné bien souvent des preuves « d'une audace qui ne respecte rien, et que cette au- « dace est *restée impunie.* »

A ces recommandations du chef de la police, se joignent celles de la chancellerie, dont le premier commis écrit de son côté, à cinq jours de distance, à M. le procureur du Roi : « Je vous invite à *me* « rendre compte des poursuites que vous aurez *sans* « *doute* jugé convenable de diriger contre les au- « teurs et imprimeurs de cet écrit, à raison du délit « qui vous a été signalé. »

La saisie a effectivement lieu à la fin de décembre. M. le procureur du Roi en informe le chef de la police, et celui-ci se hâte de lui répondre avec effusion : « Je vous prie d'agréer mes *remercîmens* de cette « communication, que j'ai reçue avec *beaucoup d'in-* « *térêt ;* elle m'offre une nouvelle preuve de la cons- « tance de vos efforts, etc. » (Suivent des compli- mens et des félicitations.)

Toutefois, Messieurs, si telle était l'ardeur de la police, je suis loin de prétendre que la justice n'ait point agi avec indépendance et discrétion. Au con- traire; sur vingt articles qu'avait signalés M. l'exa- minateur, quatre seulement ont été incriminés par le ministère public, et la chambre du conseil a même pensé qu'il n'y avait lieu à suivre que sur deux. Ainsi, sur huit volumes contenant près de sept mille articles, examinés avec soin, signalés avec assiduité, recommandés avec zèle, deux seuls articles demeurent incriminés, sur lesquels même je remarquerai, comme un singulier hasard, qu'ils sont tous deux de *Bordeaux....* Boyer-Fonfrède, député de la Gironde, et les frères Faucher, fusillés à Bordeaux!

On voit déjà combien la justice a retranché des exagérations de la police. Le jugement qui vous est déféré a encore reserré les termes de la prévention, car il a acquitté M. Jay, et condamné M. Jouy à une peine bien inférieure aux réquisitions du ministère public.

Quant à l'appel interjeté contre M. Jay, par le ministère public, Messieurs, je n'ai rien à vous dire; M. Jay s'est réservé le soin de se défendre lui-même; sa réponse sera péremptoire, et j'ose espérer qu'elle vous satisfera pleinement.

En ce qui concerne M. Jouy, je dois, avant tout, établir une distinction entre les passages que l'ordonnance de la chambre du conseil avait incriminés, et ceux dont elle ne s'était pas occupée.

La loi du 26 mai 1819 prescrit, à peine de nullité, dans son article 15, d'articuler les faits à raison desquels la prévention est établie. Et cela est effectivement indispensable pour la défense; car un nouveau Jansénius pourrait composer un in-folio, et, après avoir lu tout le volume, on en serait réduit à douter si les propositions arguées sont, ou non, dans le livre; au lieu qu'en citant la page et l'alinéa, on ne peut plus s'y méprendre. Or, dans l'espèce, l'ordonnance de la chambre du conseil n'a indiqué, dans l'article des *frères Faucher*, qu'un seul passage, celui commençant par ces mots : «condamnés à mort, etc. ». L'ordonnance n'en signale aucun autre; donc le jugement n'a pas pu légalement porter sur des passages qui, n'ayant pas été accusés, n'ont pas eu besoin d'être défendus.

S'ils eussent été argués, il m'eût été facile de les justifier. On y parle de la résistance des frères Faucher à rendre le poste de la Réole; mais en quels termes? non en ce sens d'une résistance apportée à l'autorité légitime, mais en ce sens que *rien de positif* n'assurait aux frères Faucher que le roi eût ressaisi les rênes du gouvernement. Et en effet, dans la séance de la chambre des députés, du 7 février 1822, M. Basterrèche avoit parlé avec indignation de l'affaire des frères Faucher; rappelé qu'ils n'avaient pas été défendus, et il terminait en disant : «Il « est donc des circonstances où l'on doit craindre de « ne pouvoir compter même sur le secours et le cou- « rage des avocats, considérés jusqu'à ce jour comme « plus indépendans que les juges [1]. »

Ici, Messieurs, je m'interromps pour relever cette assertion. Sans doute un bon avocat est plus indépendant qu'un mauvais juge; mais un bon juge, un vrai

---

[1] *Constitutionnel* du 8 février 1822.

magistrat, est le plus indépendant, le plus noble des hommes ; c'est l'image de Dieu sur la terre ; c'est le protecteur assidu de nos vies, de nos biens, de nos libertés. Nous n'avons que le droit de vous demander justice, et vous avez le pouvoir de nous la rendre. —Je reprends : Monseigneur le garde-des-sceaux demande aussitôt la parole : « Messieurs, dit-il, la place « que j'occupe aujourd'hui dans le gouvernement ne « me permet pas de laisser sans réponse l'une des « injustices auxquelles le préopinant s'est laissé en- « traîner. Mes *souvenirs personnels* me le permettent « moins encore. »

En effet, Messieurs, M. de Peyronnet était, à cette époque, un des avocats les plus distingués de ce même barreau de Bordeaux ; il commandait en même temps la garde nationale de la ville. Il avait eu ainsi le rare bonheur de rendre à son Roi des services militaires et des services civils, et c'est pour cette raison qu'on voit dans les armes de Sa Grandeur une petite épée, avec cette devise : *non solùm togâ*, qui laisse deviner le reste... M. de Peyronnet répond donc qu'à cette époque aucun avocat de Bordeaux n'a paru devant les tribunaux. Bientôt il ajoute que cependant les frères Faucher ont eu le secours de deux avocats. On lui objecte que ces deux avocats ont été nommés d'office ; on l'interpelle : « Au reste, dit alors M. de Peyronnet, *cela ne s'est* « *pas passé sous le gouvernement du Roi.* »

Ceci est positif ; donc, en parlant de ce fait, M. Jouy n'a pas eu pour objet d'exciter à la haine et au mépris du gouvernement du Roi.

Mais, dit le jugement, M. Jouy a appelé la résistance des frères Faucher une résistance *héroïque*. Messieurs, puisque la querelle est dans le mot, ouvrons le code des mots, le Dictionnaire de l'Académie, dont M. Jouy a dû parler la langue. On y lit au mot *héros* « homme ferme contre les difficultés, « intrépide dans les périls, et très-vaillant dans les « combats; qualités qui tiennent plus du tempéra- « ment, et d'une certaine conformation des organes; « que de la noblesse de l'âme. » Et, en effet, il y a beaucoup de héros qui ont été de fort mauvais sujets. Donc le mot en soi n'emporte que l'éloge du courage, plutôt qu'une qualification morale de l'action prise en bonne part.

Voilà, Messieurs, ce que j'aurais dit pour justifier le passage, s'il eût été compris dans l'accusation.

Relativement à l'autre passage, le seul que l'ordonnance de la Chambre du Conseil ait signalé, passage où le crime de M. Jouy serait d'avoir dit : « Ils marchèrent au supplice, mais les temps étaient « changés; l'ordre de suspendre l'exécution ne vint « pas; » ce qui, suivant le jugement, « emporte une « comparaison entre la terreur de 1793 et le gouver- « nement du Roi, même au désavantage de ce « dernier. » Je ne vois là que deux propositions dont la vérité ne peut être révoquée en doute.

Peut-on nier, en effet, que le sursis ne vint pas, puisqu'il est de fait que la condamnation a reçu son exécution?

Ensuite, cette assertion que les temps étaient

changés, loin de confondre les deux époques, les met en opposition.

(Me Dupin établit ensuite comment il est vrai de dire que les temps étaient changés, par la différence des législations, l'une permettant un recours en révision, des délais et des sursis que l'autre n'autorisait pas. Il en conclut que, dans tous les cas, il y aurait tout au plus attaque contre le ministère de 1815, ou contre un parti qui aurait pressé l'exécution, ou contre la juridiction expéditive qui a prononcé sur le sort des deux frères, ou contre la personne des juges [1]; mais non une attaque quelconque contre le gouvernement actuel du Roi, puisqu'au contraire le plus puissant motif qu'on puisse avoir d'aimer ce gouvernement doit se prendre dans la sécurité présente opposée aux réactions du passé.)

Que les temps sont *changés!* C'est l'histoire de la vie humaine; telle chose arrive dans un temps qui n'arriverait pas dans un autre. — Permettez-moi de vous lire à ce sujet les réflexions imprimées sur la condamnation des frères Faucher, en 1820, à une

---

[1] Dans une lettre écrite par le neveu des frères Faucher, qui se trouve au dossier, et qui passera sous les yeux de la Cour, on lit le passage suivant: « Mes oncles ont été sacrifiés; « ils ont été jugés par des hommes qui ne pouvaient être « leurs juges, d'abord par la haine qu'ils nourrissaient contre « eux, et parce qu'ils ne réunissaient pas les qualités requises « par la loi. Bien plus, ces hommes avaient usurpé des grades « militaires qu'ils n'avaient pas, ou qu'ils n'ont possédé que « bien long-temps après. Je l'ai vérifié moi-même sur les « contrôles de la guerre.....» *Signé* CASIMIR FAUCHER.

époque plus rapprochée de l'événement, et toutefois avec une sécurité qui ne fut pas troublée. Un écrivain aussi distingué par son talent que par son patriotisme, rendant compte du jugement du duc de Rovigo, s'abandonnait aux réflexions suivantes, qui rentrent merveilleusement dans le sujet qui nous occupe actuellement.

«Le prévenu, dit le narrateur, a été acquitté à l'una-
« nimité; *trois ans auparavant*, le conseil de guerre
« l'avait aussi condamné à mort à l'unanimité. Ainsi,
« les nuages sous lesquels l'esprit de vengeance et de
« faction s'efforce de cacher la justice sont *dissipés par*
« *le temps*: ainsi les malheureux que poursuit la haine
« qui prend le nom de dévouement, et qui tombent
« sous ses coups, n'ont à se reprocher que la confiance
« dans les lois, et que la sécurité de l'innocence. Ils
« seraient absous *aujourd'hui* (1820) ces deux frères
« de la Réole, dont le sang versé accuse devant Dieu,
« et devant les hommes la désastreuse époque qui les
« vit périr! Nés le même jour, émules de gloire, ri-
« vaux de patriotisme, blessés sur le même champ de
« bataille, élevés aux mêmes honneurs, ils perdirent
« la vie au même instant. Singulière et touchante
« destinée! la mort même ne put les séparer. Après
« les derniers embrassemens, ils présentèrent un front
« calme à leurs bourreaux : ils tombèrent en se tenant
« par la main, et leurs cendres fraternelles reposent
« dans le même tombeau. Combien d'autres innocentes
« victimes des réactions sortiraient *aujourd'hui* avec
« honneur de ces épreuves terribles où les uns ont
« trouvé la mort, et d'autres une indulgence encore

« plus cruelle. *Des temps plus doux sont arrivés.…* »

L'épigraphe placée en tête de ce procès n'est pas moins curieuse. Elle est tirée d'Ayrault, lieutenant-criminel au présidial d'Angers, sous Charles IX ; ce temps n'était pas doux. Or, mon vieux criminaliste, qui avait réfléchi et savait son métier, dit, en parlant des accusations politiques intentées dans le feu des réactions : « En pareil cas, en usent bien sagement « ceux qui laissent faire l'entrée aux autres, et se pré- « sentent en seconde ligne pour se justifier, parce que « les dernières accusations sont toujours plus douces « et plus mollement poursuivies. » Ainsi, vous voyez bien qu'ici le temps fait quelque chose à l'affaire. Aussi d'Argentré, dans un passage, dont je ne me rappelle pas le texte, mais dont j'ai bien retenu le sens, dit-il aux plaideurs : Prenez garde au temps où vous formerez votre action ; vous perdrez tel procès dans tel temps et devant tel juge, et vous le gagnerez dans un autre temps et devant un autre tribunal; *è sempre bene*, comme disait l'avocat vénitien. En effet, les lois, les opinions, les devoirs, tout change avec le temps, tout marche avec lui...[1]

---

[1] Voici ce texte que j'ai déjà cité dans ma *Jurisprudence des arrêts*, section XI, p. 103. *Hoc in lite, aut accusatione instituendá, spectandum : quid tempora, quid conditio hominum, quid judicantium mentes agitet. Quid cùm sic dicitur, illo judice vinces, illo excides eâdem in causâ. Sunt* quædam temporum opportunitates, *et alia, quæ homini prudenti despici oporteat, antequàm res aggrediatur.* (D'Argentré, ad art. 486, Const. Brit. p. 1731. édit. 1646).

Que les temps sont *changés!* Combien de faits s'expliquent par ce peu de mots! N'est-ce pas là l'unique base de tant de réhabilitations politiques? Combien d'accusés justifiés dans l'avenir, qui furent condamnés par leurs contemporains! Combien d'hommes dont l'unique titre aux honneurs et aux places, est d'avoir subi à une certaine époque quelque condamnation! Et réciproquement, combien de fonctionnaires, placés quelque temps au sommet des honneurs réservés à l'accusation et aux sévérités criminelles, recoivent un peu plus tard l'ineffaçable surnom de Jefferies et de Laubardemont! Telle est la force du temps; tels sont les priviléges de l'histoire, dont il ne faut pas méconnaître les droits. La fonction d'historiographe, autrefois érigée en titre d'office, n'a point été transportée aux tribunaux; et la maxime *res judicata pro veritate habetur*, n'a pas lieu pour les faits historiques. Cela serait trop commode pour les gouvernemens. On ferait assigner les gens, pour *ouïr dire* que tel fait s'est passé de telle ou telle façon, et il n'y a pas de bataille perdue par le droit canon, qui ne pût être regagnée par le Code pénal.

Vous voyez, Messieurs, à quoi toute cette discussion se réduit. *Le sursis à l'exécution ne vint pas...* Est-il venu? non. *Les temps étaient changés!...* L'étaient-ils en effet? oui; ce n'était plus 1793; à moins qu'en interprétant la phrase, en y mettant ce qui n'y est pas, on ne lui donne un sens contre lequel il m'est sans doute permis de protester par une interprétation contraire.

L'accusation ramenée à ces termes, vous excuserez aisément M. Jouy de s'être apitoyé sur la mort de deux frères d'armes dont la condamnation appartient à des temps et à un mode d'administration déjà loin de nous. C'est à vous, magistrats, vous *dont l'honneur s'est placé à son véritable poste, en se réfugiant au sein de vos consciences;* en se manifestant par des actes de justice, et non pas en se produisant avec affectation *au dehors* par les actes extra-judiciaires d'un zèle ambitieux, pétulant et irréfléchi; c'est à vous dis-je, qu'il appartient de décourager cette ardeur de poursuites dont la police obsède et fatigue incessamment la justice; poursuites qui n'ont trop souvent pour effet que de mettre en lumière ce qu'il eût été prudent de laisser ignoré.

Ah! Messieurs, ce n'est point par la prison que l'on convertit des esprits cultivés et qu'on persuade les auteurs; c'est un homme de lettres qui répondit au tyran de Syracuse : *Qu'on me remène aux carrières.* Vous connaissez trop le cœur humain pour espérer de commander à la pensée avec des fers. Oubliez donc le courroux de M. l'examinateur; demeurez sourds aux instances, aux sollicitations du chef de la police; et ceux qui ont cru que le moment était venu de *profiter* de votre indépendance, apprendront encore une fois, par le noble usage que vous savez en faire, ce que leur a déjà répondu votre premier président, dans une occasion mémorable : *La Cour rend des arrêts, et non pas des services.*

OPINION

DE M. DUPIN,

DÉPUTÉ DE LA NIÈVRE A LA CHAMBRE DES REPRÉSENTANS,

SUR LE

SERMENT ORDONNÉ PAR LE DÉCRET DU 27 MAI 1815.

Séance du 6 juin 1815.

MESSIEURS ET HONORABLES COLLÈGUES,

JE vais vous entretenir d'une difficulté sérieuse, importante, essentielle à résoudre. Je le ferai avec modération, sagesse, retenue; en peu de mots, mais pour lesquels je réclame toute votre attention.

Nous voulons que la France soit *libre au dehors* du joug de toute influence étrangère : c'est le plus ardent objet de nos vœux, ce sera le but constant de nos premiers et de nos plus grands efforts ! mais, par un juste retour sur nous-mêmes, nous voulons être et rester *libres au dedans*.

Le peuple français, dont nous sommes les fidèles

40

représentans, a accepté l'*Acte additionnel* aux Constitutions de l'Empire ! Obéissons à cet Acte ; cela ne ne préjudicie en rien au droit que nous avons de l'*améliorer*, dans les formes que cet acte lui-même établit. (Préambule du décret du 30 avril 1815. Bulletin sixième, série n° 126.)

Mais si nous devons obéir à la Constitution, n'oublions pas que nous en sommes les gardiens et les défenseurs.

Or, la Constitution porte (*art.* 2) que « le pouvoir « législatif est exercé par l'Empereur ET par les deux « Chambres. »

Donc il ne peut être exercé ni par une *seule* des deux Chambres, ni par l'Empereur *seul.*

Faisons tout ce que la loi commande ; mais, par respect pour la loi elle-même, ne faisons, ne laissons faire que ce qu'elle autorise.

Le serment surtout est une de ces obligations *qui ne peuvent être imposées à un corps politique* QUE PAR UNE LOI FORMELLE.

Voilà ma proposition ; rendons-la sensible. Si l'une des deux Chambres avait, je ne dis pas ordonné, mais réglé comme affaire de simple cérémonial, *que S. M. prêterait tel serment*, certes, la chose eût paru bien étrange, bien inusitée, bien inconstitutionnelle !

Eh ! pourquoi ? — Parce que, dirait-on, une Chambre ne peut pas faire *seule* une loi qu'elle doit seulement *concourir* à former. Les trois branches du pouvoir législatif sont indépendantes ; aucune des trois ne peut donc prescrire des lois aux deux autres.

Par la même raison le décret du 27 mai 1815 n'a pas pu dire : « Les membres des Chambres prê- « teront successivement et individuellement le *ser- « ment.* »

Ici, rassurons de suite les bons esprits, et rendons les malignes interprétations impossibles. Il ne s'agit pas du fond du serment; nulle résistance à cet égard : Obéissance à la constitution, adhésion au chef de l'État, union intime et indissoluble du Peuple avec le Gouvernement de son choix.

Mais dans l'intérêt propre et sagement entendu de ce gouvernement lui-même, reconnaissons que le serment, pour être valable, pour être légitime, pour être obligatoire, pour être constitutionnel enfin (car ce mot dit tout), ne doit pas être prêté en vertu d'un décret qui ne renferme que la *volonté unilatérale du Prince;* mais qu'il doit l'être en vertu d'une loi qui est le *vœu de la nation* même, constitutionnellement exprimé.

Je termine, Messieurs, en vous suppliant de prendre en bonne part ma pensée ainsi expliquée. J'ai parlé en homme libre; j'en avais le droit; vous l'avez aussi. Approuvez ou condamnez mon opinion; mais j'ai apporté à la tribune, et j'en remporte cette idée de nous-mêmes, qui doit nous honorer aux regards de nos contemporains, et nous agrandir aux yeux de la postérité; c'est que nous ne serions pas dignes de concourir à faire la loi, si nous étions capables de la recevoir.

Sous le mérite de ces explications, je propose :

1° Qu'il soit reconnu par l'assemblée qu'aucun

serment ne peut être exigé d'elle, sinon *en vertu d'une loi;*

2° Qu'il soit entendu que le serment qui sera prêté *en vertu de la loi*, ne préjudiciera en rien au droit que nous avons d'*améliorer* la Constitution, dans les formes et sous les conditions qu'elle exprime.

OPINION

DE M. DUPIN,

DÉPUTÉ DE LA NIÈVRE A LA CHAMBRE DES REPRÉSENTANS,

SUR LA

NOMINATION D'UNE COMMISSION CHARGÉE DE REVOIR
ET DE COORDONNER NOS CONSTITUTIONS.

Séance du 15 juin 1815.

MESSIEURS,

EN vous proposant de nommer une *Commission chargée de revoir et de coordonner nos Constitutions*, je crois entrer dans les vues de l'Assemblée ; j'exprime, pour ainsi dire, un vœu national.

En effet, Messieurs, vous l'avez proclamé vous-mêmes : « LA VOLONTÉ PUBLIQUE EST que la délibé-« ration nationale rectifie *le plus tôt possible* ce que « l'urgence de notre situation a pu produire de *défec-*« *tueux* ou laisser *d'imparfait* dans l'ensemble de nos

« Constitutions.» (*Adresse de la Chambre à Napoléon*).

Assurément la Constitution, telle qu'elle est, doit nous servir de *point de ralliement* ; qu'elle soit *notre étoile polaire dans ces momens d'orage !*... Mais pour qu'elle nous conduise plus sûrement au port, il faut que cette étoile soit fixe, et qu'aucun nuage ne la dérobe à nos regards.

La maturité perfectionnera l'œuvre de la précipitation.

Quant à présent, il est des travaux préliminaires dont l'Assemblée en corps ne peut pas s'occuper, et qui doivent être abandonnés à une commission composée d'un petit nombre d'hommes qui réunissent sa confiance au plus haut degré.

Cette Commission ne doit être ni trop faible, parce qu'il y aura beaucoup à faire; ni trop nombreuse, car alors il serait moins aisé de s'entendre.

Elle pourrait sans inconvénient être composée de vingt et un membres, nommés par scrutin de liste à la majorité relative.

Quel que soit le nombre des membres, et le mode que vous adopterez pour leur élection, la Commission aurait à s'occuper des objets suivans :

1° Réunir nos Constitutions, car elles sont *éparses* dans ce vaste *Bulletin des Lois*, où les lois sont si rares et si difficiles à trouver.

2° Classer ces Constitutions, les refondre et les coordonner dans un *projet de loi générale*, qui devra vous être soumis.

Ainsi, sans nuire à nos autres travaux, sans retarder en rien les mesures à prendre pour la défense de

l'État, sans brusquer des améliorations dont toutefois nous reconnaissons l'urgence et la nécessité ; il
sera vrai de dire que nous travaillons *sans relâche*
au pacte dont le perfectionnement est l'objet DE TOUS
LES VOEUX.

Loin qu'il y ait du danger à s'occuper actuellement de la Constitution, le meilleur moyen, le seul
peut-être de soutenir l'esprit public et d'accroître
l'enthousiasme de la nation, est de montrer au peuple
français que nous nous occupons sérieusement de lui
procurer les *garanties* qu'il désire; que si nous lui
imposons des sacrifices, nous voulons (autant qu'il
dépendra de nous) lui assurer le prix qu'il a droit
d'en attendre; qu'enfin, en bons et fidèles mandataires, nous stipulons franchement les intérêts de nos
commettans.

Rendons l'époque actuelle aussi recommandable
aux générations futures, par la sagesse de nos lois,
que par la vigueur de nos résolutions, et nous serons
libres au-dedans comme au-dehors.

Je vote les propositions suivantes :

Art. 1er. Il y aura une commission chargée de
réunir nos Constitutions, de les refondre et de les
coordonner dans un *projet de loi générale.*

Art. 2. Cette commission sera composée de vingt
et un membres nommés par scrutin de liste, à la
majorité relative.

Art. 3. Elle choisira dans son sein un président,
un secrétaire, et un rapporteur chargé de rendre
compte à l'Assemblée du progrès des travaux.

DISCOURS

PRONONCÉ

PAR M. DUPIN,

DÉPUTE DE LA NIÈVRE A LA CHAMBRE DES REPRÉSENTANS,

SUR LA

NÉCESSITÉ DE L'ABDICATION DE NAPOLÉON.

Comité secret du 21 juin 1815.

Mes collègues,

Qui veut la fin, veut les moyens. Nous voulons tous l'honneur et l'indépendance de notre patrie : voyons donc si les moyens qu'on nous propose pour arriver à ce but sont capables de nous y conduire.

Nous n'avons de recours que dans les négociations de paix, dans la résistance militaire, et dans l'esprit public.

Eh bien ! les puissances alliées ont déclaré qu'elles ne traiteraient jamais avec Napoléon. Le ministre des relations extérieures vient de nous avouer qu'il n'avait pu faire passer aux cours étrangères ni lettres, ni courriers. Or, je vous le demande, si tous les efforts pour entrer en négociation ont été vains avant que les hostilités fussent commencées, peut-on se flatter d'être plus heureux, maintenant que la victoire a passé du côté de nos ennemis? Tout espoir de conciliation nous est donc enlevé.

Tenterons-nous de nouveau le sort des combats? Mais si Napoléon, à la tête d'une armée d'élite qui a fait des prodiges de valeur, n'a pu tenir contre les Anglais et les Prussiens, que peut-il attendre, maintenant que cette armée fuit dans toutes les directions, que, de l'aveu du ministre de la guerre, tout le matériel est resté au pouvoir de l'ennemi, et que nos plaies sont si grandes qu'il n'ose pas devant vous en sonder la profondeur?

Mais, a dit le ministre de l'intérieur, il nous reste des gardes nationales en grand nombre, et ce nombre serait de nature à s'accroître rapidement, si l'on avait de l'argent pour les équiper. — Si l'on avait de l'argent!.... donc on n'en a pas; et comment se flatter d'en obtenir assez vite, et en assez grande quantité, pour être promptement en mesure de se défendre? Comment surtout persuader au peuple et à ses représentans, que de simples gardes nationales arrêteront des armées victorieuses, quand l'élite de nos soldats n'a pu en venir à bout?

Cependant, nous dit-on encore, rien n'est décidément perdu, si nous nous montrons tous résolus à défendre jusqu'au dernier soupir *Napoléon et l'indépendance nationale!* Mais sommes-nous donc d'accord en ce point, et pouvons-nous compter sur la coopération de tous, quand le ministre de la police générale nous révèle qu'un grand nombre de départemens est armé, ou sur le point de s'armer pour les Bourbons ?

Quel parti prendrez-vous donc? défendre Paris, vous battre en désespérés? Mais, mes collègues, y penserions-nous ? Un général peut dire à ses soldats : *Amis, il faut vaincre ou mourir.* Mais nous, représentans du peuple, avons-nous le droit d'engager la nation entière dans une *guerre à mort?* Pouvons-nous oublier que si nous avons le droit de sauver la France, nous n'avons pas reçu le mandat de la perdre ? que nous ne pouvons pas sans crime jouer le tout pour le tout; qu'en un mot, tout pour nous se réduit désormais à l'unique question de savoir si la résistance est *possible ou impossible?*

Or, comme j'ai demontré que nous n'avons plus d'espoir ni dans une paix à laquelle Napoléon est un obstacle insurmontable, ni dans la guerre que l'inégalité de nos forces rend insoutenable, ni dans l'esprit public que la guerre civile affaiblit en le divisant; j'en conclus que Napoléon doit une seconde fois donner un grand exemple au monde.

Il a abdiqué une première fois pour le bonheur de la France : les circonstances actuelles exigent un nouveau sacrifice du pouvoir; et puisqu'il ne peut plus nous sauver, nous aviserons aux moyens de nous sauver nous-mêmes.

FIN.

TABLE DES MATIÈRES

CONTENUES EN CE VOLUME.

———

FIN DE LA TABLE DES MATIÈRES.

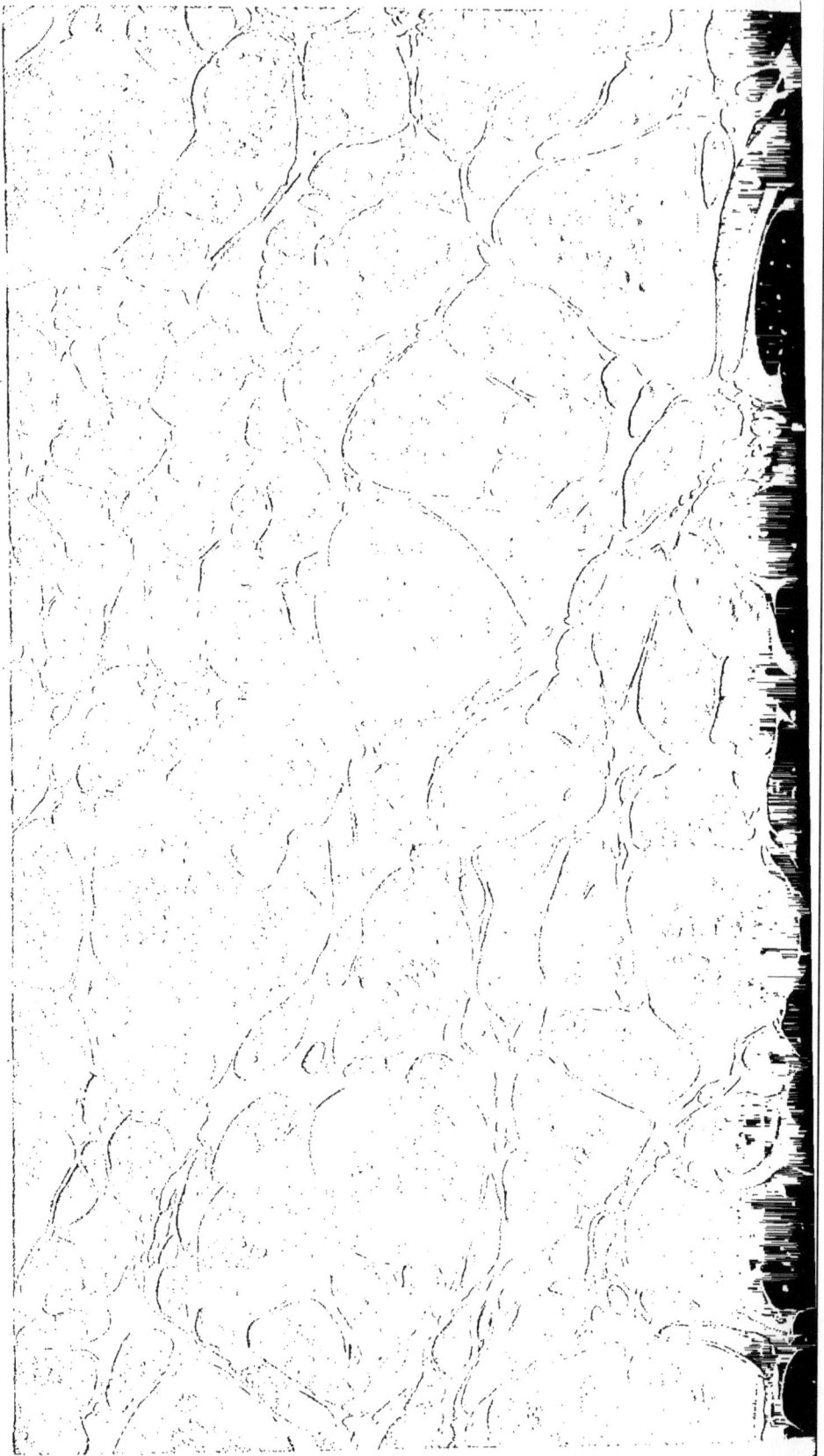

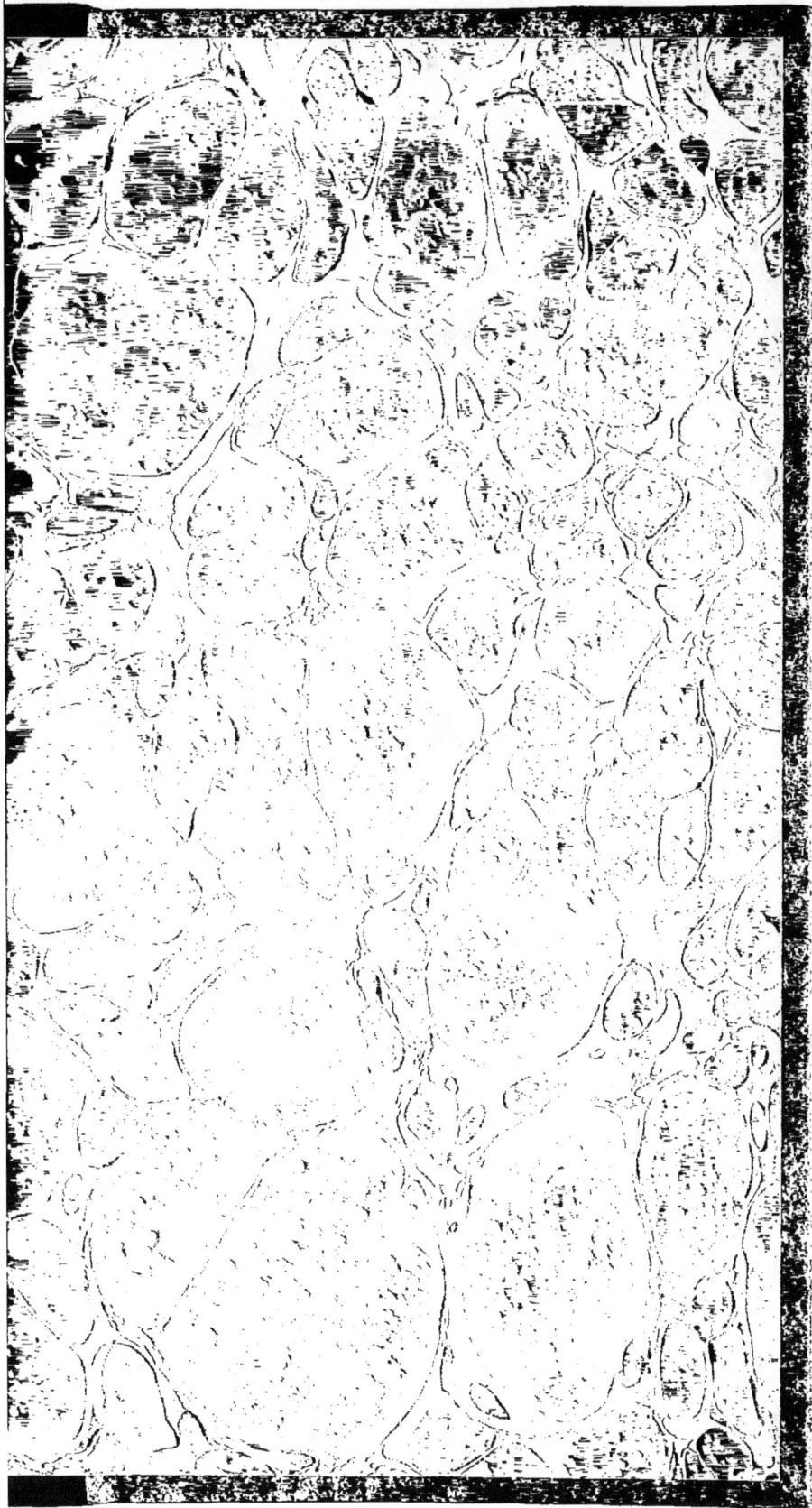